insel taschenbuch 4685
Barbara Beuys
Helene Schjerfbeck

AF634285

In Skandinavien wird sie als eine der bedeutendsten Malerinnen des 20. Jahrhunderts gefeiert, in Deutschland ist sie spätestens seit der vielgerühmten Ausstellung in der Frankfurter Schirn 2014 keine Unbekannte mehr: Helene Schjerfbeck (1862-1946).

Barbara Beuys schildert das dramatische und stürmische Leben der Malerin, die als Wunderkind begann und eine Meisterin der Moderne wurde – und über tausend Bilder geschaffen hat: Selbstporträts, Stillleben, Landschaften, vor allem aber Porträts moderner junger Frauen.

Barbara Beuys, geboren 1943, arbeitete nach ihrer Promotion in Geschichte als Redakteurin u.a. bei *Stern*, *Merian* und der *Zeit*. Heute lebt sie als freie Autorin in Köln. 2017 wurde sie für ihr Werk mit dem Luise-Büchner-Preis für Publizistik ausgezeichnet.

Im insel taschenbuch sind ebenfalls erschienen: *Maria Sibylla Merian. Künstlerin – Forscherin – Geschäftsfrau* (it 4480); *Hildegard von Bingen. Kämpferisch und barmherzig* (it 4612); *Die neuen Frauen. Revolution im Kaiserreich: 1900-1914* (it 4419); *Sophie Scholl. Biographie* (it 4049); *Denn ich bin krank vor Liebe. Das Leben der Hildegard von Bingen* (it 3467); *Blamieren mag ich mich nicht. Das Leben der Annette von Droste-Hülshoff* (it 3458); *Paula Modersohn-Becker. Oder: Wenn die Kunst das Leben ist* (it 3419).

Barbara Beuys

Helene Schjerfbeck
Die Malerin aus Finnland

Mit zahlreichen Abbildungen

Insel Verlag

2. Auflage 2020

Erste Auflage 2018
insel taschenbuch 4685
© Insel Verlag Berlin 2016
Alle Rechte vorbehalten, insbesondere das der Übersetzung,
des öffentlichen Vortrags sowie der Übertragung
durch Rundfunk und Fernsehen, auch einzelner Teile.
Kein Teil des Werkes darf in irgendeiner Form
(durch Fotografie, Mikrofilm oder andere Verfahren)
ohne schriftliche Genehmigung des Verlages reproduziert
oder unter Verwendung elektronischer Systeme
verarbeitet, vervielfältigt oder verbreitet werden.
Vertrieb durch den Suhrkamp Taschenbuch Verlag
Umschlaggestaltung: hißmann, heilmann, hamburg
Umschlagabbildung: Helene Schjerfbeck, *Selbstbildnis mit silbernem Hintergrund*, 1915. Foto: Turku Art Museum
Satz: Satz-Offizin Hümmer GmbH, Waldbüttelbrunn
Druck: CPI – Ebner & Spiegel, Ulm
Printed in Germany
ISBN 978-3-458-36385-9

Inhalt

Am 16. September 1880 bestieg Helene Schjerfbeck im Hafen von Helsinki das Dampfschiff »Der Großfürst«, das im Linienverkehr nach Lübeck fuhr. Ihr Reiseziel war Paris, wo die Achtzehnjährige dank eines Stipendiums des Kaiserlichen Senats von Finnland ihre Ausbildung zur Malerin auf höchstem Niveau fortsetzen konnte. Am selben Tag schrieb »Hufvudstadsbladet«, die große angesehene Tageszeitung von Helsinki: »Heute Morgen hat unsere jüngste und vielversprechendste Künstlerin, Fräulein Helene Schjerfbeck, via Lübeck die Segel nach Paris gesetzt.«

Als Helene Schjerfbeck am 23. Januar 1946 im schwedischen Kurort Saltsjöbaden bei Stockholm starb, war für »Hufvudstadsbladet« die finnische Malerin »Der größte skandinavische Künstler aller Zeiten«. Und als die Urne mit ihrer Asche am 9. Februar 1946 auf dem traditionsreichen alten Friedhof in Helsinki beigesetzt wurde, stand über dem Artikel zur Begräbnisfeier: »Ihr Leben war prophetisch – ihre Kunst ist zeitlos.«

1. Kapitel

Im Familienkosmos

1862 bis 1873

Endlich! Endlich füllt sich die elterliche Wohnung in der Henriksgatan 14 in Helsinki mit Leben. Menschen, die nicht durch verwandtschaftliche oder freundschaftliche Beziehungen mit der Familie verbunden und die, nimmt man es genau, nur für sie gekommen sind, sitzen um den runden Tisch im Wohnzimmer. Mit ihren hellwachen blauen Augen blickt die achtjährige Helene, die auf einem leicht erhöhten Stuhl kniet, die Ellenbogen auf den Tisch gestützt, in die Runde: Da sind vier Mädchen aus der Nachbarschaft, mehr oder weniger in ihrem Alter, und Fräulein Ingman, die Lehrerin, die die überschaubare Kinder-Runde unterrichten soll.

Olga Schjerfbeck, Helenes Mutter, hat diese kleine Privatschule für das Frühjahr 1871 in ihrer Wohnung organisiert. Zuvor hatte sie, wie es bei bürgerlichen Familien in Finnlands Hauptstadt üblich ist, ihrer Tochter Lesen und Schreiben beigebracht. Nun wäre es an der Zeit gewesen, Helene in die renommierte private »Frauenzimmerschule« zu schicken. Aber die Mutter traut der Tochter den Gang ins Leben nicht zu: Im vierten Lebensjahr hatte sich Helene bei einem Treppensturz die linke Hüfte schwer verletzt. Die Hüfte blieb geschädigt, das linke Bein verkürzt. Helene hinkte, als sie endlich das Bett verlassen durfte, und stützte sich auf einen kleinen Stock, wenn es hinaus auf die Straße ging. Dabei hielt sie sich sehr aufrecht, entschlossen, trotz der Behinderung am Leben der anderen teilzuhaben. Für die Mutter jedoch war Helene seit dem Sturz ein kränkliches, zartes Kind, das vor dem rauen Alltag draußen in der Welt beschützt werden musste.

Hinzu kam, dass der zwei Jahre ältere Bruder Magnus auf das angesehene »Normallyzeum« ging; es war wie die Mädchenschule eine private Institution, und beide kosteten Geld. Davon gab es nicht viel im Haushalt Schjerfbeck, wobei es für die Mutter selbstverständlich war, dass der Sohn bei finanziellen Ausgaben stets den Vorrang vor der Tochter hatte. Auf mehrere Köpfe verteilt, war der Unterricht durch die zwanzigjährige Lina Ingman, Tochter eines Theologieprofessors der Universität Helsinki und angehende Lehrerin, eine günstige und gute Alternative. Lina Ingman war kompetent und freundlich, die Mädchen um den runden Tisch mochten sie sofort sehr. Sie nahmen alles Neue wissbegierig auf – Biblische Geschichte, Geografie, Gedichte und Erzählungen. Helene, deren blonde Haare im Rücken zu einem Zopf geflochten waren und die alle in der Familie nur Elli oder Ella nannten, war glücklich.

Während die Mädchen lernten und erprobten, ob das Gelernte auch im Gedächtnis blieb, kamen sie einander näher. In diesem Kreis begann Helenes lebenslange Freundschaft zu ihrer Mitschülerin Elin Elmgren, kaum zwanzig Jahre später eine der ersten Ärztinnen Finnlands. Im Miteinander der Kameradinnen entwichen für Helene die Schatten der Toten, die seit Jahren das Familienleben verdunkelten. Dabei war es ein fröhliches Ereignis, das ihr zeitlebens als früheste Erinnerung im Gedächtnis blieb.

Sie war nicht viel älter als ein Jahr, als man Helene in einem gepunkteten Kleid auf einen Tisch am offenen Fenster gesetzt hatte und auf der Straße ein endloser Zug von Männern in graubraunen Uniformen vorbeimarschierte. Es waren Soldaten, die zur feierlichen Parade auf den Senatsplatz von Helsinki zogen. Als die Männer das kleine Mädchen entdeckten, nickten sie ihr freundlich zu. Helene hatte feine Sensoren für die Stimmung ringsum, spürte, dass solche unbekümmerten Stunden ein rares Geschenk waren. Über fünfzig Jahre später erinnert sie sich: »Zu Hause war es ernst und schwermütig, und ich nahm alles schwer – so ist es bis heute.«

Der kleine intime Familienkosmos in der Henriksgatan war gezeichnet von traurigen, verzweifelten Stunden, wie sie zum Alltag der Menschen bis weit ins 19. Jahrhundert hinein gehörten. Aber es ist wichtig zu wissen, dass alle Aussagen von Helene Schjerfbeck zu den frühen Jahren, die sie als eine einzige schwere Last schildert, und besonders zu ihrer Mutter, von der sie sich nicht geliebt fühlt, Jahrzehnte später gemacht wurden. In Zeiten, als das Verhältnis zu ihrer Mutter besonders angespannt ist.

Wenn die düster eingefärbte Vergangenheit in den Hintergrund tritt und der Kindheit Platz macht, fügen sich die Bruchstücke zu einem differenzierten Bild. Trotz Schmerz und Ausgeliefertsein regen sich Eigenständigkeit und Widerstandskräfte, ein optimistisches Auftreten wird sichtbar. Helene Schjerfbecks Erfolg als Malerin hängt nicht am Mythos einer traumatisierten Kindheit. Die Opferrolle, in die Biografien und Aufsätze zu ihrer Person sie gedrängt haben, entspricht nicht ihrer Persönlichkeit.

Helenes Eltern kamen aus gutsituierten bürgerlichen Familien, die in Västnyland, dem Landstrich zwischen Helsinki und der Westküste Finnlands, zu Hause waren. Zu ihren Vorfahren zählen lutherische Pfarrer und Kaufleute, Ratsherren und Militärs, Apotheker, Verwaltungsbeamte und Ärzte. Die Eltern, Svante Schjerfbeck und Olga Johanna Printz, heirateten 1857 in Karislojo, dem Heimatort der Braut, wenige Kilometer nördlich von Ekenäs gelegen, wo der Bräutigam aufgewachsen war. Olga Johanna war achtzehn Jahre alt, ihr Vater acht Jahre zuvor gestorben. Der vierundzwanzigjährige Svante hatte weder Vater noch Mutter gekannt. Mit gut einem Jahr war er Waise geworden und kam in den Haushalt einer unverheirateten Tante. Zwei Menschen taten sich zusammen in der Hoffnung, den Grundstein für Geborgenheit mit einer eigenen Familie zu legen.

Nach der Heirat zog das Paar hoch in den Norden nach Jakobstad an der finnischen Westküste, wo Svante Schjerfbecks früh verstorbener Vater als Apotheker zu Wohlstand gekommen war. Jetzt trat der Sohn das Erbe an, zu dem zwei Grundstücke und eine wertvolle Bibliothek gehörten. Svante Schjerfbeck, der nach der

Schule zusätzlich in Turku einen Kurs an der Handelsschule belegt hatte, erhielt 1857 die Befähigung zum Kaufmann. Doch er hatte kein Talent für Kontor, Buchführung und gewinnbringende Geschäfte. Schon nach einem Jahr ging er in Konkurs und verlor das gesamte Erbe. Da war seine Frau schwanger. 1858 wurde ihre erste Tochter geboren und auf den Namen Olga Sofia getauft. Die junge Familie hielt sich mehr schlecht als recht über Wasser. Im Juni 1860 kam das zweite Kind auf die Welt, der Sohn Svante Magnus, von allen nur Magnus genannt.

1861 fassten die Eltern den Entschluss, in Helsinki einen Neuanfang zu wagen. Die Hauptstadt lockte immer mehr Menschen aus dem Landesinneren an. Auch in Finnland begann die Industrialisierung langsam Fahrt aufzunehmen. Mit der Wirtschaft ging es aufwärts, neue Arbeitsplätze entstanden. Svante Schjerfbeck fand Arbeit in Helsinki als Bürovorsteher einer Eisenbahnwerkstatt.

Noch hatte sich in Finnland zwar keine einzige Lokomotive in Bewegung gesetzt, aber der junge Bürovorsteher Schjerfbeck hatte einen aufregenden Arbeitsplatz. Seine Eisenbahnwerkstatt in Helsinki war Teil eines Pionierprojekts, das die erste Eisenbahnlinie Finnlands realisieren sollte. Hunderte von Arbeitern waren damit beschäftigt, eine Trasse zwischen der Hauptstadt und dem knapp hundert Kilometer nördlich gelegenen Hämeenlinna quer durch das Land zu legen. Nicht nur Profit und Wohlstand, auch der Stolz Finnlands war mit dieser Jahrhundertanstrengung verknüpft.

Ob der tägliche Gang ins Büro und die Arbeit als Angestellter dem entsprach, was der inzwischen Achtundzwanzigjährige und seine Frau sich für die Zukunft erhofft hatten? Wohl kaum. Eine von Olga Schjerfbecks Schwestern hatte einen Gutsherrn geheiratet, die andere einen Bankdirektor. Das waren bessere Partien. Der Posten als städtischer Angestellter bei der Eisenbahn erlaubte keine üppige Haushaltsführung. Aber das bürgerliche Ansehen konnte gewahrt bleiben. In der Georgsgatan 31, im Zentrum des alten Helsinki, hatte die Familie ein kleines weißes Haus gefunden.

Nichts erinnert in diesem Viertel mehr an das Helsinki der

1860er Jahre mit seinen Holzhäusern, seinen Höfen und kleinen Gärten. Heute ist die Georgsgatan – in wenigen Minuten vom quirrligen Narinkka-Platz mit dem größten Einkaufskomplex Skandinaviens quer über die Simonkatu zu erreichen – fast lückenlos mit neoklassizistischen Gebäuden der Zeit um 1900 bebaut. Nur bei Nummer 31 hat sich ein eintöniger moderner Backsteinblock dazwischengeschmuggelt. Im Erdgeschoss lädt »Scandinavien Outdoor« zum Einkaufen, daneben »Kebab & Pizza« zum Essen. Aber damals wie heute sind es nur Minuten bis zur Esplanadi, Helsinkis breiten, in der Mitte parkartig angelegten parallelen Prachtboulevards. Schon seit 1839 steht am östlichen Ende der Esplanadi, mit Blick auf Hafen und Markt, das vielfach erweiterte »Kappeli«, immer noch eines der beliebtesten Café-Restaurants der Hauptstadt.

1861 ließen sich die stolzen Eltern mit der erstgeborenen Olga Sofia fotografieren. Die Familie begann Fuß zu fassen in der großen Stadt. Doch 1861 sollte ein Jahr der Katastrophen für die Neuankömmlinge werden.

Selma, die ältere Schwester von Svante Schjerfbecks Frau Olga, war mit Thomas Adlercreutz verheiratet, studierter Jurist und adliger Besitzer vom Herrenhaus Sjundby. Das mächtige Herrenhaus, ein Schloss im Kleinen, gut sechzig Kilometer westlich von Helsinki gelegen, ist eines der wenigen frühen Steingebäude, die sich über gut fünfhundert Jahre in Finnland erhalten haben. Nach dem Tod seiner ersten Frau war es für Thomas Adlercreutz die zweite Ehe. 1861 war die vierundzwanzigjährige Selma schwanger, und das Paar freute sich auf Nachwuchs. Als Selma mit ihrem ersten Kind niederkam, war Thomas Adlercreutz nicht auf Sjundby. Sein Schwager Svante Schjerfbeck überbrachte ihm in Helsinki die schreckliche Nachricht, dass seine Frau bei der Geburt gestorben war. Die kleine Tochter überlebte und wurde auf den Namen der Mutter getauft. Die Großmutter mütterlicherseits zog nach Sjundby. Sie war verwitwet, aber erst achtundvierzig Jahre alt, kümmerte sich von nun an um die Enkelin Selma und den herrschaftlichen Haushalt. Thomas Adlercreutz hat nicht wieder geheiratet.

Aber der Tod ließ nicht locker, und diesmal traf er Olga und Svante Schjerfbeck mitten ins Herz. Im selben Jahr mussten die Eltern den winzigen weißen Sarg, in dem ihre kleine Olga Sofia lag, von der Georgsgatan zu Helsinkis Friedhof am Ende der Lappviksgatan begleiten. Mutter Olga Schjerfbeck war zweiundzwanzig Jahre, Vater Svante achtundzwanzig Jahre alt. Dass der Tod für werdende Mütter und kleine Kinder in der zweiten Hälfte des 19. Jahrhunderts trotz allen Fortschritts noch ein bedrohlicher Begleiter war, konnte für die, die ihre Frauen, ihre Kinder zu Grabe trugen, kein Trost sein. Aber es hielt sie nicht davon ab, weiter auf das Leben zu setzen.

Das Jahr 1862 begann mit einem viel umjubelten Erfolg auf dem Weg Finnlands in die Moderne. Am 31. Januar um 5 Uhr 30 in der Frühe fuhr eine ausgewählte Gesellschaft mit dem ersten Eisenbahnzug von Helsinki nach Hämeenlinna. Die Premierengäste waren knapp sechs Stunden später am Ziel und bei heiterster Stimmung, denn für Getränke an Bord war reichlich gesorgt. Auch für Svante Schjerfbeck, den Bürovorsteher der Eisenbahnwerkstatt, und für seine Frau Olga wird es ein guter Tag gewesen sein. Aber gewiss war die Freude noch viel größer, als am 10. Juli 1862 in der Georgsgatan 31 eine Tochter geboren und auf den Namen Helena Sofia getauft wurde.

Rund zwanzig Jahre später, fern von Helsinki und der Familie, hat Helena Sofia Schjerfbeck in Paris beschlossen, sich von nun an ausschließlich mit ihrem ersten, leicht veränderten Vornamen »Helene« zu nennen. Für ihr Motiv gibt es nicht den kleinsten Hinweis von ihr oder ihrer Umgebung. Eine Vermutung sei riskiert: dass »Helene« ihrem Selbstbild als freie, internationale Künstlerin, die in Paris zu Hause war und die als Malerin der Moderne tief in den Bildern der alten europäischen Meister wurzelte, sehr viel mehr entsprach als »Helena«, ein Name, der für sie mit familiärer Enge und nationalem Gebundensein verknüpft war. Was sie als junge Frau um 1880 entschieden hat, dabei ist Helene Schjerfbeck radikal und lebenslang geblieben, ob sie ihre Bilder signierte oder einen Mietvertrag unterschrieb. Es ist deshalb gerechtfertigt, in einer Biografie den Namen, der Helene Schjerfbeck lebenswichtig war, von Anfang an zu respektieren.

Zwei Jahre nach Helenes Geburt, 1864, kam wieder eine Tochter zur Welt, Selma Johanna. Schon 1865 mussten die Eltern auch Selma beerdigen. Im selben Jahr fuhr Svante Schjerfbeck zum Begräbnis seiner Tante Hedda, die ihn als Waisenkind aufgenommen hatte, nach Ekenäs. Seine Tochter Helene, inzwischen drei Jahre alt, erlebte, wie der Vater zurückkam und zu seiner Frau sagte: »Das ist das ganze Erbe, eine Spieldose und eine Kommode.« Die bitteren Worte bedrückten, das Kind vergaß sie nicht. Um diese Zeit hatte die Familie einen Umzug in die Henriksgatan 14 hinter sich, nur wenige Minuten von der alten Wohnung entfernt. Es war ein großer Wohnblock an der Straßenecke zur Vladimirsgatan. Wie bei finnischen Häusern üblich, ging es durch einen Torbogen in den Innenhof, wo Lagerschuppen und Wirtschaftsgebäude standen, bevor der Garten und die Wohnungen erreicht wurden.

Nicht die geringsten Spuren sind geblieben, um sich die Bebauungen von damals vorzustellen. Heute locken amerikanische Fastfood-Ketten, »Bar & Nightbar« und ein gewaltiges »Einkaufsforum« an der damals Henriksgatan/Vladimirsgatan genannten Ecke, jetzt Mannerheimintie/Kalevankatu, Touristen und Einheimische an.

1866 ist Olga Schjerfbeck wieder schwanger, der Sohn Tor Fredrik kommt zur Welt. 1867 müssen die Eltern hilflos seinen Tod ertragen. Zehn Jahre sind sie nun verheiratet. In diesem Zeitraum hat die achtundzwanzigjährige Olga Schjerfbeck fünf Kinder geboren, von denen die Eltern drei in kürzester Zeit begraben mussten. Sie werden keine weiteren Kinder bekommen, und von nun an mit Sohn Magnus und der Tochter Helene als kleine Familie um den Tisch sitzen. Aber die Toten bleiben gegenwärtig. Vor allem Helene, als einzige überlebende Tochter, wird mit der erstgeborenen, Olga Sofia konfrontiert, die noch vor ihrer Geburt gestorben ist.

Zu Helene Schjerfbecks belastenden Rückblicken gehört der Eindruck, dass die Mutter nach dem Tod von drei kleinen Kindern dem Leben nichts mehr abgewinnen konnte, nur noch sterben wollte. Die Trauer um die älteste Tochter ließ fast die Tode der anderen Geschwister in den Hintergrund rücken, die noch Säuglinge waren, als sie starben. Die kleine Olga hatte schon eine eigene Persönlichkeit entwickelt. Immer wieder hörte Helene von der Mutter, wie klug und liebenswert die Schwester gewesen sei. Traurigkeit und Schwermut nahmen kein Ende. Woher hätte die Mutter den Trost nehmen sollen, dessen die überlebende Tochter so sehr bedurfte. Zumal Magnus, der Sohn, ein zartes Kind war, das viel weinte.

Als der kleine Bruder Tor starb, hatte Helene schon ein Jahr nicht mehr die Wohnung verlassen. 1866 war sie die steile Treppe, die außen am Haus in die Wohnung führte, hinuntergestürzt. Wahrscheinlich war der Kopf des linken Oberschenkelknochens verletzt worden, und der Knochen hatte sich aus seiner Position verschoben. Für einen Arzt reichte das Geld nicht. Stattdessen holte Olga Schjerfbeck eine alte Frau aus dem nördlichen Österbotten, Maja, als Pflegerin ins Haus. Während die Mutter sich um den kleinen, schwachen Tor kümmerte, musste Maja dafür sorgen, dass Helene möglichst ruhig im Bett liegen blieb – Tag und Nacht, Monat für Monat. Trotz des vielen Liegens setzte sich der linke Oberschenkelknochen in einer falschen Position fest. Helene hinkte. Irgendwann kam ihr zu Bewusstsein, dass sie nicht mehr so laufen konnte wie andere Kinder und behindert war.

Das Zimmer, in dem das Kind so viel Zeit verbrachte, war duster; durch die Fenster sah man kaum den Himmel. Aber unscheinbare Ereignisse, deren Leuchten selbst in Jahrzehnten nicht nachließ, durchbrachen diese isolierten Jahre. Einmal ging Maja mit ihr in den Garten im Hof. Dort war ein kleines Mädchen, das brachte Helene eine Rose und ein Sträußchen Tränende Herzen. Zurück im Zimmer, stellte Maja sie auf das Fensterbrett. Helene war vom Anblick dieser Blumen-Schönheit wie verzaubert. Als klar war, dass sich an der Behinderung der linken Hüfte nichts mehr ändern würde, bekam Helene einen Stock. Sie lernte damit zu gehen, das brachte Erleichterung, und sie versuchte, sich möglichst aufrecht zu halten.

Die Tage bekamen mehr Struktur, als die Mutter begann, Helene Lesen und Schreiben beizubringen. Ein solcher Privatunterricht war keine Ausnahme in bürgerlichen finnischen Familien. In der Autobiografie von Helena Westermarck, die in jungen Jahren eine der engsten Freundinnen von Helene Schjerfbeck wurde, erfahren wir, dass auch sie mit ihren Geschwistern den ersten Unterricht zu Hause von der Mutter erhielt. Deren Argument: es sei kleinen Kindern nicht zumutbar, stundenlang still zu sitzen.

In einigen Briefen aus viel späteren Jahren, die sich von Helene Schjerfbeck erhalten haben, nehmen die gegensätzlichen Charaktere ihrer Eltern Gestalt an. Da ist die Mutter, schwermütig, verschlossen, streng und immer mit dem Anspruch, recht zu haben. Die Tochter fühlte sich von ihr unverstanden, ungeliebt. Da ist der Vater, weich, tröstlich, verständnisvoll, bei dem Helene sich aufgehoben fühlte – »zu ihm konnte ich gehen«.

Helene spürte die Spannungen zwischen den Eltern, die ihr in einsamen Stunden buchstäblich den Atem nahmen. Im hohen Alter hat die Mutter, die sich kaum ins Herz blicken ließ, der Tochter gesagt, dass sie ihren Mann Svante nicht geliebt habe. Die Hochzeit sei für sie kein Tag der Freude gewesen, weil sie ihn gegen ihren Willen heiraten musste. Hinzu kam, dass zuvor ein junger Mann um ihre Hand angehalten habe. Doch Olga – zusammen mit ihrer Schwester – habe ihn nur ausgelacht. Er sei wenig später gestorben, und es lag schwer auf ihrem Gewissen, einen edlen Menschen verletzt zu haben. Danach habe sie niemanden mehr lieben mögen.

Der Vater war für die Tochter nicht nur emotionaler Ruhepunkt. Es gab bei ihm auch Interessantes zu entdecken, wenn er nach der Arbeit nach Hause kam. Svante Schjerfbeck zeichnete in seiner freien Zeit Landkarten und legte historische Tabellen an. Für neugierige Kinder ein Anlass, endlos Fragen zu stellen über das, was auf dem Papier vor ihren Augen entsteht. Eines Tages brachte er Helene Papier und Bleistifte mit. Sie nahm dieses Geschenk stolz an sich und begann, sich mit beidem vertraut zu machen.

Bald schon kam die Zeit, als der Vater nicht mehr zur Arbeit ging. Helene wird bemerkt haben, dass ihm das Atmen schwerfiel und er schnell ermüdete. Er war blass und schwach. Svante Schjerfbeck hatte Tuberkulose, die Massenkrankheit des 19. Jahrhunderts. Wer diese Diagnose erhielt, wusste, dass er nur noch wenige elende Jahre vor sich hatte, und sie war keineswegs den unteren sozialen Schichten vorbehalten. Mit dem Wissen um einen frühen Tod wünschte sich der Siebenunddreißigjährige, noch einmal mit der Familie an den Ort zu reisen, wo er seine Frau kennengelernt und 1857 geheiratet hatte. In einem Brief hat sich seine Tochter 1936 an diesen letzten Ausflug nach Karislojo erinnert.

Von Helsinki ging die Fahrt im Sommer 1870 mit Pferd und Wagen zuerst einmal westwärts bis Sjundby, wo Thomas Adlercreutz seine Schwägerin und ihren kranken Mann großzügig im Herrenhaus empfing. Großmutter Sofie Printz, die seit dem Tod ihrer Tochter Selma 1861 die weibliche Aufsicht über den großen Herrenhof führte und Muttersatz für die Enkelin war, hatte alles für die Gäste vorbereitet. Helene freute sich auf ihren Patenonkel Thomas, dessen Sohn Henrik aus erster Ehe und auf Selma, die nur ein Jahr älter war als sie. Viele gemeinsame Tage hatten die beiden Kusinen nicht, denn das Ziel war Karislojo, wo die Großmutter noch immer ihr Haus besaß.

Für die achtjährige Helene waren die Wochen im Haus der Großmutter mit Eltern und Bruder ein aufregendes Erlebnis: »Es war ein Sommer an der frischen Luft, mein erster auswärts, und die Kinder waren so freundlich.« Helene und Magnus spielten mit den drei Nachbarskindern von gegenüber – »zwei von ihnen sind jung gestorben«, fügt sie in ihrem Brief hinzu. Kein Wort fällt darüber, dass sie mit ihrer steifen Hüfte beim Laufen nicht so flott mithalten konnte. Nicht der Rede wert, noch aus der Erinnerung spricht das Glück dieses Sommers. Und dass die Familie im Haus der Großmutter von Porzellantellern aß, hat Helene bemerkt und nicht vergessen.

Die elterliche Wohnung hinter sich zu lassen und in der Fremde anderen Kindern im Spiel zu begegnen, eröffnete ein bisher nicht gekanntes Gefühl von Freiheit. Schon im nächsten Jahr, 1871, kamen Menschen und Welt zu ihr nach Hause. Es begann die Zeit, als Helene mit ihren vier Mitschülerinnen im Wohnzimmer um den runden Tisch saß und Fräulein Ingman zuhörte.

Helene hörte gern zu und redete nicht viel. Viele Menschen, denen sie im Lauf ihres Lebens begegnete, haben Helene Schjerfbeck mit dem Etikett »schüchtern« versehen. Sie war zurückhaltend, sie drängte sich nicht vor, das ist wahr; aber sie versteckte sich nicht. Helene Schjerfbeck wusste schon in jungen Jahren, was sie wollte, auch wenn sie nicht darüber sprach. Sie folgte ihrem inneren Kompass, unbeirrt von dem, was ihre Umgebung dazu sagte. Sie wollte kein Opfer sein. Sie war selbstkritisch bis zum Extrem und dennoch überzeugt, ein außergewöhnliches künstlerisches Talent zu haben.

An einem Vormittag während des häuslichen Unterrichts kamen dieses Talent und Helenes kreative Umsetzung zufällig ans Licht. Sie schob hastig einige Zeichenblätter zusammen, als hätte sie etwas zu verbergen. Ihre Mitschülerinnen wurden neugierig, und auf Nachfragen rückte Helene die Blätter heraus. Was Fräulein Ingman und die anderen Kinder sahen, machte sie sprachlos. Helene hatte mit feinem Bleistift eine Folge von sechs Bildern gezeichnet, die die Geschichte einer rührigen Katzenmutter erzählen. Auf dem ersten Bild wird die Katzenmama mit ihren Kindern vorgestellt; dann geht sie zum Markt, kauft Möhren, Äpfel und Kartoffeln für ihre Lieblinge und wandert beladen zurück. Auf dem letzten Bild sitzen die Kleinen um den Einkaufskorb und genießen unter den Augen der zufriedenen Katzenmama die Leckereien. Die Bilder strahlen Harmonie und Lebensfreude aus.

Was für eine anrührende Geschichte, die Mitschülerinnen waren begeistert. Und so fein gezeichnet, als würde die Katzenmama mit ihren Kindern gleich auf samtenen Pfoten aus dem Papier treten. Lina Ingman staunte nicht weniger und ihr fiel noch mehr auf: wie geschickt, geradezu professionell Helene die Komposition auf den jeweiligen Bildern arrangiert hatte. Die kleine Künstlerin freute sich über so viel Bewunderung und schenkte Fräulein Ingman die sechs Zeichnungen.

Die Eltern förderten das Talent ihrer Tochter. Sie schenkten Helene ein Heft, auf dem in schöner Handschrift steht »Zeichenheft für Helena Sofia Schjerfbeck 1872«. Die Besitzerin des Skizzenbuches hat die unterschiedlichen Motive, die sie zeichnete, jeweils mit einem zierlichen Datum versehen. Unter dem 29. Mai 1872 sieht man die Studie eines Ruderboots, das auf dem Trockenen lagert, klassisch, ohne jeden überflüssigen Schnörkel. Am 14. April liegt das Stück eines gefällten Baumstamms wie ein Stillleben im Gras. Es folgt der Blick in einen prall gefüllten Küchenraum, wo in der Pfanne über dem Herdfeuer Essen brutzelt, die Schwaden in den offenen Kamin ziehen, Würste und Schinken am Haken hängen und eine Katze neben dem Butterfass sitzt. Zielsicher sind die Bleistiftstriche gesetzt, wird mit hellen und dunklen Schraffierungen ein Raumgefühl erzeugt; nichts Kindliches oder Amateurhaftes spricht aus den Bildern. Noch keine zehn Jahre ist Helene alt und hatte bisher keine Stunde Zeichenunterricht, denn dieses Fach stand nicht auf Fräulein Ingmans Stundenplan.

Im Frühjahr 1873 ging der Unterricht im Hause Schjerfbeck nach zwei Jahren zu Ende. Für den letzten Teil ihrer Ausbildung musste Lina Ingman Helsinki verlassen und ins Lehrerinnenseminar nach Ekenäs ziehen. Im Februar 1935 bemerkte ihre Schülerin Helene, die nun eine angesehene Malerin war, in einem Brief: »Ich hatte eine wunderbare freundliche alte Lehrerin, meine allererste, sie ist jetzt 82 und schreibt mir einmal im Jahr, auch schon mal zweimal.« Es hatte seinen Grund, dass der Kontakt zwischen Fräulein Ingman und Helene nicht abgerissen war. Über sechzig Jahre zuvor wurde die wunderbare Lehrerin aktiv, als es um Helenes Zukunft ging. Es war ein Wendepunkt, der das Leben ihrer Schülerin beeinflusste wie nichts sonst.

Olga Schjerfbeck besprach mit Lina Ingman, wie es weitergehen könnte mit Helene. Die angehende Lehrerin muss Helenes Zeichentalent angesprochen und einen Plan entwickelt haben. In Helsinki hatte der Finnische Kunstverein 1848 eine Zeichenschule eingerichtet, in der erstmals professionelle Maler und Malerinnen ausgebildet wurden. Und das war um die Mitte des 19. Jahrhunderts revolutionär: In Helsinkis Kunstschule wurden Jungen und Mädchen zusammen unterrichtet, während Frauen in allen europäischen Kunstakademien südlich der Ostsee der Zugang bis ins 20. Jahrhundert hinein verboten war.

Die Ausbildung allerdings kostete Geld, und davon gab es bei Schjerfbecks noch weniger, seit der kranke Vater nicht mehr arbeiten konnte. Die finanziellen Ausgaben für den Schulbesuch des dreizehnjährigen Magnus hatten Vorrang. Lina Ingman gab nicht auf. Sie erhielt die Erlaubnis der Eltern, ihrer Idee eine Chance zu geben, und verabredete einen Termin in der Universität bei Adolf von Becker.

Der Kunstverein war seit seiner Gründung 1846 die Herzkammer finnischer Kunst in einem Land, das bis dahin keine nennenswerte eigene Kunst besessen hatte, keine Gemäldesammlung mit Bildern europäischer Künstler, keine Museen. Der Kunstverein schuf die organisatorischen Grundlagen und Anreize für ein nationales Kunstleben. Neben der Verantwortung für die Zeichenschule organisierte er Ausstellungen, stiftete Preise und Stipendien. Adolf von Becker war ein einflussreicher Mann in der Kunstszene. 1831 in Helsinki geboren, hatte er sich nach dem Jurastudium der Malerei zugewandt. Er reiste 1865 als Finnlands erster Kunststudent nach Paris. Zurück in der Heimat, war er mit seinen Bildern vom bäuerlichen Leben sehr erfolgreich und fühlte sich verpflichtet, sein Wissen über die neue französische Malerei an die nachfolgende Künstlergeneration weiterzugeben. Adolf von Becker war im Vorstand des Kunstvereins und seit 1868 der offizielle Zeichenlehrer der Universität.

Als Lina Ingman ihm die Bilder aus dem Leben einer Katzenmama vorlegte und von der jungen Zeichnerin erzählte, deren Eltern kein Geld für den Unterricht an der Kunstschule hätten, sah Adolf von Becker die Blätter lange an. Er fragte ungläubig nach: »Das hat wirklich ein zehnjähriges Mädchen gemalt?« Schließlich sagte er: »Der Kunstverein ist verpflichtet, ein Kind mit einem so außergewöhnlichen Talent unentgeltlich zu fördern.« Helene könne mit dem Herbstsemester 1873 in der Vorbereitungsklasse der Zeichenschule beginnen. Unmöglich, polterte der Vereinsvorsitzende, als er davon hörte. Mit elf Jahren dürfe hier niemand anfangen. Normalerweise wurden die Mädchen und Jungen mit sechzehn, siebzehn Jahren aufgenommen, nach dem Abschluss der »Frauenzimmerschule« oder des Lyzeums.

Doch Adolf von Beckers Stimme hatte Gewicht; es blieb bei seiner Entscheidung. Am 10. Juli 1873 konnte Helene Schjerfbeck ihren Geburtstag in dem Bewusstsein feiern, im Herbst als Elfjährige einen gewaltigen Schritt hinaus in die Welt zu machen. Sie würde täglich die Esplanadi entlanggehen mit den vielen Menschen, die zum Markt und zum Hafen strömten. Am östlichen Ende der Esplanadi, gleich hinter dem »Kappeli«, würde sie den Mastenwald der Segelschiffe im Hafen sehen, während sie rechts in die leicht ansteigende Unionsgatan bog. Noch vor der nächsten Querstraße, in der Nummer 20, hatte die Zeichenschule einige Räume gemietet.

Was war das für eine Welt, die Helene, fast noch ein Kind und bisher im Familienkokon eingeschlossen, nun erleben würde? Ein klein wenig hatte sie sicherlich im Unterricht von Fräulein Ingman erfahren: dass Finnland, ihr Heimatland, weit über vier Jahrhunderte zum Königreich Schweden gehört hatte und sich seit dem verlorenen Krieg gegen Russland in den Jahren 1808/1809 als Großfürstentum Finnland unter der Herrschaft des russischen Zaren befand.

Es ist an der Zeit, von Finnland zu erzählen. Von einem Stück europäischer Geschichte, das beispiellos ist, spannend und auf unglaubliche Weise modern.

2. Kapitel

Nach den Schweden kommen die Russen Oder: Männer machen Geschichte

Die Männer, die in graubraunen Uniformen durch die Georgsgatan in Richtung Senatsplatz marschierten und der kleinen Helene auf der Fensterbank freundlich zunickten, waren Soldaten, russische Soldaten. Am Fuß der mächtigen Freitreppe, die zum weißen Dom von Helsinki führt, paradierten sie 1863 auf dem Senatsplatz vor ihrem obersten Kriegsherrn, Zar Alexander II.

Eine andere helle Erinnerung an ihre Kinderzeit: Schon längst erwachsen, hat Helene Schjerfbeck noch ein Lied des populären finnischen Dichters Zacharias Topelius im Ohr, das ihre Mutter sang, wenn sie ihr langes braunes Haar kämmte. Es hieß »Vårens flicka« – Frühlingsmädchen –: »… hon hadde sippor i sitt hår, och en bukett vid barmen« – »Sie hatte Buschwindröschen im Haar / und einen Strauß am Busen …« Auch wem nordische Sprachen fremd sind, erkennt, das ist kein Text in finnischer Sprache. Es ist Schwedisch, und Schwedisch ist die Sprache, mit der Helene aufwächst, in der sie unterrichtet wird und die alle Menschen um sie herum sprechen. Helene Schjerfbeck würde lebenslang nie über mehr als ein paar finnische Sprachbrocken hinauskommen.

Georgsgatan, wo sie mit Eltern und Geschwistern zuerst wohnte, ist ein schwedischer Straßenname. Wer ihn heute im Stadtplan sucht, findet ihn an zweiter Stelle nach der finnischen Bezeichnung Yirjönkatu. So ist es für Helsinki und andere finnische Städte vorgeschrieben, weil dort eine schwedischsprachige Minderheit lebt (in Helsinki zirka sechs Prozent der Einwohner, anderswo noch über achtzig Prozent). Hätte man Olga Schjerfbeck oder Zacharias Topelius, deren Muttersprache Schwedisch war, gefragt: Natürlich waren sie Finnen, aus vollem Herzen, wie die Minderheit der »Finnlandschweden« im 21. Jahrhundert.

Finnlands Hauptstadt Helsinki trug über Jahrhunderte und bis ins 20. Jahrhundert den Namen, den die Stadt 1550 erhielt, als der schwedische König Gustav I. Wasa ihre Gründung veranlasste: Helsingfors. Halten wir uns an Familie Schjerfbeck, dann finden wir einen Weg hinaus aus dem Labyrinth der finnischen Geschichte. Die verwickelten historischen Fäden dröseln sich auf und verbinden sich zu einem überschaubaren Bild.

Sven Magnus Schjerfbeck war siebenundzwanzig Jahre alt, geboren in der südschwedischen Provinz Småland und unverheiratet, als er 1788 als Feldscher mit der schwedischen Armee nach Finnland übersetzte. Dort brachte er es zum Lazarettarzt, heiratete Elisabeth Bäcker, die Tochter eines deutschen Feldschers, der in Finnland Dienst tat, und wurde 1813 Provinzarzt von Ekenäs, einem schmucken Städtchen, knapp neunzig Kilometer westlich von Helsinki am Rand des Schärengartens gelegen. (Dort sprechen bis heute gut achtzig Prozent der Einwohner schwedisch, als Tammisaari ist es auf den finnischen Landkarten eingetragen.) Als sich der Urgroßvater von Helena Schjerfbeck entschied, in Ekenäs Wurzeln zu schlagen, war das ein doppeltes Bekenntnis: zu seiner neuen Heimat Finnland und zu seinem neuen Status als Untertan des russischen Zaren. Denn mit dem Friedensvertrag von 1809 zwischen Russland und Schweden hatte die lange schwedische Epoche Finnlands ihr Ende gefunden.

Begonnen hatte sie ebenfalls mit einem Friedensvertrag zwischen Russland und Schweden. Nur dass im Jahr 1325 die Schweden als Sieger den Vertrag diktierten und ihre bis dahin umkämpfte Herrschaft über das gesamte finnische Land bis weit nach Karelien hinein fest verankerten. Damit wurde Finnland Teil des schwedischen Reiches und seiner staatlichen Organisation. Es gehörte zu den schwedischen Provinzen Österland und Norrland. Abgaben und Steuern wurden nach Stockholm entrichtet. Gemäß der schwedischen Verfassung schickten die vier Stände in Finnland – Klerus, Adel, Bauern, Bürger – ihre Vertreter zu den Reichstagen nach Stockholm. »Finnland« war ein geografischer, kein politischer Begriff.

Aber finnische Geschichte beginnt nicht erst mit der Schwedenzeit. In vorchristlichen Zeiten waren finno-ugurische Stämme aus Ost- und Mitteleuropa über den östlichen Landweg eingewandert. Ihre Sprache, das Finnische in vielfältigen Dialekten, ist mit dem Ungarischen verwandt und wächst nicht am indogermanischen Sprachenbaum. Eine Besonderheit, einmalig im feudalen Europa, prägte Gesellschaft und Kultur ihrer Nachfahren: Nie waren finnische Bauern Leibeigene, nie mit ihrem Leben und ihrer Arbeit von einem adligen Grundherrn abhängig. Sie waren stets Freibauern, die ihr eigenes Land bewirtschafteten und für die Erträge Steuern zahlten. Wenn sie und ihre Familie satt wurden, waren sie zufrieden.

Während sich im westlichen Europa seit dem Mittelalter eine städtische Kultur ausbreitete, deren Wurzeln in die Antike zurückreichten, bestand Finnlands Gesellschaft bis weit ins 19. Jahrhundert in der Mehrzahl aus Freibauern, die tief im Landesinnern auf kaum zugänglichen Siedlungsinseln lebten. Hinzu kamen Fischer, die niemandem ihren Fang abliefern mussten, und zu den Elchjägern im hohen Norden verirrte sich ohnehin kaum ein Mensch aus südlichen Breiten.

Sie alle sprachen Finnisch, und mit der gesprochenen Sprache, die sie mündlich an die nachfolgenden Generationen weitergaben, waren ihr ländliches Leben und ihr Wirtschaftssystem bestens zu organisieren. Die Bauern, Elchjäger und Fischer mussten keine Bücher über Ein- und Ausgaben führen und ihren Grundbesitz, der stets in der Familie blieb, nirgendwo eintragen. Es war ein hartes Dasein; um es zu bestehen, brauchte man andere Qualitäten, als lesen und schreiben zu können.

Die Schweden rührten bei ihrer Eroberung 1325 nicht an dieses System. Für die Finnen ging das Leben in bewährter Tradition weiter. Sie behielten ihren Grundbesitz und ihre gesprochene

Sprache. Die neuen Herren von jenseits der Ostsee sprachen und schrieben Schwedisch und ließen sich Lektüre kommen, die sie aus ihrer schwedischen Heimat gewöhnt waren. Dort gab es seit dem 14. Jahrhundert eine auf Pergament geschriebene Literatur, Chroniken und Ritterballaden.

Kaufleute und Militärs, die die Ostsee überquerten und im finnischen Schweden ein neues Leben wagten, zog es ausschließlich in Siedlungen mit städtischem Charakter, von denen sich bis zum 16. Jahrhundert in Finnland gerade einmal sechs entwickelt hatten. Die größte und älteste war Åbo (finnisch: Turku) an der westlichen Küste und Finnlands Hauptstadt. Neu gegründet wurden Ekenäs und Helsingfors/Helsinki. Keine dieser Städte reichte auch nur im Entferntesten an die Metropolen auf dem europäischen Kontinent jenseits der Ostsee – an Rom, London und Nürnberg, Florenz, Paris und Köln oder an die blühenden Hansestädte, innerhalb deren Mauern Zehntausende lebten.

König Gustav I. Wasa setzte 1523 erstmals die erbliche Monarchie aus einheimischem schwedischem Adel durch, dazu die lutherische Reformation und eine moderne zentralistische Verwaltung. Und diese Reformen galten selbstverständlich auch für das finnische Schweden auf der anderen Seite der Ostsee. Dort hatte der ursprünglich katholische Theologe Mikael Agricola, der in Wittenberg Martin Luther und Philipp Melanchthon kennengelernt hatte und 1554 erster lutherischer Bischof von Turku wurde, alle Freiheit, das Neue Testament 1548 ins Finnische zu übersetzen. »Se Wsi Testamenti« ist das erste geschriebene Dokument in finnischer Sprache, in Stockholm gedruckt.

Für die Pfarrer, die die finnisch sprechenden Bauern und Fischer für die lutherische Kirche gewinnen sollten, schrieb Agricola 1553 das erste original finnische Buch: »Abckiria«. Ebenfalls in Stockholm gedruckt, konnte man daraus das Alphabet, Zahlwörter und einfache Gebete auf Finnisch lernen. »Abckiria« steht am Anfang der finnischen Literatur, ein Solitär, dem eine wirkliche finnische Literatur erst im 19. Jahrhundert folgte.

Unter Gustav II. Adolf und seiner Tochter, Königin Christina, griff das schwedische Reich im 17. Jahrhundert mit seiner Armee in den Dreißigjährigen Krieg ein. Als Macht auf der großen europäischen Bühne verordneten die Eliten in Verwaltung, Politik und Bildung dem Land einen weiteren Reformschub, der wiederum die Gebiete im finnischen Schweden einschloss. Im März 1640 wurde in Turku im Namen der zwölfjährigen Königin Christina eine Universität gegründet, die »die gleichen Privilegien, Freiheiten und Rechte wie unsere Akademie in Uppsala« erhielt. Während das finnische Volk, die Bauern, Elchjäger und Fischer, weiterhin Finnisch nur als gesprochene Sprache kannten, blieb Schwedisch in Finnland in Wort und Schrift die Sprache der Verwaltung, der Kaufleute, Pfarrer und Professoren, der Dichter und Ärzte.

Wer in Turku studierte, kam selbstverständlich aus schwedischsprachigen Familien, von denen sich nicht wenige schon über mehr als zwei Generation in Finnland heimisch fühlten. Die Sprachenfrage wurde an der neuen und einzigen Universität Finnlands geschickt umgangen, weil für die folgenden zweihundert Jahre alle Lesungen und Seminare, alle akademischen Arbeiten auf Latein gehalten oder abgefasst wurden.

Im 18. Jahrhundert herrschte fast permanent Krieg zwischen Schweden und Russland um die Vormacht im Ostseeraum, und der Kampfplatz war Finnland. 1713 wurde Helsinki von russischen Truppen dem Erdboden gleichgemacht. Doch die Schweden konnten sich behaupten, und Helsinki wurde in acht Jahren wiederaufgebaut. Mehr schwedische Militärs kamen ins Land, und viele wurden, wie Helenes Ururgroßvater Sven Magnus Schjerfbeck, im südlichen Finnland sesshaft.

Die finnischen Bauern und Jäger blieben in den Augen dieser Elite der primitive Teil der Gesellschaft, der keinen Baumeister und keinen Dichter, keinen Maler, Komponisten und Musiker hervorbrachte. Aber während das westliche Europa – Schweden inbegriffen –, das so stolz war auf seine Architektur und Literatur, seine Malerei und Musik, von der Aufklärung durchgeschüttelt wurde; während in Paris eine blutige Revolution König und Königin zur Guillotine führte, herrschte Ruhe im schwedischen Finnland. Das Zusammenleben in der zweigeteilten finnischen Gesellschaft unter dem Regiment der schwedischen Krone klappte nach fast fünfhundert Jahren noch reibungslos, während mit dem beginnenden 19. Jahrhundert Napoleon Bonaparte sich daranmachte, von Frankreich aus Europas politische Landkarte mit Gewalt umzukrempeln.

Im Jahr 1807 war Russland an der Reihe: Zar Alexander I. beugte sich der Realität und wurde – nach verlorener Schlacht – Napoleons Verbündeter gegen England. Mit dem Segen des Franzosen-Kaisers bekam Russland als Gegengeschäft freie Hand gegenüber Schweden, dem alten Feind, das mit England verbündet war.

Am 21. Februar 1808, einem Sonntagmorgen, überschreiten russische Soldaten an fünf Stellen die schwedische Grenze, die geografisch gesehen die finnische Grenze ist und politisch Schweden zu Russlands westlichem Nachbarn macht. Am 2. März erscheinen die Soldaten im Morgengrauen vor Helsinki, bis mittags ist die Stadt erobert. Am 22. März 1808 steht die russische Armee an Finnlands Westküste und erobert Turku, die Hauptstadt der östlichen Provinzen Schwedens.

In Turku, dem Bischofssitz der schwedischen Staatskirche in Finnland, schreibt Bischof Jacob Tengström, auch Vizekanzler der Universität, an seinen »Reflexionen«, während der Feind die Stadt besetzt. Der Bischof zählt zu den einflussreichsten Köpfen im schwedischen Finnland und ist entschlossen, diesen Einfluss zu nutzen. Von Widerstand gegenüber den russischen Eindringlingen hält der oberste Dienstherr aller Geistlichen gar nichts. Er nennt ihn »irrational«, ja sinnlos, weil der Theologe überzeugt ist, dass Finnland auch unter russischer Herrschaft eine gute Zukunft haben werde. Der Zar ist für Jacob Tengström ein aufgeklärter Herrscher, dessen »milde und populäre Grundsätze« allen bekannt seien. »Was in sich richtig und gut sei«, könne sich unter jeder Herrschaft entfalten, egal ob schwedisch oder russisch.

Der Gottesmann hat die Situation richtig eingeschätzt. In ganz Finnland bleibt es ruhig, keine Hand erhebt sich mehr gegen die russischen Truppen. Am 8. Mai 1808 legen in Turku Professoren, Studenten und Angestellte der Universität in feierlicher Sitzung ein Treuegelöbnis auf den Zaren ab. Am 1. Juni geht ein Schreiben von Bischof Tengström an alle Pfarrer, den Befehlen der neuen russischen Obrigkeit zu gehorchen, weil dies »dem Ratschluss des Höchsten und Allwissenden« entspreche.

Am 4. Juni 1808 kam die Belohnung für so viel Loyalität aus St. Petersburg. Der Zar schickte ein Manifest in Russisch und Deutsch »an den Herrn Prokanzler und Bischof«, in dem er alle Freiheiten und Privilegien der Universität von Turku auch unter russischer Herrschaft bestätigte. Und fügte hinzu, dass »Unsere Fürsorge« sich »auf den Wohlstand dieses uns durch die Fügung des Himmels zugefallenen Landes« richte. Noch im selben Jahr 1808 erklärte Zar Alexander I. die eroberten schwedischen Gebiete zum »Großfürstentum Finnland« und fügte seinen vielen Titeln als absoluter Herrscher im russischen Vielvölkerstaat den des »Großfürsten von Finnland« hinzu. Die Rückgabe des gesamten Landes an Russland im Friedensvertrag 1809 war nur noch eine Formalie. Das neue russische Finnland wird auch auf Helene Schjerfbecks Leben eine nachhaltige Wirkung haben.

Es ist nicht selbstverständlich, dass großen Parolen auch Taten folgen. Alexander I. jedoch hielt Wort. In allen Geschichtsbüchern des modernen Finnland hat der Landtag von Porvoo – damals schwedisch Borgå – an der Küste östlich von Helsinki einen prominenten Platz. In diesem traditionsreichen Handelszentrum mit den schmucken bunten Holzhäusern trafen sich am 23. März 1809 im alten Dom Vertreter der finnischen Stände, die unter russischem Schutz gemäß der schwedischen Reichstagsordnung gewählt worden waren. Am nächsten Tag beeidete der Zar vor der Versammlung im Dom seine Zusage, dass alle Gesetze und Verordnungen aus der Schwedenzeit unter der russischen Herrschaft für Finnlands Bewohner ihre Gültigkeit behalten würden. Finnland, so Alexander I. in seiner auf Französisch gehaltenen Rede, habe als russisches Großfürstentum »seinen Platz unter den Nationen« eingenommen. Für die Zeremonie war eigens ein Thronsessel aus St. Petersburg in die Kirche von Porvoo herbeigeschafft worden. Er blieb im Land und steht heute im Nationalmuseum in Helsinki.

Finnland, soeben von Russland erobert, habe seinen Platz unter den Nationen: Das klingt verwirrend und unverständlich nach den Ereignissen, die sich im Lauf des 19. Jahrhunderts mit den Begriffen Nationalität/Nation verbunden haben. Am Beginn dieses Jahrhunderts und für die folgenden Jahrzehnte aber war dieses Schlagwort in Finnland nicht – wie in anderen europäischen Ländern – politisch aufgeladen. Kein Ruf nach einem eigenen unabhängigen Staat stand dahinter. Die auf dem Landtag von Porvoo vertretenen Adligen und Pastoren, Bauern und Kaufleute leisteten ohne Kopfzerbrechen dem Zaren ihren Treueeid. Sie vertrauten darauf, dass die loyale Bindung an das russische Reich Finnland einen geschützten Raum bot, um in Wirtschaft, Kultur und Gesellschaft den eigenen Interessen zu folgen und eine Eigenständigkeit zu schaffen, die das Land als Teil Schwedens nie gekannt hatte.

Das Vertrauen in die neuen Herrscher wurde nicht enttäuscht. Finnland bekam einen besonderen Platz im Vielvölkerstaat und wurde der russischen Gesetzgebung und Verwaltung weder angeschlossen noch unterstellt. Professoren, Gerichtsräte und Pastoren taten wie bisher reibungslos und unbehelligt auf Schwedisch ihre Arbeit. Gesetzesvorlagen und Vorhaben aller Art wurden in Helsinki vom Kaiserlichen Senat – dem neuen finnischen Regierungszentrum – beratschlagt, verabschiedet und zur Zustimmung nach St. Petersburg weitergeleitet. Dort saß ein finnischer »Ministerstaatssekretär«, der direkten Zugang zum Zaren hatte und die Angelegenheiten mit ihm erörterte. Dass am Ende alles von der Zustimmung des Zaren – der sich analog zur fürstlichen Hierarchie in Westeuropa auch »Kaiser« nennen durfte – abhing, entsprach dem politischen Verständnis der Zeit und wurde nicht in Frage gestellt. (Deshalb »Kaiserlicher Senat«, dessen sechzehn finnische Mitglieder vom Zaren ernannt wurden.)

Zu den Selbstverständlichkeiten, die das russische Finnland aus der Schwedenzeit übernahm, gehörte die Sprache. Sie markierte weiterhin die Trennungslinie zwischen den sozialen Schichten. Keine Karriere im Staat oder in der Verwaltung, in der Wissenschaft und im Geschäftsleben war möglich ohne Beherrschung der schwedischen Sprache. Überall, wo es in Finnland auch nach 1809 um schriftliche Fixierung ging, wurde alles ausschließlich in Schwedisch handschriftlich aufs Papier gebracht oder in gedruckter Form herausgegeben. Die neuen Herren zeigten sich erstaunlich flexibel.

Das russische Reich, in dessen Kernland den Bauern als Leibeigenen Freiheit und Menschenwürde radikal verweigert wurden; wo Polizei, Spitzel und Zensoren die Gesellschaft unterwanderten, hatte sich entschlossen, seinen Land- und Prestigezuwachs, das Großfürstentum Finnland, nicht durch Gewalt und Repression zu unterwerfen. Finnland sollte durch eine prosperierende Wirtschaft und größtmöglichen Wohlstand breiter Kreise fest und dauerhaft an Russland gebunden werden. Der Zar persönlich kümmerte sich darum, dass aus Helsinki, der wenig attraktiven Provinzstadt, eine prächtige moderne Metropole wurde, vergleichbar dem Aufstieg von St. Petersburg hundert Jahre zuvor. Ihr Glanz würde auch auf die russischen Herrscher fallen.

Der Wohlstand vermehrte sich tatsächlich in kurzer Zeit, denn Steuern und Handelsschranken, die unter den Schweden die finnischen Kaufleute beschwert hatten, wurden abgeschafft. Kamen aus St. Petersburg Zar und Zarin zu Besuch, wurden an die finnischen Untertanen großzügig Privilegien, Titel und Prämien verteilt. Von den Steuern, die im Großfürstentum erhoben wurden, blieb der größte Teil im Land und wurde für den Wiederaufbau eingesetzt. Vor allem für das Prestigeprojekt »Helsinki«; die Metamorphose der Stadt vollzog sich in atemberaubendem Tempo.

Nachdem Turku, die Hauptstadt des schwedischen Finnlands,

durch Feuer vollständig zerstört wurde, nutzt Zar Alexander I. 1812 die Gelegenheit und ernennt Helsinki zur Hauptstadt des Großfürstentums. 1816 wird der Architekt Carl Ludwig Engel, gebürtiger Berliner mit Berufserfahrung in St. Petersburg, wo der Zar ihn schätzen lernte, von Alexander I. zum obersten Verantwortlichen für die Neugestaltung ernannt. Die Stadt, der Engel ein völlig neues Gesicht geben soll, ist geprägt von kleinen Häusern aus Holz, deren Bau keinem Plan unterlag. Steinerne Gebäude kann man an einer Hand abzählen. Rund dreißig öffentliche Gebäude wird Carl Engel bauen, darunter als eindrucksvollstes den Dom. Den Bau von über sechshundert Gebäuden, darunter Privathäuser und Kasernen für die russische Armee, überwacht er persönlich als verantwortlicher Architekt.

Als Erstes entstehen 1822 der Senatsplatz, der Paraderaum der neuen Hauptstadt, und an seiner östlichen Flanke ein eindrucksvoller Bau für den Kaiserlichen Senat. Die kleinen alten Holzhäuser an der Südseite müssen bis zum Hafen hinunter weichen. Hier werden repräsentative Häuser für den Zaren, für hohe Beamte, aber auch für Kaufleute, die sich solche Pracht leisten können, gebaut. Heute ist dieser Bereich ein überdachtes Eldorado von modischen Boutiquen, Cafés, Galerien, dem Stadtmuseum und mittendrin dem Bau für den Gemeinderat. Das beliebte Café Engel bewahrt dem Star-Architekten aus Deutschland ein köstliches Andenken.

Der Granithügel, auf dem der lutherische Dom an der nördlichen Seite des Senatsplatzes nach den Plänen von Carl Engel in die Höhe wächst, ist jahrelang eine gewaltige Baustelle. Doch seit die Kirche des heiligen Nikolaus 1852 geweiht wurde, ist sie mit ihren weißen Kuppeln und den klaren Konturen des Neoklassizismus Helsinkis unverwechselbares Wahrzeichen, das freundlich über Stadt und Hafen wacht.

Als 1828 erneut ein Feuer in Turkus Straßen wütet, nutzt der Zar die Katastrophe, um Helsinki weiter aufzuwerten. Finnlands einzige Universität, 1640 durch Königin Christina in Turku an der Westküste gegründet, wird in die neue Hauptstadt verlagert. 1832 errichtet Carl Ludwig Engel an der westlichen Seite des Senatsplatzes ein imposantes und zugleich elegantes Gebäude für die neue Universität. Im Juni 1832 wird die Einweihung der »Kaiserlichen Alexander-Universität«, so der neue Name für die traditionsreiche schwedische Gründung, gefeiert.

Der akademische Festtag beginnt mit Kanonendonner, Chorgesang, einer Prozession der Professoren und langen Reden auf Schwedisch. Dann erhalten die Studenten, die in Turku ihr Studium begonnen haben, in Helsinki ihren akademischen Abschluss. Alle Kandidaten, ausnahmslos Männer, tragen silberne Strümpfe und Schuhe mit goldenen Schnallen, wie es die Tradition vorschreibt.

Die Öffentlichkeit wird in *Helsingsfors Morgonblad* durch einen Artikel des Chefredakteurs ausgiebig über die akademische Feier unterrichtet. Professoren und Studenten werden von nun an Helsinkis Gesellschaft mit ihrer Festkultur bereichern, bei der nach bestandenen Examen Gesang, opulentes Essen und beschwingende Getränke fester Bestandteil sind.

Der Chefredakteur vom *Morgonblad*, Johan Ludvig Runeberg, war Dozent für Rhetorik, hatte 1831 die Finnische Literatur-Gesellschaft und als deren Sprachrohr *Helsingfors Morgonblad* mitbegründet. Johan Ludvig Runeberg kam aus einem gebildeten, aber armen Elternhaus, seine Muttersprache war Schwedisch und mehr als ein paar Brocken Finnisch würde er sich nicht aneignen. Kein Hindernis, sich mit Kopf und Herz als Finne zu fühlen und mit seinen Gedichten, Novellen und Dramen einer finnischen Identität auf den Weg zu helfen und der finnischen Nationalbewegung entscheidende Anstöße zu geben.

1830 war sein erstes Buch, ein Gedichtband, erschienen. Der Held ist ein finnischer Bauer, den ein Schicksalsschlag nach dem anderen trifft. Doch Jammern und Klagen sind ihm fremd; gegen Gott oder die Obrigkeit zu rebellieren, kommt ihm nicht in den Sinn. In vielen Variationen wird Ludvig Runeberg seine Idealvorstellung von einem Finnen in seinen literarischen Werken unter die Leute bringen: Ein Finne ist Bauer oder Jäger und lebt fern von Städten in unwirtlichen Landstrichen. Sein Leben ist eine einzige Schufterei, den Gewalten der Natur ausgeliefert. Aber zäh, fromm lutherisch und schweigsam erduldet er alle Plagen, erfüllt seine Pflichten, lässt sich nicht aus seiner inneren Ruhe bringen. Mögen andere als Gewinner prahlen, die Würde eines echten Finnen zeigt sich in der Niederlage.

Als 1832 Johan Ludvig Runebergs zweites Buch, »Die Elchjäger«, erscheint und darin seine Vorstellung vom wahren Finnentum auch in den Jägern der nordischen Wildmarken Gestalt annimmt, ist sein Platz in der finnischen Literatur und in der finnischen Selbstfindung in Stein gemeißelt. Die schwedisch sprechende gebildete Schicht in Helsinki, die kein Wort Finnisch spricht, niemals ins Landesinnere gereist oder je einem Elchjäger begegnet ist, verschlingt Runebergs Bücher und macht seine literarischen Idealvorstellungen von finnischer Identität zu ihrer Sache. Knapp dreihundert Jahre nachdem der lutherische Theologe Mikael Agricola sein Abc-Buch auf Finnisch verfasste, beginnt mit Ludvig Runeberg die Geschichte der finnischen Literatur – in schwedischer Sprache, was auf dem Hintergrund der Geschichte Finnlands kein Kopfschütteln mehr hervorruft.

Johan Ludvig Runeberg ist nicht allein, er hat einen hochkarätigen literarischen Mitstreiter, Elias Lönnrot. Unter dem Etikett »Nationalromantiker« haben Runeberg und Lönnrot Finnlands geistig-kulturelle Entwicklung im 19. Jahrhundert und darüber hinaus nachdrücklicher beeinflusst als irgendjemand sonst.

Elias Lönnrot, Jahrgang 1802, war einer der Männer in silbernen Strümpfen und goldenen Schuhschnallen, die im Juni 1832 bei der Einweihungsfeier der Univerität von Helsinki ihren akademischen Abschluss erhielten. Lönnrot war nun approbierter Arzt und wurde 1833 zum Bezirksarzt im nordfinnischen Kajaani ernannt. Dieser entlegene Ort, der andere Zeitgenossen mit Entsetzen erfüllt hätte, entsprach genau seinen Wünschen und seiner ersten Leidenschaft. Schon nach einer Promotion über finnische Volksdichtung noch an der Universität in Turku hatte sich Elias Lönnrot ins östliche Finnland aufgemacht. Er war überzeugt, dass bis tief nach Karelien hinein einheimische Sänger und Sängerinnen in mündlicher Überlieferung eine Ur-Dichtung lebendig hielten, in der sich der Geist des finnischen Volkes über die Jahrhunderte bewahrt hatte. Ähnlich wie einst Homer die »Odyssee« als griechisches Nationalepos schuf, gelte es, die einzelnen Teile dieser finnischen Ur-Dichtung in Schriftform aufzuzeichnen und zu einem Ganzen zusammenzusetzen.

Der Sohn eines Schneiders, der an der Universität nur Karriere machte, weil er fließend Schwedisch sprach, konnte sich an dieses abenteuerliche Unterfangen wagen, weil Finnisch seine Muttersprache war. Neben allen intellektuellen Talenten sind die physischen Strapazen, die Elias Lönnrot in rund zwanzig Jahren für dieses Projekt auf sich nahm, bewundernswert. Der ersten Reise in Finnlands entlegene Gebiete im Osten folgten zehn weitere, bis hoch ins nordöstliche Lappland: Rund 20 000 Kilometer hat Lönnrot zurückgelegt auf der leidenschaftlichen Suche nach dem nationalen Epos. Er nutzte Skier, Pferde und Ruderboote, um sich mühsam seinen Weg durch das kaum besiedelte Land zu bahnen. Er fragte nach Sängern, Sängerinnen und Schamanen und notierte unermüdlich, was sie ihm gegen Bezahlung an Liedern vorsangen, an Geschichten erzählten, an Zaubersprüchen und magischen Formeln anvertrauten.

Trotz der ruhigen Schweden-Zeit sah alles danach aus, dass unter den neuen, den russischen Herren noch bessere Zeiten für Finnland anbrechen würden. An dem politischen Zündstoff, der sich nach dem Wiener Kongress, der nicht nur tanzte, sondern die reaktionären reformunwilligen Monarchien wiederherstellte, untergründig in Europa ausbreitete, hatten die Finnen keinen Anteil. Doch unabhängig von aller politischen Stabilität blieben die gebildeten schwedisch sprechenden Finnen nicht unberührt von der Suche nach nationaler Eigenständigkeit und Identität, die Europa im 19. Jahrhundert erfasste. Neue Fragen tauchten auf, nicht zuletzt durch Elias Lönnrots Sprachforschungen und Johan Ludvig

Runebergs Dichtungen angestoßen. Seit zwei oder mehr Generationen in Finnland verwurzelt, fühlten sie sich nicht als Schweden. Aber waren sie zu Russen geworden, weil der Zar nun als Großfürst über Finnland herrschte? Natürlich nicht. Finnland war ihre Heimat. Doch worin bestand das spezifisch Finnische? Wo und wie konnte man es lokalisieren, um sich damit zu identifizieren, jenseits von politischen und staatlichen Strukturen?

Wer die Schriften des deutschen Philosophen Johann Gottfried Herder las, der in Finnland hohes Ansehen genoß, bekam eine eindeutige, einfache Antwort: Die kulturelle Identität eines Volkes liegt in seiner Sprache. Das war eine harte Erkenntnis für schwedisch sprechende Finnen. Fühlten sie sich doch dank ihrer Sprache und Literatur als die Repräsentanten von Bildung und Kultur in Finnland. Die finnisch sprechende Bevölkerung hatte in den Augen der »Finnlandschweden« – eine sehr viel spätere Wortbildung – gerade deshalb keine Kultur, weil sie bis ins erste Drittel des 19. Jahrhunderts keine Schriftsprache und keine Literatur besaß.

Es war die Generation um Johan Ludvig Runeberg, die erstmals über ihren schwedischen Schatten sprang. Die Finnische Literatur-Gesellschaft, die Runeberg und Lönnrot mit anderen einflussreichen schwedischsprachigen Bürgern Helsinkis 1831 ins Leben gerufen hatte, gründete den ersten Verlag Finnlands, der ausdrücklich finnische Literatur – auch wenn es sie noch nicht gab – fördern sollte. Im täglichen Leben allerdings blieben die Mauern hoch. Die schwedischsprachigen Mitglieder der Gesellschaft verwahrten sich dagegen, eine finnische Fassung der Protokolle anzufertigen, und Finnisch lernen würden sie auch nicht. Als Sprachrohr der Finnischen Literatur-Gesellschaft kam nur eine schwedische Zeitung in Frage, *Helsingfors Morgonblad*. Allerdings bestand Einigkeit darüber, Lönnrots Forschungsarbeit auf der Suche nach einer finnischen Ur-Dichtung finanziell zu unterstützen. Die Ergebnisse seiner jahrelangen Arbeit würden selbstverständlich im Verlag der Finnischen Literatur-Gesellschaft veröffentlicht werden; einen anderen gab es in Finnland ohnehin nicht.

1835 setzt der Sprachforscher, Finnisch-Experte und Mediziner Elias Lönnrot sein kleines unbeachtetes Heimatland mit einem Paukenschlag auf die literarische Landkarte Europas. Ein Wort würde von nun an für Finnland stehen: KALEVALA. Sein Schöpfer gab der ersten gedruckten Fassung des grandiosen Epos, das er aus 32 Gesängen und 12000 Versen der mündlichen Überlieferung zusammengesetzt hatte, den Titel »Kalevala oder Alte karelische Lieder aus den Frühzeiten des finnischen Volkes«.

Seitdem sind die Helden aus Finnlands Urzeit mit ihren magisch-exotischen Namen in der Welt: Väinämöinen, der »urzeitalte Zauberwisser«, dessen Mutter Ilmatar dreißig Jahre mit ihm schwanger war, bevor sie ihn »auf dem offnen Meeresrücken, auf der weiten Wogenfläche« gebären konnte. Neben dem alten Zauberer leuchtet der junge Lemminkäinen, ein Frauenversteher, was ihn schließlich das Leben kostet. Aber seine Mutter wird am Totenfluss die Knochen ihres Sohnes wieder zusammenfügen, und er wird ins Leben zurückkehren. Ein Männerbund, zu dem auch Kullervo und Illmarinen gehören, und alle kämpfen sie für Kalevala, das Reich des Guten im Süden, gegen das »dämmerdunkle Nordland« Pohjola, das Reich des Bösen. Dort lebt Louhi, »die Nordlandherrin, arm an Zähnen«, die gewalttätige, hinterhältige Gegenspielerin der Helden.

Die Bedeutung des »Kalevala« für Finnlands Identitätssuche in der zweiten Hälfte des 19. Jahrhunderts kann gar nicht überschätzt werden. Auch in der Malerei werden uns Lemminkäinen, Väinämöinen, Kullervo und ihre fernen Zeitgenossen leibhaftig begegnen. Das literarische Dokument aus heldenhafter Vorzeit strafte das Überlegenheitsgefühl von Finnlands schwedischsprachiger Kultur Lügen. Die angeblich unkultivierten Bauern und Elchjäger konnten eine eigene finnische Kultursprache vorweisen.

Heute ist die Forschung sich einig: Lönnrot, der überzeugt war, ein literarischer Geburtshelfer zu sein und das uralte, einst einheitliche Epos, das über die Jahrhunderte in viele Lieder auseinandergerissen worden war, nur wieder zusammengesetzt zu haben, ist der eigentliche Schöpfer des »Kalevala«. Es hat nie eine zusammenhängende Erzählung über Finnlands Helden gegeben, wie sie sich zum Beispiel im mittelhochdeutschen »Nibelungenlied« erhalten hat. Und die Geschichten im »Kalevala« erzählen auch nicht aus heidnisch-vorchristlicher Zeit, sondern sind im zweiten nachchristlichen Jahrhundert entstanden und mit der Zeit aus dem Zentrum an die Peripherie in Finnlands Osten gewandert.

An der Strahlkraft des »Kalevala«, das Finnlands Sicht auf sich selbst tiefgreifend veränderte und der Gesellschaft einen dynamischen Schub versetzte, der seine volle Wirkung erst gegen Ende des Jahrhunderts zeigte, ändert die strenge Sicht der modernen Forscher nichts. Elias Lönnrot gab 1849 die zweite Fassung, das sogenannte »Neue Kaleva«, heraus. Es hatte 50 Gesänge und fast 23000 Verse. Diesmal hatten viele engagierte Mitarbeiter dem Vater der finnischen Sprache zugearbeitet. Mit dieser Ausgabe wurde die Erzählung vom guten Land Kalevala und seinem Kampf gegen das böse Land Pohjola zum finnischen Nationalepos.

Die finnische Kultur besaß nun eine eigene Literatursprache; und damit hatte Finnland – nach der Lehre Johann Gottfried Herders – einen originären nationalen Charakter, unabhängig von den schwedisch geprägten Traditionen. Mit der finnischen Sprache nahm Finnland seinen gleichwertigen Platz unter den Völkern ein, egal, ob Schweden oder Russen die politischen Herren waren. Ein nationaler Mythos war geboren, der alle Finnen stolz machte. Neben den Gedichten und Novellen von Johan Ludvig Runeberg, der das Loblied des einfachen finnischen Menschen auf Schwedisch sang, erhielt Elias Lönnrots finnisches Heldenepos noch im 1830er Jahrzehnt einen Ehrenplatz im Bücherregal der schwedisch sprechenden Elite Finnlands. Schon 1841 wurde die erste Ausgabe des finnischen »Kalevala« ins Schwedische übersetzt.

Vielleicht hat das nationale Hochgefühl, das das »Kalevala« auslöste, mit dazu beigetragen, dass Johan Ludvig Runeberg in Balladenform die »Erzählungen des Fähnrich Stål« schrieb, deren erster Teil 1848 erschien, »Fänrik Ståls sägnar«. Wieder ist Runebergs

Held ein einfacher Mann, der auf der Seite Finnlands im Russisch-Schwedischen Krieg von 1808/09 kämpft. Fähnrich Stål gehört zu den Besiegten. Doch der Dichter zeigt an seinem Helden, dass die Größe eines Menschen sich gerade nicht auf dem Schlachtfeld entscheidet, sondern in seinem Inneren liegt. Fähnrich Stål, durch seinen Namen als Glied einer schwedisch sprechenden Familie ausgewiesen, ist Patriot und ein frommer Mensch, er beweist Mut und Charakter – kurzum, ein wahrer Finne.

Im ersten Band stimmt Runeberg die Leser mit einem Gedicht ein, das schon zwei Jahre zuvor geschrieben wurde. Damals fand es kaum Beachtung. Im Mai 1848 jedoch hat es auf dem traditionellen »Frühlingsfest« der Studenten von Helsinki eine sensationelle Premiere. »Vårt land« – Unser Land – heißt der Titel und es beginnt: »O Heimat, Heimat, Vaterland, / Kling laut, du teures Wort! Kein Land, so weit der Himmelsrand, / Kein Land mit Berg und Tal und Strand / wird mehr geliebt als unser Nord, / Hier unsrer Väter Hort.« Der deutschstämmige Fredrik Pacius, Musiklehrer an der Universität und tonangebend in der Musikszene der Hauptstadt, hatte in wenigen Mai-Tagen die Melodie für »Unser Land« komponiert und für die Feier mit seinem Studentenchor eingeübt.

Im Frühling 1848 war Revolutionsstimmung in Europa. Seit die Franzosen im Februar ihren König fortgejagt hatten, gingen ehrenwerte Bürger in vielen Ländern auf die Straße, forderten Freiheit und eine demokratische Regierung. Und es war ein Lied, die »Marseillaise«, das überall die aufmüpfige Stimmung noch beförderte. Im Gegensatz zum europäischen Kontinent blieb in Helsinki alles ruhig. Aber die russische Obrigkeit war ebenso beunruhigt wie die finnische Leitung der Universität, ob nicht die »Frühlingsfeier« in einem revolutionären Rausch enden würde.

Auf dem Festplatz, vorsorglich weit draußen vor der Hauptstadt gelegen, versammelten sich am 13. Mai 1848 gut zweihundert geladene Gäste. Der Kaiserliche Senat war erschienen, hohe Beamte, Professoren, und auch Gruppen von Damen waren eingeladen. Aus Helsinki kamen rund dreihundert Studenten anmarschiert.

Auf dem Weg hatten sie unter der Leitung von Pacius und musikalisch begleitet von der Militärkapelle der Finnischen Garde kräftig »Unser Land« eingeübt. Zum festlichen Auftakt wurden acht Ansprachen mit dem obligaten Abschluss-Toast gehalten. Der Mond stand schon am Himmel, als der letzte Toast ausgesprochen wurde: »Auf Finnland!«. Da flogen die Studentenmützen in die Luft und hundertfach erklang »O Heimat, Heimat, Vaterland ... hier unsrer Väter Hort ... Was auch verhängt des Schicksals Hand, / Uns ward ein Land, ein Vaterland! / Was wäre mehr auf Erden wert, / Dass man es liebt und ehrt?«

Weder an diesem fröhlich-festlichen Abend im Mai noch an irgendeinem sonst in diesem Jahr 1848 erklang in Helsinki die »Marseillaise«; keine Spur von revolutionärer Bewegung in Finnland. Die Strophen von »Vårt land« standen in allen Zeitungen, in kürzester Zeit wurde es zum Lied des Vaterlandes. In der finnischen Übersetzung aus dem Schwedischen wurde es 1918 die Nationalhymne der Republik Finnland: »Oi mamme, Suomi, synnyinmaa ... O Heimat, Finnland unser Land«. Nicht Radikalität zeichnet den Finnen aus, sondern Dankbarkeit dafür, dass »Unser Land« ein von Gott gesegnetes ist. Und es ist die edelste Aufgabe der Dichter, ja der Künstler überhaupt, diese Botschaft zu verkünden, sich dem Kollektiv anzupassen und keine individuellen Wege zu gehen.

1851 wurde an der Universität von Helsinki ein Lehrstuhl für Finnisch eingerichtet. Im gesellschaftlichen Alltag dem Finnischen einen gleichberechtigten Platz einzuräumen, war eine andere Sache. Warum sollten Helsinkis Bewohner, von denen im Jahr 1850 knapp neunzig Prozent Schwedisch als ihre Muttersprache nannten, einer ihnen sehr fremden Sprache Raum in der Öffentlichkeit geben und sie gar selbst erlernen?

1862 erschien in Helsinki die erste Tageszeitung Skandinaviens – *Helsingfors Dagblad*, auf Schwedisch. Sie hatte eine liberale Ausrichtung, brachte Artikel zu außenpolitischen Themen und stützte die Reformpolitik Zar Alexanders II., der 1855 in Russland die Leibeigenschaft abgeschafft hatte. Zwei Jahre nach *Helsingfors Dagblad* wurde *Hufvudstadsbladet* gegründet, ein Blatt für die Hauptstadt: schwedischsprachig, professionell gemacht und finanziell gut abgesichert, weil es den immer wichtiger werdenden Anzeigen- und Annoncenmarkt beherrschte. Bis heute ist es Helsinkis Zeitung für die schwedischsprachige Minorität der Hauptstadt.

1869 erscheint mit *Uusi Suometar* erstmals eine erfolgreiche finnische Zeitung. Ab 1919 nannte sie sich *Uusi Suomi* und konnte sich bis 1991 halten. *Uusi Soumetar* gehörte zum Bestand der finnisch sprechenden Familien im ganzen Land. Und auch dort, wo niemand Finnisch sprach, konnte sie auf dem Tisch liegen, um finnische Gesinnung zu demonstrieren. Ebenfalls 1869 gelang es, in Helsinki erstmals ein finnisches Lyzeum, für Jungen, zu etablieren, für lange Zeit das einzige im Land.

Langsam änderte sich in Helsinki das Ungleichgewicht der Sprachen. Die erste finnische Eisenbahnlinie Helsinki–Hämeenlinna brachte seit 1860 Menschen aus dem Landesinnern in die Hauptstadt, die zuvor niemals eine solche Chance gehabt hatten. Sie suchten Arbeit und sprachen Finnisch. Nach den Taufbüchern der protestantischen Gemeinden lebten 1850 in Helsinki 15210 Einwohner. Zwanzig Jahre später gibt es erstmals einen offiziellen städtischen Zensus. Jetzt werden auch die russischen Mitbewohner, vor allem Soldaten, mitgezählt, für die seit 1868 eine prächtige orthodoxe Kathedrale auf dem Hügel östlich vom Hafen steht. 1870 hat Helsinki insgesamt 32113 Einwohner, von ihnen nennen 57 Prozent – 18323 Einwohner – Schwedisch als ihre Muttersprache. Für 25,9 Prozent – 8308 Einwohner – ist Finnisch die erste Sprache. 12 Prozent – 3878 Einwohner – sprechen Russisch, 2 Prozent – 562 Einwohner – nennen Deutsch als ihre Muttersprache und immerhin 3 Prozent – 1042 Einwohner – eine andere Sprache.

Nicht wenige Einwohner Helsinkis, deren Muttersprache Finnisch ist, lernen Schwedisch, denn nur mit dieser Sprache können sie es in der Stadt zu etwas bringen. Umgekehrt ist in der angesehenen »Schwedischen Frauenzimmerschule« in Helsinki Finnisch Pflichtfach. Aber die große Mehrheit der schwedisch sprechenden Familien sieht auch im letzten Drittel des 19. Jahrhunderts keinen Grund, dass ihre Kinder Finnisch lernen sollen. Familie Schjerfbeck ist ein typisches Beispiel dafür.

1873 wird der Stadtrat von Helsinki nach einer Reform der Stadtverwaltung neu gewählt. Das Wahlrecht hängt von der Höhe der Steuerzahlung ab. Im neuen Gemeinderat nennen 3 von 48 Abgeordneten Finnisch als Muttersprache. Da überrascht es nicht, dass weiterhin in allen Sitzungen und bei allen schriftlichen Verwaltungsvorgängen ausschließlich Schwedisch benutzt wird.

Im September 1873 macht sich in Finnlands Hauptstadt ein sehr junges Mädchen von der elterlichen Wohnung auf in die Unionsgatan 20, nur Minuten von der Esplanadi und dem Hafen entfernt. Hier, in der Zeichenschule des Finnischen Kunstvereins, wo ausschließlich Schwedisch gesprochen wird, beginnt das Herbstsemester 1873, und die elfjährige Helene Schjerfbeck ist dabei.

3. Kapitel

Das Wunderkind
Oder: Frauen machen Fortschritte

1873 bis 1877

In der Unionsgatan 20 steht heute ein moderner Block aus einem Guss, nichts als Glas und graue Verkleidung; ihm folgen neoklassizistische Bauten vom Beginn des 20. Jahrhunderts in lichthellen Farben bis an die Esplanadi. Ein Restaurant mit Konferenzräumen hat sich in der kühlen Moderne eingerichtet, und im Komplex sind mehrere Botschaften untergebracht. Nichts erinnert mehr an das alte Haus, in dem der Finnische Kunstverein seine Zeichenschule eingerichtet hatte. Helena Westermarck, die hier Helene Schjerfbeck erstmals begegnete, hat in ihren »Lebenserinnerungen« ein düsteres Bild der Räumlichkeiten gemalt. Alles war verstaubt und schmutzig, die Luft schwer und grau vom Staub. Zwar hingen Petroleumlampen von der Decke, aber wegen der dicken Vorhänge gab es im Zeichenraum kaum Licht, nicht einmal mittags.

Aber Helena Westermarck fügt ihrer realistischen Beobachtung hinzu, dass Schmutz und miserable äußere Bedingungen die Schüler und Schülerinnen in ihrem Arbeitseifer und ihren Zielen nicht bremsen konnten. Nirgendwo sonst im Land »gab es mehr himmelstürmende Träume in Bezug auf die ruhmreiche Zukunft der finnischen Kunst«. Kein Zweifel, dass auch Helene Schjerfbeck davon träumte, als Malerin Teil dieser ruhmreichen Zukunft zu werden. Wobei das junge Mädchen sich in dieser neuen fremden Umgebung, außerhalb ihres familiären Umfeldes, das sie so lange behütet hatte, keineswegs in Träumen verlor.

Schon nach den beiden Grundsemestern wurden Helene

Schjerfbecks Fortschritte lobend hervorgehoben, und die Zwölfjährige stieg in die Antiken- oder Modellklasse der Zeichenschule auf. Dort kam sie mit Helena Westermarck zusammen, die sich nach dem Abschluss der »Schwedischen Frauenzimmerschule«, damals Alexandersgatan 8, für eine Ausbildung zur Malerin entschlossen hatte. Helena Westermarck, fünf Jahre älter als Helene Schjerfbeck, kam aus einer liberalen Akademikerfamilie, für die es selbstverständlich war, dass auch Töchter eine Berufsausbildung erhielten. Ihre Tante mütterlicherseits war Direktorin der »Frauenzimmerschule«. Im Abschlusszeugnis hatte Helena in allen Schulfächern – Französisch, Deutsch, Schwedisch, Rechnen, Schönschrift, Gesang, Handarbeiten, Gymnastik – die Höchstnote Zehn und nur in Finnisch eine Neun erhalten.

Welchen Eindruck die jüngere Mitschülerin auf Helena Westermarck machte und wie ihre lebenslange Freundschaft mit Helene Schjerfbeck begann, hat sie in ihren »Lebenserinnerungen« beschrieben:

»Bei meinen Kameradinnen in der Antikenklasse gab es ein sehr junges Mädchen, eigentlich noch ein Kind, zu dem ich mich sofort hingezogen fühlte. Ihre ganze Person und ihr Auftreten umgab etwas Bescheidenes, fast Schüchternes. Sie hatte ein paar große, leicht nach außen stehende, runde, hellblaue Augen in einem hellen rötlichen Gesicht, mit einer sehr hohen und stark gewölbten Stirn, über der sich das entzückende blonde Haar kräuselte. Es war im Nacken zu einem dicken Zopf zusammengefasst, der den Rücken hinunterfiel und mit einer schönen goldenen Locke schloss. Ihre Gestalt verriet, dass sie seit ihrer Kindheit nicht gesund war. Aber diese zarte Gestalt bewegte sich mit einer solchen Anmut und Würde, dass man vergaß, dass sie von Krankheit gezeichnet war.«

So weit die äußerliche Schilderung. Dann schließt Helena Westermarck ihr Urteil über die künstlerischen Fähigkeiten der jungen Helene Schjerfbeck an: »In ihren Arbeiten erwies sie sich als die fortgeschrittenste und begabteste Schülerin unserer Klasse. Wie ich ihre Zeichnungen bewunderte.« Die Sympathie ist gegenseitig: »Nach und nach wurden wir vertrauter. Unsere aufbrechende jugendlich-leidenschaftliche Liebe zur Kunst zog uns zueinander.« Im Rückblick nennt Helena Westermarck »die Malerin Helene Schjerfbeck meine allernächste und liebste Freundin«.

Was nicht nur ihre Freundin beeindruckte: Zum Unterrichtsstoff der Zeichenschule gehörte es, Bilder bekannter Maler zu kopieren. Helene Schjerfbeck wählte mit Vorliebe große Bilder mit vielen Personen und schuf glänzende Kopien. Lehrer in der Antikenklasse war der Bildhauer Carl Eneas Sjöstrand, 1828 in Stockholm geboren, der sich 1863 endgültig in Helsinki niedergelassen hatte und zum Vater der finnischen Bildhauerkunst wurde. Sjöstrand war ein freundlicher Mann, der durch die Reihen ging, die Zeichnungen betrachtete, um dann seine Schülerinnen positiv anzufeuern: »Besser, immer besser.«

Helena Westermarck, die schwankte, ob sie sich für die Schriftstellerei oder die Malerei entscheiden sollte, hatte schließlich die Zeichenschule gewählt, weil es nach ihren eigenen Worten in der Kunst für Frauen »keine Mauern« gab. Die Zahlen bestätigen ihre Einschätzung: 1874 saßen in der Grundklasse der Zeichenschule 23 junge Männer und 18 junge Frauen. Zwischen 1874 und 1879 absolvierten 10 Männer und 27 Frauen die Antikenklasse der Zeichenschule.

Als die angehende Lehrerin Inga Lindman im Frühjahr 1873 bei Adolf von Becker vorsprach, um auf Helene Schjerfbecks Zeichentalent aufmerksam zu machen, nutzte sie auch die Gunst der Stunde. Mit Beginn der 1870er Jahre kam im Großfürstentum Finnland unter russischer Oberhoheit eine Entwicklung endgültig zum Durchbruch, für die schon 1848 der Grundstein gelegt worden war. Damals hatte der Finnische Kunstverein seine staatliche anerkannte Zeichenschule gegründet, die von Anfang an ohne Vorbehalte Männern und Frauen für eine professionelle Ausbildung offenstand. Schon bei der ersten Ausstellung des Vereins wurden Bilder der Malerin Mathilda Rotkirch (1813 in Porvoo geboren, 1842 in Turku gestorben) gezeigt. Sie hatte sich in Stockholm, Paris und Italien ausbilden lassen und war Finnlands erste Malerin. Ab 1858 vergab der Kunstverein, in dessen Vorstand nur Männer saßen, erstmals Preise in verschiedenen Kategorien, darunter den »Dukatenpreis« für junge Künstler. Mit den zwölf »Dukatenpreisen« zwischen 1858 und 1863 wurden elf Frauen und ein Mann ausgezeichnet. Im Jahresbericht des Kunstvereins von 1861 warb ein Aufsatz dafür, dass die Kunst Frauen die Möglichkeit biete, sich außerhalb des Hauses zu entfalten, eine gezielte Förderung weiblicher Künstler

Bedenkt man, wie zäh sich Europas Gesellschaften im 19. Jahrhundert an das patriarchalische Geschlechter- und Familienmodell klammerten, darf man das Großfürstentum Finnland unter russischer Herrschaft einen Pionier in Sachen Emanzipation nennen. In der Kunst schlug das besonders zu Buche, aber auch auf anderen Gebieten baute das abseitige Finnland früher als andere Länder Hindernisse ab, um die Gleichberechtigung voranzutreiben. Für das Semester 1870 gestattete der Zar erstmals, dass eine Frau Vorlesungen der Kaiserlichen Alexander-Universität in Helsinki besuchen durfte. Es war Maria Tschetschulin, die neunzehnjährige Tochter eines russischen Kaufmanns, der in Helsinki seine zweite Heimat gefunden hatte. Die erste Studentin Finnlands machte keine Prüfungen an der Universität und wurde Kontoristin.

1871 ließ die Universität Frauen zum Medizinstudium zu. 1878 machte Finnlands erste Ärztin ihr Examen. Dann aber änderte der Zar seine Meinung. Gesuche von Frauen, die in Helsinki studieren wollten, wurden in Moskau abschlägig beschieden, obwohl der Kaiserliche Senat und die akademische Leitung der Universität für ein gleichberechtigtes Studium plädierte. Aber 1884 ist es mit der Blockade endgültig vorbei; vier Frauen werden gleichberechtigt zum Universitätsexamen zugelassen. Ab 1897 können Frauen in Finnland auch Mitglieder bei den sehr beliebten und einflussreichen Studentenvereinigungen werden. (In Deutschland wird das Frauenstudium erst ab 1900 nach und nach zugelassen.)

Auch in der Arbeitswelt und im Familienrecht tut sich Beispielhaftes in Finnland. Ab 1864 arbeiten Frauen bei der Post und ab 1865 in den Telegraphenämtern, für gleichen Lohn und mit gleichen Karrierechancen wie ihre männlichen Kollegen. Ebenfalls 1865 erhalten Frauen das Stimm- und Wahlrecht bei Kommunalwahlen, und ab 1868 kann eine Frau vor ihrer Heirat Gütertrennung beantragen. Es sind wichtige Schritte auf dem Weg zur Emanzipation, die in Deutschland, sosehr die Frauenbewegung darauf drängt, noch viele Jahre auf sich warten lassen.

Seit den siebziger Jahren des 19. Jahrhunderts steht die bildende Kunst mit ihren Chancen für weibliche Künstler an der Spitze des Fortschritts. Die Männer im Finnischen Kunstverein sind überzeugt: Nur wenn Finnlands Künstler im internationalen Wettbewerb mithalten, wird das Land einen anerkannten Platz unter Europas Nationen einnehmen. Und wenn sich mehr Frauen als Männer auf den steinigen Weg zum Ruhm machen, dann werden sie auch gefördert. Die Vorurteile von gestern zählen nicht mehr, wenn es um das Vaterland geht. In Finnland gilt wesentlich früher, was die erfolgreiche deutsche Malerin Hermione von Preuschen 1896 auf dem »Internationalen Kongress für Frauenwerke und Frauenbestrebungen« in Berlin ihren Zuhörerinnen zuruft: »... das Genie ist so frei sich nicht ans Geschlecht zu kehren, es fliegt in die Seelen, wem und wie es will.«

Die finnische Gesellschaft ist sich dieser stillen Revolution bewusst. In Artikeln und Aufsätzen werden Frauen mit einer Metapher ermuntert: Sie sollen sich trauen, hoch hinaufzufliegen, es werden ihnen nicht mehr die Flügel gestutzt. Es gilt nicht mehr als unweiblich, wenn Frauen sich hohe Ziele setzen.

Von dieser Stimmung getragen, ging Helene Schjerfbeck in die Zeichenschule und brachte mit selbstsicherer Leichtigkeit, hinter der sich ein scharfsichtiger Blick für die Dinge und eine ungeheure Konzentration verbargen, die Welt ringsherum mit dem Bleistift auf ihr Zeichenpapier. Auf dem Zeichenblock der Zwölf- bis Vierzehnjährigen hat sich der Blick aus der elterlichen Wohnung auf den gegenüberliegenden schneebedeckten Komplex mit Häusern,

Bäumen und Büschen erhalten; dazu ein »Stillleben« mit knöchernem Schädel; eine Landschaft. Vor diesen so lockeren wie professionellen Zeichnungen drängt sich der Begriff »Wunderkind« geradezu auf. Bei Helene Schjerfbeck ist das große Wort zu Recht am Platz, und Lehrer wie Schülerinnen im Kunstverein haben es neidlos anerkannt.

Im Frühling 1875 beendete sie auch das zweite Jahr an der Kunstschule mit Auszeichnung. Im Sommer wurde Helene Schjerfbeck fünfzehn Jahre alt. Aus dieser Zeit stammen zwei ihrer Zeichnungen vom Herrenhof Sjundby, wo der verwitwete Patenonkel Thomas Adlercreutz mit Tochter Selma und seiner Schwiegermutter, Helenes Großmutter, lebt. Während der Sommerferien und auch im Winter ist Helene Schjerfbeck oft zu Gast in Sjundby; sie versteht sich gut mit ihrer fast gleichaltrigen Kusine Selma.

Auf den Zeichnungen der Dreizehnjährigen thront das mächtige steinerne Haupthaus über Fluss und Park und den kleinen Häusern und Stallungen. Mit feinen Grauschattierungen streckt sich die Baum-Kulisse in den Himmel. Nicht nur die technische Perfektion der Zeichnung macht sprachlos, auch die Gesamtkomposition ist so gelungen, als hätte Helene jahrelange Übung in diesem Metier.

Rund um den Herrenhof ist Helene Schjerfbeck der Natur nahe wie sonst nie. Sie kann im Boot träumen, während es auf dem kleinen Fluss dahindümpelt. Abends sitzt sie am Fenster und betrachtet den Mond, der sich im Wasser spiegelt. Sie ist mit Menschen zusammen, von denen sie sich angenommen fühlt. Als »hell und freundlich« wird Helene die Auszeiten von der großen Stadt und der schwermütigen Stimmung in der elterlichen Wohnung in Erinnerung behalten. Die rund sechzig Kilometer werden mit Pferd und Wagen zurückgelegt. Im Winter kann man eine Abkürzung über die zugefrorene Bucht westlich von Helsinki fahren. Schon an der Eingangstreppe werden sie vom Hausherrn und seinem Sohn Henrik herzlich begrüßt, und sofort geht es in den Speisesaal. Zum Willkommen gibt es Kaffee und Brote, danach Wein und Kompott und zum Abschluss ein großes Abendessen. Anschließend ziehen sich die jungen Leute in die metertiefen Fensternischen zum Plaudern zurück. Den Kutschern wird zugeflüstert, dass sie nicht mehr gebraucht würden.

Ein weiteres sommerliches Ferienvergnügen führte zur Familie ihrer Tante mütterlicherseits, die mit Bankdirektor Lupander verheiratet war. Die Familie konnte sich eine Sommervilla auf den Schären westlich von Helsinki leisten und besaß ein Segelboot. Helene Schjerfbeck hat später stolz erzählt, dass sie als einzige unter den Kusinen von ihrem gleichaltrigen Vetter »Junne« – Johan Lupander – zu Segeltouren eingeladen wurde. Sie war zupackend und nicht ängstlich, und ihre lebenslange Liebe zum Meer, zu Booten und Hafenstimmung liegt auch in diesen Jugenderfahrungen begründet.

Aber wie konnte sie mit ihrer steifen Hüfte schnell und geschickt beim Segeln agieren? Helene Schjerfbeck hat im Rückblick auf die Jugendzeit in Helsinki, auf die Urlaube auf Sjundby und in den Schären ihre Behinderung nie erwähnt. Sie ist mit ihrer sichtbaren Behinderung offensichtlich selbstbewusst umgegangen, hat sich die Lust am Leben nicht nehmen lassen. Auch wenn die Stimmung im Elternhaus düster und bedrückend ist: So lebensfroh handelt nur ein Mensch, der ausgeglichen ist und nicht mit seinem Schicksal hadert.

1875 bekam Helene Schjerfbeck endlich fachkundige medizinische Hilfe. Ihr Vater Svante Schjerfbeck war mit Professor Georg Asp befreundet, Professor für Anatomie an der Kaiserlichen Alexander-Universität Helsinki. Georg Asps Frau Mathilda verhalf in Finnland der Gymnastik zum Durchbruch; sie erreichte, dass es obligatorisches Fach an Mädchenschulen wurde. Das Ehepaar gründete ein Institut für Gymnastik, und dank ihrer Hinweise konnte Helene Schjerfbeck ihre Hüftbeschwerden verringern.

Es kann Helene Schjerfbeck nicht verborgen geblieben sein, dass ihr Vater immer mehr unter der Tuberkulose litt, die ihn arbeitsunfähig gemacht hatte. Aber wenn sie nachmittags von der Zeichenschule nach Hause kam, hatte er Zeit für sie. Svante Schjerfbeck wusste, dass er nicht mehr erleben würde, wie aus seiner Tochter eine junge Frau wurde. Er gab Helene mit auf den Lebensweg, was ihm Trost in schweren Zeiten war. Er sprach mit ihr ein Gebet, so oft, bis es sich fest in ihr Gedächtnis eingegraben hatte: »Hilf mir, Herr, durch Deine Gnade, / dass ich mich allezeit von Herzen nur an das eine halte: / An den Herrn Jesus Christus zu glauben / und zu lieben ohne Hinterlist. / Meine Hilfe bist Du alleine.« Noch im hohen Alter hat Helene Schjerfbeck über dieses Gebet gesagt, »es wurde mit der Zeit meine Lebensanschauung«. Von ihrem Vater hat sie 1943, mit einundachtzig Jahren, nach einer Fotografie ein Porträt gemalt, dessen zärtlich-traurige Augen verraten, welche Gefühle Tochter und Vater verbunden haben.

Im Frühjahr 1876 ging das dritte Ausbildungsjahr an der Zeichenschule zu Ende. Diesmal wurden die herausragenden Leistungen der dreizehnjährigen Helena mit einem Bildband über die Kunstschätze Italiens und einem Fünfzig-Mark-Stipendium belohnt. Es war ein Ansporn in Zeiten tiefer Traurigkeit. Am 2. Februar 1876 war Helenes Vater gestorben, ein schmerzhafter Bruch in ihrem Leben. Svante Schjerfbeck hatte keine irdischen Güter zu vererben. Nur einen Farbkasten, den Helene bekam. Olga Schjerfbeck, sechsunddreißig Jahre alt, musste eine schwierige Entscheidung treffen: Die magere Witwenrente würde sie mit den beiden Kindern in die Armut stürzen und das bedeutete sozialen Abstieg. Sie beschloss, eigene Stickereien und Handarbeitet zu verkaufen und in ihrer Wohnung eine Vollpension für Studenten anzubieten. Junge Männer, die von außerhalb an die Universität Helsinki kamen, waren froh, von einer Pensionswirtin aus bürgerlichem Hause versorgt zu werden. Als sich die Universität ab Mitte der achtziger Jahre endgültig für Frauen öffnete, nahm Olga Schjerfbeck auch weibliche Pensionsgäste auf.

Svante Schjerfbeck wurde auf jenem Teil des Friedhofs von Helsinki begraben, der heute der älteste ist; Sandudds begravningsplats hieß er damals, nur Minuten von der Ostsee entfernt gelegen, wo sie auf die westliche Küste der Hauptstadt stößt. Heute steht die finnische Bezeichnung an erster Stelle, Hietaniemen hautausmaa, und es ist eine parkähnliche Totenlandschaft mit vielen Bäumen gewachsen, die sich in weitem Bogen um den nördlichen Teil der Bucht ausdehnt. Manchmal nahm Olga Schjerfbeck ihre Tochter mit, wenn sie das Grab besuchte. Die beiden gingen von ihrem Häuserblock in Richtung Fredriksgatan und schwenkten dann rechts in die Lappviksgatan (finnisch: Lapinlahdenkatu) ein, die direkt zum Haupteingang des alten Friedhofs führt.

Am Grab entfernte Olga Schjerfbeck Unkraut; Mutter und Tochter holten Wasser am Brunnen und begossen die bepflanzte Fläche. Am Kopfende war ein kleiner quadratischer Gedenkstein aufgerichtet und »S. Schjerfbeck« als oberste Zeile in den grauschwarzen Stein gemeißelt worden. Darunter standen die Lebensdaten. Es war kein steinernes Kreuz errichtet, wie auf vielen Gräbern ringsum. Nach dem Abschied vom Vater begleitete Helene die Mutter zu den Gräbern der drei verstorbenen Geschwister.

Im Bereich südlich der Lappviksgatan haben sich bis heute alte Holzhäuser mit ihren Gärten erhalten. Damals standen sie zu beiden Seiten der Straße. Wenn Helene mit ihrer Mutter zum Friedhof ging oder wieder auf dem Heimweg war, kamen nicht selten »aus den Türen kleine schmutzige Kinder«, darunter »ein schönes kleines Judenmädchen mit struppeligem Haar«. Juden waren nichts Besonderes für Helene, denn sie kannte die jüdischen Secondhand-Geschäfte, die sich seit Jahren an der Henriksgatan, heute Mannerheimintie, angesiedelt hatten. Alle Bewohner Helsinkis kauften hier ein, und Gleiches galt für den beliebten jüdischen Narinkka-Markt, wo es vor allem gebrauchte Kleider gab. Die Markthändler und -händlerinnen zogen um 1876 auf den Platz um, der heute direkt vor dem Einkaufskomplex Kamppi liegt und immer noch Narinkka heißt.

Die russische Armee, deren Kasernen stadtauswärts die Mannerheimintie entlang standen, hatte einen riesigen Bedarf an Textilien. Und die Einwohner von Helsinki ließen sich ihre Kleider nicht mehr schneidern. Es musste schnell gehen und billig sein in der modernen Zeit. Einfache Konfektionsware erlebte ihren ersten Boom und durfte gern gebraucht und auf neu gemacht sein: Vor allem für die zunehmende Anzahl von berufstätigen Frauen und für die Arbeiter, die mit der Industrialisierung in die Hauptstadt zogen.

Seit 1867 durften sich russische Soldaten jüdischer Religion nach ihrem Abschied aus der Armee überall im russischen Reich, also auch im Großfürstentum Finnland, niederlassen. Der Zensus von 1870 zählte 226 Juden, 123 Männer und 103 Frauen, obwohl ihnen der Aufenthalt gemäß der Gesetzgebung aus schwedischer Zeit, die von den russischen Herren respektiert wurde, verboten war. Die Schweden hatten 1782 den Juden in ihrem gesamten Reich nur Aufenthalt in drei Städten gewährt, die alle auf dem schwedischen Festland lagen.

Aber das lutherische Helsinki hatte im Lauf des 19. Jahrhunderts gelernt, tolerant zu sein – gegenüber russisch-orthodoxen, griechisch-orthodoxen und katholischen Christen, gegenüber Juden und Muslimen, die alle mit der russischen Armee in die Stadt kamen. 1860 war nach vierhundert Jahren wieder eine katholische Kirche gebaut worden, seit 1868 überragte die orthodoxe Uspeski-Kathedrale am östlichen Hafenrand die Stadt. 1867 betrat Naftali Zwi aus Amsterdam, von der jüdischen Gemeinde in Helsinki gewählt, als erster Rabbiner finnischen Boden. 1870 wurde den Juden erlaubt, in einem Haus nahe dem heutigen Hakaniemi-Platz eine Synagoge einzurichten. Für die muslimischen Tataren in ihren Reihen hatte die russische Armee einen Gebetsraum angemietet. Helsinki war kein Provinznest mehr, sondern eine bunte multikulturelle Stadt. Wenn Helene Schjerfbeck über die Esplanadi zur Zeichenschule ging, konnte sie viele Sprachen hören.

Das vierte und letzte Jahr an der Mal- und Zeichenschule brachte nichts Neues, nichts Interessantes mehr für Helene Schjerfbeck. Sie war ihren Mitschülerinnen weit voraus und brauchte stärkere Anforderungen. Das positive Abschlusszeugnis im Juni 1877 war keine Überraschung; aber es bewies noch einmal, dass ihr Talent Anerkennung fand. Dort stand, sie habe alle Abschnitte der Schule mit »außergewöhnlichem Fleiß und außergewöhnlichem Erfolg« abgeschlossen, und sie erhielt vom Finnischen Kunstverein ein weiteres Stipendium von hundert Mark.

Wie es mit Helene Schjerfbeck weitergehen sollte, war für die Kenner der Kunstszene keine Frage: Auf die Begabtesten der Kunstschule wartete die private Akademie von Adolf von Becker. Es war der entscheidende Schritt, um Malerin zu werden. Adolf von Becker hatte 1873 mit einem Machtwort der elfjährigen Helene die Tür zur Zeichenschule geöffnet und erreicht, dass der Kunstverein das Schulgeld übernahm.

Auch die private Kunstakademie Adolf von Beckers kostete Schulgeld. Helene zweifelte nicht an ihrem Talent und hatte in den Jahren an der Kunstschule erkannt, dass die Malerei ihr Lebensziel war. Aber sie wusste: Ihre Mutter konnte mit der Witwenrente und den Einkünften aus der Beherbergung der Pensionsgäste gerade das Studiengeld für Bruder Magnus aufbringen, der am Polytechnikum Architektur studierte. Sie als Tochter musste zurückstehen. Die Kunst war in den Augen von Olga Schjerfbeck ohnehin ein brotloses Gewerbe.

4. Kapitel

Becker-Akademie: Der letzte Schliff

1877 bis 1879

Falls sich Helene Schjerfbeck Sorgen machte, wie es weitergehen würde, dann verflogen sie schnell. Zwei Männer waren sich einig, dass dieses junge Mädchen auch in Zukunft gefördert werden müsse. Georg Asp war nicht nur der Freund ihres Vaters gewesen und hatte sich um ihr Hüftproblem gekümmert. Als Professor der Anatomie gab er Unterricht an der Zeichenschule des Finnischen Kunstvereins. Natürlich kannte er Adolf von Becker gut. Die beiden Kollegen werden es auf kurzem Wege geklärt haben: Professor Asp war bereit, Helene Schjerfbecks Ausbildung an der Becker-Akademie in der Nikolaigatan 5 zu bezahlen.

Ab Herbst 1877 ging die Fünfzehnjährige morgens wie gewohnt die Esplanadi hinunter Richtung Hafen. Am nördlichen und am südlichen Rand der Prachtboulevards war immer noch das alte Helsinki zu sehen – zweistöckige Holzhäuser, wo heute die mächtigen neoklassizistischen Bauten ein eindrucksvolles Ensemble bilden. Noch schmückte kein Denkmal die mittlere Grünanlage der Esplanadi; nur das »Kapelli« ist damals wie heute am östlichen Ende ein vertrauter, geselliger Ort. Hier, wo der Boulevard auf die Unionsgatan stößt, hieß es nun für Helene nicht mehr rechts einbiegen zur düster-muffigen Zeichenschule, sondern links herum zum Senatsplatz. Das Zarendenkmal, heute der Mittelpunkt, stand dort noch nicht. Links liegt die breite Treppe zum Dom, wächst die weiße Pracht der Kirche mit ihren Kuppeltürmen in den Himmel. Am östlichen Ende des Senatsplatzes ging Helene hinauf in die Nikolaigatan – inzwischen in Snellmansgatan umbenannt.

In der Nummer 5 waren die chemischen Laboratorien und der Saal untergebracht, in dem Adolf von Becker mittwochs und sonntags Studenten aller Fächer Zeichenunterricht gab. An den anderen Wochentagen konnte er in dem hellen und großen Raum seine Privatschüler unterrichten. Helene Schjerfbeck hat Jahrzehnte später den Gegensatz zwischen der Schule des Kunstvereins und der Becker Akademie so formuliert: »Ich glaube nicht, dass die staubige Zeichenschule mich weit brachte – sie begann mich umzubringen, und Becker zog mich wieder hoch, weckte mein Interesse wieder.« Das war ein hartes Urteil, wohl etwas ungerecht, um Adolf von Beckers Qualitäten als Lehrer und als Persönlichkeit hervorzuheben.

Der Sechsundvierzigjährige war ein überzeugter Anhänger der modernen französischen Malschule, die er in Paris studiert hatte. Naturalismus und Realismus heißt das Etikett für diesen Stil. Er verlangt vom Künstler, wie ein Seismograph zu registrieren, was man sieht – ob Menschen oder Natur –, und diesen Eindruck so genau und ehrlich wie möglich auf die Leinwand zu bringen. Becker kannte alle Techniken und zeigte Helene, wie man Ölfarben mischt und sie leicht und zügig aufstreicht; welche Pinselbreite man für unterschiedliche Bildthemen nutzen soll und wann es sinnvoll ist, mit einem Palettenmesser Farbschichten aufzutragen.

Er war ein Lehrer mit breitem Interesse, für die Malerei und für seine Schüler. Sie bekamen von ihm die neuesten Informationen über die Kunstentwicklungen in Paris. Er brachte Zeitschriften in den Unterricht und behandelte alle Schüler gleich freundlich und korrekt: »Alles in seinem Unterricht war gesund und gut, und man musste später nichts daran ändern …«

Das schrieb Helene Schjerfbeck Ende August 1909 an Helena Westermarck, als sie aus der Zeitung von Beckers Tod in der Schweiz erfahren hatte. Die ältere Freundin war mit Helene nach der Kunstschule in die Becker-Akademie gewechselt. Dort trafen die beiden auf eine Schülerin, die sie sehr bald in den engeren Kreis ihrer »Malschwestern« aufnahmen. Die Freundschaft von Helene Schjerfbeck mit der zehn Jahre älteren Ada Thilén – etwas »steif, aber warmherzig und auch temperamentvoll« – sollte ebenfalls lebenslang bestehen bleiben.

In der Mittagspause konnte Helene in der Nähe bei einer Verwandten zum Essen gehen. Die alte Frau hatte alles verloren – ihre Kinder, ihren Mann, ihr Vermögen, ihre Gesundheit – und war doch ein freundlicher, liebenswürdiger Mensch geblieben. Helene war beeindruckt und fühlte sich bei ihr sehr wohl.

Noch bevor das erste Jahr bei Adolf von Becker zu Ende ging, erlebte die Sechzehnjährige im Frühjahr 1878 den zweiten internationalen Triumph finnischer Malerei in kürzester Zeit. Errungen von einem, der wie sie ein Becker-Schüler war. Eine bessere Motivation für den eigenen künstlerischen Ehrgeiz konnte es für Helene Schjerfbeck nicht geben.

Keine Bühne in der internationalen Welt der Kunst war so berühmt, so einflussreich und so zahlreich besucht wie der »Salon de Paris«. Im 17. Jahrhundert als elitäre Institution gegründet, um die französische Malerei zu fördern, wurde in der zweiten Hälfte des 19. Jahrhunderts der Salon jährlich im Frühjahr von Hunderttausenden Besuchern gestürmt, um Tausende von Bildern und Skulpturen zu bewundern. Nationale Grenzen waren aufgehoben. Wer mit seinem Kunstwerk vor den Augen einer strengen Kommission Gnade gefunden hatte und im Salon ausgestellt wurde, konnte sich glücklich preisen. Wer anschließend in den Kritiken erwähnt, gar zum Gesprächsstoff unter Kunstkennern wurde, hatte den Grundstein zu einem erfolgreichen Malerleben gelegt.

Im Pariser Salon von 1877 wurde dem Bild eines bis dahin unbekannten finnischen Malers große Anerkennung gezollt. »Königin Bianca« nannte Albert Edelfelt sein Gemälde. Im Zentrum saß eine anmutige, elegant gekleidete Frau, auf den Knien ihr kleiner, ebenfalls fein gekleideter Sohn, der ihr freudig seine Arme entgegenstreckt. Schon ein Jahr darauf, 1878, hing wieder ein Bild von Edelfelt im Pariser Salon. Es erzählt eine dramatische Episode aus der schwedisch-finnischen Geschichte – »Herzog Karl verunglimpft den Leichnam von Klaus Fleming«. Die Kritiker in

Frankreich waren begeistert, und die Kunstfreunde in Helsinki von Stolz erfüllt. Nie zuvor hatte ein Maler aus Finnland auf dem Kontinent, noch dazu in Paris, solches Lob erhalten. Ein Plan war aufgegangen.

Albert Edelfelt, 1854 in Finnland geboren, aus schwedischsprachiger Familie, war ein Wunderkind. Als Fünfzehnjähriger kam er in die Mal- und Zeichenschule des Kunstvereins. 1871 nahm ihn Adolf von Becker unter seine malerischen Fittiche. Im September 1873, als Helene Schjerfbeck ihre Ausbildung an der Zeichenschule begann, bestieg Edelfelt in Helsinki den Dampfer nach Lübeck; im Gepäck ein Reise-Stipendium über 1200 Mark vom Kaiserlich-Finnischen Senat. *Hufvudstadsbladet* verabschiedete ihn mit einem Artikel, der dem »vielversprechenden« Talent Erfolg wünschte.

Die Kunstakademie Antwerpen, das Mekka der Historien-Malerei, war Edelfelts erstes Ziel, von seinen Förderern mit Bedacht ausgewählt. Der begabte junge Mann, der durch die Kontakte seiner Mutter vom nationalfinnischen Kreis um den Dichter Johan Ludvig Runeberg beeinflusst war, sollte in der Malerei das vollbringen, was Runeberg und Elias Lönnrot für die finnische Literatur geschafft hatten: Finnland sollte in der Malerei endlich seinen Platz unter Europas Nationen einnehmen, und die Historien-Malerei fand unter allen Sparten die größte Anerkennung. (In Deutschland war Adolf Menzel damit berühmt geworden.) Zugleich sollten für die Menschen in Finnland in Edelfelts Bildern die Helden ihrer Geschichte lebendig werden.

Nach erfolgreichem Semester an der Kunstakademie in Antwerpen reiste Albert Edelfelt weiter nach Paris. Der sprachbegabte kommunikative Finne, stets elegant im Dreiteiler gekleidet, begann, an der École des Beaux-Arts zu studieren und fand schnell Eingang in die tonangebenden Kreise der Kunstszene. Das Historienbild »Herzog Karl verunglimpft den Leichnam von Karl Fleming« im Pariser Salon von 1878 brachte den endgültigen Durchbruch für Albert Edelfelt. Noch im selben Jahr wurde es in Helsinki bei der jährlichen Ausstellung des Finnischen Kunstvereins gezeigt. Der vierundzwanzigjährige Künstler erhielt den Finnischen Staatspreis, und das Bild wurde vom Kunstverein für die nationale Gemäldesammlung angekauft.

Als das Bild im noblen Ritterhaus von Helsinki hing, denn noch besaß die Stadt kein Museum, gab Adolf von Becker den Schülerinnen und Schülern seiner Malakademie die Aufgabe, die dramatische Szene aus dem Gedächtnis auf die Leinwand zu bringen. Als die Ergebnisse vorlagen, war kein Zweifel: Niemand hatte eine so meisterhafte Kopie angefertigt wie Helene Schjerfbeck.

Der Unterricht in Beckers Kunstakademie endete um drei Uhr. Es ergab sich von selbst, dass die beiden »Helenas« zusammen den Heimweg über den Senatsplatz und die Esplanadi antraten. Helena Westermarcks Eltern wohnten in der Andrégatan 7, gegenüber der Alten Kirche. Heute heißt die Straße Lönnrotsgatan und nahebei stehen in einem parkähnlichen Rondell ein Denkmal zu Ehren von Elias Lönnrot, der dort – in Bronze gegossen – eifrig die Lieder des »Kalevala« notiert. Am Ende der Esplanadi bog die ältere Freundin links ab, während Helene Schjerfbeck in Richtung der heutigen Mannerheimintie weiterzog.

»Ich kann mich nicht erinnern«, schreibt Helena Westermarck in ihrer Autobiografie, »dass wir über etwas anderes als Kunst gesprochen hätten, wenn wir heimwärts gingen. Es war das erste Mal im Leben, dass wir anfingen, über die wunderbaren Widersprüche und Unbegreiflichkeiten des Lebens zu philosophieren. Zu diesem Zeitpunkt waren wir tief innen überzeugt, dass allein Kunst und Literatur es wert waren, unsere Gedanken und Kräfte darauf zu richten.«

Helene Schjerfbeck hörte von der fünf Jahre älteren Freundin, wie sehr deren Eltern die Tochter in ihrer Leidenschaft für die Kunst unterstützten und dass Helena sich jederzeit in ihr Zimmer unter dem Dach zurückziehen konnte. Olga Schjerfbeck dagegen verlangte von ihrer Tochter, sich unter die Pensionsgäste zu mischen. Für Helenes Wunsch, allein zu sein, hatte sie kein Verständnis und vermutete, dass Faulheit dahintersteckte.

Ob die beiden jungen Frauen nicht doch über das sprachen, was in ihrem Land vor sich ging? Wie Politik und Wirtschaft das Leben der Menschen prägten? Wie die finnische Gesellschaft sich veränderte? Kaum denkbar, dass Helena Westermarck die Jüngere nicht in Diskussionen verwickelte. Sie war außer der Kunst intensiv am Zeitgeschehen interessiert, vor allem, was die Situation der Frauen betraf, und würde sich bald in der finnischen Frauenbewegung engagieren. Von Jugend an war es Helena Westermarck gewohnt, mit ihrem Lieblingsbruder Edvard, der Finnlands erster international anerkannter Ethnologe und Soziologe wurde, über Gott und die Welt zu diskutieren. Es war einiges in Bewegung gekommen in Finnlands Gesellschaft, und die Verantwortung dafür trug Zar Alexander II.

Er hatte nach langer Pause 1863 wieder den finnischen Landtag einberufen und kam aus diesem Anlass nebst Söhnen und hohen Ministern mit großem Pomp nach Helsinki. Der Landtag sollte ab sofort regelmäßig tagen. Alexander II. unterschrieb ein Dekret, dass in zwanzig Jahren das Finnische – statt des Schwedischen – Amtssprache und die finnische Mark in Zukunft eine eigenständige Währung sein würde und nicht mehr vom russischen Rubel abhängig. Der Zar befürwortete Reformen und weitere Privilegien für Finnlands Wirtschaft, um getreu der Politik seiner Vorgänger seine finnischen Untertanen durch Wohlstand und Zufriedenheit an Russland zu binden.

Die Elite in Politik und Gesellschaft nutzte die Gunst der Stunde. Der Landtag nahm seine Arbeit auf und beschloss Reformen. In der Verwaltung wurden Strukturen, die seit Generationen den Interessen der Stände dienten, aufgebrochen, so dass eine liberale bürgerliche Gesellschaft sich auf den Weg machen konnte. Die Gewerbefreiheit ab 1879 war ein entscheidender Schritt dazu. Ein weiterer Abbau der Zölle gab Finnlands Export neuen Schwung.

An der Oberfläche lief alles glatt zwischen dem Großfürstentum und seinen russischen Herren. Die Verantwortlichen auf der Seite Finnlands ließen es nicht zum offenen Streit kommen. Sie gaben nach, wenn sie in St. Petersburg mit russischen Ministern verhandeln mussten, die unnachgiebig auf ihrer Position bestanden. Den Finnen blieben die inneren Widersprüche jeodch nicht verborgen, die dieses in Europa einmalige politische Gebilde kennzeichneten: Das Großfürstentum Finnland war ein Teil des russischen Kaiserreiches. Aber es hatte eigene Regierungsinstitutionen – den Landtag, den Kaiserlichen Senat –, die in Russland nicht einmal im Ansatz entwickelt waren, und konnte sich seine eigenen Gesetze geben.

Dieser Gegensatz wurde durch eine Entwicklung in Russland verstärkt, die immer stärkeren Einfluss gewann. »Russland den Russen« forderten in der zweiten Hälfte des 19. Jahrhunderts lautstark jene Kreise, die als Panslawisten die unterschiedlichen Länder in dem Vielvölkerstaat rigoros unter eine einheitliche russische Kultur und Gesetzgebung zwingen wollten. Warum war Russisch im Großfürstentum nicht längst zur Amtssprache erklärt worden? Dass sich in Finnland eine starke Identität entwickelt hatte, sahen die Berater am Hof zu St. Petersburg nicht nur mit Wohlwollen. Wie lange würde diese Entwicklung auf kulturelle Belange beschränkt bleiben und sich keine politischen Ziele setzen?

1875 erschien in Helsinki ein Buch, das zu den größten Bestsellern des Landes zählt. Obwohl 438 Seiten schwer, war es ein Lesebuch für die Grundschule mit dem Titel »Buch über unser Land« von Zacharias Topelius. Bis heute sind davon im kleinen Finnland rund 2,5 Millionen Exemplare verkauft worden. Zacharias Topelius, 1818 geboren, ist der Jüngste im nationalen Dreigestirn neben Johan Ludvig Runeberg und Elias Lönnrot. Seine Gedichte und Erzählungen wurden seit den 1840ern im ganzen Land gelesen und gesungen. Wie Runeberg hat Topelius mit seinem schwedischsprachigen Werk den finnischen Nationalcharakter bei Gebildeten und einfachen Leuten verankert: Ein Finne war treu, fromm und gradlinig. Sein »Buch über unser Land« beschwört die Essenz des finnischen Patriotismus. Dessen oberstes Gebot heißt – nach Gott – nichts mehr zu lieben als das Vaterland. Der Autor nimmt sich selber als Beispiel: »Ich fragte meine Mutter: Muss ich mein Vaterland sehr lieben? Ja, sagte meine Mutter. Mehr als Deine Liebsten, mehr als Dich selbst ... mehr als Dein Leben. Aber nicht mehr als Deinen Gott, Deine Ehre oder Dein Gewissen.«

In dieser nationalen Bibel bekommt das Finnentum eine religiöse Färbung und die Natur ist ein Teil dieser Religion. Sie ist Gottes Natur, von ihm für die Finnen ausgewählt. Zugespitzt heißt die Botschaft von Topelius: Gott ist Finne oder die Finnen sind Gottes auserwähltes Volk. Sein »Buch über unser Land« ist ein bewusstes Bekenntnis zum finnischen Vaterland als Teil des russischen Reiches. Aber diese pro-russische Ausrichtung wird unter den führenden schwedischsprachigen Finnen mit immer größerer Kritik gesehen und bekämpft.

Tatsächlich hat der neue Schwung in Finnlands Politik und Gesellschaft seit 1863 zwei gegensätzliche Bewegungen wachsen lassen, denen es um die Definition der neu gewonnenen Identität ging. Die finnische Sprache, durch das Kalevala-Epos als kulturelles Instrument dieser Identität entdeckt, wurde immer mehr politisch aufgeladen. Hatte die schwedisch sprechende Elite das »Kalevala« mit seinen Helden aus Finnlands Urzeit und die Idealisierung der finnischen Bauern und Jäger in Johan Ludvig Runebergs Werken als Grundlage eines nationalen Selbstbewusstseins begrüßt, schwang das Pendel der Begeisterung nach der Jahrhundertmitte zurück. Im Bürgertum und in akademischen Kreisen wurde die Rückbesinnung auf die schwedische Kultur gefordert. Ein einheitlicher finnischer Nationalcharakter widerspreche der schwedisch-finnischen Geschichte. Die Bewegung kam aus dem Bürgertum, war pro-westlich gesinnt und voller Misstrauen gegenüber einer festen Russland-Bindung. Als Liberale wurden ihre Anhänger bezeichnet und mit dem Etikett die »Blutlosen« behaftet.

Die antiliberale Gegenbewegung hatte sich radikal dem Finnentum verschworen. Ein »Fennomane« zu sein galt in diesen Kreisen als Auszeichnung. Politische Reformen wurden nicht gefordert. Für die Fennomanen hing alles an der Sprache: Die schwedischsprachige Elite sollte durch eine finnisch sprechende abgelöst werden und Finnisch die alleinige Sprache des Landes sein. In Staat und Gesellschaft sollte die finnische Kultur dominieren. Im Gegensatz zu den Liberalen wünschten die Fennomanen weiterhin in einer Art finnischem »Vasallenstaat« unter russischer Herrschaft zu leben. Ihre Anhänger fanden sich im lutherischen Pfarrerstand und unter den Bauern. Dass auch die führenden Männer der Fennomanen und ihre jüngeren Unterstützer vor allem aus der schwedisch sprechenden Elite kamen und des Finnischen kaum mächtig waren, störte nicht. Von den rund 35 000 Einwohnern Helsinkis im Jahr 1875 sprachen immer noch mehr als die Häfte schwedisch.

Für Helene Schjerfbeck lag der Streit um die finnische Identität weit außerhalb dessen, was in diesen Jahren im Zentrum ihres Lebens stand. Wie alle Malerinnen und Maler im letzten Drittel des 19. Jahrhunderts, ob in Helsinki oder Worpswede, war Paris, die Weltmetropole der Kunst, ihr Sehnsuchtsziel. Ein Satz in einem Brief von 1923 bestätigt, dass Helene schon in Helsinki eifrig und kostenlos Französisch lernte. Im Zusammenhang mit Paris erinnert sie sich »an Tante Alma Lemström, die mir Französisch beibrachte«. Alma hatte 1873 als Achtundzwanzigjährige Selin Lemström geheiratet, der fünf Jahre später Professor für Physik an der Universität von Helsinki wurde. Gut möglich, dass das Ehepaar Lemström, ebenso wie der Medizinprofessor Georg Asp mit seiner Frau, zum Freundeskreis der Familie Schjerfbeck gehörte und das ungewöhnlich talentierte junge Mädchen gern förderte.

1879 begann das letzte Ausbildungsjahr in der Akademie von Adolf von Becker. Zu Helene Schjerfbeck sagte der renommierte Maler, dass er ihr nichts mehr beibringen könne. Paris würde die nächste Etappe sein. Wie zur Bestätigung wurde das Frühjahr 1879 für Helene so erfolgreich wie keines zuvor. Zuerst erhielt sie beim »Dukatenpreis« des Finnischen Kunstvereins, der für die jüngeren Künstler ausgeschrieben wurde, den dritten Platz »für ihre ungewöhnlich gelungenen Studien und die vielversprechende Begabung, die sie in ihren Skizzen gezeigt hat«.

Dann hingen vom 12. Mai bis zum 26. Juni 1879 in der jährlichen Frühjahrsausstellung des Kunstvereins im Ritterhaus drei Farbskizzen von Helene Schjerfbeck, darunter eine biblische und eine historische Szene. Wer vom Kunstverein als Maler der Öffentlichkeit präsentiert wurde, hatte es entweder geschafft wie Albert Edelfelt oder konnte davon ausgehen, dass Finnland eine große künstlerische Zukunft von ihm erwartete.

Die Präsentation ihrer Werke in der Öffentlichkeit war ein gewaltiger Motivationsschub für Helene, aber sie hätte viel darum gegeben, älter zu sein: »Alle waren fort nach Paris, ich blieb verlassen und einsam zurück – ich war noch keine 18 Jahre.« Noch im Herbst 1926 spürte sie, wie einsam sie sich zum Jahresende 1879 fühlte, als nach Adolf von Becker im November auch ihre enge Freundin Helena Westermarck zum weiteren Malstudium nach Paris aufbrach. Natürlich sollte Helene Schjerfbeck, die Beste von allen, nachkommen; aber »noch keine 18 Jahre« war einfach zu jung für die Weltstadt Paris.

Der Winter ist lang und dunkel in Helsinki. Er kann sich auch starken Gemütern schwer auf die Seele legen. Helene Schjerfbeck hatte im November 1879 dunkle und einsame Monate vor sich. Doch sie ergriff die Herausforderung als Kraftquelle und als Chance, sich ein eigenes malerisches Ziel zu setzen und es bis zum Frühjahr 1880 auf die Leinwand zu bringen, wenn die jährliche Ausstellung des Kunstvereins anstand.

Warum sollte sie nicht anstreben, was ihr Malerkollege Albert Edelfelt, gerade einmal acht Jahre älter, erreicht hatte? Ein Bild würde sie malen, das meisterliches Können und strategisches Denken zusammenführte, um mit diesem Werk endgültig aus dem Schatten zu treten. Mochte die Mutter ihre Liebe zur Malerei nicht schätzen und die Tochter nicht verstehen, Helene würde sich in den düsteren Wintermonaten auf ihre Arbeit fokussieren. Und sie ging auf volles Risiko.

5. Kapitel

Erster Ausstellungserfolg – Stipendium für Paris

1880

»Drei Jahre in Paris und dann dieses Ergebnis! Ich denke, man sollte mit Recht Meisterwerke erwarten können.« Ganz schön kess für eine Siebzehnjährige, die über Finnlands Hauptstadt bisher nicht hinausgekommen war, aber ohne Umschweife Bilder beurteilt, die finnische Kunststudenten aus Paris im Frühjahr 1880 an den Kunstverein in Helsinki geschickt hatten.

»Ich warte mit Ungeduld, auf der Ausstellung etwas von Deinem breiten Pinsel zu sehen. Du bist schon eine solche Meisterin, dass ich arme Sterbliche, die dem gleichen Ziel zustrebt, es nicht wage, neben Dir aufzutreten …« Das ist ein kokettes Lob für die Freundin Helena. Aber Helena Westermarck kennt die Jüngere gut genug, liest Helenes Augenzwinkern gleich mit und weiß den ermutigenden Zuspruch zu schätzen, der sie im Frühjahr 1880 in Paris erreicht.

Die zwei Zitate aus Briefen von Helene Schjerfbeck sind lebendig und erfrischend locker. Darüber könnte man fast vergessen, dass sie eine sensationelle Premiere sind: die ersten O-Töne von Helene Schjerfbeck, authentisch und unmittelbar zu Papier gebracht. Im Frühjahr 1880 betritt sie nicht nur als Malerin die große Bühne, sondern spricht direkt zu uns und nicht mehr nur durch rückblickende Zitate. Jeder Blick zurück ist geprägt von dem, was dazwischen liegt, von Enttäuschungen, Irrtümern, Glücksmomenten. Er verdunkelt und verschönt. Seit dem Frühjahr 1880 gibt es Helena Schjerfbeck auch aus erster Hand.

Helene Schjerfbeck hat als junges Mädchen keine Briefe geschrieben. Alle Menschen, die für sie wichtig waren, lebten in ihrem Umfeld. Tagebuch hat sie auch nicht geführt; niemals in ihrem Leben. Im Frühjahr 1880 sind Briefe die wichtigste Brücke zu Menschen, die ihr nahestehen, und ein weiteres Talent wird sichtbar: Helene Schjerfbeck ist eine leidenschaftliche Briefschreiberin. Rund zweitausend Briefe von ihr haben sich erhalten, geschrieben hat sie wohl die doppelte Zahl. Sie selbst hat in späteren Lebensjahren so viele wie möglich vernichtet und alle Menschen, denen sie geschrieben hat, gebeten, diese Briefe ebenfalls ins Feuer zu werfen. Darum sind die Briefe, die erhalten geblieben sind, seltene und wertvolle Quellen. Sie haben einen sehr persönlichen, eigenen Ton. Was Helene Schjerfbeck über ihre Gefühle und die äußeren Umstände ihres Lebens festhält, ist ohne Vorbehalte zu Papier gebracht worden. Eben weil sie fest überzeugt ist, dass niemand anders als die Freundin oder der Vertraute, denen sie sich mitteilt, diesen Brief je lesen wird.

Aus dem Frühjahr 1880 hat sich auch ein selten differenziertes Urteil der Tochter über ihre Mutter erhalten. »Sie vermisst Dich sehr«, schreibt Helene Schjerfbeck an Helena Westermarck, »vor allem, weil es auch mich betrifft ...« Olga Schjerfbeck kann sich in dieser Zeit offensichtlich in ihre Tochter hineindenken und ihr nachfühlen, wie sehr Helene die Freundin vermisst.

Zurück zu dem, was in diesem Winter mehr denn je Helene Schjerfbeck ausgefüllt hat – die Malerei. Wenn sie hofft, von Helena Westermarck etwas »auf der Ausstellung« zu sehen, so ist damit die alljährliche Frühjahrs-Ausstellung des Finnischen Kunstvereins gemeint, die vom 3. Mai bis zum 17. Juni 1880 in Helsinki stattfindet. Diesmal werden die ausgesuchten Kunstwerke, Bilder und Skulpturen im Hotel Seurahuone gezeigt; ein Museum hat die Hauptstadt immer noch nicht.

Der elegante klassizistische Bau sticht auch heute noch aus der Reihe der imposanten Fassaden hervor, die sich von der Unionsgatan am Hafenbecken entlang bis zur orthodoxen Kathedrale erstrecken. Das Hotel hat einen Säulenvorbau im Erdgeschoss, und die Rückseite des Komplexes begrenzt den südlichen Teil des Senatsplatzes. Im obersten, dritten Stock waren siebenundzwanzig Zimmer für ein kleines feines Hotel angelegt. Carl Ludwig Engel, der Architekt des neuen Helsinki, hat den Bau entworfen, der 1833 von Zar Nikolaus I. und der Zarin Alexandra mit einem rauschenden Ball eröffnet wurde.

Der Banquet-Saal des Seurahuone, der maximal eintausendsechshundert Menschen nebst einem Orchester fassen konnte, war bis 1913 für Studenten und Professoren, gekrönte Staatsgäste, Künstler und Musiker, Kaufleute und Berufsvereinigungen die festliche gute Stube der Hauptstadt, ihr geselliger Mittelpunkt. Hier traf sich tout Helsinki – egal ob finnisch oder schwedisch sprechend – zu gutem Essen und Trinken, tanzte Polonaise oder Walzer, sang patriotische Lieder, lauschte ab den 1880er Jahren dem Philharmonischen Orchester von Helsinki, oft den Premieren von Jean Sibelius und sah Opernaufführungen. Wer das Hotel Seurahuone erlebte, hatte das Gefühl, stolz auf das finnische Vaterland sein zu können, das nicht nur tiefe Seen und unendliche Wälder, sondern auch eine eigene vorzeigbare Kultur besaß.

Längst vergangene Zeiten; das Rathaus, das im 20. Jahrhundert in den prächtigen Bau einzog, zog 1965 wieder aus. Bis auf den festlichen Saal wurde im Inneren kein Stein auf dem anderen gelassen. Jetzt sind die Türen des Seurahuone für alle Besucher offen. Der Bau ist Teil des City Quartiers am Hafen mit seinen Boutiquen, Restaurants, kleinen Theatern, Espresso-Bars und Start-up-Büros.

Im Mai 1880 ging der Kunstkritiker von *Helsingfors Morgonblad* ins Seurahoune, um die Ausstellung des Kunstvereins zu begutachten. Als er vor dem Bild »Verwundeter Krieger im Schnee, 1808« stand, kam sein bisheriges Kunstverständnis ins Wanken. Nicht wegen des historischen Themas, sondern weil es eine Malerin war, »die ihren Sinn auf die historische Malerei gerichtet hatte, eine künstlerische Richtung, die bei Frauen im Allgemeinen und insbesondere denen der nordischen Länder äußerst selten ist«. Eine richtige Analyse, aber »Fräulein Schjerfbeck« hatte die Aussicht auf diese Kritik nicht abgeschreckt. Fest überzeugt, dass es in der Kunst nicht ums Geschlecht geht, sondern ums Können, traute sich Helene Schjerfbeck zu, gegen Vorurteile und männliche Konkurrenz mit ihrer Arbeit über ein historisches Thema künstlerisch bestehen zu können. Mit dem »Verwundeten Krieger« schiebt sie das Verbotsschild für malende Frauen »Es schickt sich nicht« souverän beiseite.

Dabei schien die traditionelle Logik unerschütterlich. Wie der Krieg mit seinen Schlachten Männersache ist, so können auch nur Männer historische Ereignisse auf die Leinwand bannen. War eine Frau je auf einem Schlachtfeld? Hat sie je dort einen Menschen getötet? Und weil Historien-Malerei in der damaligen Kunst die höchste Anerkennung genoss, konnten Künstlerinnen niemals den höchsten Lorbeer in der Malerei erringen. Helene Schjerfbeck verweigerte sich dieser Logik, und deshalb hatte der junge Albert Edelfelt nach seinem Erfolg mit dem Bild »Herzog Karl verunglimpft den Leichnam von Karl Flemming« aus dem Jahr 1879 schon ein Jahr später in dem noch jüngeren Fräulein Schjerfbeck eine Konkurrentin gefunden.

Edelfelts Bild hält einen dramatischen historischen Augenblick fest, so will es die malerische Tradition. Für Helene Schjerfbecks »Verwundeten Krieger«, der fast entspannt im Schnee liegt, ist der dramatische Augenblick der Schlacht, als er seine – vielleicht tödliche – Verletzung erhielt, schon vorbei. Wer das Bild betrachtet, wird nicht mit Heldentod konfrontiert, sondern in einen sehr persönlichen, intimen, menschlichen Moment hineingezogen. Weit im Hintergrund der Schneelandschaft verlassen die Kameraden, schon unkenntlich geworden, als Verlierer das Schlachtfeld.

Die Jahreszahl »1808«, die zum Bild gehört, ruft bei jedem Finnen die »Erzählungen des Fähnrich Stål« ins Gedächtnis. Mit Fähnrich Stål schuf der Dichter Ludvig Runeberg ein Vorbild, das in der Niederlage des Krieges von 1808/09, als Finnland von der schwedischen in die russische Herrschaft überging, die wahren finnischen

Tugenden zeigte. Diese Tugenden liegen nicht in äußerlichen Siegen, sondern in innerlicher Größe, auch das ist eine Botschaft von Helene Schjerfbecks Bild.

Mit den Mitteln der Malerei ist es der Siebzehnjährigen gelungen, innere Größe nach außen zu kehren und Trauer – ein junger Mensch stirbt, allein und verlassen – in Trost zu verwandeln. Eine tröstliche Gelassenheit liegt über dem Bild, fern von Pathos wie von Sentimentalität. Der kleine Vogel an der linken Bildkante, im Rücken des verwundeten Kriegers, ist Bote einer hoffnungsvollen Zukunft. Der Tod des jungen Kriegers ist nicht sinnlos. Sein Gesicht spiegelt Wehmut über einen Abschied, aber keine Verzweiflung im Angesicht des Todes.

Ein Mensch stirbt, ein Soldat – genauer: ein Mann. Vielleicht ist dies die größte Grenzüberschreitung: dass Fräulein Schjerfbeck es wagt, einen Mann zum Zentrum ihres Bildes zu machen. Und sie malt keinen alten finnischen Bauern oder Jäger mit zerfurchtem Gesicht und im groben Kittel, der den Körper verdeckt. Ihr sterbender Krieger ist kein typischer Finne. Ihn umgibt ein elegantes Flair, fast möchte man es französisch nennen, das nicht zuletzt von seinen langen schmalen Beinen ausgeht.

Der »Verwundete Krieger« präsentiert den sinnlichen Blick einer jungen Frau auf einen jungen Mann. Der Blick in die Kunstgeschichte offenbart: Das ist einmalig in der Malerei. Das umgekehrte Motiv – der Blick des Mannes auf eine Frau als das Objekt seines Begehrens – gehört seit der Renaissance zum Standardrepertoir der Malerei. Im 19. Jahrhundert und in der nachfolgenden Moderne hat der männliche Blick auf nackte Frauen Hochkonjunktur. Auguste Renoir, ein Pionier der modernen Malerei, wusste, wovon er sprach: »Die nackte Frau steigt aus dem Meer oder aus dem Bett ... ein Maler, der das Gefühl für Brüste und Hintern hat, ist gerettet.« Wer jemanden im Blick hat, ist immer der Höherstehende, der Aktive. Wer einem Blick ausgesetzt ist, mit dem wird etwas gemacht; er ist der passive Teil.

Helene Schjerfbeck wollte keine Skandale auslösen. Ihr Ehrgeiz war es, Erfolg zu haben und ein Stipendium zu bekommen, um sich in Paris weiterbilden zu können. Für dieses Ziel ist sie bereit, mit dem Bild »Verwundeter Krieger im Schnee, 1808« als Malerin das größtmögliche Risiko einzugehen. Das lässt zwei Schlüsse zu: Sie ist überzeugt, die führenden Männer – im Kunstverein und in den Zeitungen – mit ihrem herausragenden malerischen Können gegen alle Vorurteile zu überzeugen. Zudem hat schon die Siebzehnjährige eine eigene Auffassung von ihrer Kunst, von der sie nicht lassen will. Auch wenn es um das Höchste, die Historien-Malerei, geht, bleibt Helene Schjerfbeck als Malerin die Herrin des Bildes. Schon mit ihrem ersten großen Ölbild zeigt sich Helene Schjerfbeck selbstbewusst und kompromisslos.

Ihr Wagnis wird belohnt. Nachdem der Kritiker von *Helsingfors Morgonblad* seinen ersten Schock überwunden hat, folgt ein überschwängliches Lob. In diesem »schönen und erstaunlichen Erstlingswerk« komme zusammen, »was uns in unserer jungen Kunst selten begegnet – die Erfassung des richtigen historischen Momentes, ein feinfühliger Blick und liebevoll formende Hände«. Das Bild sei »vielversprechend und talentiert«. Mit ihm verbinde sich in Bezug auf die Künstlerin »eine Hoffnung, von der wir alle von Herzen wünschen, dass sie sich eines Tages verwirklicht«.

Helene Schjerfbeck ist der Star der Frühjahrsausstellung. Der Kunstverein kauft ihr Bild für hundertfünzig Mark für seine Sammlung, aus der die nationale Kunstsammlung hervorgehen wird. Noch bevor die Ausstellung Mitte Juni zu Ende geht, bekommt Helene Schjerfbeck den Auftrag, einen Band »Finnischer Volkssagen« in schwedischer Übersetzung zu illustrieren, Honorar zweihundert finnische Mark. Der Herausgeber ist Rafael Hertzberg, der sich in der Kunstszene auskennt. Der Fünfunddreißigjährige hat sich als Kulturredakteur bei *Helsingfors Dagblad*, als Übersetzer finnischer Volksdichtung ins Schwedische und Autor von Jugendbüchern einen Namen gemacht. 1884 wirbt Rafael Hertzberg als erster Journalist mit einem Artikel für das Frauenstimmrecht in Finnland.

Je näher der Sommer 1880 rückt, desto mehr freut sich Helene

Schjerfbeck, Ruhm und Trubel in Helsinki bald hinter sich zu lassen. Wie so manches Mal in den vergangenen Jahren würde sie die heißen Monate – die in Finnlands Süden keine Seltenheit sind – auf dem Landgut Sjundby bei Patenonkel Thomas Adlercreutz, ihrer Großmutter und der Kusine Selma verbringen. Doppelt beschwingt kann Helene ihre Sachen für den Sommerurlaub packen, denn sie hat es geschafft: Der Kaiserliche Senat hat ihr ein Reisestipendium von eintausendfünfhundert finnischen Mark bewilligt; das sind sogar dreihundert Mark mehr als Albert Edelfelt bei seinem ersten Reisestipendium bekommen hatte. Im Herbst 1880 wird Helene nach Paris aufbrechen.

Zwei Männer haben das Gesuch von Helene Schjerfbeck an den Senat mit ihren Gutachten unterstützt. Adolf von Becker weist in seinem darauf hin, dass Helene Schjerfbeck seit dem zwölften Lebensjahr unter seiner Leitung zeichnet und malt und »während dieser Zeit große Fortschritte machte und außerordentliche Beweise für ihre künstlerische Begabung lieferte«. Er ist überzeugt, »dass Fräulein Schjerfbeck jede Unterstützung für ihr unzweifelhaftes Talent« verdient. Zweitens wirbt im Namen des Finnischen Kunstvereins der einflussreiche Professor für Ästhetik, Kunst- und Literaturkenner C. G. Estlander dafür, dass Helene Schjerfbeck ihr Talent an einem ausländischen Ort weiterbilden kann. In ihrem Fall berechtigten alle Hoffnungen dazu, dass sie »mit der Zeit eine wirkliche Künstlerin werden kann«.

»Die Sommer in Sjundby waren schön, immer freundlich, vertraut und gut«, erinnert sich Helene Schjerfbeck im Dezember 1912. Im selben Brief bezieht sie sich auf ihren Sjundby-Aufenthalt 1880: »Da las ich Lübkes Kunstgeschichte … um mich auf Paris vorzubereiten – im Herbst würde ich reisen – in Paris verschwand Lübke sofort aus meinem Kopf …« Wilhelm Lübke war seit 1866 Professor für Kunstgeschichte am Polytechnikum Stuttgart und Autor viel gelesener Kunstbücher. Sein »Grundriss der Kunstgeschichte« erschien 1860. Helene Schjerfbeck hatte ein prophetisches Gespür für das anti-moderne Kunstverständnis des deutschen Professors.

Nachdem Lübke im Jahr 1888 Bilder von Max Liebermann gesehen hatte, nannte er die französische Freiluftmalerei abschätzig eine »Französische Krankheit«.

Sjundby, der mächtige steinerne Herrenhof mit seinem großen Park, den Wirtschaftsgebäuden ringsum, dem Fluß im kleinen Tal, dem Mond, den Helene am Abend von ihrem Fenster aus vorbeigleiten sah, bedeutete Freiheit. In diesem Sommer 1880 las sie zum ersten Mal die Erzählung »Sonnenwolken« des norwegischen Schriftstellers und Literaturkritikers Kristian Mandrup Elster. 1841 geboren, gehörte er mit seinen zwei Romanen und vier Erzählungen schon zu den Pionieren einer modernen realistischen Literatur in Skandinavien.

Nach der ersten Lektüre werden die »Sonnenwolken« Helene Schjerfbeck lebenslang begleiten. In Zeiten der Krise und der Unsicherheit findet sie in diesem schmalen Band Kraft und Zuversicht. Sie liest ihn, wenn sie sich nach »Reinheit und Klarheit« sehnt. Kristian Elster erzählt die Geschichte eines Mannes, der auf der Suche ist nach dem Absoluten und mit aller Kraft nach dem Größten strebt. Was ihn als jungen Mann antreibt, ist die Sehnsucht nach »Liebe und Hingabe, Schönheitsempfinden und unwandelbarer Herzenstreue«. Er erlebt eine große Liebe und damit einen »Augenblick, was das Leben in seiner größten Herrlichkeit sein kann«. Seine Bilanz, als die Liebe zerbricht: »Es ist den Schmerz wert, mit dem wir es bezahlen.« Es ist eine eindringliche Erzählung, in der sich die realistische Schilderung von Menschen, ihren Gefühlen und Antrieben mit einer poetischen Darstellung der Natur verbindet, die wild und zerstörerisch, aber auch mit überwältigender Schönheit die Bühne für das Menschenleben stellt.

Sehnsucht: Das magische Wort hat Helene Schjerfbeck in den »Sonnenwolken« besonders angerührt. Denn sie erlebte in der ländlichen Ruhe von Sjundby, dass plötzlich »eine Sehnsucht nach etwas anderem kam«, die sie fortzog aus der gewohnten Welt. Fast konnte sie es genießen, dieses Gefühl, denn sie wusste, dass ihre Träume sich in wenigen Wochen erfüllen würden.

Am 16. September 1880 besteigt Helene im Hafen von Helsinki das Dampfboot »Der Großfürst«, das seit 1846 im regelmäßigen Liniendienst nach Lübeck fährt. »Der Großfürst« ist eher klein und ohne viel Luxus für hundertfünfzig Reisende ausgelegt, aber robust und liegt gut im Wasser. An diesem Tag lesen die schwedisch sprechenden Bewohner von Helsinki, die auf *Hufvudstadsbladet* abonniert sind: »Heute Morgen, an Bord des Dampfschiffes ›Der Großfürst‹, hat unsere jüngste und vielversprechendste weibliche Künstlerin, Fräulein Helene Schjerfbeck, via Lübeck die Segel nach Paris gesetzt.«

6. Kapitel

Paris: Das erste Jahr war das wunderbarste

September 1880 bis Juni 1881

Es ist nicht die Regel, dass im Jahr 1880 ein achtzehnjähriges Mädchen aus bürgerlichem Haus ohne Begleitung durch die Straßen einer großen europäischen Stadt flaniert. Noch erstaunlicher ist, wenn sie allein die weite Reise von Helsinki nach Paris antritt. Zwar reist Helene Schjerfbeck auf dem »Großfürsten« in Gesellschaft, aber die nur ein Jahr ältere Jenny Danielsson ist nicht als »Aufpasserin« dabei. Die beiden jungen Frauen kennen sich; Jenny ist mit Helena Westermarck befreundet und nutzt deren Aufenthalt in Paris zu einem Besuch. Der Herbst wühlt die Ostsee auf. Aber Helenes Erinnerung im Oktober 1927 in einem Brief an Helena Westermarck hat keinen dramatischen Unterton: »Regen und Sturm haben wir hier – genau das gleiche Wetter, das ich als Achtzehnjährige bei der Überfahrt auf dem Großfürsten auf dem Weg nach Paris hatte.«

Mit dieser Reise wird Paris – nach Helene Schjerfbecks eigener Rechnung summieren sich ihre Reisen an die Seine zwischen 1880 und 1890 zu insgesamt sechs Jahren – ein fester Bezugspunkt in ihrer Erinnerung: unbeschwert, strahlend. Eine Kraftquelle, die nie versiegte, die glücklichste Zeit ihres Lebens. Helene Schjerfbeck hat von Paris viele Briefe nach Hause geschrieben, an die Mutter und an den Bruder. Getreu ihrem Verständnis von Privatheit, hat sie nach deren Tod diese Briefe vernichtet. Nur wenige Bruchstücke haben sich zufällig erhalten. Das meiste, was wir über ihre Pariser Zeit wissen, stammt aus späteren Briefen, die von den Adressaten aufbewahrt wurden. Darin hat die Malerin nicht mit persönlichen Erinnerungen geknausert, eben weil sie in der Weltstadt der modernen Kunst so glücklich war und die Sehnsucht nach Paris geblieben ist, lebenslang.

Ihrer Nichte Hanna, der Tochter ihres Bruders Magnus, hat Helene Schjerfbeck in einem ausführlichen Brief ihre erste Begegnung mit der französischen Hauptstadt geschildert. Die fast achtzehnjährige Hanna möchte ihre Ausbildung zur Malerin in Paris fortsetzen. Es gibt keine bessere Informantin als Tante Helene, die sich im Januar 1919 an ihre Ankunft erinnert: »Als ich vom Gare du Nord kam, lag ein feiner grauer Ton über allem, was ich sah, und überall waren viele Menschen und viele Wagen.« Allerdings waren unter den vielen Menschen am Bahnhof nicht, wie erwartet, Helenes vorläufige Pariser Gastgeber, der finnische Bildhauer Walter Runeberg oder seine Frau Lina. Das Ehepaar lebte seit 1876 an der Seine und Lina Runeberg, seit Jugendtagen mit Olga Schjerfbeck befreundet – Tante Lina –, hatte Helenes Mutter ein Zimmer in ihrer großen Pariser Wohnung für die Tochter angeboten.

Als auf Helene Schjerfbeck niemand wartete und am nächsten Tag beim Gang zu Runebergs Wohnung keiner öffnete, kam sie erst einmal in der Pension ihrer Mitreisenden unter. Die beiden jungen Damen ließen sich ihre Unternehmungslust durch den etwas holprigen Start in der fremden Stadt nicht verderben. Sie nahmen die Einladung finnischer Geschäftsleute, die sie auf der Reise kennengelernt hatten, an und gingen mit ihnen gleich am ersten Abend in ein Pariser Varieté: »Ich verstand nicht alles im Varieté und wollte nicht fragen.«

Nach wenigen Tagen kamen Runebergs zurück und fanden den Brief mit Helenes Ankunftsdaten in ihrem Briefkasten. Sie zog umgehend in die Rue Constantinople 45, nördlich vom Boulevard Haussmann und der Gare Saint-Lazare und wurde herzlich aufgenommen. Walter Runeberg, Jahrgang 1838, in Kopenhagen und Rom ausgebildet und inzwischen als Bildhauer international anerkannt, war der Sohn des gefeierten Schriftstellers Johan Ludvig Runeberg. Er arbeitete in Paris gerade an einem staatlichen Auftrag für ein lebensgroßes Bronzedenkmal seines Vaters, der 1877 gestorben war. Mit seiner Frau Lina, die er auf der Zeichenschule in Turku kennengelernt und 1867 geheiratet hatte, machte er seine Pariser Wohnung und sein Atelier auf dem nahen Boulevard Clichy zu einem gastfreundlichen Zentrum für Maler, Musiker, Literaten und Wissenschaftler aus Finnland und ganz Skandinavien. Jeden Samstag war offenes Haus mit »nordischem Abend«. Auch bei vielen anderen Gelegenheiten wurde diskutiert, gesungen, getanzt, und bis zu hundert Gäste waren keine Seltenheit. Längst hatte es sich herumgesprochen: Bei Runebergs gab es »guten Rat, gutes Essen, guten Wein«.

Viele Landsleute in Paris werden Helene Schjerfbeck für ihre Wohngelegenheit in der Rue Constantinople beneidet haben. Sie war bei den geselligen Zusammenkünften eine aufmerksame, eher stille Beobachterin. Ist es verwunderlich, wenn die Achtzehnjährige von Berühmtheiten wie August Strindberg, Edvard Grieg, dem dänischen Philosophen Georg Brandes, den berühmten Schriftstellern Björnstjerne Björnson und Jonas Lie beeindruckt war und nicht das große Wort führte?

Wenn Helene die Menschen und der Geräuschpegel in der Wohnung zu viel wurden, ging sie auf ihr Zimmer. Sie wusste, »Tante Lina« nahm ihr solchen Rückzug – im Gegensatz zu ihrer Mutter in Helsinki – nicht übel. Grundsätzlich fand Helene Schjerfbeck Gefallen an den fröhlichen Gesellschaften, wie ihr Brief an die Nichte Hanna 1919 verrät: »Auch sah ich viele Menschen bei Runebergs, sie holten mich zu sich und ich saß mitten unter ihnen.« Unter den Gästen war auch der Maler Albert Edelfelt. Im Sommer 1880 mietete Edelfelt an der Avenue de Villiers ein Atelier und fühlte sich in den Pariser Künstlerkreisen endgültig zu Hause. Nach einem Besuch bei Runebergs schrieb Albert Edelfelt Anfang November an seine Mutter: »Das junge Fräulein Schjerfbeck, das bei ihnen wohnt, ist sehr still, aber sie scheint außergewöhnlich klug und entschlossen.« Der Sechsundzwanzigjährige war ein guter Beobachter, und auch eine Menge Respekt vor der jungen Frau spricht aus seinem Urteil.

Im September 1880 sollte endlich beginnen, was für Helene Schjerfbeck das Ziel ihrer Paris-Reise war: der Unterricht an der privaten Kunstakademie von Madame Trélat de Vigné in der Rue Caumartin, zwischen Oper und Madeleine-Kirche gelegen. Um die Mitte des 19. Jahrhunderts hatten französische Künstler begonnen, Konventionen und Regeln der Malerei, die seit der Renaissance eherne Gesetze waren, umzustoßen. Sie verließen ihre Ateliers, malten statt griechischen Göttern und historischen Schlachten Bauern und Landschaften an der freien Luft. Andere, wie die Impressionisten, lösten sich von traditionellen Maltechniken. Ein professioneller Kunstmarkt mit Händlern, Galeristen und Kunstzeitschriften entstand rund um die Künstler, die nicht mehr für Adel und Kirchenfürsten, sondern für ein bürgerliches Publikum malten und sich dem Wettbewerb auf dem freien Markt stellten. Paris wurde zum Zentrum und zur weltweiten Bühne für alle Künstler, die sich auf diesen revolutionären Umbruch einließen oder ihn vorantrieben.

Die staatliche Kunstakademie École des Beaux-Arts in Paris wollte und konnte die Künstler aus vielen Ländern, die begierig auf die neue Kunst waren, nicht aufnehmen. Junge Künstler sahen ihre Chance und gründeten private Kunstakademien. Die Académie Julian von 1868 war die älteste. Das Besondere bei allen privaten Institutionen: Männer und Frauen waren willkommen. Zwar wurde tagsüber getrennt unterrichtet und die Künstlerinnen zahlten die doppelten Gebühren. Aber sie hatten dieselben professionellen Lehrer, und am Abend trafen sich männliche und weibliche Schüler zu gemeinsamen Klassen, um am nackten Modell Aktzeichnen zu üben.

Helena Westermarck hatte sich in der Akademie von Madame Trélat de Vigné auf der rechten Seine-Seite eingeschrieben, als sie im November 1879 in Paris ankam. Auch Helene Schjerfbeck entschied sich für Madame Trélat, die besonders bei finnischen Künstlerinnen beliebt war. Doch als die jungen Frauen Ende September 1880 in der Rue Caumartin das Wintersemester beginnen wollten, standen sie vor verschlossener Tür. Madame war bis November in Norwegen.

Die erste Enttäuschung war schnell vergessen, denn die beiden bekamen von Albert Edelfelt einen Tipp, um ihren künstlerischen Ehrgeiz ausleben zu können: Das ehemalige spätgotische Hôtel de Cluny mitten im Quartier Latin auf der linken Seine-Seite war seit 1844 ein Museum, voll prächtiger mittelalterlicher Plastiken, Bildern, Wandteppichen und Altären. (Heute trägt es den Namen Musée National du Moyen Âge.) Und es war für Künstler zum Kopieren geöffnet. So saßen die beiden Helenas im Oktober 1880 im Musée de Cluny vor ihren Staffeleien.

Nach der Arbeit lockte Paris. Die finnischen Künstlerinnen waren gut vernetzt, besuchten gemeinsam Konzerte, Theater und Cafés. Auch Kolleginnen aus Schweden, Dänemark und Norwegen waren willkommen. Helene Schjerfbecks Schilderung von einem Sonntagnachmittag im Herbst 1880, als sie mit der finnischen Gruppe ein Konzert im Cirque d'Hiver besuchte – »das Schönste, was ich je hörte« –, hat sich in einem Brieffragment erhalten. Der stattliche steinerne Rundbau an der Rue Amelot, nur Minuten von der Place de la République im 11. Arrondissement gelegen, war von einem Kölner Architekten entworfen und 1852 als »Winterzirkus« eröffnet worden. Mit seinen rund dreitausendneunhundert Plätzen war er ebenso für Konzerte und das beliebte Varieté geeignet. (Das ist er bis heute.)

Helene Schjerfbeck ist beim Schreiben noch von dem außergewöhnlichen Erlebnis erfüllt: »Der Cirque d'Hiver war bis auf den letzten Platz gefüllt ... Man konnte eine Stecknadel fallen hören, als Jenő Hubay seinen ›Roi de Lahore‹ spielte.« Der zweiundzwanzigjährige Geigenvirtuose aus Ungarn war seit 1878 auf einer umjubelten Europatournee. Die Suite »Der König von Lahore« für Violine, Viola und Cello hatte Hubay in Anlehnung an die gleichnamige Oper des Franzosen Jules Massenet 1880 komponiert.

Den Auftritt des umworbenen Stars hatte Jules Pasdeloup organisiert, der 1861 die populären »Concerts Pasdeloup« im Cirque d'Hiver mit einem eigenen Symphonie-Orchester ins Leben gerufen hatte und seitdem dirigierte. Es waren Konzerte am Sonntagnachmittag zu günstigen Preisen für ein Publikum, das abends nicht in die feinen Konzertsäle ging. Am künstlerischen Niveau machte Jules Pasdeloup keine Abstriche. Seine Favoriten waren zeitgenössische französische Komponisten, deutsch-österreichische Klassiker wie Haydn, Mozart, Beethoven und vor allem Richard Wagner.

Das führte zu temperamentvollen Reaktionen der Zuhörer, und Helene Schjerfbeck saß mittendrin: »Es folgte die Walküren-Ouvertüre und Saint-Saëns, hinreißend. ... Bei jedem Konzert applaudierte die eine Hälfte gewaltig, die andere blies mit gleicher Kraft in ihre Trillerpfeifen, damit es kein Dacapo gab. Die folgenden Rufe ›Nieder mit den Preußen‹ wurden vom Beifall übertönt. So war das jedes Mal im allzeit vollen Haus.« Die junge Malerin erlebte mehr als einmal die »Pasdeloup Konzerte« im »Winterzirkus«. Bachs Fugen, die sie sehr liebte, konnte sie an den berühmten Orgeln von St. Sulpice und der Madeleine-Kirche hören. Von »Tante Lina« ist aus den ersten Pariser Monaten die Bemerkung überliefert, ihr schien es, als habe Helene immer schon in Paris gelebt.

Im November 1880 war Madame Trélat aus Norwegen zurück, öffnete ihre Akademie wieder, und Helene Schjerfbeck ging jeden Morgen Richtung Oper und Madeleine-Kirche zum Malunterricht. Dort trafen sich fünf finnische Künstlerinnen, denen sich Harriet Backer aus Norwegen anschloss; sie war mit fünfunddreißig Jahren die Älteste. Die Frauen empfanden sich als »Malschwestern« und nannten sich auch so, wenngleich mit der Zeit unterschiedliche Freundschaftsgruppen entstanden. Helene Schjerfbeck und Helena Westermarck trafen bei Madame Trélat wieder auf Ada Thilén. Die drei hatten sich in der Akademie von Adolf von Becker in Helsinki kennengelernt. Helene Schjerfbeck war von allen die Jüngste.

Anfang Dezember erhielten die jungen Künstlerinnen eine Einladung ihrer Landsfrau Amélie Lundahl, die in Paris ein eigenes

Atelier hatte. Auch sie kannte Helene und Helena aus Helsinki. Alle drei waren sich 1874 in der Zeichenschule des Kunstvereins begegnet. 1877 konnte Amélie Lundahl dank eines staatlichen Stipendiums nach Paris reisen. Sie blieb und fand ihre Bildmotive mit Vorliebe in der Bretagne. Helena Westermarck schrieb ihrer Mutter, wie es bei diesem Ateliertreffen zuging: Die Frauen waren munter bis nachts um halb zwölf; sie beschlossen, einen finnischen Verein zu gründen und sich regelmäßig zu treffen: »Alle Gespräche drehten sich um die Kunst ... Wir waren mal begeistert, mal verzweifelt, aber besaßen den felsenfesten Glauben der Jugend an die Macht der Kunst, an ihren Ruhm und ihre Herrlichkeit.«

Ebenfalls im Dezember besuchten die Frauen den Kollegen Albert Edelfelt in seinem großzügigen Atelier in der Avenue Villiers Nr. 147. Er war Besuche gewöhnt. Aber diesmal waren ihm die weiblichen Gäste lästig, und genervt schrieb er seiner Mutter, dass die Gruppe vor allem aus »Krüppeln und Schwachen« bestand, »Fräulein Schjerfbeck humpelt, Fräulein Thilén ist einäugig – warum können Malerinnen nicht wie andere Menschen sein ...«

Im Januar 1881 trafen sich alle wieder bei Madame Trélat. »Madame Eidechse« wurde ihr Spitzname und das war nicht positiv gemeint. »Madame Eidechse«, die persönlich keinen Unterricht gab, verbreitete ständig Unruhe unter ihren Schülerinnen. Hektisch gestikulierend und Grimassen schneidend ging sie an den Staffeleien vorbei. Alles an ihr war gekünstelt; sie trug Kleider, die mit Talmi übersät waren, ließ ihren Launen freien Lauf. Die Professoren, die sie für den Unterricht versprochen hatte, erschienen meistens nicht. Ende des Monats hatte die finnische Truppe genug von der schrillen Person und wechselte zur Akademie Colarossi. Dort stießen noch Kitty Kielland und Annette – Annie – Anker dazu, zwei Norwegerinnen, die sich bald in ihren Heimatländern als Malerinnen einen Namen machten.

Mit diesem Wechsel war Helene Schjerfbeck endgültig im Zentrum des Pariser Künstlerlebens angekommen. Die Akademie, 1871 von dem italienischen Bildhauer Philip Colarossi gegründet, lag auf der linken Seine-Seite in der kleinen Rue de la Grand Chaumière Nr. 10 an der Grenze zwischen den Bezirken Montparnasse und Saint-Germain-des-Prés; das Quartier Latin war nicht weit. Bei Colarossi unterrichteten anerkannte Kunstprofessoren und Künstler, und in den drei Vierteln war ein buntes Völkchen aus Dichtern und Malern, Malerinnen, Sängerinnen, Kabarettisten und Schauspielerinnen zu Hause.

Eine Weile noch ging Helene Schjerfbeck den Weg von der Rue Constantinople im Norden zur Akademie Colarossi ans linke Seine-Ufer: »So voller Glück! ... Ich hatte keine großartigen Träume für die Zukunft, ich wollte nur gut malen.« Das schrieb sie 1928 an Helena Westermarck. Sie liebte die diesigen weißen Pariser Wintermorgen, auch den Frost; von Helsinki war sie ganz andere Temperaturen und winterliches Chaos gewöhnt. Ihre linke Hüfte machte ihr kaum Beschwerden, vielleicht gerade weil sie sich so viel bewegte. Aber es war eine lange Strecke quer durch die Stadt; ein Grund, öfters den Omnibus zu nehmen und sich aufs offene Oberdeck zu setzen. Wie auf einer Bühne rollte Paris vorbei, mit seinen Bauten, seinen Menschen. Helene Schjerfbeck schwebte glücklich über allem und bezahlte für die gute Aussicht nur den halben Preis.

In der Akademie Colarossi fand sie eine neue Freundin fürs Leben – die Österreicherin Marianne Preindlsberger. Als »vielversprechendste Schülerin« der Zeichenakademie von Graz hatte die Neunzehnjährige 1874 ein Stipendium für eine private Kunstakademie in München bekommen. Dort fiel Marianne Preindlsberger mit ihrem Talent auf, und 1875 widmete ihr der fünfzigjährige Johann Strauss »freundlichst« die Polka-Mazurka »Licht und Schatten«. Doch die »Kunstjüngerin« zog es nach Paris.

Sie war zunächst von Helene Schjerfbecks Begabung fasziniert: »Sie war damals der Stern bei Colarossi, und obwohl eine der Jüngsten, überstrahlte sie uns alle.« Die beiden beschlossen, in der Rue Baigneux, nahe bei der Akademie, in einer Pension gemeinsam ein Mansardenzimmer zu mieten. Dieser Schritt hatte für Helene Schjerfbeck eine besondere Qualität. Lina und Walter Runeberg waren bisher herzliche Gastgeber gewesen, aber nun erst war sie wirklich am Ziel ihrer Wünsche angekommen. Mit dem Dachzimmer in Quartier Montparnasse erfüllte sich, wovon sie in Helsinki geträumt hatte – frei und selbstständig zu sein. Morgens, wenn Helene sich noch einmal tief ins Bett kuschelte, sang Marianne ein Lied, das die finnische Freundin besonders liebte. »Brüderlein fein, Brüderlein fein, / musst mir ja nicht böse sein, / scheint die Sonne noch so schön, / einmal muss sie untergehn.« Es ist ein Wiener Gassenhauer von 1826 aus dem romantischen »Zaubermärchen mit Gesang« von Ferdinand Raimund, das Bestand hat durch die Jahrhunderte. Im Rückblick wird Helene Schjerfbeck über das Pariser Jahr 1881 an Helena Westermarck, die alles miterlebte, schreiben, »das erste Jahr war das wunderbarste«.

Am 5. Februar ist »Runeberg-Tag« in Finnland; bis heute wird er zu Ehren des Nationaldichters mit süßen Mandeltörtchen gefeiert. Am 5. Februar 1881 lud Walter Runeberg aus doppeltem Anlass in sein Pariser Atelier am Boulevard Clichy: um traditionell den Geburtstag seines Vaters zu feiern und zugleich die Fertigstellung seines Modells für ein Denkmal des Dichter-Vaters, das mitten in Helsinki im Esplanadi-Park aufgestellt werden sollte. Neben Helene Schjerfbeck war auch Maria Wiik unter den Gästen, und für beide bedeutete es ein Wiedersehen.

Die Tochter aus gutbürgerlichem Hause wurde 1853 in Helsinki geboren und von den Eltern in ihrem Wunsch, Malerin zu werden, bedingungslos unterstützt. Auch Maria Wiik war eine Schülerin Adolf von Beckers, in den Jahren 1874/1875 kreuzte sich ihr Weg kurz mit dem von Helene Schjerfbeck und Helena Westermarck in der Zeichenschule von Helsinki. 1877 ging sie zur Weiterbildung nach Paris, schloss Freundschaft mit Amélie Lundahl, und die beiden Malerinnen teilten seit 1879 ein Atelier.

1880 hing ein erstes Bild von Maria Wiik im angesehenen »Pariser Salon« und 1881 ein zweites, das hochgelobte Porträt ihrer Schwester Hilda. Nach kurzem Intermezzo als Lehrerin an der Zeichenschule in Helsinki war sie zu Beginn des Jahres 1881 zurück nach Paris gekommen. Von nun an gehörte die neun Jahre Ältere zum engen Freundeskreis um Helene Schjerfbeck. Die Freundschaft hält ein Leben lang.

In der Akademie Colarossi ging es für Helene Schjerfbeck mit der Fortbildung in der Malkunst erst richtig los. Das Leben bestand aus »der Malschule, der Arbeit, den Kameraden und den Lehrern«, schrieb sie Jahre später ihrer Nichte Hanna. Von großer Bedeutung waren für sie die Begegnungen mit den alten Meistern: »Man liebte die alte Kunst im Louvre, auch wenn es lange Zeit dauerte, bis man sie verstand.« Manchmal gingen die finnischen Malschwestern gemeinsam in den Louvre oder in alte Pariser Kirchen, um sich dort solidarisch Trost und Ermunterung zu holen: wenn die Kritik der Lehrer in der Akademie an einem ihrer Bildentwürfe sehr streng ausgefallen war.

Im März 1881 wurde Alexander II. in St. Petersburg auf offener Straße von russischen Nihilisten ermordet. Der gewaltsame Tod des Zaren, der in Russland grundlegende Reformen angestoßen, im Großfürstentum Finnland einen wirtschaftlichen Aufbruch befördert und politische Eigenständigkeit zugelassen hatte, wurde in Finnland verurteilt und tief betrauert. Helene Schjerfbeck und ihre Kolleginnen lebten an der Seine nicht im Elfenbeinturm. Die Malschwestern führten viele Diskussionen, wie man eine neue, andere Welt gestalten würde. Zu den politisch engagiertesten zählte Helena Westermarck. Aus ihrem Elternhaus in Helsinki an vielfältige Diskussionen gewöhnt, interessierte sie von früh auf besonders die »Frauen«-Frage. Im Frühjahr 1881 besuchte sie eine Versammlung mit Louise Michel, studierte Lehrerin, Feministin und eine Ikone der französischen Anarchisten-Szene. In einem ihrer Briefe erzählte Helena ihrer Mutter davon. Das höchst beunruhigte mütterliche Echo aus Helsinki löste einen Antwortbrief aus, in dem Helena beteuerte, dass sie »trotz all meiner Sympathie für Louise Michel« keine Kommunardin, sondern ein »ganz tüchtiges Mädchen« werden möchte.

Helene Schjerfbeck hörte zu bei den heftigen Diskussionen in ihrem Kreis, an die Segnungen revolutionärer Umbrüche glaubte sie nicht. Aber sie war neugierig, und eines Tages begleitete sie Kitty Kielland, die norwegische Malerin, zu einem Anarchisten-Treffen. Was sie da an Parolen und Verheißungen hörte, blieb ihr fremd. Helene Schjerfbecks einzige Leidenschaft war und blieb die Malerei. Und die ersten Monate in Paris waren besonders kostbar, wie die Tante 1919 ihrer Nichte Hanna, die auf dem Weg nach Paris war, mit leichter Wehmut vor Augen stellte: »Was hast Du für eine schöne Zeit vor Dir, wenn man mit dem Malen beginnt und seine eigene Ausdrucksweise sucht.« Der Kreativität waren in Paris keine Grenzen gesetzt: »Man fühlte sich so wohl, man fühlte sich so frei.«

Die Arbeit in der Akademie Colarossi und die internationale Kommune der Maler und Malerinnen ergänzten sich bestens. Oft nahmen die Künstler die Mahlzeiten gemeinsam ein. Mal kauften die jungen Leute Brot und Käse, Eier und Schinken, Obst und Wein und ließen sich damit auf dem tiefen, breiten Sofa bei Colarossi nieder, wo man eher liegen als sitzen konnte. Nach dem Essen wurde auf einem kleinen Spirituskocher der Akademie *café noir* gekocht, und alle waren überzeugt, damit ihren Geist und ihre Ideen tüchtig anzufeuern. Auch die kleinen Milchcafés in den Straßen ringsum waren sehr beliebt, vor allem das von Madame Caron, gegenüber der Akademie. Sie war eine Institution, tauschte warme Mahlzeiten gegen Bilder oder streckte Geld vor, wenn ein junger Künstler sehr in Not war.

Samstags nach dem Mittagessen war für die finnischen Malerinnen die Arbeitswoche beendet. Sie legten die Farbstifte beiseite, wuschen Pinsel und Hände und machten sich auf in eine der vielen Ausstellungen in Kunstsalons oder Galerien. Sie gingen in den Louvre oder ins Luxembourg-Museum, von dem Helene Schjerfbeck keine gute Meinung hatte – »da war nicht alles erste Klasse«. Ostern 1881 packten die jungen Frauen ihre Staffeleien, Pinsel und Paletten zusammen und auch den Picknickkorb und fuhren mit der Straßenbahn in den Vorort Fontenay-aux-Roses. Ein anderes Mal ging es nach St. Cloud. Helene Schjerfbeck konnte überall gut mithalten. Die schönsten Motive gab es an der frischen Luft. Das Leben war herrlich.

Und so sollte es noch lange bleiben: die Freiheit auszukosten, im Leben und in der Kunst – für Helene Schjerfbeck waren sie in Paris endgültig eine Symbiose eingegangen –, und zu nutzen, um in beidem den eigenen Weg zu finden. Für einen längeren Paris-Aufenthalt brauchte sie finanziellen Nachschub, ein weiteres Stipendium aus Finnland. Im März 1881 schrieb sie an Berndt Otto Schauman, den Kurator des Kunstvereins und einflussreichsten Mann in der Kunstszene von Helsinki: »Ich betrachte mich als glücklich, so jung ins Ausland gehen und sehen und lernen zu können ... Mein größter Wunsch wäre, ein weiteres Jahr in Paris zu verbringen.« Für Helena Westermarck war B. O. S., wie er genannt wurde, »ein altes Gespenst«; viele Künstler fürchteten sein herrisches Wesen und sein Festhalten an den konventionellen Kunstrichtungen. Aber um ans Ziel zu kommen, scheute Helene Schjerfbeck ein diplomatisches Vorgehen nicht.

Das Zeugnis von Gustave Courtois, Lehrer an der Kunstakadamie Colarossi und weit über Frankreich hinaus als exzellenter Maler berühmt, trägt das Datum vom 29. März 1881: »Mademoiselle Hélène Schjerfbeck est une de mes meilleures élèves ... Fräulein Hélène Schjerfbeck ist eine meiner besten Schülerinnen. Sie besucht regelmäßig den Malkurs, wo ich unterrichte (10 Rue de la Grande Chaumière in Paris). Sie ist sehr fleißig, und ich kann versichern, dass sie jeden Tag Fortschritte macht. Unter den Schülerinnen, die am meisten arbeiten, ist sie gewiss eine der Begabtesten.«

Das hervorragende Zeugnis ging sofort per Post an die Mutter nach Helsinki. Olga Schjerfbeck legte es zum Gesuch an den »Großmächtigsten, Allergnädigsten Kaiser und Großfürsten« für ein weiteres Stipendium ihrer Tochter. Der Kaiserliche Senat in Helsinki leitete es an den Zaren in St. Petersburg weiter.

Nun hieß es hoffen und warten – und in Paris war Frühling. Helene arbeitete weiter hart an der Staffelei im Atelier bei Colarossi, morgens von 8 bis 12 Uhr, nach der Mittagspause weiter von 13 bis 17 Uhr. Aber es blieb genug freie Zeit für die große Stadt. Der Reiz von Paris lag in seinen Gegensätzen. Von den kleinen intimen Parks waren es nur wenige Schritte zu den breiten Boulevards mit ihren einheitlichen Häuserblocks und den sternförmigen Plätzen. Zum breiten Boulevard gehörte der einladende Bürgersteig, das Trottoir, das in aller Welt zum Markenzeichen von Frankreichs Hauptstadt wurde, zur Bühne des urbanen Lebens.

Mit seinen überdachten Cafés und Lokalen, den Gaslichtern und Gasheizungen kannte der Boulevard keine Tages-, keine Jahreszeiten. Ob in Runebergs Wohnung im nördlichen Paris in der Rue de Constantinople oder im Umkreis der Akademie Colarossi mitten im Quartier Montparnasse am linken Seine-Ufer: Überall war Helene Schjerfbeck von Boulevards und ihrem pulsierenden Leben umgeben. Sie liebte die Menschen um sich herum als Teil des großstädtischen Flairs und der Pariser Lebensart. Und die kleinen krummen Gässchen des mittelalterlichen Paris, die im Quartier Latin den Abriss überlebt hatten, gehörten für sie ebenso dazu.

Über die Umgebung von Colarossi schrieb sie später: »Außerhalb der Malschule war es sehr schön, wenn man die Menschen draußen sah …« Für sie war das linke Seine-Ufer nicht »touristisch geprägt«, sondern immer noch das ursprüngliche Paris. Zugleich empfahl sie 1919 ihrer Nichte Hanna die anonymen Seiten der Stadt: »Dort kann man leben wie eine Einzelgängerin!« Helene Schjerfbeck war keine weltferne Eremitin. Sie brauchte das fröhliche Picknick und die gemeinsamen Konzerte mit den Malschwestern ebenso wie den Strom der Menschen auf den Boulevards, in dem sie sich als Einzelgängerin treiben lassen und Eindrücke aufnehmen konnte – »nur schauen, schauen«. Nicht weniger genoss sie es, in den unzähligen Galerien mit den aufregenden Werken neuer Maler und Malerinnen auf Entdeckung zu gehen.

»Hier ist es so wunderbar, dass ich manchmal denke, ich platze! In Helsingfors fühlte ich mich immer allein, obwohl ich von Menschen umgeben war, aber hier bin ich ›zusammen‹, obwohl ich toute seule herumlaufe ... Man vergisst hier unten alles Elend, man vergisst, wie die schmutzige Pampe aus Schnee und Eis bis in den April unter den Füßen knirscht, man vergisst die Kühle, die noch im Juni aus dem Finnischen Meerbusen aufsteigt, all die Strickjacken, die man in seinem Leben angezogen hat, und all die schweren Galoschen und Überschuhe, all diese mürrisch vorwärts strebenden Finnen in Mütze und Pelz ... hier ist der Regen so warm, so warm, ... und die Menschen schlendern zu Tausenden auf den Trottoirs ...« Das schreibt 1924 eine jungen Finnin, die am Boulevard Saint-Michel wohnt, ihrer Freundin in Helsinki – in dem Roman »Wo wir einst gingen«. Als habe der finnische Schriftsteller Kjell Westö 2006 das Pariser Lebensgefühl von Helene Schjerfbeck in den 1880er Jahren aufgegriffen.

Dieses Gefühl, angekommen zu sein, war auch 1928, fast fünfzig Jahre danach, noch gegenwärtig, als sie über ihre ersten Monate in der Weltstadt der Kunst schrieb: »Und da gab es keine Sehnsucht mehr, die mich fortzog.«

7. Kapitel

Meudon – Concarneau, Bretagne – Paris

Mai 1881 bis Juni 1882

Sie hatte konzentriert an ihrer Malkunst gearbeitet und die große Stadt mit allen Sinnen aufgenommen. Sie hatte alles getan, um die Entscheidungsträger in Helsinki für ein weiteres Stipendium zur Verlängerung ihres Frankreich-Aufenthalts zu gewinnen. Jetzt gönnte sich Helene Schjerfbeck selbstbewusst eine Pause und etwas Gutes. Nur zwölf Kilometer westlich von Paris gelegen, mit der Eisenbahn erreichbar und von Wäldern umgeben, lag das Städtchen Meudon, das für eine kurze Auszeit vom Weltstadt-Getriebe bei Pariser Künstlern sehr beliebt war. Helene Schjerfbeck verbrachte dort Mai und Juni 1881, nahm sich Zeit für Spaziergänge und zum Nachdenken und fuhr hocherfreut in die Hauptstadt zurück. Denn in ihrer kleinen Pension in Meudon hatte sie eine positive Nachricht aus Finnland erreicht: Der Kaiserliche Senat in Helsinki gewährte ihr mit Zustimmung des Zaren ein weiteres Stipendium, zweitausend Mark »Reiseunterstützung aus allgemeinen Mitteln für Auslandsreisen«. Mit diesem finanziellen Polster konnte Helene Schjerfbeck sich den nächsten Traum erfüllen: eine Arbeitsreise in die Bretagne.

Schon am 1. Juli fuhr sie mit Marianne Preindlsberger nach Concarneau im Departement Finistère, fast am Ende der westlichen Bretagne-Nase. Die Pariser Akademien schlossen in den stickigen Sommermonaten. Die Malerinnen und Maler aus aller Welt schwirrten hinaus in eine der zahlreichen Künstlerkolonien, die seit 1870 in Frankreich und anderen Ländern des westlichen Europa entstanden – in Dachau und dem holländischen Katwijk, im dänischen

Skagen, in Worpswede und in St. Ives in Cornwall. Malen unter dem hellen Licht des Himmels hieß die revolutionäre Parole; neben der rauen Natur wollte man einfache Menschen auf die Leinwand bringen, Bauern und Fischer. Besonders beliebt war die Bretagne: mildes Klima im Winter, ein frischer Wind von der See im Sommer, an den Sonn- und Feiertagen malerische Prozessionen. Die Bretonen trugen stets Holzschuhe an den Füßen, und die weißen Flügelhauben der Frauen waren Alltagskleidung.

Concarneau war ein kompaktes Fischerstädtchen am offenen Meer. Vom Uferboulevard führt eine kurze steinerne Brücke zur mittelalterlichen Festung, die uneinnehmbar auf einem Felsen im Hafenbecken steht. Am Ufer breitet sich heute werktags im Freien vor einer einladenden Markthalle ein bunter Markt mit den Delikatessen der Bretagne aus. Rund um die Festung ankern im Hafen zahlreiche Yachten neben wenigen Fischerbooten.

Zu Beginn der 1870er Jahre hatten einheimische Maler aus Concarneau, die in Paris studierten, Kollegen und Kolleginnen von der Hauptstadt hierher gelockt. Maler aus den USA, aus England und Skandinavien folgten. Der Ort war von Paris in einer Tagesreise mit dem Zug erreichbar und bot eine breite Palette von Motiven. Die Künstler entdeckten neben den Fischerbooten die Frauen in den Fabriken, die dort Sardinen und Thunfisch in Konserven packten. Es entstanden realistische Bilder von harter Arbeit, ohne den Anschein romantischer Verhältnisse.

Helene Schjerfbeck und Marianne Preindlsberger quartierten sich im Grand Hôtel bei Madame Lorentz ein. Am frühen Morgen zogen sie mit ihren Malutensilien an die Ränder der Stadt, wo es hinaus in die Landschaft ging und wo die Einheimischen wohnten, die sich kein Haus im Zentrum und Ufernähe leisten konnten. Am 10. Juli 1881 feierte Helene Schjerfbeck in Concarneau Geburtstag. Neunzehn Jahre war sie nun alt: frei, nur sich selbst verantwortlich, fern von Gängelei und Konventionen, die immer noch für Frauen galten – was für ein Leben, was für eine Karriere. In Helsinki erwartete man viel von ihr als Malerin, aber auch sie selbst hatte sich hohe Ziele gesetzt. In Concarneau schuf sie mit dem, was sie in der Akademie Colarossi gelernt hatte, und den Erinnerungen an die Kunst der alten Meister, die sie im Louvre in ihr Gedächtnis aufgenommen hatte, ein eigenständiges Meisterwerk. Nach dem »Verwundeten Krieger« vom Frühjahr 1880 entsteht im Sommer 1881 in der Bretagne das Bild »Ein Junge füttert seine kleine Schwester aus einer Schale«. Es ist der zweite Meilenstein in Helene Schjerfbecks Entwicklung als Malerin und ein Wendepunkt in der Geschichte der finnischen Malerei.

Eines Tages sieht sie in einem Hofeingang einen Jungen, der auf einem Schemel sitzt und seine kleine Schwester aus einer Tonschüssel füttert. Das Mädchen steht leicht gebeugt vor ihm und stützt die linke Hand auf das Knie des Bruders. Helene Schjerfbeck muss sich ohne zu zögern entschieden haben, diesen Augenblick auf die Leinwand zu bringen. Ihr Bild erfasst den Bruchteil weniger Sekunden – sozusagen zwischen zwei Löffeln –, in dem sich die liebevolle Fürsorge des Bruders und die vertrauensvolle Zuneigung der Schwester so verdichten, dass dieser intime Moment Zeit und Raum hinter sich lässt. Wie beim Anblick des »Verwundeten Kriegers« wird, wer den »Jungen, der seine Schwester füttert« sieht, von einem Gefühl angerührt, das eine Brücke zwischen den Menschen auf und dem Betrachter vor der Leinwand schlägt.

Neben der Kunst hatte Helene Schjerfbeck in Concarneau gewichtigen Stoff zum Nachdenken. Es ging um grundsätzliche Entscheidungen für ihren weiteren Weg als Malerin. Zum Jahresbeginn 1881 hatte sie von Fredrik Cygnaeus den Auftrag für ein Bild bekommen. Der Sohn eines lutherischen Bischofs, 1801 geboren, war ein Kosmopolit mit vielfältigen Begabungen: 1863 bis 1878 Vorsitzender des Finnischen Kunstvereins, Förderer des Nationaldichters Johan Ludvig Runeberg und der Bewegung für eine finnischsprachige Literatur, Professor für Ästhetik und moderne Literatur an der Kaiserlichen Alexander-Universität Helsinki, Kunstsammler und Mäzen. Alles, was er anregte und tat, sollte einer eigenständigen finnischen Kultur dienen und den Genies in allen Bereichen der Kunst den Weg bereiten. Im Gegensatz zu manchen Kollegen war Fredrik Cygnaeus überzeugt, dass auch Frauen ihren Beitrag dazu leisten konnten, und bedauerte, dass der Staat zu wenig Werke von Malerinnen förderte. Cygnaeus starb im Februar 1881, kurz nachdem er den Malauftrag an Helene Schjerfbeck für seine Kunstsammlung vergeben hatte.

In Helsinki zog Berndt Otto Schauman die Verantwortung für die Kunstsammlung, die Fredrick Cygnaeus in seinem Testament zusammen mit seiner Villa dem finnischen Volk vermacht hatte, sofort an sich. Tatsächlich entstand 1882 in der leuchtend gelben Holzvilla mit dem markanten Turm im Kaivopuisto-Park Finnlands erstes Museum. Es ist als Cygnaeus-Galerie bis heute eine kleine, aber feine Fundgrube finnischer Malerei von den Anfängen bis zum Ende des 19. Jahrhunderts. Im Sommer 1881 war Helene Schjerfbeck klar, dass ihr Auftragsbild nur mit der Zustimmung von B. O. S. Aufnahme in das geplante Cygnaeus-Museum finden würde. Und sie wusste auch, dass Schauman von ihr eine Art »Fortsetzung« des »Verwundeten Kriegers« erwartete, ein Bild aus der finnischen Geschichte zum Ruhm der nationalen Bewegung.

Als Helene Schjerfbeck Ende September mit Marianne Preindlsberger von Concarneau zurück nach Paris fuhr, müssen die Würfel schon gefallen sein. Am 13. Oktober begann in Helsinki die jährliche Herbst-Ausstellung des Kunstvereins. Helene Schjerfbeck wollte nach ihrem Triumph im Frühjahr 1880 wieder dabei sein, denn nur hier konnte sie in der Heimat Anerkennung und Preise gewinnen. Das bedeutete: Sie musste ihre Bild-Auswahl gut verpackt sofort auf den langen Weg nach Helsinki bringen. Helene Schjerfbeck entschied sich – neben einem Doppelporträt mit Marianne Preindlsberger – für ihre Bretagne-Bilder, darunter das Bild »Ein Junge füttert seine kleine Schwester aus einer Schale«.

Die Bilder werden begleitet von einem Brief an B. O. Schaumann, denn Helene geht davon aus, dass ihr Motiv seine Erwartungen enttäuschen wird. Sie könne, so ihre diplomatisch verbrämte Absage an die gewünschten nationalen Themen, in Frankreich nicht finnische Menschen, Kostüme und Landschaften zeichnen. Die junge Malerin bietet Schauman stattdessen ihr Bretagne-Bild »Ein Junge füttert seine kleine Schwester« für die Cygnaeus-Galerie zum Kauf an. Zugleich versucht sie, die Bedeutung des Bildes herunterzuspielen. Es stelle »einfach eine Szene aus dem Leben« dar, und das einzig Interessante daran sei die gute malerische Ausführung.

Der Anblick des Jungen, der seine kleine Schwester füttert, ist anrührend, ohne sentimental zu sein, und die malerische Ausführung sehr gelungen. Wer das Bild im Nationalmuseum in Helsinki, dem Ateneum, sieht, fragt sich erstaunt, warum Helene Schjerfbeck sich zu einer vorauseilenden Beschwichtigung verpflichtet fühlt.

Wer im 21. Jahrhundert durch Europas Museen geht, hat die Geschichte der modernen Kunst und etliche ihrer markanten Werke unbewusst vor Augen. Es ist eine Kunst, die nicht davor zurückschreckt, Hässliches und Grausames, Elend und menschliche Not drastisch auf die Leinwand zu bannen, Menschen und Natur beliebig zu zerstückeln und zu neuen Bildern zusammenzusetzen. Doch was heute zum Standard gehört, waren bei ihrer Entstehung schockierende Bilder. In ihnen kündigte sich in den letzten zwei Jahrzehnten des 19. Jahrhunderts eine Revolution in der Malerei an. Ein prominentes Beispiel ist »Der Schrei« des norwegischen Malers Edvard Munch. Er wurde 1893 in seiner ersten Fassung gemalt. Auf dem Hintergrund dieser Chronologie der modernen Kunst erhält Helene Schjerfbecks Meisterwerk vom Sommer 1881 seinen besonderen Platz. Verglichen mit der bisherigen traditionellen Kunst ist »Ein Junge, der seine kleine Schwester füttert« ein Durchbruch – für Helene Schjerfbeck und für die finnische Malerei.

Der Horizont der Kunst in Finnland vor der Moderne öffnet sich nach einem Spaziergang vom Esplanadi-Boulevard zur Cygnaeus-Galerie im Kaivopuisto-Park. Hier hängen die Bilder von Helene Schjerfbecks Vorgängern, die in Düsseldorf und München in der ersten Hälfte des 19. Jahrhunderts gelernt hatten. Es sind finnische Landschaften, Auerhähne im Schnee, bäuerliche Genrebilder. Auf den kleinen Formaten ist die Welt in ein mildes Licht getaucht; aus der Einfachheit am bäuerlichen Herd strahlt das wahre finnische Leben. Nicht um Realität geht es, der Betrachter soll aus seinem grauen Alltag in eine ideale Welt versetzt werden. Doch um die 1880er Jahre hatte sich bei den Malern in Paris eine drastische Wende vollzogen. Und der finnische Maler Albert Edelfelt, der 1874 erstmals nach Paris gekommen war, spürte, wohin die neue Richtung ging.

Für den Salon de Paris 1880 bewarb sich Edelfelt mit dem Bild »Überfahrt des Kindersargs«. Das Bild zeigt einfache Menschen, Bauern, Fischer, die in stummer Trauer den Sarg eines Kindes von einer finnischen Schäreninsel zum Friedhof auf dem Festland rudern. Für dieses Bild, das von einer neuen realistischen Malweise geprägt ist, die den historischen Gesten und Geschichten abgeschworen hat, erhält Albert Edelfelt eine Bronzemedaille. Es ist die erste Medaille, mit der ein finnischer Maler jemals in der Metropole der Kunst ausgezeichnet wurde, und der internationale Durchbruch für den Sechsundzwanzigjährigen. In Helsinki allerdings ist der neue Malstil noch nicht angekommen. Führende Männer des Kunstvereins lassen Edelfelt wissen, er solle sich wieder der »erhebenden, idealistischen Malerei« zuwenden.

Mit dem Historienbild »Der verwundete Krieger« hat Helene Schjerfbeck bewiesen, dass sie ihr Talent strategisch einsetzen kann, ohne künstlerische Kompromisse zu machen. Das erste Stipendium war die Folge. Nur anderthalb Jahre später scheut sie kein Risiko, als es um den nächsten Schritt geht, der sie zum künstlerischen Erfolg führen soll. Beim Unterricht an der Akademie Colarossi wie in den Galerien und Ausstellungen zeitgenössischer Künstler hat sie erkannt: Die Zukunft der Malerei liegt in einem Realismus, der genau hinschaut und präzise wiedergibt, der nichts schönt oder romantisch verklärt und dennoch kein plattes Abbild der Wirklichkeit ist.

Wie Edelfelt setzt Helene Schjerfbeck den neuen realistischen

Malstil in ihrem Bretagne-Bild um und ist dabei noch radikaler als ihr Kollege. Sie malt das Geschwisterpaar lebensgroß. 115 Zentimeter hoch und 94,5 Zentimeter breit ist das Bild. Das hat sich noch keine finnische Malerin getraut, ein solches Maß stand bisher nur den männlichen Künstlern zu. (»Der verwundete Krieger« misst »nur« 59,5×39 Zentimeter.) Die zärtlich-stumme Zwiesprache zwischen den Geschwistern in Concarneau füllt das ganze Bild. Helene Schjerfbeck nutzt die Nahaufnahme auch, um die ärmlichen Verhältnisse, in denen die Kinder leben, ins Bild zu bringen. Die Kleidung des Jungen ist zusammengestoppelt, das Stroh lugt aus seinen Holzpantinen. Wo draußen im Hof gegessen wird, wartet im Innern kein gemütliches Esszimmer.

Der Maler Albert Edelfelt ist bei seiner »Überfahrt des Kindersargs« vorsichtiger zu Werke gegangen. Seine Trauernden sind zwar einfache Leute, aber zur Beerdigung tragen sie Sonntagskleidung. Vom Ruderboot, auf dem die kleine Gesellschaft sich befindet, gewährt der Maler schöne weite Durchblicke auf eine romantische Schärenlandschaft. Menschen und Landschaft sind in ein extrem helles Licht getaucht. Solche Kompromisse lässt Helene Schjerfbeck nicht zu. Auf ihrem Bild gibt es keine Lichtquelle, es ist mit extrem breiten Pinselstrichen vollständig in dunkles Braun getaucht. Die Ausstrahlung gleicht den Bildern holländischer Meister, die Helene Schjerfbeck im Louvre intensiv studiert hat.

Der konservative Kunstkenner Berndt Otto Schauman sieht mit scharfem Blick, welchen Weg die vielversprechende Nachwuchsmalerin in Paris genommen hat. Der gefällt ihm gar nicht, und er nutzt seinen Einfluss. »Ein Junge füttert seine kleine Schwester« wird nicht für die Sammlung der Cygnaeus-Galerie gekauft. Das Bild der Neunzehnjährigen hätte alle dortigen Werke in den Schatten gestellt. Denn Helene Schjerfbecks Geschwisterpaar aus Concarneau vertritt als erstes in der Geschichte der finnischen Malerei radikal die französische Richtung des Realismus, der die internationale Malerei in den nächsten Jahren prägen wird. Hat die junge Frau alles gewagt und alles verloren?

Nein, denn B. O. S. verhindert nicht, dass sich unter den fünf Bildern von Helene Schjerfbeck, die für die Herbst-Ausstellung des Kunstvereins im Oktober/November 1881 zugelassen werden, auch das Bild der Geschwister befindet. Noch erstaunlicher: Der Kaiserliche Senat im Großfürstentum Finnland erwirbt das Bild für fünfhundert Mark, damit die Malerin Leinwand für weitere Bilder kaufen kann. Eine demonstrative Ermutigung für Helene, sich weiterhin auf künstlerisches Neuland zu wagen.

In Paris ging der Unterricht in der Akademie Colarossi weiter, es gab noch viel zu lernen. Dank eines eigenen Zimmers in der Rue Maubuée setzte Helene ihr freies, nur sich selbst verantwortetes Leben fort. Dazu gehörte, in den Beständen der Bouquinisten am Seine-Ufer zu stöbern, Helene Schjerfbeck war auch in Paris eine leidenschaftliche, neugierige Leserin. Im Winter 1881/82 entdeckte sie die dramatische Geschichte der schönen »Shakuntala« aus dem indischen Epos Mahabharata, die im Lauf des 19. Jahrhunderts europäische Musiker und Literaten zu Kompositionen und Übersetzungen anregte.

Dass sie in ihrem Beruf als Malerin von anderen abhängig war und Verbindungen brauchte, die über das Netz der Malschwestern hinausgingen, war Helene Schjerfbeck bewusst. Noch bevor das Jahr zu Ende ging, nahm sie wieder Kontakt zu Berndt Otto Schauman auf. Er war nun einmal in Helsinki der wichtigste Ansprechpartner für finnische Künstler. Es ist ein ambivalenter Brief. Einerseits zeigt Helene sich kompromissbereit und lässt anklingen, dass sie weiterhin an »patriotisch-historischen Themen« interessiert sei. Andererseits wirbt sie für die Entwicklung der modernen Malerei in Frankreich, die das Thema »Natur« immer mehr in den Vordergrund stellt. Damit sei der Mensch in seiner Umgebung gemeint. Es könne in der Kunst nichts Besseres geben, wirbt sie, »als das beständige Vertrauen in die Natur«. Selbst das »wärmste Herz« und die »lebhafteste Fantasie des Künstlers« könnten ohne dieses Vertrauen nichts schaffen.

Selbstbewusst schildert sie B. O. S., dass sie dem Unterricht in der Akademie inzwischen zu Teilen entwachsen sei. Sie möchte etwas anderes tun »als täglich italienische Köpfe kopieren, und ich beabsichtige, meine Kräfte selber zu testen, denn Arbeit, die man nur mit halbem Herzen tut, ist nicht sehr nützlich«. Die künstlerische Arbeit, die sie sich selber stellt, ist eine dramatische Erzählung aus der Geschichte Schwedens. Das wiederum ist ganz nach dem Geschmack von Schauman.

Zum Angebot der Akademie Colarossie gehört das Aktzeichnen von männlichen und weiblichen Modellen, das allen Schülern, auch den Malerinnen, offensteht. Helene Schjerfbeck missachtet die Konventionen und entscheidet sich für die männlichen Modelle, eine gewagte Ausrichtung, die ihre Kolleginnen nicht riskieren. Die norwegische Malerin Annie Anker hält diesen Tabubruch im Bild fest. Im Winter 1881/82 malt sie Helene Schjerfbeck im langen dunklen Kleid auf einem Schemel vor der Staffelei. Überdeutlich zeigt Annie Anker in ihrem Bild das Motiv, an dem die Freundin gerade arbeitet. Es ist ein fast nackter junger Mann, der nur eine knappe Badehose trägt. Durch dieses Bild wissen wir, dass die junge Malerin aus Finnland immer noch ihr blondes Haar zu einem dicken Zopf geknotet hat, der im Rücken weit über die Hüfte fällt. Hinter ihr, fast vollständig verdeckt, malt die neun Jahre ältere Helena Westermarck, aber keinen Akt, und ihre hochgesteckten dunklen Haare lassen Helene Schjerfbeck neben ihr noch jünger erscheinen.

Der »Verwundete Krieger«, als gutaussehender eleganter junger Mann genau zwei Jahre zuvor ins Bild gesetzt, war keine Zufallsentscheidung. In den ersten Pariser Monaten des Jahres 1882 hat sich Helene Schjerfbeck bei Colarossi den männlichen Körper als Aufgabe gesetzt. Einige »Studien« von ihr mit Kohle und Tinte haben sich erhalten, darunter ein »Fährmann« von Kopf bis Fuß, ein männliches Modell von vorne, und ein seitlicher Halbakt bis zur Hüfte, in Öl gemalt. Der Kopf des jungen Mannes mit dunklem Haarschopf dreht sich in Richtung Betrachterin, die Augen mit dem wehmütig-schmerzlichen Blick sind gesenkt. Die Lippen, die kräftigen Oberarme, der Brustkorb: Helene hat alles ohne Scheu in sinnlicher Nacktheit gemalt.

Es waren vor allem italienische Emigranten – Männer, Frauen, Kinder –, die sich in Paris bei den Akademien als Modelle ein wenig Geld verdienten. Helene Schjerfbeck hatte Anfang 1882 ein italienisches Mädchen als Modell, zierlich, blass, mit langem schwarzen Haar. Sie konnte das Atelier eines amerikanischen Künstlers nutzen, den sie in der Bretagne kennengelernt hatte. Es lag am Quai Saint-Michel Nr. 15, wo das Quartier Latin an das linke Ufer der Seine grenzt, nur wenige Minuten von der Place Saint-Michel mit ihrem prächtigen Brunnen entfernt. Vom Atelier ging der Ausblick über die Seine auf die Île de la Cité mit der Kathedrale Notre-Dame. Trat man aus dem Haus, war man gleich in den Gassen des Quartier Latin. Helene Schjerfbeck genoss die Bohème-Stimmung im Quartier und die Lokale, wo sie für zehn Centimes eine sättigende Mahlzeit bekam. Aber sie vertat ihre Zeit nicht.

Aus Finnland kannte sie nur den lutherischen Protestantismus, der allerdings mit seinen Gewändern und seiner Liturgie wesentlich mehr vom katholischen Erbe geprägt ist als die protestantischen Konfessionen in den Ländern außerhalb Skandinaviens. Helene Schjerfbeck hatte keine Berührungsängste vor dem katholischen Paris mit seinen kleinen und großen Kirchen, und sie hatte ein wohlwollendes Gespür für das Mysterium des Glaubens, das sich in lichtdurchfluteten Kirchenräumen, in Heiligen- und Marienfiguren manifestiert.

Mit dem kleinen Italienerkind inszenierte sie ein Bild, das den Titel »Madonnen-Verehrung« trägt. Das Kind, bis zur Hüfte sichtbar, stützt sich vorgebeugt auf eine steinerne Platte. Mit dem rechten Arm streckt es einer winzigen Marienstatue am linken Bildrand einen kleinen Zweig Apfelblüten entgegen. Der Hintergrund ist eintönig dunkel; keine Kerze, kein religiöses Symbol ist zu sehen. Der Künstlerin gelingt ein intimer Dialog, bei dem sie selbst völlig in den Hintergrund tritt.

Helene Schjerfbeck genoss ihren zweiten Frühling an der Seine.

Sie saß in den kleinen Pariser Cafés und Crémerien; sie ging durch die krummen Straßen und die Boulevards entlang. Neugierig und fachkundig besuchte die den Salon de Paris, wo im Frühjahr 1882 zum ersten und einzigen Mal ein Bild von Paul Cézanne hing. Weit zurück lagen die Stunden im dunklen staubigen Zimmer der Zeichenschule in der Unionsgatan, als Paris für Helene Schjerfbeck und ihre Freundin Helena Westermarck ein fernes Sehnsuchtsziel war.

Wie viel hatte Helene erreicht, seit sie im Herbst 1873 gegen alle Regeln in die Zeichenschule des Finnischen Kunstvereins als Wunderkind aufgenommen worden war.

Als in Paris der Juni 1882 kam, war es an der Zeit, zurückzukehren in die Heimat; ihre Wurzeln wollte Helene nicht kappen. Schließlich saßen dort auch ihre Förderer und Geldgeber, und die bisherigen Stipendiengelder waren ausgegeben. Aber Helene Schjerfbeck wusste, sie würde wiederkommen an den Ort, der ihrer Kunst und ihrem Leben einen neuen Weg gewiesen hatte, und sie besiegelte es mit ihrem veränderten Vornamen. Auch in Finnland würde sie von nun an Helene sein.

8. Kapitel

Helsinki – Sjundby – Helsinki

Juli 1882 bis Februar 1883

Für die Rückfahrt über die Ostsee hatte sie wie schon auf dem Hinweg den nicht mehr neuen, aber verlässlichen Linien-Dampfer »Der Großfürst« gebucht, der sie nach der Eisenbahnfahrt von Lübeck nach Helsinki brachte. Auf dem Schiff traf Helene interessante Gesellschaft: den finnischen Bildhauer Ville – Carl Wilhelm – Vallgren, Jahrgang 1855, und Antoinette, seine drei Jahre jüngere schwedische Frau, ebenfalls Bildhauerin. Die drei hatten sich bei den Runebergs in Paris kennengelernt.

Vallgren stand am Anfang einer erfolgreichen Karriere. In Helsinki kommt niemand an »Havis Armanda« vorbei – seinem schwungvollen, heiteren Brunnen am Übergang von Esplanadi zum Kauppatori-Platz vor dem großen Hafenbecken. Seit 1905 erhebt sich in der Brunnenmitte aus dem roten Granitrand bis zu fünf Metern Höhe eine unbekleidete Frau aus Bronze. Nach Vallgrens Aussage eine Meerjungfrau, die an Land gegangen ist und noch einen Blick zurück aufs Meer wirft, ein Symbol für Helsinki – die »Tochter der Ostsee«. Der Bildhauer kam 1882 mit seiner Frau nur auf Stippvisite in seine Heimat.

Helene Schjerfbeck wird mit zwiespältigen Gefühlen am 29. Juni 1882 an Land gegangen sein. Zwei Jahre in größtmöglicher Freiheit lagen hinter ihr, die Kluft zwischen dem Leben in Frankreich und dem in Finnland war ihr nur zu bewusst. Statt in einer Pariser Mansarde unbekümmert und unabhängig ihren Gedanken nachzugehen, musste sie sich wieder dem Ablauf in der Studentenpension ihrer Mutter anpassen. Aber es gab eine Alternative. Helene

Schjerfbeck machte sich bald auf nach Sjundby, wo die Großmutter noch lebte und Patenonkel Thomas Adlercreutz immer noch allen Nichten und Neffen ein großzügiger Gastgeber war.

Die ungezwungene Atmosphäre im herrschaftlichen Haus, der weitläufige Park ringsum, die Fahrt mit dem Ruderboot auf dem kleinen Fluss boten Helene Ruhe und vielfältige Arbeitsanreize. Sie hatte sich eine Menge vorgenommen für diesen Sommer 1882: Im Spätherbst stand in Helsinki die jährliche Ausstellung des Kunstvereins an, wo sie mit ihren Bildern Eindruck machen wollte. Nur auf diesem Weg konnte sie auf ein drittes Stipendium hoffen, ohne das es keinen weiteren Paris-Aufenthalt geben würde.

Der freundlich-vertraute Umgang auf Sjundby schlug sich in Helenes Bildmotiven nieder. Die neunundsechzigjährige Großmutter stand der Enkelin Modell, und Helene schuf kein Gefälligkeits-Porträt. Aus dem dunklen einfarbigen Hintergrund tritt das helle Gesicht mit einem schmalen strengen Mund scharf hervor, und hinter den Brillengläsern liegen große ernste Augen. Helene hat sich ganz auf das Gesicht der alten Frau konzentriert, und das kleine Format, 26,5×21 Zentimeter, macht das Porträt besonders eindringlich.

»Tanzschuhe« heißt das Bild, für das Helenes Lieblingskusine Esther Modell stand. Das Mädchen, etliche Jahre jünger als die gerade zwanzigjährige Malerin, sitzt auf einem Schemel und schnürt ihre weißen Ballschuhe. Der duftige weiße Tüllrock ist dafür bis zu den Oberschenkeln hochgezogen, was die langen Beine in den schwarzen Strümpfen zu einem Blickfang macht. Leicht spöttisch erhielt das Bild später von Kritikern den Titel »Die Heuschrecke«, wohl, weil es sonst nichts zu kritisieren gab. Im Hintergrund stehen neben dem Sofa die hoch gewachsenen Topfpflanzen eines gutbürgerlichen Salons. In feinen Abstufungen ist Grün die vorherrschende Farbe.

Viel Grün trägt Helene Schjerfbeck auch bei einem Bild auf, das sie in diesem Sommer in einem Birkenwäldchen bei Sjundby malte. »Ein Schmied beim Kohlenmeiler« nennt sie es. Die Holzkohle ist fast abgebrannt, dahinter streben die weißen Birkenstämme in den unsichtbaren Himmel. Die Malerin ist mit ihrem Pinsel dicht an den Schmied, wohl eher ein Köhler, herangerückt, der auf einem Baumstamm sitzt und fast die rechte Hälfte des großen Bildes – 90 × 120 Zentimeter – ausfüllt. Der »Schmied beim Kohlenmeiler« erfüllt alle Forderungen des französischen Naturalismus. Im Freien gemalt, beherrscht ein einfacher, arbeitender Mensch inmitten der Natur das Bild, doch romantische Verklärung kommt nicht auf.

In der Zwischenzeit war auch Maria Wiik zurück nach Helsinki gekommen. Sie konnte sich dank ihrer wohlhabenden Familie ein Atelier leisten. Zudem brachte ihr Ruf als Porträtmalerin ihr zunehmend lukrative Aufträge. Als Helene Schjerfbeck im Frühherbst 1882 aus Sjundby zurückkehrte, nahm sie gern das Angebot an, Marias Atelier in Helsinki ebenfalls zu nutzen.

Das Mansardenatelier lag im fünften Stock in der Mariagatan 12 (finnisch: Mariankatu) im Stadtbezirk Kronohagen (finnisch: Kruununhaka). Die Straße in der bürgerlichen Wohngegend auf dem östlichen Hügel Helsinkis, nur Minuten von Senatsplatz und Dom entfernt, läuft schnurgerade zum Hafen hinunter. Heute ist in dem großen gelben Block eine Zahnklinik untergebracht und an der nördlichen Ecke ein Öko-Feinkostladen.

In der Mariagatan vollendete Helene Schjerfbeck das historische Bild, für das sie noch in Paris Skizzen gemacht hatte – »Am Gefängnis von Linköping im Jahre 1600«. Es erzählt ein Ereignis aus der schwedischen Geschichte, die jeder gebildete Finne kannte. Wieder konzentriert die junge Malerin sich auf einen intimen menschlichen Augenblick. Eine Frau in Schwarz sitzt vor einer dunkelroten Ziegelmauer; den Kopf tief gebeugt, hält sie die Hand ihres zwölfjährigen Sohnes, der neben ihr steht. Beide wissen, dass der Ehemann und Vater durch ein ungerechtes Urteil sein Leben verlieren wird.

»Am Gefängnis von Linköping« hing in der Ausstellung des Kunstvereins vom 16. November bis 17. Dezember 1882. Die Ausstellungsräume lagen diesmal in der neuen städtischen »Volksbibliothek« in der Rikhardinkatu 3. Sie war eine Pionierinstitution. Der elegante Neorenaissance-Bau des finnischen Architekten Carl Theodor Höijer, der Helsinkis steinernes Gesicht mit seinen Bauten prägte, entstand 1881 und war die erste öffentliche Bibliothek Skandinaviens. Der lange ziegelrote Block mit den weißen Fensterrahmen prägt die schmale Rikhardinkatu, die parallel zur südlichen Esplanadi verläuft, bis heute.

Wenn Helene Schjerfbeck vom gemeinsamen Atelier in der Mariagatan zur Ausstellung in die Rikhardinkatu ging, war unübersehbar, wie tiefgreifend sich Helsinki veränderte. Die alten Holzhäuser an der Esplanadi wurden durch steinerne Neubauten ersetzt. Im Herzen der Stadt an der nördlichen Esplanadi, Pohjoisesplanadi Nr. 25-27, entstand im Jahr von Helenes Rückkehr mit dem Grönqvist-Block ein Prunkstück der neuen Zeit: der größte private Baukomplex Skandinaviens. Er war ebenfalls von Carl Theodor Höijer entworfen, und der sparte nicht mit Skulpturen, Erkern und Türmchen. Vom ersten bis zum fünften Stock waren für hundertdreiundneunzig Apartments Heizung, fließendes Wasser und Badezimmer geplant. Auch Aufzüge gehörten zum Grönqvist-Block, der 1883 fertiggestellt wurde. Kein Haus in der Hauptstadt besaß diesen Luxus, für den der Unternehmer Fredrik Wilhelm Grönqvist insgesamt rund 1,6 Millionen Mark zahlte; eine unvorstellbare Summe in jener Zeit.

Bei der Ausstellung des Kunstvereins im Herbst 1882 bot keiner der ausstellenden Maler, Finnlands Elite, eine solche inhaltliche wie künstlerische Bandbreite wie die zwanzigjährige Helene Schjerfbeck. Die »Tanzschuhe«: ein elegantes Salonbild; »Ein Schmied beim Kohlenmeiler«: der neueste Mal-Stil aus der Kunsthauptstadt Paris; »Am Gefängnis von Linköping 1600«: ein großflächiges Historienbild, das auf der Werteskala finnischer Kunstkenner an oberster Stelle stand. Und wieder ging ihre Strategie auf. Die Männer im Kunstverein zeichneten »Am Gefängnis von Linköping« mit dem zweiten Staatspreis aus. Den ersten großen Preis erhielt Helenes ehemaliger Lehrer Adolf von Becker, in dessen privater Kunstakademie sie 1877 bis 1879 die entscheidenden Schritte in die Malerei mit Ölfarben getan hatte.

Der Kritiker von *Finsk Tidskrift* hatte in Hinterzimmern fast Unglaubliches erfahren und bringt es mit seinem Artikel an die Öffentlichkeit: »Man sagt, dass es auch die Frage war, ob nicht Fräulein Helena Schjerfbeck mit ihrem Historienbild ›Am Gefängnis von Linköping 1600‹ den großen Staatspreis erhalten solle.« Aber, schiebt der Journalist sofort nach, dafür hat das Bild zu viele Defizite, was leicht erklärbar sei, wenn sich eine junge Malerin einen historischen Stoff vornehme. Es wäre ein doppelter Tabubruch gewesen: dass eine Frau den ersten Preis in der Historienmalerei erhält und noch dazu die Schülerin ihren anerkannten Lehrer überflügelt hätte. Nein, dazu konnten sich selbst die wohlwollenden Förderer Helenes nicht durchringen.

Insgesamt ist der Kritiker von *Finsk Tidskrift* beeindruckt von Helene Schjerfbecks zweitem Historienbild. Es ließe sich nicht leugnen, dass sie »zu den größten Hoffnungen berechtige«. Die Malerin habe wirklich einen Blick für die historische Situation und ein lebhaftes Einfühlungsvermögen. Dann jedoch beklagt der Schreiber, die Künstlerin habe »uns bisher vergeblich auf ein heiteres und schönes Bild vom Leben warten lassen« und sie sei noch nicht »ihrem außerordentlichen Talent gerecht geworden, das wir so bereitwillig bewundern würden«.

Die Besprechungen der Schjerfbeck-Bilder in anderen Zeitungen schwanken ebenfalls zwischen Bewunderung und enttäuschten Erwartungen. In Helsinkis Kunstszene hat die idealistische Malerei noch starke Verfechter. Am Ende ist jedoch die Bilanz positiv. *Helsingfors Morgonblad* plädiert dafür, zu erkennen, wie groß die Fortschritte sind: »Jede neue Arbeit von Fräulein Schjerfbeck ist so gemacht, dass sie unser Interesse weckt. Denn diese junge Künstlerin weiß, was sie will und was sie kann, und bleibt nicht hilflos auf halbem Wege stehen.«

Der zweite Staatspreis ist mit achthundert Mark eine gute Grundlage für die nächste Reise nach Paris. Die hat Helene zusammen mit Maria Wiik für das Frühjahr 1883 geplant und ist ein Ansporn für ihre nächste Arbeit. Helene Schjerfbeck arbeitet viele Stunden im Atelier in der Mariagatan, entschlossen, mit einem neuen Bild nach Paris zu reisen. Nach dem Erfolg in Helsinki soll es ihren Ruhm auf dem französischen internationalen Kunstmarkt begründen.

9. Kapitel

Laubhüttenfest
Oder: Vom Mysterium des Glaubens

Wer im Esszimmer der Villa Gyllenberg steht, wo ein gedeckter Tisch mit weißem Damast, feinem Porzellan und grünen Gläsern auf Gäste wartet, wähnt sich in einer anderen Zeit, einer anderen Welt. Die Villa, 1938 für den Bankier und Kunstsammler Ane Gyllenberg und seine Frau Signe erbaut, steht am westlichen Ufer der kleinen Insel Kuusisaari, keine acht Kilometer westlich von Helsinki mit seinem trubeligen Großstadtleben. Die Insel ist mit der Hauptstadt durch eine Brücke verbunden und an das städtische Busnetz angeschlossen (vom Hauptbahnhof in knapp dreißig Minuten erreichbar). Durch das Panoramafenster des Esszimmers geht der Blick vorbei an schmalen Birkenstämmen weit über die Laajalahti-Bucht der Ostsee bis zum gegenüberliegenden bewaldeten Festland.

Eine halbe Drehung des Körpers nur und Schätze europäischer Malerei sehen die Besucher an: links an der Querwand ein Tizian, das Porträt eines Mannes in pelzbesetztem Gewand; schräg rechts an der Längswand das Bild eines Dominikanermönchs mit Kruzifix, in der Nachfolge El Grecos gemalt, und in der Mitte, genau dem breiten Fenster gegenüber, hängt ein großes querformatiges Bild – mit virtuosen Pinselstrichen auf illusionistische Manier in brillanten Farben verführerisch schön gemalt. Man kann es kaum glauben: Auch das ist ein Werk von Helene Schjerfbeck, im Winter 1882/83 entstanden, mit dem Ziel, im Frühjahr 1883 im weltberühmten Pariser Salon zu hängen.

»Fête Juive« – »Jüdisches Fest« – ist der meist gebrauchte

Titel für dieses Bild, auch »Laubhüttenfest« (hebräisch: Sukkot) genannt. Es ist Helene Schjerfbecks bisher größte Bildkomposition – 172×115 Zentimeter –, mit der sie es schafft, zwei konträre Situationen und Gefühlslagen zu einem harmonischen Ganzen zu versöhnen. Wer das Bild betrachtet, wird gefangen durch die beiden sehr unterschiedlichen Menschen, die die Mitte der Leinwand einnehmen. Ein hagerer alter Mann mit schütterem Haar und langem grauem Bart, in Schwarz gekleidet, sitzt mit gekreuzten Beinen auf einer Matratze. Links von ihm liegt ein junges Mädchen in hellem rosa Gewand auf der Matratze; ihre Beine lagern auf dem hellen Holzboden, zur Seite gekrümmt. Gemeinsam blickt das ungleiche Paar konzentriert auf die silberne Besomimbüchse, die in der linken Bildhälfte in einem silbernen Teller steht, darunter ein dunkelroter Orientteppich. Nach jüdischer Tradition ist das Gefäß wie ein kleiner Turm gestaltet.

Der Wohlgeruch der Besomimbüchse, mit duftendem Gewürz, vor allem Nelken, gefüllt, markiert für den gläubigen Juden am Samstagabend die Grenze vom Heiligen – dem Sabbath – zum Profanen, dem Alltag, der für fromme Juden am – christlichen – Sonntag beginnt. Geruch ist unsichtbar, aber er steigt empor, füllt den Raum und kann eingeatmet werden. Es liegt nahe, dass Helene Schjerfbeck mit dem feinen hellen Rauch, der aus dem Gefäß strömt, die Symbolik dieses jüdischen Rituals sichtbar machen will: dass der Mensch mit den Wohlgerüchen der Besomimbüchse etwas von der Sabbath-Glückseligkeit einatmet und über seine Sinne mit in den profanen Alltag nimmt. (Weihrauch kann es nicht sein, denn der durfte im Judentum nur von den Priestern zur Ehre Gottes verbrannt werden, als in Jerusalem noch der Tempel stand.)

Nichts scheint den alten Mann und die junge Frau abzulenken, eine große Ruhe geht von ihnen aus, während alles um sie herum Provisorium ist – kein Tisch, kein Schrank, keine Ablage, statt ordentlichem Bett eine Matratze. Auf dem einzigen Stuhl liegt der schwarze Zylinder des alten Herrn, dunkel hängt im Hintergrund der untere Teil eines Mantels von einer Wand herab, die mit einem hellen Vorhang bedeckt ist. An den weißen Vorhang sind ein paar zarte hellgrüne Zweige von Laubbäumen gelehnt, davor liegt auf dem Boden ein Apfel. Beides gehört zum Laubhüttenfest. Es ist einerseits ein Erntefest. Aber mit den provisorischen Laubhütten, die unter freiem Himmel für sieben Tage errichtet werden, hält Sukkot auch den Auszug der Juden aus Ägypten und ihre lange mühselige Wanderschaft durch die Wüste bis hin ins Gelobte Land sichtbar in der Erinnerung.

Jüdisches Leben und die provisorischen Hütten aus Anlass des Laubhüttenfestes waren Helene Schjerfbeck wohlbekannt. Wenn sie nach dem Tod des Vaters 1876 mit der Mutter die Lappviksgatan in Richtung Friedhof ging, kamen »aus den Türen kleine schmutzige Kinder«, darunter »ein schönes kleines Judenmädchen mit struppeligem Haar«. In den Gärten ihrer Holzhäuser an der Lappviksgatan haben die jüdischen Bewohner jedes Jahr im September oder Oktober kleine Laubhütten gebaut und dort sieben Tage lang mit üppigem Essen, Tanz und Gesang gefeiert. Sukkot ist ein fröhliches Fest, das niemandem verborgen bleibt.

Fröhlich ist die Stimmung auf Helene Schjerfbecks »Laubhüttenfest« nicht. Aber bei allem Ernst, der den alten Mann und die junge Frau umgibt, vermischt mit einem Hauch von Wehmut, liegt ein Ausdruck wacher Konzentration in ihren Augen. Die unbehauste Situation hat keinen Schrecken für die beiden. Lautlos entfaltet sich im Bild das Mysterium des Glaubens – in einem Provisorium, jenseits von Kirchen und religiösen Institutionen. In späteren Jahren hat Helene Schjerfbeck bekannt, dass ihr die christlichen Kirchen und Sekten nichts bedeuteten, sie jedoch aus dem christlichen Glauben Kraft und Ruhe für ihr Leben ziehe. Außerhalb religiöser Zwänge fühlte sie sich mit der Gemeinschaft aller Seelen verbunden.

Das »Laubhüttenfest« offenbart das Geheimnis und das Genie der jungen Malerin: Sie durchdringt das selbstgewählte Bildthema bis in die Tiefe, lässt sich aber nicht davon überwältigen. Was Kitsch sein könnte, ist bei ihr atemberaubende, flirrende Schönheit und zugleich von klarer Präzision. Meisterhaft beherrscht sie alle Techniken ihrer Kunst und setzt sie mit kühlem Kopf ein.

Helene Schjerfbeck hat die beiden Modelle ausgesucht und im Atelier in der Mariagatan in Szene gesetzt. Die zehnjährige Eva Slavatitzkij, ein jüdisches Mädchen, stand im selben Jahr auch Albert Edelfelt bei einem Helsinki-Besuch Modell. Sie kommt der Vorliebe von Helene Schjerfbeck für exotische Gesichter sehr entgegen; an typisch finnischen Porträts war der Malerin nicht gelegen. Eva Slavatitzkij konvertierte später zum Christentum, engagierte sich ab 1897 in der Heilsarmee und heiratete einen dänischen Offizier der Armee. Sie starb 1963. Ob der Alte auf dem Bild ihr Vater Abraham ist, Schuhmacher in der russischen Armee, aus Nowgorod gebürtig? Oder ein jüdischer Obst- und Tabakhändler aus Helsinki? Es gibt keine gesicherte Antwort.

Helene Schjerfbeck macht die Besomimbüchse aus der Sabbath-Tradition zu einem wichtigen Teil ihres Bildes. Offenbar wusste sie einiges über grundlegende jüdische Bräuche. Vielleicht hat Maria Wiik, deren Mutter vor der Heirat vom Judentum zum Protestantismus konvertierte, der Freundin davon erzählt. Die beiden sahen sich fast täglich im gemeinsamen Atelier und kommunizierten über ihre jeweiligen Arbeiten und Malpläne.

Hat das »Laubhüttenfest« auch eine indirekte politische Botschaft? Die Frage stellt sich, weil 1882 im russischen Reich blutige Pogrome an den jüdischen Untertanen ausbrechen. Zu Zehntausenden fliehen russische Juden nach Westeuropa, auch nach Finnland, und eine Welle der Sympathie empfängt sie jenseits der Grenze. Warum soll Schjerfbeck als Malerin nicht auf das Unrecht an den Verfolgten reagieren und mit ihrer Kunst den Glauben als eine unzerstörbare Gegenwelt inszenieren? Sie muss darüber keine Worte verlieren, denn ihre Botschaft ist das Bild.

Vom Esszimmer der Villa Gyllenberg führt ein kurzer Gang zum Museumsanbau, einer Schatztruhe finnischer Kunst mit über zweihundertfünfzig Werken, darunter rund dreißig Bilder von Helene Schjerfbeck. Ein kurzer Fußweg verläuft zur nächsten

Kunstvilla auf Kuusisaari, wo der dänische Geschäftsmann Gunnar Didrichsen mit seiner finnlandschwedischen Frau Marie-Louise lebte und Kunst aller Epochen sammelte. Auch die Sammlung im Museum Didrichsen, 2014 nach gründlicher Renovierung wieder eröffnet, ist einen Besuch wert. Sie umfasst rund tausend Kunstwerke, unter denen etliche »Schjerfbecks« sind.

10. Kapitel

Zwischenauftritt in Paris

März bis Juni 1883

Anfang März 1883 verließen Helene Schjerfbeck und Maria Wiik mit dem Abendzug Helsinki und fuhren ohne Hotelaufenthalte über St. Petersburg, Berlin und Köln nach Paris, ihre neuen Bilder im Gepäckwagen, darunter das »Laubhüttenfest«. Die Zugreise war wesentlich schneller und preisgünstiger als der Dampfer über die Ostsee, allerdings anstrengend. Helene musste sich erst einmal ausschlafen, nachdem beide im Hotel Mont-Blanc, 62 Rue de Seine im Quartier Latin gemeinsam ein Zimmer bezogen hatten.

In den Wochen zuvor hatte ein Journalist von *Helsingfors Dagblad* die beiden Malerinnen in ihrem Atelier in der Mariagatan besucht und war beeindruckt von den Bildern, die er dort sah. Das verhehlte er in seinem Artikel nicht, riet aber den Lesern, die jetzt angeregt seien, ebenfalls die steilen Treppen für einen Atelierbesuch zu erklimmen, davon ab: »Die Vögel« seien »bereits ausgeflogen, beide abgereist nach Paris«. Die einzige »Spur im Nest« sei »ein Farbfleck von der Hand eines Modells, Erinnerung an den vergangenen Malwinter«.

Das Gefühl, im Frühjahr 1883 wieder dort zu sein, wo sie sich wirklich zu Hause fühlte, war wunderbar und befriedigend. Sie hatte erreicht, was sie sich bei der Rückkehr nach Helsinki im Sommer 1882 vorgenommen hatte. Helene saß wieder in den kleinen Lokalen und ging durch die krummen schmalen Gassen des alten Universitätsviertels am linken Seine-Ufer.

»Erinnerst Du Dich an das alte Mont-Blanc und das ganze Getrampel dort?«, schreibt die vierundsechzigjährige Helene Schjerfbeck, lange wieder in Finnland wohnend, im März 1927 in ihrem Glückwunschbrief zum Namenstag an Maria Wiik. (Der Namenstag wird im lutherisch-protestantischen Finnland wie bei den Katholiken gefeiert und ist noch wichtiger als der Geburtstag.) Offenbar war es verboten, im Hotel mit Pinseln zu hantieren, aber »wir haben dennoch im Mont-Blanc gemalt!«. Die beiden Frauen malten »die Concierge und alles Mögliche! Und von heute aus gesehen, war für mich dort alles malerisch, und welches Licht war in ›la loge‹!« Vielleicht malte Helene Schjerfbeck auch deshalb gegen das Verbot öfters im Hotel, weil das gemeinsame Atelier in der Rue Vaugirard lag, weit stadtauswärts.

Bevor mit neuen Arbeiten begonnen wurde, schickten die beiden Malerinnen dem Auswahlkomitee für den Salon de Paris im Frühjahr 1883 je ein Bild. Der Andrang war gewaltig. Im Salon zugelassen zu werden, war selbst für etablierte Maler etwas Besonderes. Die zwanzigjährige Helene Schjerfbeck schaffte es gleich beim ersten Versuch mit ihrem großformatigen Bild »Jüdisches Fest« – Laubhüttenfest – auf die französische und damit auf die internationale Kunstbühne. Für die neun Jahre ältere Maria Wiik war es mit ihrem Bild der zweite Salon-Erfolg.

In Paris nahm Helene alte angenehme Kontakte wieder auf, vor allem zu Walter und Lina Runeberg, bei denen sie in ihren ersten Pariser Monaten großzügig eine Bleibe gefunden hatte. In den ersten Junitagen erhielten die beiden Malerinnen eine Einladung von Lina Runeberg zu einem »kleinen Fest« am 6. Juni im Atelier von Walter Runeberg. Der renommierte Bildhauer hatte die Sockelfiguren vollendet, die am Fuß des lebensgroßen Denkmals für seinen Vater stehen sollten. In Helsinki wartete man sehnsüchtig auf die Fertigstellung des gesamten Denkmals, für das ein herausragender Platz in der Mitte der Esplanadi vorgesehen war. Walter Runeberg ergriff den Anlass für ein festliches Zusammensein mit seinen Landsleuten und den skandinavischen Künstler-Freunden in Paris nur zu gerne.

Maria Wiik hat in einem Brief an ihre Schwester in Helsinki

ausführlich über den Abend bei Runebergs geschrieben: »Das Atelier war auf das festlichste geschmückt. Alle Statuen, die eine Hand frei hatten, hielten eine Kerze; dazu hatte Walter einen Leuchter mit Blumen umkränzt und auch den Kronleuchter, von dem im Lauf des Abends sehr viel Stearin in großen Klumpen auf das Buffet fiel.« Norwegens Künstlerkolonie war mit den Schriftstellern Björnstjerne Björnson, er würde 1903 den Nobelpreis für Literatur erhalten, und Jonas Lie stark vertreten, die mit ihren Frauen gekommen waren. Auch die norwegischen Malerinnen Kitty Kielland und Harriet Backer saßen in der festlich-fröhlichen Runde. Maria Wiik und Helene Schjerfbeck trafen den Bildhauer Ville Vallgren und seine Frau Antoinette wieder, dazu den finnischen Maler Oskar Kleineh. Auch in diesem Kreis war Helene wie so oft die Jüngste.

Noch während sie in Finnland war, hatte sie brieflich mit ihrer österreichischen Freundin und Malschwester Marianne Preindlsberger vereinbart, wieder zusammen in der Bretagne zu arbeiten. Marianne Preindlsberger war in der Zwischenzeit vorausgefahren und hatte sich im Künstlerstädtchen Pont-Aven am südwestlichen Rand der Bretagne umgesehen. Im Frühjahr kam sie zurück zum Salon de Paris, um sich über die neuesten Entwicklungen in der Malerei zu informieren. Im Jahr zuvor war auch von ihr ein Bild ausgestellt worden. Sie waren alle sehr erfolgreich, diese Malschwestern.

Mariannes Eindruck von Pont-Aven, mit vierhundertfünfzig Kilometern eine Tagesreise von der Hauptstadt entfernt, war positiv. Am 1. Juli 1883 fuhren Helene Schjerfbeck und Marianne Preindlsberger vom Gare Montparnasse in Paris mit dem Zug nach Quimper. Von dort ging es mit dem Pferdewagen rund vierzehn Kilometer auf und ab über die Landstraße nach Pont-Aven. Wer damals die romantische Stadt im Tal des Aven erreichte, hatte nach dem letzten Hügel eine steile Fahrt hinab zur Ortsmitte vor sich. Dann ging es mit dem Fuhrwerk flott über die Granitbrücke, die den Aven überspannte, und wenige hundert Meter zum Rathausplatz hinauf. Vor dem Hôtel des Voyageurs, in dem freundlich-bestimmt die Besitzerin Julia Gouillot regierte, war Endstation. Julia war weit über Pont-Aven hinaus bekannt, denn sie hatte ein großes Herz für Künstler. Helene Schjerfbeck war entschlossen, über den Winter bis ins neue Jahr in Pont-Aven zu bleiben und erneut die Grenzen ihres Talentes herauszufordern.

11. Kapitel

Pont-Aven und eine Verlobung

Juli 1883 bis April 1884

Die beiden jungen Frauen – am 10. Juli 1883 wurde Helene Schjerfbeck einundzwanzig Jahre alt und Marianne Preindlsberger war siebenundzwanzig – erlebten schon drei Tage nach ihrer Ankunft, dass in Pont-Aven, obwohl streng katholisch und den alten Sitten, Gebräuchen und Trachten fest verbunden, ein fröhliches Völkchen mit einem weiten Horizont zu Hause war. Die Einheimischen nannten alle Künstler, die es ins Tal des Aven verschlug, »Amerikaner«. Denn es waren junge Maler aus den USA, die Pont-Aven 1866 entdeckt hatten und von diesem Ort und seinen Menschen bezaubert waren. Nach ihrer Rückkehr zu den Malakademien in Paris überredeten sie ihre Künstlerkollegen, in dieser südwestlichen Ecke der Bretagne in den Sommermonaten zu leben und zu arbeiten.

Die idealen Bedingungen von Pont-Aven sprachen sich schnell in der internationalen Künstlerkolonie an der Seine herum. Im Sommer 1883 lebten unter den zirka eintausendvierhundert einheimischen Bretonen rund hundert Künstler. Die Amerikaner stellten immer noch die Mehrheit, gefolgt von Engländern, Franzosen, Skandinaviern, und gut acht Prozent von ihnen waren Malerinnen. In diesem Jahr hatten die amerikanischen Künstler beschlossen, am 4. Juli in Pont-Aven ihren Nationalfeiertag zu zelebrieren. Der bretonische Bürgermeister war begeistert und tat alles, damit dieser Tag Fremde und Einheimische in einer festlich-heiteren Feier verband. In den Straßen hisste die Stadt amerikanische Fahnen, und aus den Häusern hing die französische Trikolore.

Nachmittags marschierten die US-Künstler die breite, sieben Kilometer lange Mündung des Aven entlang bis zum Meer. Dort gab es eine große Party, dann zog die Gesellschaft wieder zurück nach Pont-Aven. Dort begann ein rauschendes Fest mit den Einheimischen, die Feuerwerk entzündeten, vor den Flaggen salutierten und abwechselnd »Vive l'Amérique« und »Vive la France« riefen. Anschließend wurde getanzt, die Künstler von jenseits des Atlantiks sangen »America« und die »Marseillaise«. Die Bretonen, selbstverständlich alle in ihren Trachten, klatschten begeistert Beifall. Als Mitternacht längst vorüber war, vereinte dieser erste »4. Juli« in Pont-Aven alle, die durchgehalten hatten, bei einem »Erdbeerfest«, wie es in den USA Tradition war. Nichts spricht dagegen, dass auch Helene Schjerfbeck aus Finnland und Marianne Preindlsberger aus Österreich sich bei diesem Fest bestens amüsiert haben.

Noch bevor der Juli 1883 zu Ende ging, verheiratete Madame Gloanec eine ihrer Töchter: Rund dreihundert Gäste waren zu den Feierlichkeiten in Pont-Aven geladen, zu opulentem Essen und bretonischen Tänzen. Die Hochzeit dauerte zwei Tage, und die ausländischen Künstler tanzten kräftig mit. Schließlich war Madame nicht irgendwer.

Die Witwe Marie-Jeanne Gloanec führte seit 1863 die Pension Gloanec. Die lag wie das Hôtel des Voyageurs – »Julia's Hôtel« – am Rathausplatz, nur näher an der Brücke über den Aven. Madame Gloanec teilte sich mit Julia Gouillot den Ruhm als »Mutter der Künstlerkompanie« von Pont-Aven. Auch in ihrer Pension, die halb so teuer war wie das Hotel, fühlten sich die ausländischen Malerinnen und Maler wohl; die Fischsuppe von Madame war unübertroffen. Bei »Julia« und in der Pension Gloanec konnten Künstler, die knapp bei Kasse waren, mit Bildern zahlen. Die beiden Damen duldeten keine Skandale und keine männlichen Gäste, deren Alkoholkonsum und Streitsucht über dem Durchschnitt lagen. Heute erinnert eine bronzene Tafel am ehemaligen großräumigen Hôtel an Julia Gouillot. In die kleine einstöckige Pension

Gloanec ist im Erdgeschoss ein Schreibwarenladen mit Kunst und seriösen Souvenirs eingezogen. Außer der Erinnerungsplakete verweist unterhalb des Dachfirstes noch die alte Pensions-Inschrift an die Besitzerin und eine goldene Zeit.

Die beiden Unterkünfte mit ihrer Balance zwischen Toleranz und Solidität und einem Frauenregiment, das eine familiäre Atmosphäre schuf und sich dem Tagesablauf der Künstler anpasste, die in aller Frühe – mit einem guten Frühstück versehen – zu ihren Malplätzen aufbrachen, waren ausschlaggebend für Pont-Avens besonderen Ruf unter Europas Künstlerkolonien. Hinzu kam, das angenehme Klima im Winter und das besondere Licht waren wie geschaffen für die neue, revolutionäre Freiluftmalerei. Die Trachten, die an Sonn- und den vielen Feiertagen besonders festlich waren, aber ebenso im Alltag als normale Kleidung von den Einheimischen getragen wurden, galten neidlos als die schönsten in der Bretagne. Und die Einheimischen öffneten sich bereitwillig den Chancen für ihre Stadt. Sie standen in Straßen und Gärten, auf Plätzen und am Flussufer Modell. Fischer und Bauern boten Privatquartiere an und brachten die Künstler nebst Staffelei mit zwei- und vierrädrigen Pferdewagen zu ihren Malpunkten in der wilden Landschaft oder zu Ausflügen ans Meer.

Das Miteinander von Fremden und Einheimischen war so entspannt, dass der Gemeinderat im August 1883 entschied: »Angesichts der Tatsache, dass sich in Pont-Aven fortwährend eine Kolonie von Künstlern und Reisenden aufhält … und die Polizei wegen des friedlichen Charakters der Bewohner wenig Aufwand hat, spricht sich der Rat dafür aus, den Getränkeausschank ganzjährig bis zehn Uhr freizugeben.« Damit war dem Interesse von Gästen und Wirten gleichermaßen Genüge getan.

Das alles geschah in einem urbanen Umfeld, das die jungen Maler, Frauen und Männer, zum Arbeiten und zum Genießen gleichermaßen einlud. Pont-Aven war weder Dorf noch ödes Provinznest, sondern durch den Gezeitenhafen des Aven mit dem Meer und mit der Welt verbunden. Nur wenige Minuten von der Brücke im Stadtzentrum lagerten die Schiffe am Kai. Helene Schjerfbeck sah noch die Dreimaster, wenn sie die wenigen Minuten von ihrem Hotel zum Hafen ging. Dort wurden Holz und Granit, Kartoffeln, Mehl und Weizen für England geladen, während Segler, die aus Bordeaux kamen, Salz und feine Weine für die Bürger von Pont-Aven lieferten. Offiziere, Händler, Juristen und Kapitäne bauten sich stolze Häuser aus Granit. Die Straßen wurden gepflastert, eine Markthalle wurde errichtet, und zweiundfünzigmal im Jahr strömten Menschen und Fuhrwerke zu den beliebten Märkten in Pont-Aven.

Die Häuser aus Granit bilden immer noch das Zentrum von Pont-Aven. Aus den grauen Mauern wuchern weiße Polster aus Gänseblümchen mit roten Einsprengseln; in den Gärten wachsen Kamelien und Fuchsien, Rosen, Hortensien und Fingerhut. Nur Segelschiffe mit ihren Waren lagern keine mehr bei Ebbe im Uferschlick an der Mole, sondern private Jachten, die bei Flut zu Ausflügen Richtung Süden zum Atlantik gleiten.

Vor dem Aufstieg zur Hafenstadt zielte ein geflügeltes Wort auf den anderen Schatz von Pont-Aven – »fünfzehn Häuser und vierzehn Mühlen«. Heute ist noch eine Mühle – fabrikmäßig und unsichtbar – aktiv im Tal des Aven, aber etliche mächtige hölzerne Mühlräder werden sorgsam an ihrem angestammten Platz gepflegt und drehen sich, ohne Korn zu mahlen. Der Fluss, der im flotten Lauf vom Massiv der »Schwarzen Berge« in die Talschlucht fließt, wo das Wasser von mächtigen Granitblöcken im Flussbett gestaut wird, bahnt sich schäumend und rauschend seinen Weg durch die Stadt wie in alten Zeiten. Es fehlen nur die Wäscherinnen, die einst am Ufer auf Felsen die Wäsche rubbelten und anschließend in den Gärten zum Trocknen ausbreiteten.

In diesen geschäftigen, aber im Vergleich zu Paris sehr überschaubaren Kosmos tauchte Helene Schjerfbeck ein. Sie genoss es, in kürzester Zeit die weite Landschaft ringsum erreichen zu können und dort stundenlang zu spazieren, dem Auf und Ab der Mäuerchen zu folgen, mit denen die bäuerlichen Parzellen eingefriedet waren. Aber sie vertrödelte sich nicht in der romantischen Kulisse, denn das nächste Ziel war schon gesetzt: Helene Schjerfbeck wollte noch 1883 mit Ergebnissen ihrer Malkunst aus Pont-Aven an der traditionellen Herbstausstellung des Kunstvereins in Helsinki teilnehmen. Es war an der Zeit, wieder Flagge zu zeigen, überlegt und dennoch bereit zum Risiko.

Ein Jahr zuvor hatte der Kritiker von *Finsk Tidskrift* angemahnt, dass man gerade wegen der Bewunderung für ihr herausragendes Talent von der jungen Malerin »ein heiteres und schönes Bild vom Leben« erwarte. Daran gemessen, war eins der Bilder, die Helene Schjerfbeck von Pont-Aven nach Helsinki schickte, eine Provokation. Mit ihrem Bild »Armutskind« setzte sie einen deutlichen Kontrapunkt zu ihrem glanzvollen »Laubhüttenfest«, dieses Bild wird ein künstlerischer Solitär bleiben. Wie in Concarneau nimmt sie in Pont-Aven die Realität einfacher Menschen unsentimental in den Blick. Das »Armutskind«, ein Mädchen, fast noch ein Kind, sitzt so dicht wie möglich vor einem offenen Kamin. Es zieht ein Kleidungsstück eng um seinen Körper, um etwas weniger zu frieren. Die nackten Füße sind halb von Lappen umwickelt, während die Schuhe zum Trocknen vor dem Feuer stehen.

Der Finnische Kunstverein akzeptiert das »Armutsbild« zur Herbstausstellung 1883. Dass man sich an der Aussage dieses Bildes nur äußerlich vorbeimogeln kann, hat der Beobachter für *Helsingfors Morgonblad* hellsichtig erkannt: »Es ist nichts für einen Salon, nichts für oberflächliche Betrachter; wer romantisch selbst die Armut in Glanz kleiden will, der findet hier nichts. Fräulein Schjerfbeck malt auch nicht für unsere Wohnzimmer. Aber man findet hier doch eine Wahrheit – eine Wahrheit in der Farbe, der Form, des Gefühls, wenngleich nicht von der Art, die dem Auge und dem Schönheitssinn schmeichelt. Deshalb läuft man an diesem Bild mit seinem ärmlichen Thema lieber schnell vorbei. Und doch liegt in ihm der Keim für kommende Arbeiten; es wird noch vieles entstehen, das rühmens- und bewundernswert ist.« Ein hellsichtiges Lob, doch vom »Armutskind« hat nur eine Fotografie überlebt. Das Original wurde während des Zweiten Weltkrieges im Februar 1944 bei einem Luftangriff auf Helsinki zerstört.

An Helene Schjerfbecks künstlerischer Bearbeitung sozialer Missstände konnte, wer wollte, schnell vorübergehen. Ein schneller Blick reichte aus, das Motiv zu erfassen. Bei einem weiteren Schjerfbeck-Bild, das in die Herbstausstellung 1883 aufgenommen wurde, waren die Ausstellungsmacher unsicher, was das Motiv der Künstlerin war. Schließlich nannten sie es »Dünenlandschaft«, denn die Malerin hatte keinen Titel angegeben. Der Kunstkritiker von *Helsingfors Dagblad* war ebenfalls irritiert, aber er nannte es »ein originelles, ein überaus originelles Gemälde« und erkannte, was Helene Schjerfbeck auf die Leinwand gebracht hatte: »Es zeigt Wäsche auf der Bleiche ... Auf den ersten Blick erschreckt man sich – kein einziger Baum, kein Busch, die eine Landschaft andeuten oder irgendetwas, das das Gefühl eines Gemäldes vermittelt ...« Ein Gemälde, das ist die unausgesprochene Erwartung, muss ein klar erkennbares Motiv haben oder dem Betrachter eine Geschichte samt ihren Gefühlen vermitteln.

Der einflussreiche Berndt Otto Schauman sagte in *Hufvudstadsbladet* ohne Umschweife, was er von dem Bild »Trocknende Wäsche« hielt: »Das ist kein Kunstwerk, sondern eine Skizze. Skizzen soll man nicht ausstellen!« Ein anderer Kritiker schrieb süffisant: »Solche Wäsche gehört ins Haus.« Aber einer von Helenes finnischen Malkollegen, der gerade zwischen Paris und St. Petersburg in Helsinki Station machte, ließ sich von B. O. S. nicht einschüchtern. Albert Edelfelt war längst überzeugt, dass Helene Schjerfbeck ein großes Talent war, und machte es nun auch öffentlich, Skizze her oder hin: »Eine solche Skizze gehört in eine Ausstellung!«

Helene Schjerfbeck hat die »Trocknende Wäsche« signiert; ein untrügliches Zeichen, dass das Werk von der Künstlerin »freigegeben« wurde und für sie ein vollständiges Bild ist. Vollständig, nicht »vollendet«. Nach Helene Schjerfbecks Kunstverständnis war ein vollendetes Bild kein Kunstwerk: »Was vollendet ist, ist tot. Einem Kunstwerk fehlen immer die letzten Details.« Das hat Helene

Schjerfbeck 1928 der Tochter ihrer Kusine Esther geschrieben, mit der sie eine lebhafte Freundschaft verband.

Die »Trocknende Wäsche« ist eines der Bilder von Helene Schjerfbeck, die sie schon in jungen Jahren als Pionierin der modernen Malerei ausweisen. Wer stört sich nach der langen Geschichte abstrakter Malerei heute noch daran, dass die weiße, flockige »Trocknende Wasche« auf der grünen Wiese auf den ersten Blick nicht erkennbar ist? Unser Mal-Blick ist längst geschult, über die Einzelheiten hinweg die poetische Kombination von Farben und Formen als ein Ganzes und eine Qualität an sich wahrzunehmen. Es ist ein Zeichen der Moderne, sich nicht an der großen pathetischen Geste, sondern an der Schönheit kleiner alltäglicher Dinge zu erfreuen. Helene Schjerfbeck, einundzwanzig Jahre alt, hat auf sich alleine gestellt 1883 und 1884 in der Bretagne mit ihren Bildern – wir werden von weiteren hören – einen kräftigen Pinselabdruck auf malerisches Neuland gesetzt und die Schwelle zur Malerei der Moderne betreten.

Glücklicherweise haben sich aus diesen künstlerisch wichtigen Monaten einige Briefe an ihren drei Jahre älteren Bruder Magnus in Bruchstücken erhalten. Er hatte 1881 sein Studium am Polytechnikum von Helsinki bestanden und begann eine Karriere als staatlich angestellter Architekt. Wahrscheinlich wurden diese wenigen Briefe nicht vernichtet – wie Helene Schjerfbeck es streng von ihren Briefpartnern forderte –, weil die Malerin sie mit lustigen Karikaturen versehen hat. So wissen wir, dass Helene Schjerfbeck im schönen Pont-Aven die Arbeit und das Leben gleichermaßen genossen hat.

»Wir arbeiten sehr fleißig, aber es gibt doch dieses oder jenes Erlebnis«, von dem sie ihrem Bruder erzählen möchte. Das »Wir« erinnert daran, dass Helene Schjerfbeck nicht allein ist: Ihre Freundin Marianne Preindlsberger, mit der sie die Reise angetreten hat, gehört dazu, und nach wenigen Wochen ist Maria Wiik ebenfalls nach Pont-Aven gekommen: »Gerade jetzt gab es ein dreitägiges Fest, da konnte man nicht malen, keine Modelle.« Kein Fest in der

Bretagne, das nicht einen religiösen Charakter hatte. Wahrscheinlich handelt es sich bei Helenes Beschreibung um ein typisch bretonisches »Pardon«, ein Heiligenfest mit Prozession, das in einem bunten Volksfest endet, mehrere Tage dauert und im 19. Jahrhundert nicht Folklore war, sondern gläubig vollzogen wurde.

Begonnen hatte es am Sonntag mit einem Gottesdienst, nach dem die Einheimischen in festlicher Tracht – Pailletten, Seidenstickerei, die Frauen immer mit ihren weißen bestickten Flügelhauben – auf den Knien um die Kirche rutschten. Während am Nachmittag eine weitere Prozession Pont-Aven umrundete, fuhren die drei Malerinnen mit einer Künstlergesellschaft ans Meer. »Aufregend«, nennt Helene die Fahrt, denn die Pferde brannten unterwegs durch, und beinahe wäre der Wagen umgekippt. Der Organisator des Ausflugs war ein englischer Künstler, der den Spleen hatte, den Wagen jedes Mal anzuhalten, wenn er unterwegs Champignons am Wege sah. Ein bewegtes Leben, in vielfacher Hinsicht. Probleme mit der geschädigten Hüfte? In Helenes Briefen ist keine Rede davon.

Am Montag, als das Fest mit sportlichen Wettbewerben fortgesetzt wird, ist Helene Schjerfbeck wieder dabei und amüsiert sich über Versuche junger Männer, an einer mit Schmierseife eingeriebenen Stange hochzuklettern. Noch besser gefallen ihr die bretonischen Ringkämpfe – »das war lustig anzusehen«. Auf weichen Grasmatten »kämpfen junge, starke Kerle und auch kleine Jungen miteinander«. Keine Spur von Schüchternheit bei der einundzwanzigjährigen Schreiberin gegenüber ihrem Bruder: »Da war ein ganz Junger mit einem braunen starken Nacken, alle trieben ihn begeistert an.« Helene Schjerfbeck beschließt ihre Beobachtungen mit einem poetischen, leicht ironischen Ton, der typisch für ihre Briefe ist: »Heute ist der letzte der Feiertage, mit Rasseln, Musik, alten Männern und Wahrsagerinnen, Bettlern, Hunden, Gänsen, Schweinen und Katzen. Die Luft ist verpestet, und die Dudelsäcke schwirren wie Wespen.« Wie fern war Finnland mit seinen langen, dunklen und kalten Monaten.

Täglich trifft Helene im Hôtel des Voyageurs auf Künstler aus vielen Ländern, amüsiert sich mit ihnen auf den bretonischen Festen und teilt sich mit ihnen gute Malplätze in der Landschaft. Beim Malen in der frischen Luft trägt sie modisch elegante Kleider, natürlich knöchellang, gern auch Hüte, unter denen der breite blonde Zopf hervorkommt und bis zur Hüfte fällt. Abends bei den dampfenden Schüsseln des Fünf-Gänge-Menüs, das zur Vollpension in »Julia's Hôtel« gehört, wird bis in die Nacht über Kunst diskutiert.

Und dann macht Helene Schjerfbeck eine unerwartete, unbekannte Erfahrung. Unter den Malerkollegen ist einer, für den sie Gefühle spürt, die ihr fremd sind: »Wir malten zusammen draußen in der Bretagne. Wenn man jung ist, macht man sich keine Gedanken – ich hatte nie gedacht, dass so etwas bei mir vorkommen würde.« War es noch in den Sommermonaten oder erst im Herbst 1883, als sie diese Entdeckung machte? Es gibt keine Hinweise auf den Zeitpunkt, aber ihr Bekenntnis viele Jahrzehnte später gegenüber einem vertrauten Freund: »Denn ich war glücklich, liebte ihn ...« Der Geliebte war ein englischer Maler, fünfunddreißig Jahre alt. Es war keine heimliche Liebe; die beiden haben sich wohl noch vor dem Jahresende 1883 in Pont-Aven offiziell verlobt. Die Mutter und Bruder Magnus wurden informiert; über ihre Reaktion gibt es keine Quellen. (Der Name von Helene Schjerfbecks Verlobtem ist bis heute ein Geheimnis; warum, wird sich zwei Jahre später zeigen.)

Das Glück und die Liebe änderten alles. Für Helene Schjerfbeck tat sich eine neue überwältigende Zukunft auf. Sich fern der Heimat in Frankreich mit einem Engländer zu verloben, kam einer gewaltigen Emanzipation gleich, von ihrer Familie, von den bürgerlichen Traditionen, in denen sie aufgewachsen war. Egal, ob die Verlobten in England oder Frankreich heiraten und eine Familie gründen würden: ihr Lebensmittelpunkt würde definitiv nicht Finnland sein. Diese »englische Verbindung« bedeutete für Helene eine elegante Lösung aus Familienbanden, die sie seit ihrer Kindheit als einengend und quälend empfunden hatte.

Und vielleicht wurde mit der Verlobung ein weiterer geheimer Wunsch wahr. Wurde ihr nicht mit jedem Monat, den sie außerhalb Finnlands lebte, trotz aller Wurzeln in den Norden bewusst, dass ihre Sehnsucht den langen, hellen Sommern gehörte, die für Kontinentaleuropa typisch sind? Dass ihr die Menschen mit offener Lebensart, wie sie die langen warmen Abende unter freiem Himmel prägen, näher waren als die in sich gekehrten Bewohner der nördlichen Länder? Dass sie den Gang über Helsinkis Esplanadi gern mit einem Platz in einer französischen Crémerie tauschte?

Ob Paris oder die Bretagne: Aus Helene Schjerfbecks Briefen, so wenige sich erhalten haben, spricht ein Mensch, der außerhalb des ihm vertrauten Kulturkreises nicht fremdelte, sondern sich wohlfühlte in internationaler Gesellschaft und fremde Sprachen nicht scheute. Französisch hat die junge Finnin schnell gelernt. Es war die gemeinsame Sprache mit Marianne Preindlsberger, der Freundin aus Österreich, und den Künstlern aus Amerika und England. Dass der Verlobte seiner Helene die ersten Englisch-Lektionen gab, ist gut vorstellbar. Helene Schjerfbeck und ihre Malschwestern in Paris waren schwedischsprachig und konnten sich damit mühelos mit den Künstlerinnen und Künstlern aus allen skandinavischen Ländern, die sie im Ausland trafen, verständigen. Deutsch konnte Helene nicht sprechen, aber lesen. Dem Bruder schreibt sie aus Pont-Aven, dass sie abends im Bett Gedichte von Heinrich Heine liest, da werde sie sentimental und könne gut einschlafen.

Eine Erinnerung, die sie viele Jahre später einem Freund anvertraut, lässt aufhorchen. Sie habe gehofft, durch die Heirat »in der Welt der Kunst bestehen zu können«. Eine emanzipierte Vision, denn sie bedeutet, dass Helene Schjerfbeck als verheiratete Frau ihren Beruf als Malerin weiter ausüben wollte. Anstand und Rollenverständnis ihrer Zeit sahen es anders vor: Der »Beruf« der Ehefrau war es, Kinder zu gebären, Mutter zu sein und im Stillen im Haus zu wirken. Das Reich des Mannes war die Öffentlichkeit. Aber in Finnland sorgte die Frauenbewegung dafür, dass der Kampf um gleiche Rechte, um Emanzipation erfolgreicher war als in andern europäischen Ländern. Zu Helene Schjerfbecks Zeiten hatte sich durchgesetzt, dass auch die bürgerlichen finnischen Frauen einen Beruf ergreifen und für ihren Lebensunterhalt sorgen sollen. Hinzu kam, dass Helene durch das Beispiel ihrer Freundin Marianne Preindlsberger ermutigt wurde.

Die Malerin aus Österreich, sieben Jahre älter als Helene, war ursprünglich mit einem norwegischen Künstler verlobt. Als sie im Sommer 1883 in »Julia's Hôtel« den englischen Maler Adrian Stockes trifft, ist es für beide Liebe auf den ersten Blick. Schon ein Jahr darauf haben sie in Graz kirchlich geheiratet. Adrian Stockes, Jahrgang 1855, lebte schon seit Jahren in Frankreichs Künstlerkolonien und war in England ein anerkannter Landschafts- und Porträtmaler. Marianne Preindlsberger wird die Erste gewesen sein, die von Helene Schjerfbecks Liebe erfahren hat, und die beiden Freundinnen konnten sich gegenseitig in ihrer Entschlossenheit stärken, eine Künstler-Ehe gegen den Strich zu führen.

Auch unter den eher unkonventionellen Künstlern war es bis weit ins 20. Jahrhundert die Regel, dass die Ehefrau, falls sie ebenfalls Künstlerin war, mit der Heirat alle berufsmäßigen Ambitionen aufgab – so forderten es die Ehemänner. Clara Schumann beendete ihre Karriere als Pianistin; Alma Mahler durfte nicht mehr komponieren; Lovis Corinth und Max Beckmann verlangten von ihren Frauen, nach der Heirat den Pinsel aus der Hand zu legen. Paula Becker gehört zu den wenigen Malerinnen, deren Ehemann – Otto Modersohn – freudig in ihre weitere Berufstätigkeit einwilligte.

Zwar nannte Marianne Preindlsberger sich nach der Heirat als Künstlerin »Mrs. Adrian Stockes«. Aber das war ein kluger Schachzug, denn die Malerei gab sie nicht auf. Marianne machte Karriere, ihre Bilder hingen in London und Berlin, in Ausstellungen und Galerien. An Käufern und Käuferinnen, die ihre exquisite Maltechnik im Stil der Renaissance schätzten, fehlte es nicht.

So wichtig das Reden über gemeinsame Zukunftspläne ist, die

Liebe braucht auch andere Nahrung. Jeder, der sich als Künstler in Pont-Aven einquartiert hatte, kannte den romantischen Bois d'Amour aus eigener Anschauung, ob ledig, verlobt oder mit einem freien Schatz an seiner Seite. Wer vom Rathausplatz mit dem Hôtel des Voyageurs und der etwas tiefer liegenden Pension Gloanec wenige Minuten zur Brücke geht, den Aven überquert, dem Fluss rechter Hand folgt, und an der ersten Straßenecke rechts einbiegt, ist in kürzester Zeit im »Liebeswald«. Und wer dem Uferweg weiter flussaufwärts folgt, hat zur Rechten mal träge fließendes, mal durch Granitblöcke gestautes Wasser, das sich bei nächster Gelegenheit schäumend durch die Schlucht drängt. Bald taucht als romantisches Überbleibsel ein Mühlrad auf, das seine Schuldigkeit längst getan hat.

Helsinki war sehr fern vom blauen Bretagne-Himmel mit seinen weißen Wölkchen, aber Helene Schjerfbeck vernachlässigte ihre Kontakte zu den finnischen Kunstmanagern nicht. Dass Berndt Otto Schauman seine Kritik an der »Trocknenden Wäsche« unverblümt einem Journalisten in die Feder diktiert hatte, vergaß Helene nicht. Es hatte sie tief getroffen. Aber ihr Selbstbewusstsein war stark genug, an ihrem malerischen Weg festzuhalten und nicht zu verdrängen, dass sie für ihre Weiterentwicklung als Künstlerin auf Stipendien und Preisgelder für ihre Bilder angewiesen war.

Im Januar 1884 schrieb Helene Schjerfbeck an Berndt Otto Schauman, sie und Maria Wiik hätten entschieden, eine Weile in Pont-Aven – »am Ende der Welt« – zu bleiben, »wo Erdbeeren an Neujahr blühen und das ganze Jahr über Gänseblümchen, wilde Rosen und Primeln. Schnee haben wir nur einmal gesehen, drei Tage vor Weihnachten. Unter solchen Bedingungen können wir den ganzen Tag draußen arbeiten. Ich arbeite jetzt an einem Gemälde, einem Begräbnis ...« Die junge Frau konnte durchaus diplomatisch sein, wenn sie nicht an der Staffelei saß. Die Botschaft dieses Briefes, poetisch abgefedert, lautet: Für das erhaltene Stipendiengeld arbeite ich von morgens bis abends, und eine weitere »Skizze« wie die »Trocknende Wäsche« ist nicht zu erwarten.

Zwar entspricht ein »Begräbnis in der Bretagne«, das gerade auf Helenes Leinwand entstand, nicht den heiteren Lebensbildern, auf die Finnlands Kunstkenner hofften. Aber immerhin ist es eine konkrete Angelegenheit.

Zum Alltag der Malerinnen in Pont-Aven gehörte die Zusammenarbeit mit den Modellen. Die erwachsenen Einheimischen nahmen den kleinen Zusatzverdienst gern mit und stellten auch ihre Kinder zur Verfügung. Die jedoch sahen nicht immer ein, warum sie so lange still stehen oder sitzen sollten. Tamac und Fine hießen die beliebtesten Kindermodelle, zwei kleine Jungen. Helena Westermarck, die im Sommer 1884 nach Pont-Aven kam, hat sie in ihren »Lebens-Erinnerungen« beschrieben. Tamac trug eine rote Mütze, deren Farbe gut zu seiner bleichen Gesichtsfarbe kontrastierte. Fine posierte lachend mit Haarsträhnen über seinen schmalen Augenschlitzen.

Helena Westermarck kritisierte das Modellstehen als Kinderarbeit, die mit der miserablen sozialen Lage vieler Bewohner von Pont-Aven zu tun hatte. Wie Marionetten mussten die Kinder tun, was die Maler ihnen sagten: Mütze auf, Mütze ab. Helene Schjerfbeck bestätigt indirekt in einem Brief die ambivalente Situation der Kinder als Modelle. Der kleine Tamac sei immer wieder zurück zu seiner Mutter gelaufen und habe gerufen: »Versteck mich, Mama, versteck mich.« Aber solchen Eindrücken standen viele andere gegenüber von einem unbeschwerten Leben und dem guten Einvernehmen zwischen der finnischen Malerin und den Einheimischen. Helene hatte Grund, sich sehr geschmeichelt zu fühlen.

Am 18. März 1884 schreibt sie ihrem Bruder Magnus: »In Pont-Aven meinen alle alte Frauen, dass ich so schön bin. Als ich eine Weile in einer kleinen Straße saß und malte, kam jeden Tag eine alte Frau mit einer Schubkarre voller alter Kohlblätter vorbei, setzte sich eine Weile zu den Kohlblättern, grinste mit ihrem einzigen Zahn und starrte mich an, denn ich sei ›so schön‹, dass es ein Vergnügen sei, mich anzusehen. Zwei weitere kamen hinzu, setzten sich ebenfalls in die Kohlblätter, und dann ging es auf Bretonisch los ›so schön, so schön‹. Gott bewahre mich vor Hochmutsgefühlen«. Erschien Helene auf der Straße, riefen Frauen und Kinder »Bonjour Ma'moiselle Helene«. Die junge Malerin war offensichtlich beliebt: »Ich weiß schon nicht mehr, wie ich alle die Blumen unterbringen soll, die die Straßenjungen bringen.«

Es war Frühling in Pont-Aven und alle Tage Sonnenschein. Am 18. März machte sie mit einer Künstlergruppe einen Ausflug ans Meer. Nie zuvor hatte Helene Schjerfbeck den Atlantik »so schön, so hell, so lichtgrün« gesehen, dazu hohe Wellen, von weißem Schaum bekrönt. Dem Bruder schreibt sie: »Das Meer stieg, und die Brandung schlug über die Felsen. Sie ruhten gleichsam wie in einem Nebel, der in der Sonne glänzte. Wir lagen mehrere Stunden hoch oben am Strand und starrten in Welle auf Welle.« Wenn sie den Morgen fleißig mit Malen verbracht hatte, ging sie »den ganzen Nachmittag« viel spazieren.

Die Wochen und Monate in der Bretagne waren eine Mischung aus freiwilligem Alleinsein, Konzentration auf die Malerei und dem fröhlichen Zusammensein in der Künstler-Runde. Weil wir keine zeitgleichen Zeugnisse und auch aus den späteren Jahren nur spärliche Informationen haben, gerät aus dem Blick, was für Helene Schjerfbeck ein zentraler Teil ihres Lebens in Pont-Aven gewesen sein muss: das Zusammensein mit ihrem Verlobten. Sie werden sich täglich gesehen, gesprochen und ihre Liebe genossen haben. Mehr kann nicht gesagt werden.

Ein anderes menschliches Band hat sich in dieser Zeit fest geknüpft. Jahre später schreibt Marianne Stockes, geborene Preindlsberger, im Rückblick auf Pont-Aven und Helene Schjerfbeck: »Da entwickelte sich zwischen uns eine Freundschaft, die unser ganzes Leben Bestand hatte. Dort lernte ich Helene als Mensch kennen, und wer sie einmal kennen- und lieben lernte, kann sie niemals vergessen. In der Bretagne waren wir mit vielen Künstlern zusammen, die ihr Talent bewunderten. Alle ihre Arbeiten atmen diese feinsten Empfindungen … und allen ihren Malereien gab sie eine Seele.«

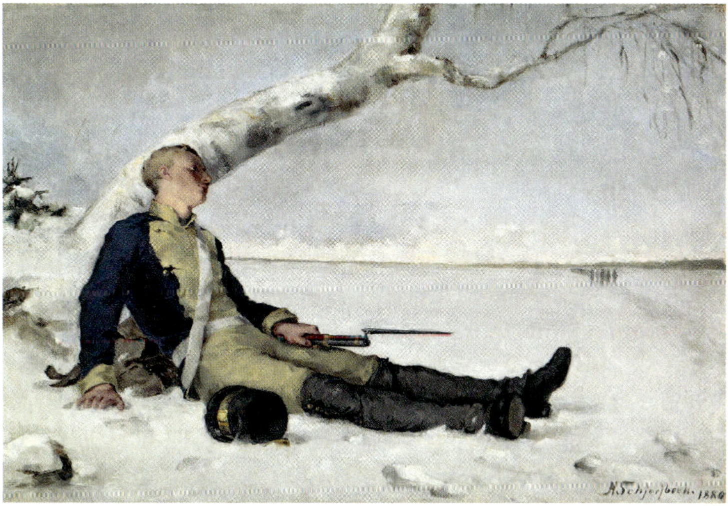

1 »Verwundeter Krieger im Schnee, 1808«, 1880 Helsinki

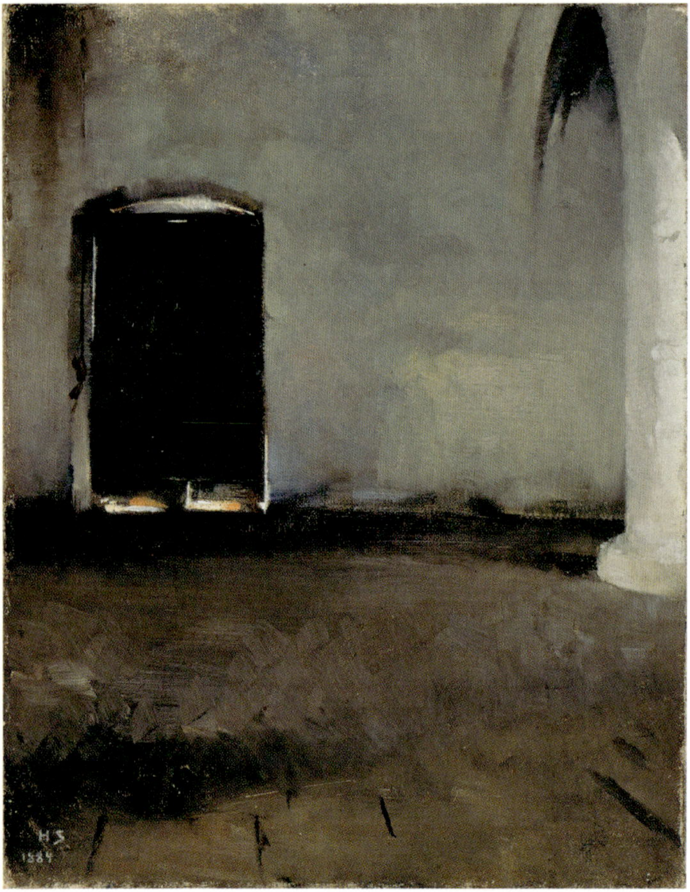

2 »Die Tür«, 1884 Pont-Aven (Bretagne)

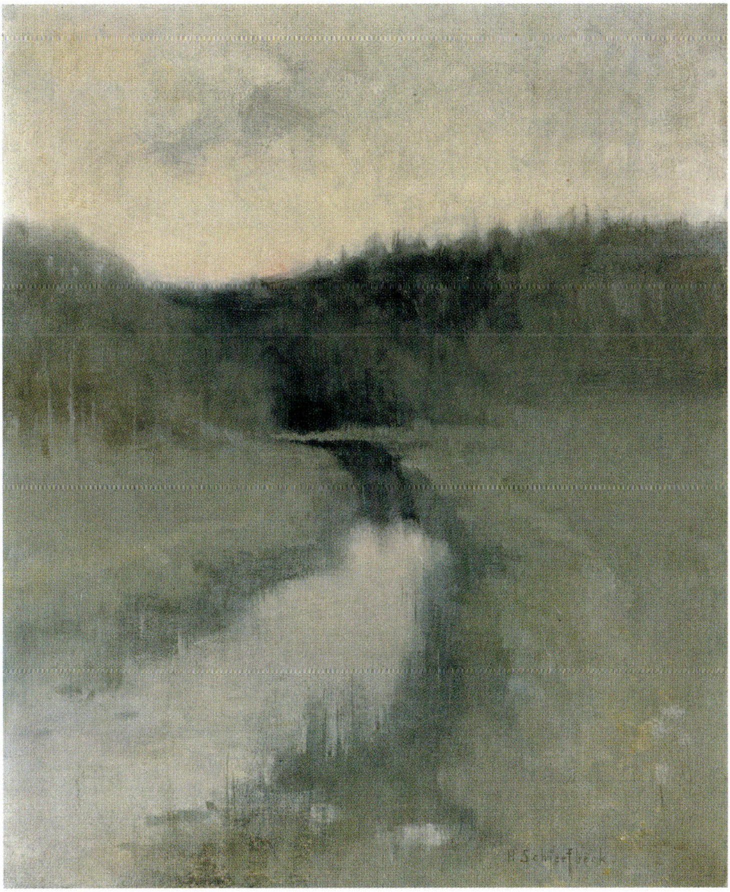

3 »Raseborgs kleiner Fluss«, 1890 Snappertuna

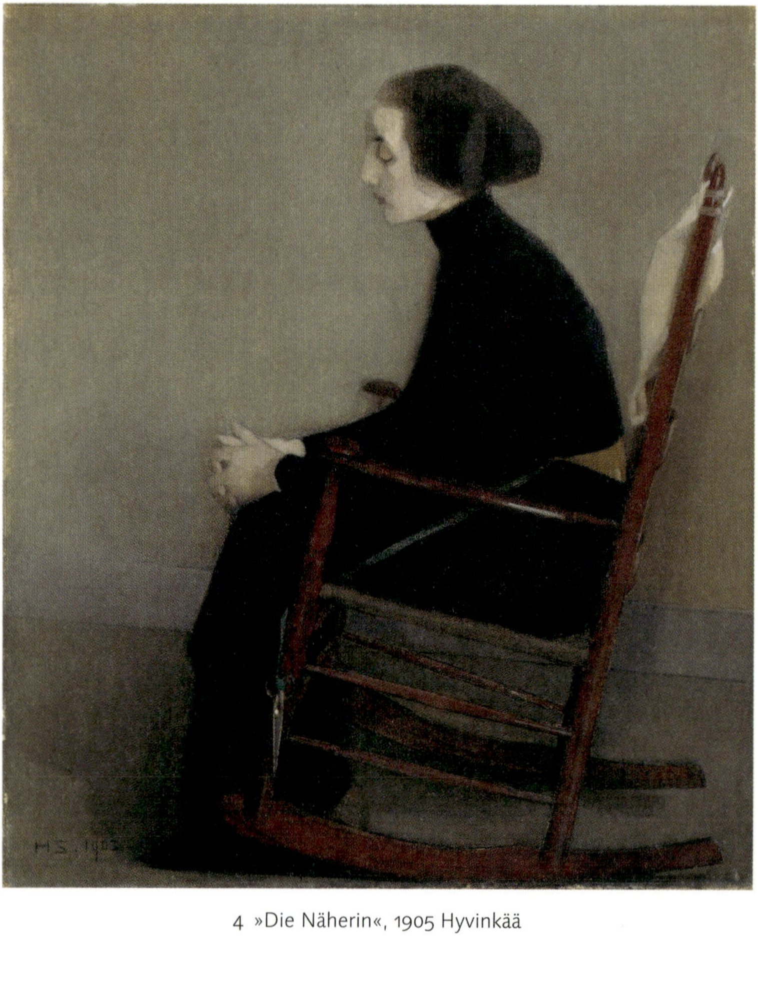

4 »Die Näherin«, 1905 Hyvinkää

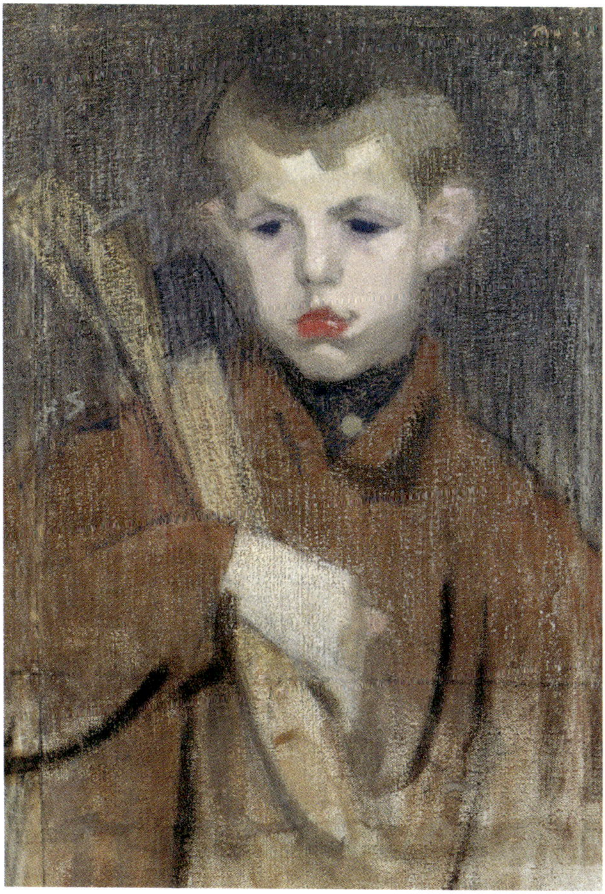

5 »Der Brennholzjunge I«, 1910 Hyvinkää

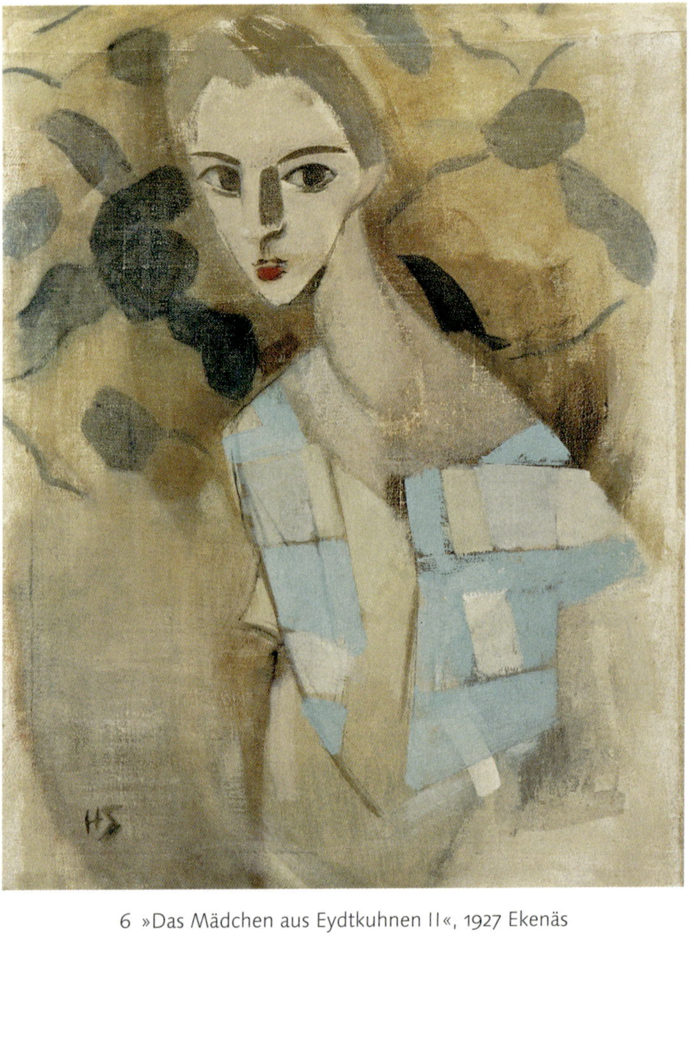

6 »Das Mädchen aus Eydtkuhnen II«, 1927 Ekenäs

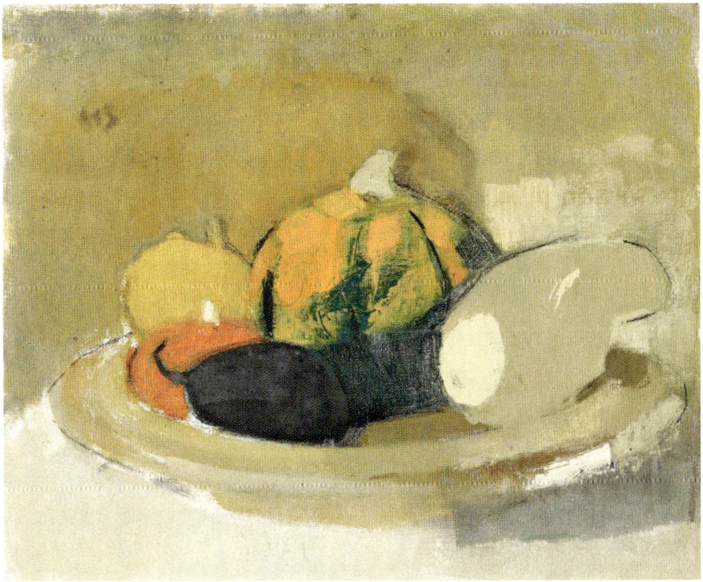

7 »Kürbisse«, 1937 Ekenäs

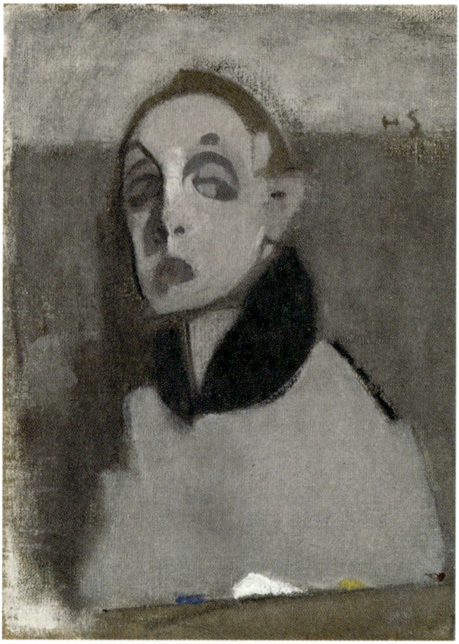

8 »Selbstporträt mit Palette«, 1937 Ekenäs

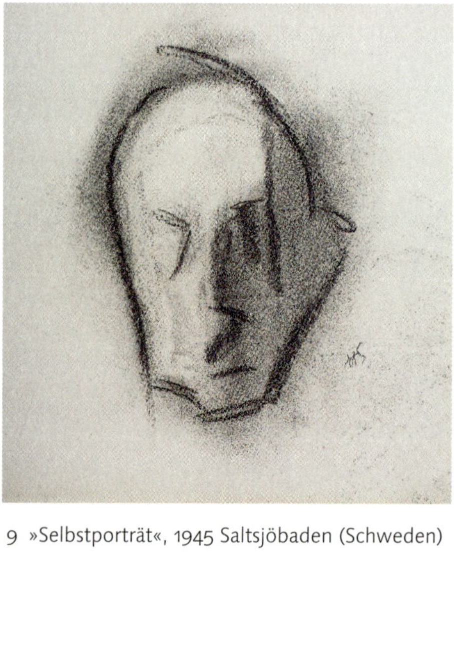

9 »Selbstporträt«, 1945 Saltsjöbaden (Schweden)

Marianne Preindlsberger, die Helene bis in das Jahr 1890 mehrfach sehen wird, kommt auf die Hüftbehinderung der Freundin zu sprechen, eine Seltenheit in jenen Jahren: »Ihr starker, wunderbarer Charakter gab ihr den Mut, gegen körperliche Gebrechlichkeiten zu kämpfen …« Nur einen Fehler hatte Helene für Marianne, »sie war unermesslich scheu«. Dieser Fehler war offensichtlich Gesprächsthema zwischen den beiden Freundinnen.

Helene Schjerfbeck hat keine Hemmungen, in einem Brief an Bruder Magnus auf ihren Fehler hinzuweisen. Sie schickt ihm Grüße von Marianne Preindlsberger mit dem Hinweis, dass die Freundin sich verzweifelt bemühe, ihr die Ungeschicklichkeit auszutreiben, bevor sie Pont-Aven verlassen und sich wieder trennen würden. Marianne hoffe, dass ihr Bruder diese Bemühungen fortsetzen werde. An Ironie gegenüber der eigenen Person und den anderen hat es Helene Schjerfbeck nicht gefehlt.

Ende April 1884 kommt der Lebensabschnitt Pont-Aven an sein Ende. Am Rathausplatz vor dem Hôtel des Voyageurs wartet der Pferdewagen, der sie mit Maria Wiik und anderen Künstlern zum Bahnhof nach Quimper bringt. Wie es ihre herzliche Art ist, wird Hotelbesitzerin Julia Guillot ihre Gäste mit einem lauten Kuss verabschiedet haben. Ob Helenes Verlobter auch mit zurückfuhr? Eine berechtigte Frage – Antwort gibt es nicht.

Knapp vierhundertfünfzig Kilometer fuhr der Zug von Quimper nach Paris. Zeit zum Abschiednehmen, Bilanz zu ziehen. Die zehn Monate in der Bretagne haben das Leben und die Kunst von Helene Schjerfbeck radikal verändert. Egal, wie es weitergehen würde: Die Schätze, die sie als Malerin in Pont-Aven geschaffen hatte, konnte ihr niemand nehmen.

12. Kapitel

»Der Schatten an der Wand« und »Die Tür«

Es war im Herbst 1883, als Helene Schjerfbeck bei einem Gang am Rand von Pont-Aven an einer Hauswand, deren graue Granitsteine weiß verputzt waren, den zierlichen Schatten eines Baumes wahrnahm. Der Schatten wurde größtenteils von seinem Baum, einer hellen doppelstämmigen Platane, verdeckt, die mit kahlen Ästen über das kleine Haus hinausragte. Rechts außen stand ein schwarzer kahler Stamm, der einen schweren dunklen Schatten auf die Wand warf. Helene Schjerfbeck wird nicht lange gezögert haben, ihre Staffelei aufzustellen.

Es entsteht »Der Schatten an der Wand«. Gemessen an Helene Schjerfbecks Vorliebe für große Leinwände, hat das Bild mit 45×38 Zentimetern ein kleines Format. Der Raum zwischen den Bäumen wird von einer grünen Bank gefüllt, die leicht nach hinten gerückt ist. In der oberen rechten Ecke des Bildes lugt ein Bau wie eine Festung über die Hügelkante. Das Blau des schmalen Schattens, der sich an der linken Bildseite gegen die wuchtige Platane behauptet, wird von der Malerin in der oberen Bildhälfte, wo sich der Doppelstamm gabelt, aufgegriffen.

Zwei Komponenten geben dem Bild seine ganz besondere Note. Es ist die Art, wie die Farben – Blau-, Grün- und Braunschattierungen – gegeneinandergesetzt sind und Formen bilden, aus denen die Bildkomposition entstanden ist. Cézanne ist das Stichwort, das sich beim Anblick des »Schattens an der Wand« bei nachgeborenen Kunstkennern einstellt. Während ihrer bisherigen zwei Paris-Aufenthalte hatte Helene Schjerfbeck in den Galerien mit moderner Kunst rechts und links der Seine Bilder des Mannes aus Aix-en-Provence entdeckt. Als der »Schatten an der Wand« entstand, wurde Cézanne von der etablierten Kunstszene noch mit Hohn und Spott bedacht.

Mit Beginn der 1880er Jahre entwickelte der Pionier aus der Provence eine neue Bildersprache in der Landschaftsmalerei. Erst in den 1890er Jahren wurde aus dem geschmähten Einzelgänger ein berühmter Künstler. Helene Schjerfbeck jedoch hat sich mit ihrem Bild »Der Schatten an der Wand« schon im Herbst 1883 von Cézannes malerischer Revolution inspirieren lassen. Sein Credo: Farbe und Form machen das Wesen eines Bildes aus; ein Gegenstand nimmt durch farbliche Abstufungen Gestalt und Volumen an. Farbige, breit gepinselte Flächen, als Kontraste gegeneinandergesetzt, schaffen Raum und Tiefe. Für Cézanne gehörte die klassische Perspektive, die illusionistisch auf der flachen Leinwand einen Raum vortäuscht, der Vergangenheit an.

Zeit seines Lebens – Paul Cézanne starb 1906 in Aix-en-Provence – hat dieser Mitbegründer der modernen Malerei darum gerungen, wie der Künstler ein Höchstmaß seiner Empfindung beim Schauen auf die Dinge und die Menschen auf der Leinwand realisieren kann. Von Einzelheiten soll er sich nicht ablenken lassen. Für Helene Schjerfbeck stand der Schatten im Zentrum ihrer Empfindung beim Blick auf die Hauswand. Um diesen emotionalen Kern hat sie mit Farben, die zu Formen gerannen, den Raum des Bildes gebaut. Es war eine bewusste künstlerische Entscheidung, für die es in ihrem künstlerischen Umfeld keine Beispiele und keine Ermutigung gab, im Gegenteil. Sie musste erleben, dass ihre finnischen Malschwestern ihren neuen, ungewöhnlichen Stil als künstlerische Sackgasse kritisierten.

Helene Schjerfbeck nahm es schweigend hin. Sie entzog sich der offenen Konfrontation über ihre Malerei, ob es um ihre Malfreundinnen oder den einflussreichen Berndt Otto Schuman in Helsinki ging. Was gab es zu diskutieren über das sehr persönliche Empfinden eines Malers beim Anblick eines Baumes? Warum sollte sie sich rechtfertigen für einen neuen Malstil? Nicht zu unterschätzen ist auch, dass ihr menschliche Beziehungen wichtig waren. Sie sollten von ihrer künstlerischen Entwicklung nicht beschädigt werden. Es ist ein Zeichen von unerschütterlicher Überzeugung, dass Helene Schjerfbeck ihr Bild »Der Schatten an der Wand« seit dem Herbst 1883 für viele Jahre als stummen Zeugen ihrer Pont-Aven-Zeit versteckt hielt. Erst 1912 hat sie den »Schatten« an die Öffentlichkeit gegeben.

Ein Ausflugsziel, das sie faszinierte, war die Kapelle von Trémalo. Wenn sie Malutensilien und Picknickkorb dabeihatte, ließ sie sich mit einem Zweispänner von »Julia's Hôtel« zur Kapelle fahren. Ohne Gepäck ist der gotische Bau leicht mit einem schönen Spaziergang zu erreichen. Ausgangspunkt ist die steinerne Brücke über den Aven mitten in Pont-Aven. Rechts am Fluss geht es bis zur zweiten Straße rechts, die steil hinauf zum »Platz Hofgeismar« führt. (Pont-Aven ist mit dem hessischen Hofgeismar durch eine Städtepartnerschaft verbunden.) Oben angekommen, führt linker Hand ein erdiger Waldweg durch den oberen Kamm des Bois d'Amour. Wer aus dem »Liebeswald« tritt, den lockt gegenüber eine Straße mit einem hölzernen Wegweiser: CHAPELLE DE TRÉMALO 600 m.

Die Buchenallee bildet ein grünes Dach über der leicht ansteigenden asphaltierten Straße, auf der es weitergeht. Schnell ist das Ende erreicht, ein Wegweiser zeigt nach links. Nach wenigen Minuten taucht ein geduckter Bau aus hellem Stein auf. Die Dachenden erreichen fast den Boden, ein gotisches Kirchenfenster durchbricht die Mitte der Querfassade. Das Ziel ist erreicht: La Chapelle Notre-Dame-de-Trémalo – die Kapelle Unserer Frau von Trémalo.

An der südlichen Längsseite der Kirche, die von zwei kleinen Eingangstüren durchbrochen ist, steht ein hohes steinernes Kreuz ohne Korpus, flankiert von zwei dicken verknorpelten Eichen. Sie gab es schon zu Zeiten von Helene Schjerfbeck, ebenso das bretonische Mäuerchen aus flachen Steinen hinter dem Kreuz. In Sichtweite stehen drei, vier Häuser, die seit Jahrhunderten den kleinen Weiler Trémalo bilden.

Die Kapelle, um das Jahr 1550 erbaut, blieb bis zum heutigen Tag in Privatbesitz, was erklärt, dass sie durch die Zeiten von kriegerischem Streit, von Feuer und Zerstörung verschont geblieben ist. Sie überrascht im Innern mit einem breiten dreischiffigen Raum, der von zwei Reihen schlanker Säulen getragen wird. Das Hauptschiff ist auf der gesamten Länge an der Naht zum gewölbten hölzernen Dach mit sechs kräftigen hölzernen Querbalken gesichert. In der Mitte und an den Enden der Querbalken sind die Köpfe von Fabeltieren mit weit aufgerissenen, zahnbewehrten Mäulern geschnitzt. Links vom Altar steht an der Querwand majestätisch eine hölzerne bemalte Skulptur der Madonna von Trémalo mit dem Jesuskind auf dem Arm. Auf gleicher Höhe befindet sich rechts vom Altar die farbige Skulptur der heiligen Anna, Marias Mutter. Sie hat ein Buch auf den Knien und unterrichtet ihre kleine Tochter Maria im Lesen.

Die heilige Anna wird in der Bretagne traditionell besonders verehrt, und in der Kapelle von Trémalo hat sie im rechten Seitenschiff noch einen eigenen hölzernen Nebenaltar. Auf ihm stehen ein halbes Dutzend kleiner steinerner Votivtafeln. Auf einer hat ein Verehrer der heiligen Anna seine Dankbarkeit für das Ende der vierjährigen bitteren Besatzungszeit unter den Deutschen bezeugt. »Reconnaissance – September 44 – St. Anna«. Es ist der Monat, als die Bretagne befreit wurde.

Wer mit dem Rücken zum Altar durch das Hauptschiff der Kapelle schaut, sieht sie sofort: die große dunkle Tür in der Mitte der geschlossenen, hoch aufragenden Wand, die die Kapelle im Westen abschließt. Die breiten Mauersteine sind hell verputzt, was der dunklen Holztür noch mehr Gewicht gibt. Es ist die Haupttür. Sie wurde und wird nur zu feierlichen Anlässen im Kirchenjahr und zu Prozessionen geöffnet.

»Die Tür« in der westlichen Abschlusswand erzählt keine Geschichten wie die Skulpturen von der heiligen Anna und ihrer

Tochter, der Gottesmutter. Aber sie muss Helene Schjerfbeck im Frühjahr 1884 magisch in ihren Bann gezogen haben. Auf dem Bild, das die Zweiundzwanzigjährige malt, wird sie zur Tür schlechthin; ein Ding an sich, das an die Deutung der Welt durch den Philosophen Platon erinnert. (Helene Schjerfbeck schätzte seine Schriften.)

Auf ihrer Leinwand hat die Malerin die Tür – ein schwarzes hochstehendes Rechteck – an den linken Rand des Bildes platziert. Dadurch schafft sie rechts Raum für eine breite helle Fläche, während sie den Fußboden als breite Fläche vor der Tür in mehrfach abgestuftem Braun malt. Der Farbdreiklang Schwarz-Hell-Braun, scharf gegeneinandergesetzt, schafft räumliche Tiefe. Die Malerin verzichtet auf die klassische Perspektiventechnik und schließt damit an den revolutionären Malstil von Cézanne an, den sie schon in ihrem Bild »Der Schatten an der Wand« übernommen hat. Die Umsetzung ihrer Empfindung führt die Malerin bis an die Grenze zur Abstraktion. Mit der Leinwand, deren stoffliche Struktur sichtbar die schwarze Farbe durchbricht, setzt sie bei ihrer »Tür« eigene künstlerische Akzente.

Man bekommt eine Ahnung von Malerei pur. Dieses Bild ist sich selbst genug. Es geht nur um die Tür und um ihren Platz im Raum des Bildes. Es gelingt der Malerin, uns darauf festzulegen; die Gedanken schweifen ab zu dem, was hinter der Tür sein mag oder sich vor ihr im Raum befindet. Helene Schjerfbeck schafft mit Farbe und Form auf der Leinwand eine eigene Welt, jenseits von Zeit und Raum. (In deutschen Ausstellungskatalogen und Aufsätzen wird »Die Tür« mit dem irreführenden Zusatz »Alte Klosterhalle« versehen. Nicht nur, dass sie weder zu einem Kloster noch zu einer Halle gehört, diese irreführende Bezeichnung widerspricht allem, was das Bild verkörpert.)

In der Kapelle, die »Unserer Frau von Trémalo« geweiht ist, findet sich am Hauptaltar auf einem Ständer eine Broschüre, die über die Geschichte der Kirche informiert. Maler und Malerinnen werden erwähnt, die von diesem heiligen Raum fasziniert waren; auch »die Finnin Hélène Schjerfbeck«, immerhin, ohne auf ihr Bild »Die

Tür« hinzuweisen. Den ausführlichsten Beitrag bekommt Paul Gauguin. Ihn hat das Kreuz mit dem hellen geschnitzten Christuskorpus, das oberhalb des dritten Pfeilers an der nördlichen Seite des Hauptschiffes angebracht ist, zu einem Werk angeregt, das Aufsehen erregte.

Paul Gauguin lebte 1886 erstmals für drei Monate in Pont-Aven. Zwei Jahre nach Helene Schjerfbeck war das. Er war auf der Suche nach Inspirationen und quartierte sich in der »Pension Gloanc« ein. 1888 kam er zurück und malte 1889 das Bild »Der gelbe Christus«: Paul Gauguin stellt das Kreuz von der Chapelle de Trémalo mit dem geschnitzten Korpus frei in die Landschaft außerhalb der Kapelle, von drei Frauen in bretonischer Tracht und vielen roten Bäumen im Hintergrund umgeben. Im »Gelben Christus« und weiteren Bretagne-Bildern verlässt er sich – wie Cézanne – nur auf die eigenen Empfindungen beim Anblick der Natur. Mit gleichgesinnten Künstlern begründet er die »Schule von Pont-Aven«. 1891 wird Paul Gauguin erstmals nach Tahiti fahren, in der Hoffnung, endlich den Sehnsuchtsort für seine Kunst und sein Leben zu finden.

Als Helene Schjerfbeck im September 1880 nach Paris kam, war der Naturalismus noch der führende Malstil und gab in der Akademie Colarossi den künstlerischen Ton an. In den modernen Galerien sah die junge finnische Malerin Bilder der Impressionisten, deren Farbpalette ihr aber nicht zusagte. Während langer Besuche im Louvre studierte sie die alten Meister sehr genau. An jeden Pinselstrich, jede Haltung und Geste auf diesen Bildern würde sie sich zeitlebens erinnern. Aber wie Helene Schjerfbeck ihre Empfindungen beim Anblick der Haupttür in der Kapelle von Trémalo in ein Bild umsetzte, dafür gibt es kein Vorbild.

Schon das Bild vom blauen »Schatten an der Wand« aus dem Herbst 1883 ist eine herausragende Kreation innerhalb der damaligen Kunstszene. Die Bedeutung der »Tür« vom Frühjahr 1884 lässt sich nur ermessen, wenn dieses Bild in die Entwicklungsgeschichte der modernen Malerei eingebettet wird.

Jahre bevor Paul Gauguin, Vincent van Gogh oder Edvard Munch – deren Namen und Berühmtheit längst Teil der europäischen Kultur sind – mit ihren Bildern Aufsehen erregten; Jahrzehnte bevor die abstrakte Malerei in der Kunst auftauchte und dort ihren festen Platz einnahm, schuf die zweiundzwanzigjährige Helene Schjerfbeck aus Helsinki in Pont-Aven mit ihrem Bild »Die Tür« aus der Chapelle Notre-Dame de Trémalo eine Ikone der malerischen Avantgarde des 20. Jahrhunderts avant la lettre.

Helene Schjerfbeck wusste um die revolutionäre Stellung ihres Bildes innerhalb der Malerei. Sie hat das Bild und damit das Geheimnis der »Tür« bis 1917 gehütet.

13. Kapitel

Wieder ein Frühling in Paris

Mai bis Juni 1884

Zum vierten Mal kam Helene Schjerfbeck Ende April 1884 auf einem Pariser Bahnhof an, zum zweiten Mal nicht aus Finnland, sondern von einem Arbeitsaufenthalt in der Bretagne. Schnell fand sie eine Unterkunft samt Atelier in ihrem Lieblingsviertel, dem Quartier Latin. Es war das Hôtel d'Angleterre, 22-24 Rue de Jacob. Der Louvre und St. Germain waren nicht weit. Das Mansardenzimmer lag ruhig und hatte einen unverbauten Blick auf die hohen Bäume in dem angrenzenden Garten. Das Zimmer war einfach ausgestattet, so liebte Helene es – ein Bett, Tisch und Stühle und unter dem hoch gelegenen Fenster ein Ofen.

Die wichtigste Nachricht kam vom Salon de Paris. Sieben finnische Maler hatten sich mit ihren Bildern für die Frühjahrs-Ausstellung beworben. Drei wurden angenommen: Albert Edelfelt, Maria Wiik und Helene Schjerfbeck mit ihrem Bretagne-Bild »Ein Begräbnis, Finistère«. Wieder ein großer Erfolg für die junge Malerin, nur ein Jahr nachdem ihr »Laubhüttenfest« im Salon präsentiert worden war.

Der Kunstkenner, der für *Helsingfors Dagblad* über den Salon nach Finnland berichtete, sah es anders. Er nannte Helene Schjerfbeck eine begabte Malerin, was langsam zur Floskel unter den Kritikern verkam. Aber die »Beerdigung« sei nicht so gelungen. Maria Wiik war für ihn die Bedeutendere mit ihren »kleinen humoristischen Werken«. Damit wollte Helene nicht dienen.

Die ungewöhnlichen Erfolge im Salon konnte ihr keine heimatliche Kritik nehmen. Und in Paris war Frühling. Meist schien schon die Sonne, wenn Helene Schjerfbeck morgens beschwingt durch den Luxembourg-Park in Richtung Champs-Élysées und Étoile ging, eine kleine Leinentasche mit etwas Essen für den Tag unter dem Arm. Ihr Ziel war die Akademie Colarossi, diesmal eine neue Filiale in der Avenue Washington. Dort nahm Helena Westermarck seit ihrer Rückkehr nach Paris im Januar Unterricht, und Helene Schjerfbeck arbeitet gern mit der Freundin zusammen.

Diesmal wählte sie sich Helena als Modell und malte die fünf Jahre Ältere mit energischen kurzen Pinselstrichen im Seitenprofil. Um diese Zeit vertrat Albert Edelfelt einen der Lehrer von Colarossi. Noch im Oktober 1941 erinnerte sich Helene Schjerfbeck, was Edelfelt sagte, als er damals im Pariser Atelier ihr Porträt von Helena Westermarck sah: »Das Geschlecht der Westermarcks, wie es leibt und lebt.« Was sie nicht wusste, dass der berühmte Kollege am 28. Mai 1884 in einem Brief an seine Mutter schrieb: »Heute bin ich im Frauenatelier gewesen und habe korrigiert, ... Fräulein Schjerfbeck ist dort die Beste.«

Der Pariser Alltag ging für Helene seinen vertrauten Gang. Den Tag über arbeitete sie fleißig bei Colarossi. Nachmittags gab es eine Pause in einem kleinen Café. Auf dem Heimweg stöberte sie vielleicht noch in Galerien, Antiquitätengeschäften oder bei den Bücherhändlern am Seine-Quai. Auch abends im Hotel kam keine Langeweile auf. Im Hôtel d'Angleterre waren englische und amerikanische Künstler untergebracht, die sie aus der Bretagne kannte, außerdem der schwedische Maler August Hagborg. Er war ein Freund aus alten Pariser Zeiten, und die beiden machten lange Spaziergänge durch die Stadt.

Helene Schjerfbeck war eine treue Seele. Zu Menschen, denen sie vertraute, hielt sie festen Kontakt. Lina und Walter Runeberg, ihre Gastgeber in Paris im Herbst 1880, gehörten dazu. Ein Brief von Lina Runeberg aus dem Januar 1887 an ihre alte Freundin Olga Schjerfbeck lüftet ein ganz klein wenig den Schleier eines Geheimnisses, zu dem es ansonsten so gut wie keinen Zugang gibt. Helene Schjerfbeck wurde in Paris von ihrem Verlobten, dem Maler aus

England, besucht; einmal hat sie ihn den Runebergs in der Rue Constantinople vorgestellt.

Lina Runeberg schreibt in ihrem Brief über den englischen Künstler, dass er »aussah wie ein Mann, dem man vertrauen kann; aber ein kurzer Besuch ist zu wenig, um jemanden zu beurteilen – und mehr haben wir über ihn nicht erfahren«. Über den Brief insgesamt wird noch ausführlich zu berichten sein. Jetzt nur so viel: Es gibt keinen Zweifel, dass es sich um die Frühlingswochen 1884 handelt, auf die Lina Runeberg sich bezieht. So winzig dieses biografische Bruchstück ist, es verrät, dass es Helene Schjerfbeck in Paris zu ihrem Glück an nichts fehlte. Und damit liegt ein indirekter Hinweis zur Datierung ihres ersten Selbstporträts in Öl vor. Es trägt keine Jahreszahl. Aber so, wie die Malerin aus diesem Bild zu uns spricht, untermauert vom Wissen über den Besuch ihres Verlobten in Paris, scheint die Entstehung dieses Bildes im Frühling 1884 sehr wahrscheinlich zu sein.

Fröhliche Selbstgewissheit, kraftvolles Vertrauen in die eigenen Fähigkeiten, der Ehrgeiz, es in ihrer Berufung, der Malerei, bis ganz nach oben zu schaffen – das alles liegt in ihrem Selbstporträt und kann nicht vorgetäuscht sein. Zumal Ehrlichkeit für Helene Schjerfbeck eine Voraussetzung guter Malerei war. Die energisch-lockere Stimmung des Selbstporträts von 1884 verrät eine junge Frau, die das Leben nicht schwernimmt und sich von den eigenen hohen Erwartungen nicht erdrückt fühlt. Eine neue Zeit bricht an, in der Malerei und in ihrem Leben. Die knapp zweiundzwanzigjährige Helene Schjerfbeck stellt sich siegesgewiss allen Herausforderungen.

Im Sommer 1884 haben allerdings sehr profane Dinge Vorrang. Das Geld für den Auslandsaufenthalt geht endgültig zur Neige. Helene Schjerfbeck muss zurück nach Finnland reisen. Doch sie war sicher – sie würde wieder nach Paris zurückkommen.

14. Kapitel

Zwei Jahre Finnland – Heftige Kritik – Das Ende der Verlobung

Sommer 1884 bis Herbst 1886

Nach kurzem Aufenthalt bei Mutter und Bruder, die inzwischen mit den Pensionsgästen um die Ecke in die Vladimirsgatan (heute Kalevankatu) umgezogen waren, ging es von Helsinki weiter zu den Verwandten nach Sjundby. Hier war Raum – im mächtigen Herrenhaus und in der Landschaft ringsum –, und Helene Schjerfbeck fühlte sich wohl bei ihrem Patenonkel Thomas Adlercreutz, der Großmutter und den Kusinen und Vettern wie in vielen Sommern zuvor. Sie hatte Zeit zum Nachdenken; niemand bedrängte sie.

Sie malte Bilder von Kindern und nahm sich dafür viel Zeit. Kinder sitzen nicht lange still, und Helene Schjerfbeck verlangte von ihnen keine Posen, wie es mit den Kindern von Pont-Aven möglich war. Sie durften es sich auf den Sofas, die in allen Salons von Sjundby standen, mit Kissen bequem machen. Einmal sah sie ein Mädchen am Fluss angeln und nutzte auch dieses Motiv. Die Bilder waren im realistischen Stil gemalt. Helene Schjerfbeck machte keine Experimente in diesem Sommer.

Im Herbst ging es zurück nach Helsinki in Mutters Studentenpension. Helene Schjerfbeck wurde bewusst, dass sich Olga Schjerfbeck als energische, patente Wirtin bei ihren Gästen – Studentinnen und Studenten – großer Beliebtheit erfreute. »Mutter Klug« wurde sie genannt, und gern holte man sich bei ihr Rat. Die Gäste machten das angespannte Verhältnis zwischen Mutter und Tochter erträglicher. Doch die unbelasteten Momente zwischen den beiden Frauen waren selten. Olga Schjerfbeck sprach kühl aus, dass sich ihre Meinung über den brotlosen Beruf und den nachlässigen Charakter der Tochter nicht verändert hatte.

Die Essensportionen für die Pensionsgäste waren großzügig bemessen. Als Helene Schjerfbeck eines Tages wieder einmal vor ihrem kargen Teller saß, fragte sie die Mutter, ob sie nicht etwas frisches Fleisch dazukaufen könne. Die Antwort der Mutter brannte sich fest in Helenes Gedächtnis. »Kaufen kann nur, wer für sich bezahlen kann.« Das bezog sich auf Bruder Magnus, der eine Karriere als Architekt begonnen hatte und im Gegensatz zu Helene der Mutter Kostgeld zahlen konnte. Noch ein mütterlicher Satz, den Helene nicht vergessen würde: »Erinnere dich daran, es ist Magnus, der alles erbt.« Die Tochter, die bisher nichts verdiente mit dem Beruf, der ihre ganze Leidenschaft war, musste diese Demütigungen schlucken. Mehr noch: Sie konnte sich nicht den Hausarbeiten widersetzen, die Olga Schjerfbeck ihr auftrug. Helene hasste diese Arbeiten, die ihre Zeit für die Malerei einschränkten und ihren Tag zersplitterten.

Es gab nur eine Möglichkeit, den häuslichen Spannungen zu entrinnen – ein Atelier außer Haus. Als sie im Sommer 1882 von ihrem ersten Paris-Aufenthalt zurück nach Helsinki kam, hatte Helene mit Maria Wiik im bürgerlichen Stadtteil Kronohagen in der Mariagatan ein Atelier geteilt. Schriftliche Quellen gibt es nicht, aber wahrscheinlich haben sich die beiden Freundinnen auch im Winter 1884/85 wieder zum Arbeiten zusammengetan. In Helsinki standen viele einfache Zimmer leer, die im Sommer an Touristen, vor allem aus Russland, vermietet wurden. Ein gemeinsames Atelier liegt nahe, da Helene und Maria sich in diesen Monaten zwei Modelle für ihre Bilder teilten, das Mädchen Hilja und die rothaarige Rika, das »kleine Judenmädchen«.

In der jährlichen Herbst-Ausstellung des Kunstvereins von Mitte Oktober bis Ende November 1884 stellte Helene Schjerfbeck zwei Kinderbilder aus, ein Porträt von »Hilja« und ein »Angelndes Mädchen«. Gekonnt wie immer, aber gemessen an ihren künstlerischen Möglichkeiten nichts Herausragendes. Dass es dafür keine

Preise gab, wird die Malerin nicht verwundert haben. Dadurch gewinnt die Frage an Gewicht: Was würde Helene Schjerfbeck sich künstlerisch für das kommende Jahr vornehmen, um ein weiteres Stipendium zu gewinnen? Sie brauchte Paris, um wieder frei atmen und sich als Malerin weiterentwickeln zu können. Zuerst jedoch galt es, den langen dunklen Winter in Helsinki, Kälte, Schnee und Eis über viele Monate zu überstehen. Vor einem Jahr hatte sie in Pont-Aven erlebt, dass an Weihnachten die Erdbeeren blühten. Erinnerungen, die zum Durchhalten ermutigten.

Im Juli 1885, endlich, ließ Helene Schjerfbeck Helsinki und Mutters Pension hinter sich. Maria Wiik hatte sie eingeladen, den Sommer über mit ihr auf dem Land zu arbeiten. Ziel war ein Gut im Dorf Löyttymäki, das zur Stadt Janakalla gehörte. Dort lebte Wiiks Tante mütterlicherseits, »Frau Kommerzienrätin« Cecilia Lindroos, mit ihrem Mann. Von Helsinki konnten die beiden Frauen mit dem Zug die gut hundert Kilometer nach Norden bis Hämeenlinna fahren. Von dort ging es mit dem Pferdewagen fünfzehn Kilometer Richtung Süden bis Löyttymäki; keine komplizierte Reise. Und unkompliziert war auch der gesamte Aufenthalt bei Maria Wiiks Verwandten.

Sie wohnten auf dem Gut und hatten in der Grundschule von Löyttymäki – es waren Sommerferien – ein Klassenzimmer als Atelier zur Verfügung. Manchmal gingen sie mittags zur Tante zum Essen; oft erkundeten sie die Umgebung nach malerischen Perspektiven oder Menschen, die ihnen Modell für das Skizzenbuch standen. Tante Cecilia ließ den beiden jungen Frauen ihre Freiheit; sie mussten keinen festen Tagesplan einhalten. Aber fleißig waren sie, und Helene Schjerfbeck legte im Klassenzimmer von Lyöttymäki den Grund für das Bild, das sie im kommenden Jahr in die Ausstellung des Kunstvereins geben wollte. Malerisch sollte es ein Meisterwerk sein, selbstverständlich. Doch vor allem das Bildthema und die Komposition mussten die Juroren überzeugen, damit für die Malerin ein finanzieller Erfolg heraussprang.

Im Sommer 1885 kamen unerwartet vierhundert Mark in Helenes Kasse. Der Kunstverein hatte ihr Bild »Angelndes Mädchen« von 1884 für seine Kunstlotterie akzeptiert. Die in Finnland beliebte Lotterie brachte den Künstlern und dem Kunstverein zuverlässige Einnahmen. Zur selben Zeit startete in Helsinki ein künstlerisches Großereignis. Zu Ehren des russischen Zaren und der Zarin, die der Hauptstadt ihres Großfürstentums einen offiziellen Besuch abstatteten, wurde im August 1885 im eleganten Ritterhaus, nur wenige Minuten östlich vom Dom gelegen, eine umfassende nationale finnische Kunstausstellung eröffnet.

Der Kaiserliche Senat zeigte sich großzügig und spendierte zwanzigtausend Mark, um am Ende die Kunstwerke der sechs verdienstvollsten finnischen Künstler dieser Ausstellung anzukaufen. Zusätzlich wurden zehn Goldmedaillen und dreizehn ehrenvolle Erwähnungen nebst Diplom ausgeschrieben. Die vom Kunstverein akzeptierten Bilder repräsentierten die Elite der finnischen Malerei – und boten einen für die westeuropäische Kunstszene ungewöhnlichen, aber für Finnland realistischen Querschnitt: von den fünfundvierzig Malern waren einundzwanzig Frauen.

Helene Schjerfbeck war mit sechs Bildern vertreten, darunter »Ein Junge füttert seine kleine Schwester« (Bretagne 1881); »Am Gefängnis von Linköping« (Finnland 1882); »Kind der Armut« (Bretagne 1883); »Beerdigung in der Bretagne« (Bretagne 1884); das Kinderporträt »Kleine Rika« (1885). Eine eindrucksvolle Bilanz für eine Dreiundzwanzigjährige. Mit ihren drei Bretagne-Bildern zeigt sich Helene Schjerfbeck als entschiedene Vertreterin des Realismus und Naturalismus, des modernen französischen Stils. Ihr Blick auf die Menschen war realistisch, nicht idealistisch. Aber war es nicht die Aufgabe der Kunst – ob mit Romanen, Dramen oder Bildern –, die Menschen in die angenehme Sphäre der Schönheit zu entführen und eine ideale Welt auf die Leinwand zu bringen?

Mit dieser traditionellen Kunstauffassung profilierte sich in Helsinkis Kunstszene ein junger Mann, nur drei Jahre älter als Helene Schjerfbeck, der eine rasante Karriere als Finnlands erster Kunstwissenschaftler machte. Johan Jakob Tikkanen war 1884 nach einer Promotion über Giotto an der Kaiserlichen Alexander-Universität zum Dozenten für Ästhetik und Kunstwissenschaft ernannt worden. Als der Sechsundzwanzigjährige im Herbst 1885 für *Helsingfors Dagblad* über die nationale Ausstellung im Ritterhaus berichtete, stellte er sich mit der Autorität des Experten auf die Seite der Tradition und gegen die Malerei des Realismus. Vor allem traf sein Bannstrahl die Malerinnen, die mit ihren Werken zahlreich in der Ausstellung vertreten waren.

Für J.J.Tikkanen begann das Übel damit, dass Malerei sich besonders gut als Freizeitvergnügen eignet. Nur deshalb würde sie von vielen Frauen ausgeübt. Die wütend-ironische Kritik des Kunstkenners lässt darauf schließen, dass dieses »Frauenhobby« für die männliche Kunstszene eine Bedrohung bedeutet. Es galt, der finnischen Malerei die weibliche Note wieder auszutreiben. Für Tikkanen war es eine »ebenso merkwürdige wie schwer zu erklärende Tatsache«, dass die meisten »unserer jungen Malerinnen radikale Naturalistinnen« seien, »die fast zu denken scheinen, dass Schönheit ein Fehler der Natur sei, den man sorgfältig vermeiden oder korrigieren muss«. Was dem Hüter der Tradition in Bezug auf diese jungen Malerinnen gar nicht in den Kopf wollte: »Manchmal haben sie auch noch Erfolg.«

Nach dieser allgemeinen Verurteilung nahm sich J. J. Tikkanen zwei Malerinnen vor, die sich in seinen Augen dem verabscheuten französischen Stil des Naturalismus besonders hingegeben hatten: Helene Schjerfbeck und Helena Westermarck. Die Kritik an Westermarck fußt auf ihrem Bild »Die Büglerinnen – eine wichtige Frage«, das 1883 zuerst in Kopenhagen ausgestellt wurde. Es zeigt zwei junge Mädchen am Bügelbrett, eine von ihnen ist offenbar verliebt und zupft an einem Gänseblümchen – »er liebt mich, er liebt mich nicht ...« Es sind Arbeiterinnen, keine Damen der bürgerlichen Gesellschaft, die Helena Westermarck gemalt hat.

Für die finnischen Kunstkritiker, die das Werk in der dänischen Hauptstadt sahen, war das Bild eine »bunte Augenblicksfotografie« und der Hauptschuldige war die »neue französische Malerei«, der sich die Malerin während ihres Paris-Aufenthaltes angeschlossen habe. »Nihilistisch« war ein weiteres Schimpfwort, das die Kritiker nach Helsinki meldeten. Damit unterstellten sie Helena Westermarcks »Büglerinnen« einen politischen Unterton: als radikales Werk mit sozialdemokratischen Andeutungen. Ein Werk im Dienst des Klassenkampfes und zudem von einer Frau gemalt.

Nicht wenige Kunstexperten in Helsinki schlossen sich dieser agressiven Deutung an. Doch der Kunstverein setzte trotz aller Kritik weiterhin auf die Förderung weiblicher Talente in der Kunst. Demonstrativ zeichnete er Helena Westermarcks »Büglerinnen« mit dem »Dukatenpreis« für jüngere Malerinnen aus. Ihr Lehrer Adolf von Becker hatte sie oder Helene Schjerfbeck vorgeschlagen. »Ich bin natürlich in den siebten Himmel geflogen«, schrieb Helena Westermarck ihrem Bruder Rudolf. Sie bekam außerdem ein Senatsstipendium von sechshundert Mark und konnte erneut nach Paris fahren.

J. J. Tikkanen jedoch ließ sich in seinen Ansichten nicht beirren. Er fragte seine Leser, ob sie je »häßlichere Menschenexemplare auf ihrer Wanderung über die Erde zu sehen bekommen hätten« als in den Bildern von Westermarck und Schjerfbeck. Er wäre »gewiss glücklich, davon zu hören«. »Hässlich« war die meistgebrauchte Kategorie, mit der man Helene Schjerfbecks Bilder in dieser Ausstellung belegte. *Nya Pressen* nahm sich noch einmal das Bild »Ein Junge füttert seine kleine Schwester« vor und nannte die Kinder »zwei Idioten«. Der einflussreiche Kunstkritiker Axel E. Berndtson gab allerdings zu, dass dieses Bild »auf unerklärliche Weise« eine starke Anziehungskraft habe und Mitgefühl beim Betrachter auslöse.

Die finnischsprachige Zeitung *Uusi Suometar* widmete im September 1885 Helene Schjerfbeck einen ausführlichen Bericht, aus dem eine große Enttäuschung sprach. Diese junge Künstlerin habe zweifellos ein seltenes Talent, »aber insgesamt muss gesagt werden, dass sie bisher die in sie gesetzte Hoffnung nicht erfüllt ... sie hat sozusagen nicht zu sich selbst gefunden«. Einerseits sei Helene Schjerfbeck mutig in ihren künstlerischen Versuchen, aber sie könne sich nicht von radikalrealistischen Tendenzen der französischen Malerei freimachen. Gewünscht seien originär finnische Themen.

Wie konnte Helene Schjerfbeck weiter vor der Staffelei stehen und mutig neue Bilder auf die Leinwand bringen? Mit einer Kritik im Hinterkopf, die einen Frontalangriff auf ihre Malerei bedeutete? War es eine Option, sich im Sommer 1885 offen gegen die einflussreichen Männer der finnischen Kunstszene zu stellen? Nein, es wäre das Ende ihrer Existenz als Malerin gewesen. Diese Männer hatten entscheidenden Anteil daran, ob ihre Bilder in den Ausstellungen gezeigt wurden. Sie mischten mit bei den Preisen und Stipendien, von denen sie als Künstlerin abhing. Erst dreißig Jahre später, im Frühjahr 1926, hat Helene Schjerfbeck in einem Brief an Maria Wiik in Worte gefasst, wie tief sie die unsachliche, billige Häme der Kunstkritiker getroffen hat: »Sie haben sich nach Kräften bemüht, uns den Glauben und das Brot zu nehmen.«

Aber die Malkunst war Helene Schjerfbecks Lebensinhalt, eine Leidenschaft, in die sie ihre ganze Kraft, alle Energien und Hoffnungen setzte. Sie ließ sich von der hämischen Kritik nicht lähmen. Allen Anfeindungen und Bösartigkeiten zum Trotz war ihre Kreativität ungebrochen. Helene Schjerfbeck würde weiterhin allein über ihren künstlerischen Weg entscheiden und Experimente in alle Richtungen wagen. Zugleich wird sie sich bestärkt gefühlt haben, Bilder wie »Der Schatten an der Wand« und »Die Tür« weiterhin als ihr Geheimnis zu wahren.

Nur eines ihrer Bild fand damals Gnade in den Augen der Kritiker. Das Brustbild der rothaarigen »Kleinen Rika« sei ein »erfreuliches Werk von Fräulein Schjerfbeck«, mit träumerischer Note und »farblich ein Genuss«. Helene hat später erläutert, dass Rika »ein kleines Judenmädchen von der Lapviksgatan« war und »die Familie anschließend nach Polen reiste«. Im Gepäck hatte sie eine Kopie des Bildes, ein Geschenk der Malerin.

Am Ende der großen Sommer-Ausstellung 1885 in Helsinki

wurde kein einziges Bild der einundzwanzig teilnehmenden Malerinnen vom finnischen Senat angekauft, keine erhielt eine Goldmedaille und nur eine Frau eine »Ehrenvolle Erwähnung«, Maria Wiik. Wieder einmal war es Maria Wiik, die ihr vorgezogen wurde. Aber das hat ihre Freundschaft nicht beschädigt. Es war auch völlig nebensächlich, verglichen mit den Schrecken des Jahres 1885, die Helene Schjerfbeck durchleben musste. Sie betrafen ihr privates Leben mindestens so sehr wie ihre Kunst.

Ob der Brief im Frühjahr 1885 in Helsinki ankam oder erst im Herbst? Ob er in Frankreich aufgegeben wurde oder in London? Es bleiben nicht die einzigen Fragen, auf die es wieder keine Antworten gibt. Es war wohl eher in der zweiten Hälfte des Jahres, als Helene Schjerfbeck einen Brief ihres Verlobten öffnete, der ihr das Herz zerriss und ihre Lebensplanung brutal durchkreuzte. Der fünfunddreißig Jahre alte englische Maler, mit dem sie sich in Pont-Aven verlobt hatte, löste schriftlich die Verlobung auf. Wegen der Krankheiten in ihrer Familie könne er mit ihr keine Familie gründen. Er bezog sich auf die tödliche Tuberkulose ihres Vaters und auf ihren Hüftschaden, den er ebenfalls als tuberkulös einstufte.

Für Helene Schjerfbeck muss der Boden unter ihren Füßen gewankt haben. Der Brief zerstört alles, worauf sie seit Pont-Aven gebaut hatte: ein Leben mit einem geliebten Menschen an ihrer Seite; die Erlösung aus ihren unerquicklichen Familienbeziehungen in Helsinki und eine Zukunft als verheiratete Malerin in Frankreich oder England, wo die Kunst einen anderen Stellenwert, eine andere Tradition hatte als in Finnland. Mit ihrer Verlobung hatten sich für Helene Liebe und Emanzipation aufs Schönste verbunden. Und nun dieser Brief. Was für eine Demütigung für ihre eigene Person und ihre Gefühle, aber auch vor den Menschen in ihrer Umgebung.

Sie musste ihre Mutter und ihren Bruder über das Ende der Verlobung informieren, die Verwandten auf Sjundby und die engeren Malschwestern. Mit ihrem Schmerz jedoch war sie ganz allein. Wie hätte sie der Mutter, von der sie sich nie angenommen fühlte, ihr Herz ausschütten können? Wie abhängig und unfrei sie war, muss ihr nach diesem Brief doppelt bewusst geworden sein.

Sie gab allen in ihrer Umgebung zu verstehen, dass sie über den Bruch der Verlobung nur das Nötigste sagen und den Namen dieses treulosen Menschen nicht mehr nennen oder hören wollte. (Jahrzehnte später wird sie alle Freunde und Verwandten bitten, die Briefe von ihr zu vernichten, in denen sein Name stand. Die Verwischung aller Spuren funktionierte. Allen Spekulationen über den Namen ihres Verlobten mangelt es an konkreten Unterlagen.) Helene Schjerfbeck hatte sich in einem Menschen getäuscht. Doch ihr inneres Kraftreservoir bleibt davon unberührt. Sie hatte in den letzten Jahren erfahren, dass sie ihr Leben in Paris wie auf dem Land in Frankreich bestens organisieren und sich als Malerin auf ihren künstlerischen Kompass verlassen konnte. Sie ist entschlossen, weiter diszipliniert für ihre Leidenschaft zu arbeiten und ihr Leben in die eigene Hand zu nehmen.

Diesmal konnten sich Helene und Maria in ihrem Kummer austauschen. Auch bei Maria Wiik haben sich Heiratspläne zerschlagen. Vielleicht für sie ein zusätzliches Motiv, im März 1886 Finnland den Rücken zu kehren und mit ihrer Schwester Anna nach Paris zu fahren. Die Finanzierung ist kein Problem. Maria Wiiks Malerei gefällt dem Publikum in Finnland. Ihre Kinderbilder sind gefragt, es gibt viele Porträtaufträge.

Auch Helene Schjerfbeck malt Kinderbilder. Im Sommer 1886 werden wieder zwei von ihr für die Lotterie des Kunstvereins angenommen und erfolgreich für dreihundert Mark verlost. Aber das sind Einzelfälle. Die junge Malerin geht Aufträgen aus dem Weg. Sie entscheidet, was sie malt, und dann sollen Kunstkenner aus Überzeugung ihre Bilder kaufen. Dieses Ideal hat seinen Preis: Helene Schjerfbeck fehlt es an Geld; sie kann nicht mit den Wiik-Schwestern nach Paris fahren. Für sie wird es ein bitterer Abschied gewesen sein.

Im Sommer wird das Herrenhaus in Sjundby wieder zur geliebten zweiten Heimat. Sie streift durch die Ställe und findet neue Motive für ihren realistischen Malstil. Es gilt, die Zeit zu überbrücken, bis die Männer des Kunstvereins ihr neues Historienbild – »Der Tod des Wilhelm von Schwerin« –, das sie für die traditionelle Herbst-Ausstellung einreicht, begutachtet haben. Helene Schjerfbeck hatte sich ein weiteres Mal für ein Motiv vom Beginn des 19. Jahrhunderts entschieden, als Finnland an der Seite Schwedens gegen Russland kämpfte – und dann zu den Verlierern zählte.

Und wieder geht ihre Strategie auf: »Der Tod des Wilhelm von Schwerin« bringt ihr 1886 den zweiten Staatspreis. Ein ungewöhnlicher Erfolg, denn es ist das erste Mal, dass eine Frau zweimal diesen gewichtigen Preis erhält. Der Kunstkritiker von *Helsingfors Dagblad* moniert zwar, dass wieder einmal die »edle und erhabene Stimmung« fehlt, gesteht aber zu, dass »die Komposition bemerkenswert gut« sei. Das ist keine Kleinigkeit, denn in diesem Bild sind neben dem Toten, der auf einem kargen Bett liegt, sechs weitere Menschen verteilt. Aber Helene Schjerfbeck gelingt es, Zeit und Welt auszublenden. Sie präsentiert nicht das Drama eines heroischen Sterbens, sondern die Konfrontation der Lebenden in dieser Totenkammer mit einem Menschen, der längst in seinem ganz eigenen Reich ist.

Der anonyme Schreiber der *Finnischen Zeitung* allerdings geht in seiner Kritik bei aller Anerkennung der künstlerischen Darstellung zum Generalangriff über: »Für unseren Teil – auch wenn wir ein Freund der Gleichstellung von Frau und Mann sind – glauben wir doch nicht an einen weiblichen Schlachtenmaler. Sie müsste sich hinaus in den Krieg begeben – nicht um ihrem Nächsten das Leben zu nehmen –, sondern als Barmherzigkeitsschwester oder Ähnliches. Zu ihren Gunsten bezweifeln wir aber, dass sie dann noch die Kaltblütigkeit besäße, zuverlässige Studien zu treiben.«

Eine seltsame Logik, aber Helene Schjerfbeck kann sie beiseiteschieben. Die achthundert Mark, die mit dem zweiten Preis verbunden waren, reichen für die ersehnte Reise. Noch im Herbst 1886 geht es nach Paris. Helene Schjerfbeck wird von Lina und Walter Runeberg erneut als willkommener Gast aufgenommen. Zwei schreckliche Jahre liegen hinter ihr. Was für ein wunderbares Gefühl, als die Pferdedroschke vom Gare du Nord in Richtung Rue Constantinople fährt.

Ob sie auf dieser dritten Reise nach Paris einen radikalen Entschluss für ihre zukünftige Malerei gefasst hat? Der grundsätzliche Einwand der *Finnischen Zeitung*, dass eine Frau keine historischen Bilder, keine Todesszenen malen könne, wurde von den Juroren des Kunstvereins nicht geteilt. Und doch offenbarte die Preisvergabe 1886: Auf dem Weg nach oben gab es bei diesem hochangesehenen Genre für eine Frau eine gläserne Decke – sie durfte die Zweitbeste sein, sogar zweimal. Der erste Preis in der Historienmalerei blieb den Männern vorbehalten – 1886 war es Albert Edelfelt.

Der Preis von 1886 – ebenso wie die vorangegangenen Preise und Stipendien – sollte sie ermuntern, weiterhin ihr Bestes zu geben. Sie hatte ihre Förderer unter Finnlands Kunstmächtigen. Die Wahrheit jedoch war, dass sie in der Historienmalerie immer die Nummer zwei bleiben würde. Auch wenn unübersehbar war, wie meisterhaft und originell sie diese großen Stoffe auf die Leinwand brachte. Worte hat die junge Malerin über diese Einsicht nicht verloren. Aber sie handelte, denn sie wollte kein Opfer sein. »Der Tod des Wilhelm von Schwerin« war das letzte Historienbild, das Helene Schjerfbeck je gemalt hat.

15. Kapitel

Aufatmen beim Zwischenstopp in Paris

Winter 1886 bis Frühjahr 1887

Kaum angekommen, ging Helene Schjerfbeck in Paris auf vertrauten Wegen. Einer führte sie zum Louvre. Die Kopie eines Gemäldes von Hans Holbein, der für sie zu den größten Meistern und Vorbildern zählte, hatte sie sich vorgenommen. Sie entschied sich für »Sir Richard Southwell«, der heute zur Sammlung des Ateneums, der Finnischen Nationalgalerie, gehört. Mit einer weiteren Kopierarbeit sollte das Jahr 1886 für Helene Schjerfbeck in Paris ausklingen, die allerdings war ungewöhnlich und bedeutete eine außerordentliche Anerkennung.

In der finnischen Künstlerkolonie an der Seine hatte sich schnell herumgesprochen, dass die junge eigensinnige Künstlerin zurück war. Auch diesmal traf Helene bei Runebergs nordische Künstler und Künstlerinnen in fröhlicher Runde. Albert Edelfelt kam weiterhin gern in die Rue Constantinople. Das Jahr 1886 hatte ihm seinen bisher größten Erfolg gebracht: Edelfelts Porträt des französischen Wissenschaftlers Louis Pasteur im Salon de Paris begeisterte nicht nur die französischen Kunstkritiker. Die französische Regierung erwarb das Porträt, um es im Musée de Luxembourg aufzuhängen. Mit dem Kauf verbunden war der Auftrag, eine Kopie des Porträts für Louis Pasteur anzufertigen.

Albert Edelfelt schätzte Helene Schjerfbeck, die er bei ihrem ersten Paris-Aufenthalt im Herbst 1880 schon bei Runebergs getroffen hatte. So ehrenvoll der Kauf des Pasteur-Porträts für Edelfelt war, er war mit anderen lukrativen Malaufträgen eingedeckt. Er wollte so wenig Zeit wie möglich für eine Kopie verwenden, auch wenn die zweifellos meisterhaft sein musste. Vor Weihnachten 1886 ging Helene Schjerfbeck täglich zu Edelfelts Atelier in der Avenue de Villiers. Der berühmte Kollege hatte sie gebeten, den Hintergrund und Teile der Pasteur-Kopie zu malen. Offensichtlich traute er unter den jüngeren finnischen Malern nur Helene Schjerfbeck zu, auf gleichem Niveau wie er zu malen. Die Arbeit an der Kopie ging bis in den Januar 1887. In Edelfelts Atelier herrrschten maximal vierzehn Grad. Helene Schjerfbeck beklagte sich nicht, tat ihre Arbeit – und wurde gut bezahlt. Das hat sie später einem vertrauten Freund berichtet.

Unter ihren Pariser Malfreundinnen dagegen ging bald das Gerücht um, Edelfelt habe Helenes Arbeit mit einer Schachtel Pralinen abgefunden. Ob der Neid solche Einflüsterungen hervorrief? Albert Edelfelt jedenfalls, der als Maler der angesehenen Pasteur-Kopie galt, hat diesem Bild das Siegel seiner Unterschrift verweigert. Schien es ihm nicht fair, sich mit einer künstlerischen Qualität zu schmücken, an der Helene Schjerfbeck ihren gewichtigen – wenn auch ungenannten – Anteil hatte?

Lina Runeberg hatte von ihrer alten Freundin Olga Schjerfbeck erfahren, dass Helenes Verlobung aufgekündigt worden war. Die junge Frau nahm ihren Gastgebern das Versprechen ab, dieses Ereignis mit keinem Wort mehr zu erwähnen und keine Fragen zu stellen. So geschah es, obwohl das Ehepaar Runeberg zu den Menschen zählte, die – im Frühling 1884 – Helene zusammen mit ihrem Verlobten erlebt hatten. »Tante Lina« schätzte Helene sehr – als Mensch und als Künstlerin. Weil die junge Frau sich hier angenommen fühlte, ist nachvollziehbar, was Lina Runeberg über Helene am 1. Januar 1887 an Olga Schjerfbeck schreibt: »Es scheint mir, dass Elli wieder auflebt, sie sieht wieder gut und fröhlich aus.« »Elli« durften sie nur sehr vertraute Menschen nennen.

Dieser Brief gehört zu den wenigen, die nicht vernichtet wurden. Es ist ein optimistischer Brief, und er soll der Mutter signalisieren, dass ihre Tochter auf dem besten Weg ist, Bitterkeit und Verzweiflung hinter sich zu lassen. Lina Runeberg wünscht sich, dass ihre Freundin in Helsinki sehen könnte, »wie gleichsam ein frischer Wind einen Teil der Schwermut fortgeweht hat, die über ihrem jungen Gesicht lag, und sie so traurig aussehen ließ«. Die Gastgeberin hat den Eindruck, dass Helene sich »zu einer gewissen Gelassenheit durchgekämpft« habe. Und fügt bewundernd hinzu: »Was das eine Natur kostet, die so starke und tiefe Gefühle hat, das weiß niemand außer ihr selbst.«

Dem Brief liegt eine Botschaft zugrunde, die man als versteckte Kritik an Olga Schjerfbeck lesen kann: Die Freundin möge erkennen, was für ein wertvoller Mensch ihre Tochter ist. Lina Runeberg jedenfalls ist davon überzeugt und möchte auch die Mutter für diese Einsicht gewinnen: »Ich kann gar nicht sagen, was für eine hohe Meinung ich von Elli habe. Sie ist ein ganz außergewöhnliches Mädchen ... ich kann mir nicht vorstellen, dass ein so ausgestattetes Geschöpf nicht auf diese oder jene Weise eine gute Zukunft haben soll; mit solchem Talent, mit solcher Zielstrebigkeit in ihrer Arbeit.« Diese Zeilen sind offensichtlich ein Echo auf Briefe aus Helsinki, in denen Olga Schjerfbeck von ihrem Misstrauen in die Fähigkeiten ihrer Tochter geschrieben hat. Lina Runeberg dagegen spricht mit einer Hochachtung und Wärme von Helenes Charakter und ihrem Talent als Künstlerin, wie die Tochter es sich von der Mutter gewünscht hätte.

Briefe an Maria Wiik aus dem Frühjahr 1887 verraten, wie richtig Lina Runeberg die Psyche ihres Gastes gedeutet hat. Helene Schjerfbeck genießt Paris im Frühling. Mit dem neuen Jahr, 1887, nimmt sie sich ein eigenes Zimmer. Sie hat regen Kontakt mit Malerinnen aus skandinavischen und anderen europäischen Ländern. Sie freundet sich mit der vier Jahre älteren Edith Somerville aus dem irischen Cork an, die in Paris Kunst studiert. Edith, die später mit ihren Büchern und Illustrationen in Irland sehr populär wird, lädt Helene nach Cork ein. Doch aus dem Besuch wird nichts. Auch die zwei Jahre jüngere Hanna Hirsch aus Stockholm lernt Helene Schjerfbeck im Kreis der nordischen Malerinnen näher kennen. Die Dreiundzwanzigjährige, die unter ihrem Ehenamen Pauli als Malerin Karriere macht, hat viele männliche Verehrer und ihre Malschwestern beeindruckt es, wie ungezwungen die junge Frau mit dieser Bewunderung umgeht.

Wie in früheren Zeiten verraten Helene Schjerfbecks Briefe Lebenslust. Sie sind gespickt mit witzigen Bemerkungen und zeigen eine gute Balance zwischen Arbeit und Vergnügen. Bei einem Rundgang im Louvre hat Helene überraschend Verwandte von Maria Wiik getroffen. Man hatte sich einiges zu erzählen, und auf diese Weise erfuhr sie Neuigkeiten von Maria und ihrer Schwester Anna: »Zu meinem Schrecken hörte ich, dass Ihr zugenommen habt, Du musst herkommen und abnehmen.«

Dann erfährt Maria von einem Besuch in der Pariser Oper. Es gab »Roméo und Julia«, doch die Sicht auf die Bühne war Helene Schjerfbeck ziemlich versperrt. Sie nimmt es mit Humor: Es sei kein Verlust gewesen, denn Roméo war alt und dick, und Julia hatte kaum noch Haare auf dem Kopf. Außerdem habe ein schwedisches Mädchen aus ihrer Gesellschaft während der ganzen Vorstellung von ihrem Tanzabend am nächsten Tag erzählt. Zwei der jungen Schwedinnen hatten rote Haare, was die Männer bezauberte. Zwei »kleine französische Herren« wollten die beiden nach der Oper im Wagen mitnehmen und baten auch die anderen hinzu. Aber niemand von den jungen Damen hatte Lust auf einen Ausflug mit ungewissem Ausgang.

Dieser Opernbesuch war im Mai 1887. Helene Schjerfbeck hatte die Abende wieder frei, denn der Winterkurs an der Akademie Colarossi mit den Modellsitzungen, den sie belegt hatte, war beendet. Im Nachhinein hat sie die Treue zu Colarossi bereut. Sie war malerisch längst ein Profi und brauchte diese Übungen nicht mehr. Es wäre sinnvoller gewesen, selbstständig zu arbeiten.

Aus Erfahrung wird man klug. Helene Schjerfbeck war entschlossen, sich neuen künstlerischen Welten und Anregungen auszusetzen. Im Jahr zuvor, 1886, hatten sich ihre österreichische Freundin Marianne Stockes, geborene Preindlsberger, und ihr Mann Adrian in der Künstlerkolonie St. Ives in Cornwall niedergelassen. Nach ihrer gemeinsamen Zeit in Pont-Aven vom Sommer 1883 bis in den Frühling 1884 war der freundschaftliche Kontakt zwischen Helene und Marianne nicht abgerissen. Marianne Preindlsberger, die Helene Schjerfbecks Verlobten und das Liebesglück der beiden aus nächster Nähe erlebt hatte, konnte wie niemand sonst nachempfinden, was das brutale Ende der Verlobung für Helene bedeutete. Jetzt kam aus St. Ives die Einladung, den europäischen Kontinent und belastende Erinnerungen hinter sich zu lassen und im malerischen Küstenstädtchen unter Freunden frei zu leben und zu arbeiten.

Helene Schjerfbeck war entschlossen, die Einladung anzunehmen. Ein wenig Reisegeld besaß sie noch dank des zweiten Staatspreises vom Herbst 1886. Im Mai 1887 fanden zwei Bilder über die Lotterie des Finnischen Kunstvereins je einen Besitzer und zweihundert Mark gingen an die Malerin. Aber für einen längeren Englandaufenthalt reichten Helenes Rücklagen nicht. Im Frühjahr 1887 bewarb sich Helene Schjerfbeck zum zweiten Mal um die opulenteste Förderung des Kunstvereins, das Hovingstipendium. Es war mit dreitausend Mark dotiert. Seit seiner Stiftung 1879 war es nur an männliche Künstler vergeben worden. Unterstützt wurde Helenes Bewerbung in Helsinki von ihrem alten Lehrer an der Zeichenschule, dem Bildhauer Carl Eneas Sjöstrand, und von Alfred von Becker.

So einflussreich die beiden Förderer von Helene Schjerfbeck in Finnlands Kunstszene waren, das Dreitausend-Mark-Stipendium ging auch 1887 wieder an einen Mann. Victor Westerholm war zwei Jahre älter als Helene Schjerfbeck und hatte seine Ausbildung an den Kunstakademien in Düsseldorf und Dresden erhalten. Seine Bilder hielten keinem Vergleich mit Schjerfbecks vielfältiger künstlerischer Produktion stand. Weder fair noch rational war diese Entscheidung, doch jede Diskussion darüber nutzlos. Nicht aufgeben hieß die Parole, und es war ein Mann, der danach handelte, weil er von Helene Schjerfbecks genialem Talent überzeugt war.

Walter Runeberg hatte es mit seiner Bildhauerei zu Wohlstand gebracht und war entschlossen, junge finnische Künstler finanziell zu unterstützen. Als der Kunstverein ihm 1887 für eine Bronzegruppe eintausendfünfhundert Mark zahlte, stellte Walter Runeberg den Betrag als Reisestipendium zur Verfügung. Er schlug drei Künstler als Kandidaten vor, darunter Helene Schjerfbeck. Diesmal kam sie auf den ersten Platz, das Stipendium ging an »Fräulein Schjerfbeck«. Das Ehepaar Runeberg, das die englischen Reisepläne von »Elli« kannte, freute sich sehr.

Im Juli 1887 nahm Helene Schjerfbeck zum dritten Mal Abschied von Paris. Aber diesmal ging es nicht zurück in die finnische Heimat. Es war ein Aufbruch zu neuen Ufern: mit dem Schiff über den Kanal nach England und dann mit dem Zug vom Bahnhof Paddington in London rund vierhundert Kilometer bis nach St. Ives, Fischerstädtchen und Künstlerkolonie am äußersten Rand von Cornwall, nicht weit von Land's End, gelegen.

16. Kapitel

In der Künstler-WG von St. Ives

Juli 1887 bis Mai 1888

Vom Reisegepäck abgesehen, konnte Helene Schjerfbeck die wenigen Minuten vom Bahnhof in St. Ives, der sich an den südlichen Rand der Stadt schmiegt, bis zum Haus von Marianne und Adrian Stockes zu Fuß gehen. Mit ihrem Stock wird die Steigung für sie kein Problem gewesen sein. The Terrace ist die erste Straße oberhalb der Zuggleise, und die Nummer 15 befindet sich gleich am Anfang. Hier wartete auf Helene bei den Freunden ein Quartier mit berauschendem Ausblick.

St. Ives, das sich auf einer schmalen Landzunge in Richtung Norden ausbreitet, ist von drei Seiten vom Wasser umgeben. Alle Häuser entlang The Terrace blicken weit über das Meer und den breiten Porthminster-Strand, der unterhalb des Bahnhofs die östliche Häuserfront des Städtchens bis zum Hafen begleitet. In einem Brief an Maria Wiik schreibt Helene Schjerfbeck knapp zwanzig Jahre später: »Ich erinnere mich, wie ich morgens mein Fenster öffnete und einen azurblauen Himmel sah und das ebenso blaue Meer und vom Strand das Rauschen der Wellen hörte; Monat für Monat das gleiche Blau.« Elf Monate lang würde sie es genießen.

Die Kombination von Licht und Meer rund um St. Ives ist einmalig. Wenn die Sonne aufgeht, bescheint sie das Meer von Osten, und das Licht über den östlichen Stränden oscilliert silbern und rosa von den Mineralien im Sand. Geht die Sonne unter, bescheint sie das Meer von Westen und die Strände am westlichen Rand der Landzunge, wo das Licht nun ebenfalls silbern und rosa flimmert. Ohne dieses Phänomen wäre St. Ives keine Künstlerkolonie geworden. Der Erste, der es entdeckte, war James McNeill Whistler, 1834 in den USA geboren, in Europa aufgewachsen und mit Wohnsitz in London. Als er im Januar 1884 mit zwei Malschülern nach St. Ives kam, hatte er es – nach Studienjahren in Paris und der Bretagne – als Maler zu Ansehen und Erfolg gebracht.

Im Hafen von St. Ives wurde die Kohle für die kornischen Kupfer- und Zinnminen, die seit Jahrhunderten das Land reich machten, angeliefert. Und so transportierte schon 1859 die erste Eisenbahn Kohle bis Penzance. Doch mit Beginn der 1870er Jahre versiegten die Minen. Dafür baute die Great Western Railway 1876 den Personenverkehr Richtung Cornwall aus. 1877 wurde an der Hauptstrecke London–Penzance von St. Erth eine Stichbahn angelegt, die in wenigen Minuten St. Ives erreichte. Das Fischerdorf hoffte auf den »Gesundheitstourismus«. Für wohlhabende Besucher entstand 1878 hoch über dem Bahnhof von St. Ives das Nobelhotel »The Tregenna Castle«.

Aber statt der gutsituierten englischen Bürger kamen die Künstler. Sie brachten internationales Flair und Leben in den kleinen Ort und bevorzugten das weniger teure »Sloop Inn«, ein verschachteltes Cottage, das heute noch an der nördlichen Hafenbiegung liegt, und Touristen auf seiner Terrasse Plätze mit bester Aussicht bietet.

James McNeill Whistler hatte nach seiner Rückkehr 1884 in London fleißig Propaganda unter seinen Künstlerkollegen diesseits und jenseits des Ärmelkanals gemacht. St. Ives zog vor allem Maler an, die schon in der Bretagne die Freiluftmalerei praktizierten. Helene Schjerfbeck, die mehrmals in der Woche eine Abendklasse im Atelier von Adrian Stockes besucht, traf etliche alte Bekannte aus Pont-Aven wieder. Das Klima war ähnlich mild. Die protestantischen Einheimischen trugen zwar keine Tracht und waren gegenüber dem bunten Künstlervolk strenger als die katholischen Franzosen. Aber auch sie ergriffen ihre Chancen, boten die Lofts über den Räumen, wo ihre Segel und Netze lagerten, als Ateliers an und vermieteten Teile ihrer Wohnung als Apartments.

An Samstagen und Sonntagen mussten Staffelei und Palette im Atelier bleiben. Dann galt nach dem protestantischen Verständnis der Einheimischen auch für die Künstler ein striktes Arbeitsverbot. Dafür war Cornwall ein preisgünstiges Pflaster für karge Künstlerkassen. Während Helene Schjerfbeck in Pont-Aven pro Monat rund hundertfünfzig finnische Mark ausgab, brauchte sie in St. Ives nur hundert.

Der Maler Howard Russell Butler, 1856 in New York geboren und in seinem Heimatland ein einflussreicher Künstler, war nach zwei Studienjahren in Paris und der Bretagne Anfang 1887 nach St. Ives gekommen. »Es gibt hier viele Künstler«, schrieb er im Sommer, »zuletzt kam eine junge Frau aus Finnland – sie hat ein wunderbares Talent und ist insgesamt eine äußerst interessante Person, obwohl unglücklicherweise lahm – es gibt auch eine Frau aus Russland – keine von ihnen spricht Englisch, aber beide fließend Französisch.« In der internationalen Gemeinschaft im Haus an The Terrace herrschte ein buntes Sprachengemisch. Die weiße Villa lag in der feinen Oberstadt – *Uplong* –, während in der Unterstadt – *Downlong* – die Fischerfamilien in ihren Häuschen und Katen auf wesentlich engerem Raum wohnten.

Das Ehepaar Stockes liebte Gesellschaft. Außer Helene lebten im Sommer und Winter 1887/88 in ihrem Haus noch zwei befreundete Ehepaare: der schwedische Maler Anders Zorn mit seiner Ehefrau Emma Lamm, aus großbürgerlicher Stockholmer Familie, und der norwegische Maler Bernt Grönvold mit seiner Partnerin Hermine – »Minka« – Hermann, ebenfalls eine Malerin und aus reichem Fabrikantenhaus in Südtirol. Alle Gäste waren unter dreißig, Helene wieder einmal die Jüngste. Man verstand sich bestens, Helene und Minka wurden Freundinnen. Anders Zorn, auf dem Weg, Schwedens berühmtester Maler am Ende des 19. Jahrhunderts zu werden, schätzte Helene Schjerfbeck als Malerin und Mensch sehr; die beiden führten lange Gespräche.

»Hier gibt es tausend Dinge zu malen, unten eine alte Fischerstadt und eine neue Malerstadt oben auf dem Hügel ringsum, ein paar Strände, ein Fischerhafen mit Boten, Heide und braun verbranntes Gras. Cornwall ist das schönste Land, das ich je gesehen habe ...« Es ist ein hellgrauer Sommersonntagmorgen 1887, die anderen Hausbewohner machen einen Spaziergang, als Helene an Maria Wiik schreibt und ihrer Begeisterung, ihrer Lebens- und Arbeitsfreude freien Lauf lässt: »Ich habe eine solche Lust *zu arbeiten, zu arbeiten*, seit ich hierher gekommen bin ... Heute ist das Meer so blau und licht, der Himmel ist blau und alles so weich, dass man nicht sieht, wo der Horizont ist. Die Sonnenuntergänge sind großartig, mit wilden Wolken, und manchmal liegt ein Rosenschimmer über der ganzen Welt.«

Gearbeitet wurde außer Haus. Alle Maler – auch die Stockes – hatten getrennte Ateliers in anderen Ortsteilen. Aber keiner hatte einen so besonderen Malort vorzuweisen wie Helene Schjerfbeck: »Nun kann ich es nicht länger bleiben lassen, von meinem Turm zu erzählen, der mir jeden Tag lieber ist ...« Richmond Place 4 ist die Adresse des Studio-Turms, den sie gemietet hat. Von The Terrace im Süden ging Helene erst Tregenna Hill hinunter, dann weiter nach Norden durch Tregenna Place, wo heute die Touristen an Bäckereien, einem kleinen Supermarkt, Immobilienbüros, Handyläden und Bistros entlangschlendern. Die Touristen biegen am Ende der Straße nach rechts in die High Street und gehen hinunter zum Hafen. Wer Helenes Turm sucht, macht ein paar Schritte nach links bis zur leuchtend weißen Kirche und biegt davor in die ansteigende Straße rechts ein.

Früher war hier alles privates Gelände. Heute führen Treppen mit hölzernen Geländern, die mit schmalen Stechpalmen, dichtem Grün und blühenden Sträuchern überwachsen sind, durch den verwunschenen subtropischen Park Trewyn Gardens steil den Hügel hinauf. Der Besucher kann wählen: Rechts führt der Weg hinunter zum Haus, Atelier und Garten der englischen Bildhauerin Barbara Hepworth, die hier viele Jahre lebte und arbeitete. Im dicht bewachsenen Garten sind ihre eindrucksvollen abstrakten Skulpturen ein Teil der Natur. Eine leichte Linksbiegung führt zur Straße Richmond Place, wo das Auge wieder weit über Stadt und Meer schweifen kann.

Die Suche nach Helenes Turm ist eine Enttäuschung. Das Haus Richmond Place Nummer 4, das mit taubenblauer Front aus der Häuserreihe hervorsticht, wurde in den 1990er Jahren gebaut und dafür »Helenes Turm«, obwohl er rückwärtig im Garten stand, abgerissen. Einen kleinen Ersatz gibt es dennoch. Der Brief an Maria Wiik mit der begeisterten Beschreibung ihres Studio-Turmes hat sich ausnahmsweise erhalten, wohl deshalb, weil Helene Schjerfbeck ihre Schilderung mit Skizzen ausschmückte.

Als Erstes, schreibt sie, würde die Freundin die grüne Tür des Turms mit ihren Vorhängen sehen. Im Inneren folgten zwei Stockwerke: »Eine Treppe hoch liegt ein sehr kleiner Raum mit einem Fenster. Dort habe ich Kohlen und anderes aufbewahrt und kann dort auch Stillleben malen. Dann folgt eine kleine Brandtreppe – wie der Steg in einen Hühnerkäfig – und Du landest mitten in meinem Atelier. Der Kamin ist schwarz, alles andere dort ist weiß.« Das Zimmer war zur Abstellkammer geworden. Helene ließ den Krempel entfernen und kaufte ein paar ältere Möbel, die zur ungewöhnlichen Dekoration passten. Denn das Besondere des oberen Turmzimmers war die verzierte Decke: »In der Mitte befindet sich eine freundliche Sonne im Strahlenkranz, vom Kreis der zwölf Tierzeichen umgeben, Widder, Ochse usw. ... An der Wand über dem Ofen ist ein großes Medaillon mit einer Göttin – ›alles in Gips‹.« Der Blick aus dem Fenster, die weite »Aussicht über die Stadt, den Hafen und das Meer«, krönte das Turmerlebnis.

Die Fünfundzwanzigjährige fühlt sich unbeschwert glücklich in Cornwall, in der familiären Atmosphäre der Wohngemeinschaft bei Stockes akzeptiert und gut aufgehoben. Sie ist voller Vorfreude auf ihre Arbeit. Doch ihr Herz vermisst etwas, und diese Botschaft zieht sich durch alle Briefe aus St. Ives an Maria Wiik, die sich in Helsinki aufhält: »Ich wünschte, Du wärst hier ... Ich vertraue darauf, dass Du im Frühjahr nach Paris kommst. Wie immer fährst Du Anfang März mit dem Abendzug quer durch Europa mit Deinen Bildern unter dem Arm und dann wohnen wir wieder zusammen.« Es folgt ein ironischer Schlenker: »Du hast Deine Seele doch nicht für alle Zeiten an Ada verkauft?« Sie hofft, weiterhin einen eigenen Zugang zu Maria zu haben, und spricht wenige Zeilen später ziemlich direkt an, was ihr Sorgen macht: »Beschreibe mir Dein gemeinsames Atelier mit Ada und alles. Du bist sicher recht glücklich, ein neues belebendes Element und nicht ständig meine Schlappheit an Deiner Seite zu haben.«

Die zurückliegenden Jahre in Finnland haben die Freundschaft zu der neun Jahre älteren Maria Wiik vertieft. Das gemeinsame Atelier in Helsinki, die Malwochen auf dem Land bedeuteten für Helene Schjerfbeck eine Zuflucht vor familiären Spannungen. Ada Thilén, zehn Jahre älter, gehörte seit Helene Schjerfbecks erstem Paris-Aufenthalt zum festen Kreis der finnischen Malschwestern. Die Frauen malten zusammen, mieteten gemeinsam Hotelzimmer und Ateliers – mal in Finnland, mal in der Bretagne oder in Paris, mal mit dieser, mal mit jener Malschwester, wie es die jeweiligen persönlichen Umstände erlaubten. Und die Freundschaften haben darunter nicht gelitten. Aber selbst in den guten Zeiten von St. Ives war Helene Schjerfbeck nicht frei von Selbstzweifeln: Ob sie die Freundschaft zu Maria Wiik während der gemeinsamen Zeit in Finnland mit ihren eigenen Kümmernissen zu sehr belastet hatte? War Ada Thilén vielleicht eine emotionale Konkurrenz?

Helene Schjerfbeck wagt auszusprechen, was ihr – trotz allem Glück in St. Ives – fehlt, wonach sie sich sehnt. Dass sie ihre Wünsche für weitere gemeinsame Arbeit mit Maria und menschliche Nähe in Worte fasst, zeigt, wie viel ihr die persönlichen Beziehungen im Kreis der Malschwestern bedeuten. Helene braucht das sichere Gefühl, dass sie für zwei, drei Menschen sehr wichtig ist. Die Antwort aus Helsinki kennen wir nicht. Aber die Fakten der folgenden Jahre sind eindeutig: Maria Wiik wie Ada Thilén bleiben Helene Schjerfbeck lebenslang verbunden. Sie haben sich viele

Male gesehen, und viele Briefe sind zwischen ihnen hin und her gegangen.

Der lange Brief vom Sonntagmorgen weitet sich am Dienstag fast »zu einem Tagebuch« aus. Helene erzählt freudig, dass sie in St. Ives ein »vortreffliches Modell« gefunden habe, »ein altes Mütterchen, zart und das Gesicht von viel Geschichte gezeichnet«. Einen weiteren Vorteil habe dieses Modell, fährt sie fort, »wenn ich sie zu Tode male, wie es mir oft passiert, dann hat sie eine Zwillingsschwester, die genauso aussieht. Sie sind 73 Jahre alt, und ich habe Lust, sie zusammen zu malen«.

Das »Tagebuch« ist immer noch nicht zu Ende, unerschöpflich Helenes Begeisterung über ihre Entdeckungen; vielleicht auch ihre Hoffnung, die Freundin mit den farbigen Schilderungen von St. Ives zu locken. Sogar ein getrenntes Blatt wird dem Brief noch angefügt: »Du solltest abends die Fischerboote sehen, wenn sie im Mondschein zurückkommen. Jede Menge Laternen, das Meer sieht aus wie die Champs-Élysées, dicht an dicht fahren sie in den Hafen ein ... Am Strand sind viele hundert Menschen, die meisten Fischer in roter und brauner Ölkleidung. Sie sammeln sich um die Bootsleuchten und holen die Fische aus den Netzen, die Gesichter rot im Licht der Laternen und die Rücken hellblau vom Mondlicht. Hier und da hebt sich ein weißes Fischerboot rotbeleuchtet gegen das Meer ab. Schade, dass man das nicht malen kann, aber es ist unmöglich.« Unterzeichnet hat Helene Schjerfbeck mit »Deine Lena«, diesen Kosename hatte Maria Wiik ihr gegeben.

Das Hafenbecken von St. Ives ist eine natürliche flache Bucht; bei Flut steigt das Meer bis an die Kaimauer. Zu Zeiten von Helene Schjerfbeck wurde der Zugang zum Meer linker Hand vom langen Smeaton's Pier eingeschränkt, wo innen die Segelboote der Fischer vor den Stürmen in Sicherheit waren. Ein achteckiger stämmiger Leuchtturm zeigte das Pierende an. Heute leuchtet er blau im Dunkeln. Die kurze Pier an der südlichen Seite der Bucht entstand erst 1894.

Heute zieht sich längs der Kaimauer die breite Wharf Road entlang, von Geschäften, Lokalen und Touristen belebt; Souvenirläden halten sich diskret im Hintergrund. Bis zum Ende des 19. Jahrhunderts gab es im Hafen weder Straße noch Geschäfte, die Fischerhäuschen drängten sich bis an den Kai. Für Helene Schjerfbeck war das gleichtönige Geräusch der Brandung überall in St. Ives gegenwärtig. Heute schallt Musik aus den Geschäften, der Lärm der Bauarbeiten und städtischen Busse übertönt das Meeresrauschen.

Von Rückkehr ist noch keine Rede, als Helene Schjerfbeck im Januar 1888 Maria Wiik – »Ma« – und ihren Schwestern ein gutes Neues Jahr wünscht und aus Helsinki gern ein wenig gesellschaftlichen Klatsch erführe. Am 19. Januar 1888 war Albert Edelfelt endlich eine standesgemäße Ehe eingegangen – mit Ellan de la Chapelle aus feinster schwedisch-finnischer Familie. Helene wusste, dass Maria Wiik zur Feier eingeladen war: »Schreibe und erzähle mir, welches Kleid Du an Edelfelts Hochzeit getragen hast, das aus rosarotem Tüll oder das aus himmelblauem Atlas. Und mit wem hast Du die erste Française getanzt?« Maria Wiik konnte berichten, dass das frisch vermählte Paar noch vor Monatsende nach Paris gereist war. Es zog in die Wohnung des schwedischen Arztes Axel Munthe, der arme wie hochadlige Patienten behandelte und später als Schriftsteller internationalen Ruhm errang.

Im selben Brief erzählt Helene von einem »englischen Professor«, dessen »Name ist Magen-Magen oder so ähnlich«. Wahrscheinlich hat sie ihn bei einer Gesellschaft ihrer Gastgeber Marianne und Adrian Stockes getroffen. Der Professor führte sie in seine Kirche. Die junge Frau war aus ihrer finnischen Heimat einen geordneten lutherischen Gottesdienst gewöhnt. Helene Schjerfbeck hielt vom christlichen Glauben viel und von der Kirche als Institution sehr wenig. Was sie in der freikirchlichen Gemeinde von St. Ives erlebte, schockiert sie: »In der Kirche war es heiß, die Menschen schwitzten und stöhnten Amen. Und ich schwor mir, das war das letzte Mal. Niemals werde ich Pietistin.«

Um die Mitte des 18. Jahrhunderts bekannten sich rund 120 Menschen in St. Ives zur Freikirche der Methodisten, die in der Tradition der Pietisten und Herrnhuter Brüdergemeine auf persönliche Bekehrung und ein starkes soziales Engagement setzt. Damals waren sie eine winzige Minderheit gegenüber der mächtigen anglikanischen Staatskirche. Als Helene Schjerfbeck 1887 nach St. Ives kam, standen dort sechs methodistische Kirchen und Kapellen, die von der Mehrheit der Bewohner fleißig besucht wurden. Und so ist es heute noch.

Im Mai 1888 kam der Abschied. Die Wohngemeinschaft im Haus Stockes löste sich nach zehn anregenden Monaten auf. Bernt Grönvold und Minka Hermann wollten norwegische Fjorde zeichnen. Anders Zorn und seine Frau Emma fuhren zurück nach Paris, ebenso Helene Schjerfbeck.

Wieder hatte Helene Schjerfbeck neue Bilder im Gepäck. Sie waren in St. Ives entstanden und nahmen radikale Ansätze aus der Zeit in Pont-Aven auf. Zugleich deuteten sich in ihrer Malerei weitere Umbrüche und neue Entwicklungen an.

17. Kapitel

Mit neuen Bildern zurück in Paris – Weiter nach Finnland

1888 bis 1889

Als Helene Schjerfbeck im Frühjahr 1888 wieder in Paris ist, noch keine sechsundzwanzig Jahre alt, liegen acht Jahre hinter ihr, in denen sie als Malerin im Licht der Öffentlichkeit und damit der Kritik gestanden hat. Für die junge Frau war es ein bewegtes Auf und Ab: der glänzende Anfang im Frühjahr 1880 mit dem Historienbild der »Verwundete Krieger im Schnee«, die bitteren Kritiken an ihrem realistischen Malstil 1885. Dazwischen die ermutigenden Reisestipendien und zweimal der zweite Staatspreis für ihre Historienbilder. Das hatte noch keine Künstlerin geschafft.

Bemerkenswert ist, wie Helene Schjerfbeck in diesem Wechselbad von Erfolg und verweigerter Anerkennung unbeirrt einer selbstgesteckten Linie folgt. Wie markant und gradlinig diese Linie ist, zeichnet sich in vollem Umfang erst in der Rückschau auf ihr Leben ab. In ihrer Vorstellung vom Wesen der Kunst und ihrer Lust am Experimentieren lässt sie sich auf keine Kompromisse ein. Parallel dazu ziehen sich von Anfang an strategisches Denken und Ehrgeiz wie ein roter Faden durch ihr künstlerisches Auftreten. Sie will sich in der Welt der Malerei behaupten und dort einen ersten Platz erkämpfen.

Im Licht von St. Ives tauchen auf Helene Schjerfbecks Palette bisher vermiedene Farben auf. Ging sie von ihrem Turm in der Richmond Palace 4 die Straße hinauf, war Helene fast auf dem Hügelkamm und blickte in nordwestliche Richtung über die Dächer von St. Ives bis ans Ende der Landzunge, die vom offenen Meer umspült wird. Diesen »Blick auf St. Ives« hat Helene Schjerfbeck 1887 auf die Leinwand gebracht. Im Vordergrund sitzen auf einer großen Wiese zwei Jungen im Halbprofil nebeneinander und schauen auf das Meer in Richtung Westen.

Hellbraun ist die Wiese, hellbraun auch die Landzunge mit weißen Flecken. In hellgrauen Schattierungen sind die Dächer des Städtchens gemalt, darunter zeigt sich ein Stückchen gelber Strand. Über die Breite des Bildes ziehen sich das hellblaue Meer und darüber ein wolkigweißer zartblauer Himmel. Keines der Bilder, die Helene Schjerfbeck zuvor malte, ist auch nur annähernd so sehr von hellen Farben und Licht geprägt. Kein Hauch von Armut zieht durch dieses Bild, sondern eine Leichtigkeit des Seins. Signiert hat die Malerin das für sie eher kleine Format – 33 × 42 Zentimeter – mit »H. Scherfbeck«. Sie war es wohl leid, immer wieder ihren Namen buchstabieren zu müssen, und hoffte, dass mit dieser Anpassung an die Aussprache ihre Chancen auf dem internationalen Kunstmarkt stiegen.

Ein sehr unterschiedliches Motiv hat sich Helene für ihr Bild »Die Bäckerei« gewählt, mitten im Getümmel der Unterstadt von St. Ives. In der dicht bebauten Forestreet, die vom Market Place parallel zum Hafen verläuft, muss man heute noch bei manchen Läden den Kopf einziehen, wenn man über die Schwelle tritt und ein paar Steinstufen hinunter in die bunten Einkaufshöhlen geht, in denen früher Fischerfamilien wohnte. Die Adresse von Helenes »Bäckerei« ist unbekannt, aber ihr suggestives Bild lässt auf eine dieser Wohnhöhlen schließen.

Es spricht für Helene Schjerfbecks diplomatisches Geschick, dass die Bäckerfamilie ihrer Bitte entsprach und sie für ein paar Münzen am Eingang zur Backstube ihre Staffelei aufstellen durfte. Ihr Bild gleicht einem Stillleben mit Broten und Waage; nichts erinnert an den Trubel, der innerhalb der knapp zwanzig Quadratmeter großen Stube herrschte, während sie malte. Menschen liefen hin und her; der Teig wurde Laib für Laib in der Waage mitten im Raum abgewogen; die Brote wurden mit langem hölzernem

Schieber in den Ofen geschoben: Das Feuer musste ständig mit Holz gefüttert werden. Und dazwischen holten sich Kunden die hellbraunen runden Laibe, die auf dem langen Tisch an der rechten Wand ausdünsteten.

Bei Helene Schjerfbeck steht das Brot im Mittelpunkt. Man spürt seinen Duft, die krosse Kruste, die Wärme der Backstube. Nichts lenkt von diesen Broten ab, die Wände sind kahl. In seiner konzentrierten Einfachheit schließt die »Bäckerei« an das malerische Experiment der »Tür« in der Chapelle de Trémolo in Pont-Aven an. Wie bei der »Tür« sind es allein die Farbflächen, mit denen Helene Schjerfbeck Tiefe und Perspektive schafft. In der »Bäckerei« sind sie weicher aufgetragen und weniger scharf gegeneinandergesetzt. Aber sie erzielt dieselbe Wirkung, obwohl die räumliche Situation wesentlich schwieriger ist als in der Kirche. »Die Bäckerei« gibt sie – wie »Die Tür« und »Der Schatten an der Wand« – erst knapp dreißig Jahre später erstmals für eine Ausstellung frei.

Noch während ihrer Zeit in St. Ives fasst die Fünfundzwanzigjährige einen ehrgeizigen Plan. Die internationale Öffentlichkeit soll sehen, dass der Aufenthalt in der Künstlerkolonie von Cornwall sie wieder ein Stück weiter gebracht hatte. In St. Ives setzt die junge Malerin den letzten Pinselstrich an ein Bild, mit dem sie im Frühjahr 1888 zum dritten Mal erfolgreich in den Pariser Salon aufgenommen wird. Sein dortiger Titel »Das erste Grün« wurde zum Jahresende, als das Bild in Helsinki in einer Ausstellung hing, in »Die Genesende« umgewandelt. Es ist wohl Helene Schjerfbecks populärstes Bild.

Ein kleines Mädchen mit strubbeligem Haar, geröteten Wangen – vielleicht noch vom Fieber – und wasserblauen Augen sitzt, im Rücken ein dickes Kissen und in eine lange Decke gehüllt, in einem wuchtigen Korbsessel vor einem Tisch. Darauf steht ein weiß-blauer Becher, den es umfasst und dabei mit der rechten Hand einen zarten Stängel hält, aus dem einige grüne Blätter, teils noch als Knospen, hervorsprießen. Der intensive, staunend-versunkene Blick des Mädchens gilt allein diesem »ersten Grün«. Man kann es kaum glauben, dass der Lehrer in St. Ives froh war, wenn die Kleine bei der jungen Malerin Modell saß. Das Mädchen wirbelte in der Schule mit seiner Frechheit den Unterricht durcheinander.

Helene Schjerfbeck hat für »Die Genesende« ein großes Format von 92×107 Zentimetern gewählt. Helle gelbbraune Farbtöne prägen den Hintergrund, während die breite Fläche des weißen Kissens und die weißgraue Decke den farblichen Mittelpunkt des Bildes ausmachen. Auf den ersten Blick ist die Szene realistisch dargestellt. Doch in diesem Bild steckt ein Gespür für innere Stimmungen, das neu ist.

Auf dem Bild »Ein Junge füttert seine kleine Schwester«, 1882 in der Bretagne gemalt, herrscht zwischen den Geschwistern eine anrührende Zuneigung. Diese stumme Zwiesprache ist malerisch klar und offen ausgedrückt. Die dunklen Farben sind großflächig und sauber getrennt aufgetragen. Wer das Bild betrachtet, kommt nicht auf die Idee, dass noch anderes, Unausgesprochenes mitschwingt.

Das Bild »Die Genesende« will keine Klarheit vermitteln, darin liegt seine Faszination. Helene Schjerfbeck schafft es, mit ihrer Malerei eine Stimmung von Weichheit zu kreieren, die durch das ganze Bild zieht. Die gewollte Unschärfe suggeriert, dass hinter dem Sichtbaren, hinter dem realistisch erfassten Kind in seinem Sessel, etwas nicht Fassbares steckt. Das Bild fordert unterschiedliche Deutungen geradezu heraus.

Genau genommen wird das Bild, das die Malerin begonnen hat, von denjenigen, die es betrachten, vollendet. Helene Schjerfbeck bezieht ein Gegenüber außerhalb des Bildes ausdrücklich mit ein. Sie lässt die Geschichte, die sie malt, offen. Nach ihrem Verständnis tötet Perfektion die Kunst. Mit dem Bild »Die Genesende« ist ihr ein deutlicher Schritt in diese Richtung gelungen.

Als Helene Schjerfbeck im Frühjahr 1888 nach Paris kommt, weiß sie, dass dieser Aufenthalt nur eine Zwischenstation auf dem Weg nach Finnland ist. Wie viele Male zuvor geht sie in den Louvre, um bei den alten Meistern neue Anstöße zu bekommen. Und sie macht eine Entdeckung, die für ihre weitere Malerei wegweisend ist: Es sind die sogenannten »Tornabuoni-Fresken«, von Sandro Botticelli ungefähr um 1485 mit Szenen aus der griechischen Mythologie an die Wände der Villa Lemmi bei Florenz gemalt. Helene Schjerfbeck fühlt sich »wie magisch« von den zwei Renaissance-Wandmalereien angezogen. Sie kopierte den Kopf eines Mannes. Den matten kreideähnlichen Eindruck der Fresken wird sie nie mehr vergessen.

Als Helene im Sommer 1888 in Helsinki ankommt, geht es zur Mutter und zu Bruder Magnus, die in der Zwischenzeit mitsamt den Pensionsgästen umgezogen sind. Sozusagen um die Ecke, zurück in die Georgsgatan 31 (finnisch: Yrjönkatu), wo Helene geboren wurde. Der achtundzwanzigjährige Magnus Schjerfbeck ist Architekt im staatlichen Bauamt, hat eine Kunstreise nach Italien hinter sich, und seine Aquarelle wurden im Kunstverein ausgestellt. Zudem entwirft er für private Bauherren opulente Herrenhäuser. Ein junger Mann auf dem Weg nach oben.

Lange blieb Helene nicht in der Hauptstadt. Sjundby stand wieder auf dem Sommerprogramm, mit der Großmutter, dem Patenonkel, Kusine Esther, von der sie erneut ein Bild malt. Zurück in Helsinki, erwartete sie im Herbst ein gemeinsames Atelier mit Maria Wiik, diesmal im schönen Stadtteil Kaivopuisto (schwedisch: Brunnsparken) mit seinem gleichnamigen Park. Das kleine, feine Kurzentrum auf der südlichen Halbinsel mit Badehäusern, vornehmen Hotels und Apartments war seit 1836 ein beliebtes Ziel russischer Touristen. Außerhalb der Saison wurden die Räume im Kurzentrum günstig an Künstler vermietet, mit Blick über das Meer und die Festung Sveaborg (finnisch: Suomenlinna). Das Kurzentrum wurde 1944 bei einem Luftangriff in Schutt und Asche gebombt.

Als am 10. Oktober 1888 in Helsinki die jährliche Herbst-Ausstellung des Kunstvereins begann, war Helene Schjerfbeck mit fünf Bildern vertreten. Für sie war es eine Premiere im Ateneum. 1887 war das erste nationale Museum Finnlands, ein großzügiger Bau des Star-Architekten Carl Theodor Höijer im Stil der Neo-Renaissance, endlich fertig geworden. Seitdem einige Male erweitert und restauriert, ist das Ateneum bis heute ein Prunkstück Helsinkis, gefüllt mit nordischer Kunst und zur Heimat für eine Mehrheit von Helene Schjerfbecks Bildern geworden. Es liegt unübersehbar linker Hand gegenüber vom Bahnhofsvorplatz.

Die Kommission des Kunstvereins hatte 1888 alle eingereichten Schjerfbeck-Bilder akzeptiert, darunter auch »Die Genesende«. Vom Pariser Frühjahrs-Salon hatte der Korrespondent von *Hufvudstadbladet* im Mai über »Die Genesende« gemeldet, es gebe »ein tüchtiges Interieur von der finnischen Malerin Fräulein Schjerfbeck ...« Im Herbst war die *Finnische Zeitung* dezidiert anderer Meinung: »Dieses Werk ist den Finnen fremd! Es geht nicht um den Gegenstand des Bildes, nur darum, wie es gemalt ist.« Da ist er wieder, der pauschale Vorwurf an Helene Schjerfbeck, dass sie nur auf die Kunst an sich setzt, statt mit patriotischen Themen die nationale Identität Finnlands zu stärken.

Von solchen engstirnigen Einwänden ließ sich Albert Edelfelt nicht beirren. Er nannte in einem Brief »Die Genesende« ein »richtig gutes Bild«. Und eine weitere Stimme warb in diesem Herbst 1888 mit großem Einfühlungsvermögen um Verständnis für Helene Schjerfbecks Kunst und Können. Der Maler Gunnar Berndtson, aus derselben Generation junger Künstler wie Helene, der am liebsten elegante Interieurs und schöne Frauen in technisch makellosem Stil malte, scheute sich nicht, der Öffentlichkeit mit einem Beitrag in *Finsk Tidskrift* ins Gewissen zu reden:

»Fräulein Schjerfbeck ist nicht nach dem Geschmack des Publikums, auch erfährt sie nicht den Erfolg, den sie als Malerin verdient hätte. Die Stoffe ihrer Bilder sind nicht angenehm, sie bringt ganz im Gegenteil die weniger liebliche Seite der Natur ins Bild. Doch sowohl die Technik als auch die Farbe gerade der am wenigsten ansprechenden Dinge sind bei ihr so charakteristisch und gut, dass man daran nicht vorbeigehen kann.« Der Kunstkritiker erinnert daran, wie begeistert das Publikum Schjerfbecks ersten Werken applaudierte, »deren Stoffe meistens ansprechend und gefühlvoll« waren. »Aber jetzt, wo sie Fortschritte macht und wirklich malen kann, will man sie nicht mehr verstehen. ›Die Genesende‹ und ›Herbstrose‹ sind zweifellos trefflich ausgeführte Bilder, auch wenn ihre gefühlvolle Zartheit nicht geschätzt wird.« Helene Schjerfbeck wird dieses differenzierte Lob eines männlichen Kollegen gutgetan haben. Und auch die offizielle Kunstszene in Helsinki stellte sich demonstrativ hinter die junge Malerin.

1887 hatte sie sich vergebens um das lukrative finnische Hovingstipendium beworben. 1888 wiederholte sie ihre Bewerbung – und wurde als erste Frau ausgezeichnet. Mit dem neuen Jahr standen ihr damit dreitausend Mark für Reisen und Malunterricht im Ausland zur Verfügung. Da konnte sie es verschmerzen, dass der Kunstverein, der »Die Genesende« für die nationale Gemäldesammlung kaufte, nur achthundert statt der erhofften tausend Mark zahlte.

Nichts hielt Helene Schjerfbeck im eiskalten finnischen Winter. Mitte Januar 1889 schon saß sie mit Maria Wiik im Zug nach St. Petersburg; Paris war das Ziel. Dort wurden die beiden am Bahnhof von Ada Thilén begrüßt. Alle drei zogen in eine Dachzimmerwohnung mit Atelier in der Rue Putegaz, nördlich vom Étoile gelegen.

18. Kapitel

Ein turbulentes Frühjahr: Paris – Italien – Meudon – Paris

1889

Noch nie zuvor hatte Helene Schjerfbeck, siebenundzwanzig Jahre jung, so viel Geld zur Verfügung gehabt. Der vierte Paris-Aufenthalt wird sehr kurz sein, denn ein Teil des Geldes ist schon für ein weiteres Sehnsuchtsziel verplant: Italien, wo die europäische Malerei zu Hause ist, ihre Wurzeln hat. Noch in Helsinki hatte Helene mit Bruder Magnus ausgemacht, dass sie dieses künstlerische Abenteuer gemeinsam genießen.

Im April 1889 schlossen sich die Geschwister einer finnischen Reisegruppe an. Von Genua aus ging es sechs Wochen lang über Florenz und Rom, Mailand und Turin zu den Kunstschätzen in Kirchen und Museen. Als ganz normale Touristin traf Helene Schjerfbeck keine Künstler; Zeit zum Malen oder Kopieren fand sie nicht. In der Sixtinischen Kapelle in Rom verstellten Gerüste die Sicht auf die Fresken Michelangelos. Eine Stippvisite, mehr gibt es dazu nicht zu sagen. Helene Schjerfbeck würde wiederkommen, alleine, mit Skizzenblock und Palette.

In Paris hatte am 6. Mai 1889 die Weltausstellung begonnen, die im Zeichen des hundertjährigen Gedenkens an die Französische Revolution stand. Bis zum Oktober bewunderten 32,3 Millionen Besucher die Länderpavillons mit den neuesten Errungenschaften in Industrie und Kunst und den Eiffelturm, der aus diesem Anlass errichtet worden war. In Finnland kam es über die Künstler, die das Land in Paris vertreten sollten, zu Machtkämpfen innerhalb des offiziellen Kunstbetriebs. Die älteren Experten Adolf von Becker und Walter Runeberg standen gegen die jüngere Künstlergeneration, angeführt von Albert Edelfelt. Am Ende jedoch waren die jüngeren Künstler auf der Weltausstellung gut vertreten, unter anderem durch den Bildhauer Ville Vallgren, die Maler Gunnar Berendtson und Helene Schjerfbeck.

Während sie in Italien war, hatte Maria Wiiks Schwester Hilda Helenes Platz in der Pariser Wohngemeinschaft eingenommen, um die Weltausstellung besuchen zu können. Helene Schjerfbeck nutzte die Situation und kehrte nach ihrer Rückkehr Mitte Mai dem von lärmenden Touristen »verpesteten« Paris den Rücken. Wieder zog sie für eine Weile in eine kleine Pension nach Meudon, das beliebte Künstler-Ferienziel westlich der Hauptstadt. Noch zwanzig Jahre später erinnert sich Helene Schjerfbeck in einem Brief an Ada Thilén an ihre schöne Zeit in dem romantischen Städtchen, den Duft der blühenden Bäume, die warme Luft und den Gesang der Priester, der aus der Kirche erklang. Sie genoss es, viel Zeit zum Lesen zu haben.

Im Juni fuhr sie zurück in den Pariser Alltag. Helene Schjerfbeck besuchte die Weltausstellung auf dem Champs de Mars, wo die Kunst im Palais des Beaux-Arts versammelt war und ihr Bild »Die Genesende« hing. Als die Medaillen verteilt wurden, erhielt sie dafür eine Goldmedaille der 3. Klasse (auch als 1. Klasse Bronze bezeichnet). Es war ein großer internationaler Erfolg.

Im Sommer 1887, als Helene in St. Ives war, hatte sie in mehr als einem Brief Maria Wiik anvertraut, wie sehr sie die Freundin vermisse und fest darauf hoffe, beim nächsten Mal mit ihr zusammen nach Cornwall zu reisen. Im Juli 1889 erfüllte sich ihr Wunsch. Helene Schjerfbecks begeisterte Erzählungen von der Stadt am Meer und ihre Überzeugung, dort Anregungen für neue Wege in der Malerei zu finden, hatten ihre Wirkung auf Maria Wiik nicht verfehlt. Die beiden Frauen machten sich auf nach Cornwall, ins Fischer- und Künstlerstädtchen St. Ives. Marianne und Adrian Stockes wohnten immer noch in The Terrace und freuten sich, die Freundinnen aus alten Zeiten wiederzusehen.

19. Kapitel

Zu zweit in St. Ives

Juli 1889 bis Mai 1890

Wer wissen wollte, ob in St. Ives Besucher angekommen waren, die ein wenig – oder etwas mehr – über dem gesellschaftlichen Durchschnitt lagen, brauchte nur die Wochenzeitung *St Ives Weekly* aufzuschlagen. Am 20. Juli 1889 standen in der Rubrik »Besucherliste« die Namen »Miss Wiik and Miss Sherfbeck« nebst ihrem Quartier »Bellair Terrace No 8«. Die Vermieterin war »Mrs. Harry Williams«. Was nicht erwähnt wurde: Die beiden Malerinnen mieteten als gemeinsames Atelier in Downlong, der Unterstadt, ein Loft, das früher von den Fischern als Segelablage genutzt worden war.

Helene Schjerfbeck wird der Freundin umgehend den geliebten »Atelier-Turm« vom ersten St.-Ives-Besuch gezeigt haben. Dessen Adresse Richmond Place liegt nur zwei Straßen unterhalb von Bellair Terrace. Beide Straßen führen in östlicher Richtung absteigend hinunter zum Hafen. Richmond Place ist heute eine breite Straße, während Bellair Terrace eine schmale Gasse geblieben ist. Sie wird links von einer hohen, dichten Hecke begrenzt, rechts zeigen die Häuser abwehrend ihre fensterlose weiße Querfront. Hohe Holztüren mit anschließenden Steinmauern versperren die Sicht in den Innenhof. Ein Metallschild über dem tiefblauen Briefkasten an der Tür mit der Nummer 8 verkündet »The Bay House«.

Schon am zweiten Tag stand der nächste vertraute Weg auf dem Programm. Helene wanderte von Bellair Terrace den Hügel in südliche Richtung hinunter zur High Street und wieder einen Hügel hinauf zu The Terrace Nr. 15. Hier im Haus von Marianne und Adrian Stockes hatte sie ab Juli 1887 zehn unbeschwerte, glückliche Monate verbracht. Die alte Freundschaft mit Marianne hatte nichts von ihrer Herzlichkeit verloren, auch mit Adrian Stockes verstand sie sich gut. »Ich bin fast jeden Tag bei den Stockes und habe mit ihnen ein Benefiz-Konzert für Schulkinder besucht«, schreibt sie 1889 an den Bruder Magnus. Wie oft in ihren Briefen zu ein wenig Ironie aufgelegt, fügt sie bei der Erwähnung des englischen Chores hinzu, »Du könntest hier als erster Tenor singen« – wissend, dass Musikalität nicht zu den Talenten des Bruders zählt. Der weitere Hinweis »Ich habe ein großes Bild angefangen« klingt zufrieden, gar nicht pflichtschuldig.

An städtischem Unterhaltungsprogramm fehlte es im Sommer 1889 nicht, wie ein Blick in die *St Ives Weekly* zeigt. Im Rathaus ist ein Konzert; die Regatta mit Feuerwerk hat schon Tradition. Der Tennis-Club von St. Ives bietet seine jährlichen Turniere – auf Rasen natürlich; Schwimmwettbewerbe werden ebenfalls angekündigt.

Das Wetter ist nicht so gut wie bei Helenes letztem Aufenthalt. Es regnet viel und ist stürmisch. Am 16. Oktober 1889 schreibt *St Ives Weekly*, dass The Terrace nach schwerem Regen und Sturm unpassierbar sei. Aber die wirkliche Aufregung in der Stadt galt etwas anderem. Um fünf Uhr morgens war die Fischereiflotte bei ruhigem Wetter zum Fang ausgefahren. Gegen neun Uhr kehren etliche Boote schon wieder in den Heimathafen zurück. Unerwartet war ein Sturm aufgekommen. Weitere Schiffe müssen sich in abgelegene Buchten retten.

Das schlechte Wetter wird die Freiluftmalerei, die die beiden finnischen Malerinnen sehr schätzten, eingeschränkt haben. Maria Wiik schuf im gemeinsamen Atelier von St. Ives im zweiten Halbjahr 1889 ein eindringliches Interieur-Bild – »Hinaus in die Welt«, das zu ihren wichtigsten Werken zählt. Die Ältere hörte es nicht gern, wenn Helene Schjerfbeck sie seit längerem zu überzeugen versuchte, sich neben ihren kleinen, gefälligen Porträts an größere Formate und andere Themen zu wagen. In der entspannten Atmosphäre von St. Ives tat Maria Wiik diesen Schritt, mit großem Erfolg. (»Hinaus in die Welt« hängt als Teil des nationalen Bilderschatzes im Ateneum in Helsinki.)

Im Mittelpunkt von Wiiks Bild steht eine junge Frau, vom Licht, das durch die Vorhänge im Hintergrund scheint, konturiert. Sie knöpft sich ihr Kleid zu, neben ihr Reisetasche, Hut und Umhang. In Gedanken ist sie schon »hinaus in die Welt«. Sie hat keinen Blick mehr für die alte Frau, wahrscheinlich die Großmutter, der sie den Rücken zukehrt und die ihrerseits resigniert ins Leere blickt.

Am 9. November 1889 beendet Maria Wiik ihren Aufenthalt in St. Ives und fährt zurück nach Paris. Am Neujahrstag 1890 wird sie wieder in Helsinki eintreffen. Helene Schjerfbeck genießt weiterhin ihre Zeit in Cornwall und denkt noch lange nicht an Rückkehr.

Am 4. Januar 1890 berichtet die Zeitung erfreut von »ersten Primeln und einigen feinen Erdbeeren«. Ähnliches hatte Helene Schjerfbeck in der Bretagne erlebt. Der Golfstrom wärmt beide Landstriche. Aber vor Sturm schützt er nicht. Am 5. Januar schreibt Helene an die Mutter in Helsinki: »Diese Nacht hat es so gestürmt, dass die Kirchenglocken wie von selbst läuteten.« Zugleich versichert sie, dass sie nicht friert, weil sie ordentlich heizt, denn das koste nur einen Schilling pro Woche.

Adrian Stockes vermittelte auch bei diesem zweiten Aufenthalt Bilder von Helene Schjerfbeck erfolgreich an Galerien und Kunstinstitute in London. Olga Schjerfbeck erfährt mit dem Januar-Brief, dass Helene Einladungen zu Ausstellungen in London und Truro, der kornischen Nachbarstadt, habe. Ausführlich erzählt die Tochter über ihre schöne Zeit mit den Stockes, auch wenn Adrian nicht zu Hause ist: »Wenn er abends ausgeht, kommt Marianne stets zu mir oder sie schickt jemanden und wir verbringen einen Alte-Jungfern-Abend zusammen. Die Zeit vergeht so schnell, dass ich nur ganz selten dazu komme, traurig zu sein.«

Für die Künstler in St. Ives war es wichtig, einen Treffpunkt zu haben. 1888 hatte sich ein Klub für Maler, Schriftsteller und Musiker gegründet – St Ives Arts Club. 1890 endlich bekam der Klub ein ständiges Quartier in einem Eckhaus oberhalb von Westcotts Quay mit Blick auf das Meer. Der Klub mietete den ersten Stock. Ein Klavier sorgte für musikalische Unterhaltung, nicht zuletzt bei den beliebten Polonaisen. Dienstag und Donnerstag war ausschließlich den Künstlerinnen vorbehalten; Montag und Mittwoch blieben die Männer unter sich. An den übrigen Tagen und Abenden waren die Geschlechter bunt gemischt.

Immer noch befindet sich der St Ives Arts Club am selben windigen Ort direkt über dem Meer, rund fünf Gehminuten südlich der eindrucksvollen Lifeboat Station am Hafenende. Die Türen am Westcoatts Quay stehen offen, jeder kann in den ersten Stock gehen. Weiterhin werden Ausstellungen in St. Ives organisiert. Die einheimischen Künstler versuchen, die gewachsene Tradition lebendig zu halten. Das ist nicht leicht, seit 1993 die Tate St Ives direkt oberhalb von Porthmeor Beach als weißer Kunsttempel mit grandiosem Blick über Meer und Häuserdächer eröffnete und die Besucher anzieht. Das Museum ist eine Zweigstelle der weltberühmten Londoner Tate Britain und Tate Modern.

Im Frühjahr ist Ausstellungszeit. *St Ives Weekly* meldete im März 1890 stolz, dass die Künstler der Stadt ihre Bilder auf Ausstellungen von London bis Paris schickten. Logistisch war das kein Problem, denn bei der Great Western Rail konnten einzelne Wagen gemietet werden, die am Bahnhof von St. Ives fachmännisch beladen wurden. Die Zeitung prophezeite, dass es wieder »einen Triumph der Malerei aus Cornwall« geben wird. Allein Adrian Stockes schickte Ende März drei Bilder nach London. Die angesehene Londoner Grosvenor Gallery hatte das Bild »Madonna mit Kind« von Marianne Stockes angekauft. Für *St Ives Weekly* wird es eines der »Bilder des Jahres« sein.

Frühjahr ist Reisezeit. Für Helene Schjerfbeck heißt es wieder einmal Abschied nehmen. »Die Packerei und die anrührenden Abschiedstage kommen näher«, schreibt sie am 15. Mai 1890 an »Kära Ma«, ihre liebe Freundin Maria Wiik, »und ich habe nicht die geringste Lust, nach Paris zurückzukehren, aber ich komme schon zurück.« Natur und Menschen machen es ihr nicht leicht: »Hier ist es nie so schön gewesen wie jetzt, das Grün sprießt und auch die Menschen öffnen sich.« Wie so oft sind Bücher ein gutes Mittel für Helene, sich abzulenken. Sie habe Dostojewskis »Totenhaus« gelesen, schreibt sie an Maria Wiik, »das ist ein unheimliches Buch«. Gerade liest sie die »Flegeljahre« von Jean Paul. Helene zögert, wie sie das Buch beschreiben soll; es sei »sehr klug und oft amüsant«. Begeistert ist sie von Gedichten des englischen – »oder schottischen« – Dichters Robert Burns, »die würden Dir gefallen«.

Als *St Ives Weekly* im Juli 1889 die Ankunft von »Miss Maria Wiik and Miss Sherfbeck« meldete, fand sich in der Besucherliste auch die Angabe »Talland House: Mr. and Mrs. Leslie Stephen and family«. Dahinter verbirgt sich eine Geschichte, die unbedingt zum Kapitel »Helene Schjerfbeck und St. Ives« gehört.

Der englische Historiker, Schriftsteller und Biograf Leslie Stephen, wohnhaft am Hyde Park in London, entdeckte 1881 bei seinen Spaziergängen in St. Ives das opulente Talland House und kaufte es für seine große Familie. Es liegt auf dem südlichen Hügel der Stadt, und der Blick geht weit über die östliche Porthminster-Bucht, die Landzunge mit der Unterstadt bis zum Leuchtturm auf der winzigen Insel Godvrey Point. Vom Haus gelangte man durch den weitläufigen Garten in Serpentinen direkt hinunter an den Porthminster-Strand, wo die Stephen-Kinder sich stundenlang aufhielten.

Als Familie Stephen 1882 erstmals mit dem Zug von London-Paddington nach St. Ives zum Sommerurlaub kam, Diener und Kindermädchen eingeschlossen, zählte das jüngste Familienmitglied, die Tochter Virginia, gerade sechs Monate. Als Talland House nach dem Tod des Vaters 1895 aufgegeben wurde, war Virginia Stephen dreizehn Jahre alt. Sie hatte jeden Sommer mit ihren Geschwistern und Eltern in St. Ives verbracht und fühlte sich wie aus dem Paradies vertrieben. Das Kindheitsparadies von St. Ives war für immer mit dem Geräusch der Wellen, den Muscheln im

Sand, dem vibrierenden Licht und den changierenden Farben des Meeres verbunden. Der Leuchtturm in der Ferne war für das Mädchen Virginia Garant dieser unbeschwerten Sommerwelt. Als 1927 der Roman »Zum Leuchtturm« erschien, war Virginia Woolf, geborene Stephen, eine anerkannte Schriftstellerin. Mit ihrem Aufsatz »A Room of one's Own« – »Ein eigenes Zimmer« – von 1929 hat Virginia Woolf der Emanzipation und dem Kampf der Frauen um Gleichberechtigung weltweit ein literarisches Denkmal gesetzt.

Leslie Stephen, der Vater, hatte einen Namen als Teil der englischen Intellektuellenszene, war an Kunst interessiert und im Vorstand des St Ives Art Club. In diesem Zusammenhang kannte ihn Adrian Stockes, und das Ehepaar Stockes erhielt Einladungen zu geselligen Treffen in Talland House. Informationen gibt es keine, doch es liegt durchaus im Bereich des Möglichen: Dass Marianne und Adrian Stockes ihre Freundin, die finnische Malerin, zu einer Party mit nach Talland House nahmen und die kleine Virginia nebst ihren Geschwistern unter den Gästen auftauchte.

Zurück in den Mai 1890: Da besteigt Helene Schjerfbeck den Zug nach London. Die bisher eher zurückhaltende Vermieterin hatte ihr im letzten Moment ein dickes Nadelkissen aus schwarzem Samt geschenkt, mit Blumenranken aus weißen Perlen verziert. In einem Brief an die Freundin Maria in Helsinki drohte Helene, das Kissen irgendwo am Friedhof Père Lachaise verschwinden zu lassen, denn »damit kann ich nicht leben«.

Von St. Ives ging es über London in die französische Hauptstadt. Der Aufenthalt war sehr kurz. Schon im Juni 1890 reiste Helene weiter nach Helsinki. Es war der vierte Abschied von Paris in Richtung Finnland. Es ist ein tröstlicher Gedanke, dass Helene Schjerfbeck im Sommer 1890 nicht ahnte: Sie würde ihr geliebtes Paris nie wiedersehen.

20. Kapitel

Bilder aus Finnland

Juli 1890 bis März 1892

Nach kurzem Aufenthalt bei Mutter und Bruder in Helsinki reiste Helene Schjerfbeck weiter zum Herrenhaus auf Sjundby. Immer noch lebte dort die Großmutter, siebenundsiebzig Jahre alt. Kusine Esther Lupander, die Helene auf dem Bild »Tanzschuhe« 1882 mit ihren langen Beinen in einem bürgerlichen Salon des Gutshofes gemalt hatte, freute sich auf ein Wiedersehen.

Am 10. Juli feierte Helene den Beginn ihres neunundzwanzigsten Lebensjahres. Die vergangenen zehn Jahre hatte sie die meiste Zeit ein selbstständiges Leben im Ausland geführt. Der Augenblick war gekommen, Bilanz zu ziehen. Wie sollte es weitergehen, nachdem alle staatlichen Stipendien ausgereizt waren? Vom Verkauf ihrer Bilder konnte Helene Schjerfbeck nicht leben. Aufträge ließen auf sich warten. Aber an der Ausgangslage hatte sich nichts geändert. Die Malerei war Helene Schjerfbecks Leidenschaft, ein Lebensauftrag, dem sie sich verpflichtet fühlte. In dieser Unerschütterlichkeit lag ihre Stärke, zumal sie von ihrem außergewöhnlichen Talent mehr denn je überzeugt war.

Selbstbewusst entschied sie: weitermachen, vor allen mit dem Malen an der freien Luft. Sie nutzte ihre Kontakte zu Verwandten und befreundeten Menschen und reiste nach einigen Wochen in Sjundby im Sommer 1890 mit Staffelei und Palette weiter in südwestlicher Richtung, zu den Wurzeln ihrer finnisch-schwedischen Familie. Es ging in die schmucke Stadt Ekenäs (finnisch: Tammisaari), wo ihr Ururgroßvater väterlicherseits, aus Schweden eingewandert, einst Provinzialarzt war und ihr Vater als Waise aufwuchs.

Jetzt lebte hier noch eine Schwester der Großmutter mütterlicherseits mit ihrer Familie. Von Ekenäs fuhr Helene weiter südöstlich zum Malen nach Snappertuna, heute mit dem Bus in dreißig Minuten erreichbar. Dort erwartete sie Bruder Magnus.

In dem winzigen Kirchspiel Snappertuna sind ein gutes Dutzend Häuser über eine liebliche Moränenlandschaft verstreut. Auf einem Felsvorsprung, halb von Bäumen umgeben, steht die immer noch imposante Raseborg. Ende des 14. Jahrhunderts erbaut, war die Raseborg für einige Jahrhunderte der zentrale Sitz politischer Macht und Südfinnlands Knotenpunkt für den Handel mit dem Baltikum. Als 1890 der Architekt Magnus Schjerfbeck beauftragt wurde, die Burg zu restaurieren, waren die Grundmauern eingestürzt, und mächtige Bäume hatten sich den Innenhof der Anlage erobert. Schon 1893 war die Wiederherstellung so weit gelungen, dass die Burg zusammen mit dem ersten Touristencafé Finnlands – »Haus der Schlossknechte«, *Slottknektens Stuga* – für Besucher geöffnet wurde. Vom falunroten Holzhaus-Café geht der Blick auf die Burg, auf Bäume und Wiesen, den schmalen Raseborg-Fluss und auf die Freilichtbühne für das sommerliche Schlosstheater.

Neben der Burg auf dem Felsen prägen zwei Hügel die Silhouette von Snappertuna. Auf dem einen liegt die Kirche mit dem frei stehenden leuchtend gelben Kirchturm. Auf dem Hügel gegenüber steht das Holzhaus des Schulrektors, ebenfalls gelb gestrichen. Hier fand Helene Schjerfbeck 1890 ein Quartier. Die romantische Burgruine hat sie als Motiv nicht interessiert. Es ist ihr Blick für das Unspektakuläre, der aus dem kleinen Fluss, der sich in weitem Bogen um die Raseborg und das Dorf schlängelt, auf der Leinwand etwas Großes macht.

»Raseborgs kleiner Fluss« oder »Mittsommernacht« wird das Bild genannt. Es ist eine Komposition, in der die pastellfarbenen Grüntöne – Wiesen, Bäume – dominieren, dazwischen zieht das Weiß des schmalen Flusses hinein in die grüne Welt und den schwarzen Wald, der den Horizont verstellt. Über allem Grün steht ein hoher Himmel aus hellstem Grau, und der rote Hauch der untergehenden Mitternachtssonne mischt Teile des Graus mit gelben Tönen. Helene Schjerfbeck muss diesen Moment der Mittsommernacht am Ufer des Flusses erlebt haben, mitsamt Palette und Staffelei. Sie hat ihn aufgenommen mit Augen, Gefühl und Verstand, und es ist ihr gelungen, die Magie dieses Augenblicks mit feinsten Pinselstrichen auf die Leinwand zu bannen.

In Snappertuna gibt es ein kleines Freilichtmuseum. Wer von dort dem »Pfad der Liebenden« folgt, der zur Raseborg führt, überquert nach rund fünfhundert Metern durch eine lichte Wildnis aus Birken, Fichten und mächtigen Felsbrocken den kleinen Fluss. Auf der zierlichen Holzbrücke stehend, erblickt das Auge, dem Fluss folgend, eine grüne Welt – als stünde man in Helene Schjerfbecks magischem Bild. Das Meisterwerk des Jahres 1890 ist ein für Helene Schjerfbeck eher kleines Format, 36×31 Zentimeter. Aus einer Serie von Bildern über die Mittsommernacht rund um die Raseborg hat sie es für die traditionelle Herbstausstellung des Kunstvereins in Helsinki ausgewählt.

Ihre Symphonie in Grün demonstriert, wie sensibel sie auf künstlerische Trends reagiert. Stimmungsvolle Landschaften sind um die 1890er Jahre in der Kunstszene gefragt. »Sonnenuntergang am Kaukola-Landrücken« heißt das Bild, das Albert Edelfelt 1890 der Öffentlichkeit präsentiert. Die untergehende Sonne spiegelt sich in der finnischen Seenlandschaft, dunkel heben sich Landzungen und bewaldete Inselchen davon ab. Es ist perfekt gemalt, makellos.

Helene Schjerfbeck dagegen gelingt es, die Stimmung der Mittsommernachtsstunde an Raseborgs Flüsschen malerisch so einzufangen, dass der Betrachter verzaubert wird. Über das allseits Anerkannte und die technische Kennerschaft hinaus entwickelt sie eine eigene künstlerische Handschrift, mit der sie dem Wesen des Dargestellten außerordentlich nahe kommt.

Die Ausstellung des Kunstvereins, wo ihr Mittsommernachts-Bild hängt, hatte von Oktober bis weit in den November 1890 geöffnet. Da lebte Helene schon wieder in der Hauptstadt mit den Pensionsgästen bei ihrer Mutter in der Georgsgatan 31. Im Winter 1890/91 teilte sie sich erneut ein Atelier mit Maria Wiik. Aber auch der finnische Winter würde einmal enden; sie schmiedete Pläne für den nächsten Sommer.

Die gute Zeit in und um Snappertuna hatte Lust auf Wiederholung gemacht. Nach den üblichen Wochen auf Sjundby reiste Helene im Sommer 1891 abermals in südwestliche Richtung weiter. Das Quartier im Rektorenhaus von Snappertuna war schon vorbereitet – diesmal für zwei Malerinnen. Lebenslang wird Helene Schjerfbeck von diesem sommerlichen Arbeitsurlaub mit ihrer Malschwester Ada Thilén zehren; es war eine Lust, zu leben und zu arbeiten. Von Snappertuna reisten die beiden Frauen weiter an die Küste in das Fischerdorf Nothamn und machten im südlichen Schärengarten eine Entdeckung.

»Wir sind auf einem Inselchen außerhalb des Hafens von Nothamn«, schreibt Helene Schjerfbeck am 9. September 1891 an Lina Runeberg. »Wir denken daran, den ganzen Monat zu bleiben, das Wetter war bisher zu ungünstig, um draußen zu malen.« Warum das Wetter dennoch kein Grund ist, vorzeitig von der Schäreninsel Halstö abzureisen, erfährt »Tante Lina« im selben Brief. Helene preist zum einen die Einsamkeit »unserer Insel« und zugleich die fröhliche Geselligkeit der Einheimischen, an der die beiden Frauen unkompliziert teilhaben: »Wir fühlen uns so wohl bei unserem trefflichen Gastgeber; niemals kommt man bei Gesprächen in die geringste Verlegenheit oder ein Schweigen, wie es oft bei einfachem Volk der Fall ist.« Außerdem »ist das Haus voller Fischer, die sich ähnlich amüsieren, es mangelt also nicht an Gesellschaft«.

Es ist ein glücklicher Zufall, dass das falunrote stattliche Holzhaus, in dem Helene und Ada sich auf Halstö so wohlfühlten, die Zeiten überdauerte. Heute ist es das Schmuckstück des kleinen Freilichtmuseums von Snappertuna, wo der knapp zwei Kilometer lange romantische »Pfad der Liebenden« zur Raseborg seinen Anfang nimmt. Der älteste Teil des Hauses stammt von 1713, die Wohnräume sind aus dem Jahr 1753, noch 1840 wurde eine große Küche angebaut.

Die Tage in Nothamn und auf der Schäreninsel waren eine glückliche Zeit. Helene Schjerfbeck hatte die Einsamkeit, die sie zum Nachdenken und intensiven Fühlen brauchte, dazu einen vertrauten Menschen, mit dem sie sich austauschen konnte – in persönlichen wie in künstlerischen Dingen. Und sie genoss das entspannte Zusammensein im großen Gäste-Kreis des Hauses, denn sie war neugierig auf Menschen.

Die Erinnerung an Nothamn, die Snappertuna und den ganzen Sommer 1891 einschloss, blieb unauslöschlich. Schon 1892, als Helene Schjerfbeck einige Wochen zum Kopieren alter Meister in St. Petersburg weilt und sich sehr einsam fühlt, schreibt sie an Maria Wiik: »Wenn die Traurigkeit hier übermächtig wird, brauche ich nur an einen sonnigen Tag in Nothamn zu denken.« Solche Umstände waren ein idealer Nährboden zum Experimentieren. Helene Schjerfbeck scheut sich nicht, die Prioritäten auf ihren Bildern zu verändern, wenn es ihr innerer künstlerischer Kompass verlangt. Dem Meisterwerk einer reinen Landschaft an »Raseborgs kleinem Fluss« folgt ein Ausblick auf die Schärenlandschaft vor Nothamn, die allerdings wird von der kraftvollen Präsenz einer jungen Frau in den Hintergrund verwiesen.

»Junge Frau unter Birken« heißt das Bild, und als Modell hatte Helene Schjerfbeck sich Ada Thilén gewählt. Das spricht für die freundschaftlich-entspannte Beziehung zwischen den beiden Frauen in diesen Wochen. Bei Ada Thilén konnte sich Helene ausschließlich auf die Malerei konzentrieren. Ihrer Malschwester musste sie nicht erklären, warum ihr diese oder jene Stellung wichtig war, und sich nicht mit dem inneren Widerstand eines Modells auseinandersetzen, das ihren Vorgaben nicht folgte.

Entstanden ist ein Bild, dessen getupfte Maltechnik von braunen Birkenstämmen, grünen Blättern, Himmel und blauen Meeresstreifen daran erinnert, dass Helene Schjerfbeck, die nach eigener Aussage nicht viel vom Impressionismus hielt, doch nicht ganz unbeeinflusst von dieser Malrichtung der Moderne blieb. Die helle Farbpalette – im Zentrum die puffige weiße Bluse der jungen Frau –, eine Fortsetzung von St. Ives, bringt Leichtigkeit und Frische in das Bild. Zugleich füllt die Symbolik der Komposition das Bild mit kraftvoller Energie. Mit geradem Rücken, den Blick zielgerichtet in die Ferne, sitzt die Hauptperson auf einer Bank und hat nach einer Kaffeestunde im Freien dem Tisch samt Kanne, Tellern und Tassen den Rücken zugekehrt. Helene Schjerfbecks Botschaft ist von großer Klarheit: Hier sitzt eine junge Frau, vielleicht noch auf der Suche, aber entschlossen, frei über ihr eigenes Leben zu entscheiden.

Das Jahr 1891 brachte neue interessante Entwicklungen in Finnlands Kunstszene, die sich in mehreren Ausstellungen manifestierten. Da war einmal die traditionelle Ausstellung des Kunstvereins in Helsinki. Von der reichen künstlerischen Ernte des Sommers 1891 bot Helene Schjerfbeck dem Kunstverein ihr Bild die »Maskerade« an, auch »Rokoko-Lady« genannt. Es zeigt Helenes Lieblingskusine Esther Lupander in Sjundby, für einen Kostümball elegant zurechtgemacht. Eine kluge Wahl: Das Bild hing in der Ausstellung, und im Dezember kaufte die Lotterie des Kunstvereins das beliebte Motiv, malerisch glänzend ausgeführt, für zweihundertfünfzig Mark. Als Helene Schjerfbeck im Herbst Bilder für eine weitere Ausstellung aussuchen musste, traf sie eine selbstbewusste Entscheidung.

Finnlands Künstler hatten sich zu einem eigenen Verein zusammengeschlossen, um die Abhängigkeit vom Kunstverein aufzubrechen, in dem männliche Honoratioren der Gesellschaft zusammen mit etablierten Künstlern das entscheidende Wort führten. Im Herbst 1891 organisierte der neu gegründete Künstlerverein erstmals im Ateneum eine Ausstellung und begründete damit eine eigene Tradition. Helene Schjerfbeck schickte zwei Bilder. »Das Mädchen aus St. Ives«, in Cornwall entstanden, schaut mit verschmitztem Blick aus dem Bild, der füllige rote Haarschopf unterstreicht das Gefühl von Lebensfreude. Das andere Bild, 1891 gemalt, zeigt ebenfalls ein junges Mädchen. Doch »Vor der Konfirmation« ist wie aus einer anderen Welt. In sich gekehrt, liest das Mädchen in der Bibel, den Blick nach unten gesenkt, wo ihre Hände, auf die Oberschenkel gelagert, das fromme Buch halten.

Nichts lenkt im dunklen Bildhintergrund von der Leserin ab, die mit ihrem hellen Kleid das ganze Format füllt. Beide jungen Frauen zeichnen sich durch gelassene Ruhe aus, nur auf sich selbst konzentriert. Helene Schjerfbeck hat meisterliche Landschaften gemalt und von 1890 bis 1892 farbenprächtige Blumenstillleben. Sie sind liebevoll gemalt, keine Pflichtaufgaben. Aber die markanten Bilder der jungen Frauen von 1891 deuten an, dass der Malerin Helene Schjerfbeck die Natur an sich nicht genug ist. Sie sucht größere Herausforderungen als stimmungsvolle Landschaften. Es ist der Mensch, den sie mit künstlerischen Mitteln ergründen möchte – wohl wissend, dass sie auf diesem Weg immer etwas von sich selber findet.

1892 hängt »Vor der Konfirmation« auch in der Frühjahrs-Ausstellung des Kunstvereins; es wird von der Kunstlotterie für dreihundert Mark angekauft. Auch in der Herbst-Ausstellung des neu gegründeten Kunstvereins von Turku sind zwei Bilder von Helene Schjerfbeck zu sehen. 1893 wird die Malerin mit neuen Bildern an den Ausstellungen des Kunstvereins, der Künstlervereinigung – beide im Ateneum – und des Kunstvereins in Turku teilnehmen.

Von solchen Erfolgen kann Helena Westermarck nur träumen. 1891 lehnt das Prüfungskomitee für die Ausstellung des Kunstvereins zwei von ihren vier eingereichten Bildern ab. Jahrzehnte später schreibt sie in ihren »Lebenserinnerungen«, wie »tief betrübt« sie damals auf diese Zurückweisung reagierte: »... aber nun sehe ich die Sache von einer anderen Seite. Das war eine starke Lektion für mich, meine Kräfte nicht mehr zu zersplittern.« Vor die Wahl »zwischen Feder und Pinsel« gestellt, entschied sich Helena Westermarck, die schon länger für *Finsk Tidskrift* Kunst- und Literaturkritiken schrieb, für *Die Feder*: »Das war schwer, denn ich liebe die Farbe – aber es musste sein.«

Im Herbst 1891 erschien ihr erster Novellenband, dem erfolgreiche Romane und Biografien über interessante finnische Frauen folgten. Helena Westermarck engagierte sich in der Frauenbewegung, besonders für das Frauenwahlrecht und für eine bessere Ausbildung von Frauen, damit sie über einen Beruf selbstständig sein konnten. 1892 war sie Mitbegründerin der »Union finnischer Frauenvereine«. Durch die Freundschaft zu »Helena« wird »Helene« mit dem Thema »Emanzipation« konfrontiert. Wir werden in Briefen noch davon hören.

Als ihr Bild »Vor der Konfirmation« im Mai 1892 in der Kunstvereins-Ausstellung im Ateneum hängt, ist Helene Schjerfbeck außer Landes. Anfang April, drei Monate vor ihrem dreißigsten Geburtstag, hatte sie im Auftrag des Kunstvereins den Zug nach St. Petersburg bestiegen; »diese merkwürdige Stadt«, wie sie während ihres dreimonatigen Aufenthaltes in einem Brief an Maria Wiik schreiben wird.

21. Kapitel

Eindrücke aus St. Petersburg

April bis Juni 1892

Als Helene Schjerfbeck im April 1892 in der glanzvollen russischen Hauptstadt, dem Sitz des Zarenhofes, ankommt, kann sie noch beobachten, wie das Eis auf der Newa aufbricht, sich verkantet und in mächtigen Brocken flussabwärts treibt. Die Reise nach St. Petersburg wird mit staatlichen finnischen Geldern finanziert und bringt ihr dazu bares Geld ein. Das Großfürstentum Finnland kann es sich nicht leisten, für sein erstes nationales Museum, das 1887 erbaute Ateneum, teure Originale europäischer Meister anzukaufen; ohnehin hängen die Klassiker seit langem in Paris, Florenz, Amsterdam, Dresden oder St. Petersburg. Der Ausweg: Nach einer vorgegebenen Liste werden anerkannte finnische Künstler in traditionsreiche Museen auf dem Kontinent geschickt, um die Schätze abendländischer Kunst zu kopieren. Das Honorar bemisst sich nach der Schwierigkeit der Bilder.

Helene Schjerfbecks Arbeitsplatz ist die Eremitage, wo sie täglich rund fünf Stunden an der Staffelei sitzt. Ihre Auftragsbilder sind zwei Porträts und ein Interieur: Frans Hals, »Der Mann mit dem Schlapphut«, Diego Velázquez, »Papst Innozenz X.« und Gerard Terborch, »Das Glas Limonade«. Das Honorar für alle Kopien beläuft sich auf tausend Mark. Es sind alles Maler, die Helene Schjerfbeck seit je verehrt und die sie schon im Louvre studiert hat. Über Frans Hals wird sie nach St. Petersburg sagen, sie habe von ihm gelernt, dass es auf der Farbpalette zwanzig verschiedene Arten von Schwarz gibt.

Nach der Kopierarbeit warten die anderen Kostbarkeiten in

der Eremitage und in der Stadt. Aber irgendwann geht jeder Tag zur Neige, und Helene sitzt einsam in ihrem Zimmer. Sie sehnt sich nach ein wenig Gesellschaft. Auf dem Flur wohnt ein Student, der einmal pro Woche von Freunden besucht wird. Da wird gelacht, gesungen und gebechert. Die Nachbarin aus Finnland hört alles mit und würde sich am liebsten dazusetzen. Aber das geht nicht – eine junge Frau zusammen mit fremden jungen Männern. Da hilft nur eins: Maria Wiik, die Freundin, mit der sie schon so viele Hotelzimmer geteilt hat und die sie 1889 zur gemeinsamen Reise nach St. Ives überreden konnte, muss kommen.

Es bleibt nicht bei einem werbenden Brief. »Hast Du Dich nun zum Reisen entschlossen«, schreibt Helene irgendwann. Und listet noch einmal alle Vorteile auf, die für einen Besuch sprechen: die günstigen Zugpreise für die dritte Klasse; wohnen könne Maria bei ihr umsonst, das Essen sei sehr preiswert. Als Gegenwert bekomme sie ganz St. Petersburg und die Eremitage. Auch ins französische Theater könne man gehen; Helene hat sich die schönsten Stücke für Marias Besuch aufgehoben. Der Brief schließt mit viel Gefühl, ohne sentimental zu werden: »Du kannst nicht das Herz haben, nein zu sagen. Es ist nämlich nicht lustig, einsam vor seinem Teetisch zu sitzen und jeden Tag über dem Essen einzuschlafen.«

Maria Wiik macht keine Anstalten, die Koffer zu packen. Weshalb wir noch mehr über Helene Schjerfbecks Alltag in St. Petersburg erfahren, denn Helenes weitere Briefe an Maria haben sich erhalten. Sie hat sich ein Lehrbuch für die russische Sprache gekauft, aber die Erfolge sind ernüchternd. Mit Hilfe des Lehrbuchs geht sie in einen Laden und fragt auf Russisch: »Was kostet der Hut?« Doch niemand versteht sie. Die einzige Unterhaltung in der Eremitage besteht darin, dass eines Tages eine alte Frau auf sie zukommt und sagt, »ätut, ätut«. Ach, wenn Helene Schjerfbeck nur wüsste, was das heißen soll.

Auch von den Studenten im Hotel erfährt Maria mehr. Zu beiden Seiten ihres Zimmers würde »deutsch geschmettert«, schreibt Helene an ihre Freundin, deren Mutter deutsche Wurzeln hat. »Unglücklicherweise fange ich an, das zu verstehen – das quält mich, hat aber auch seinen gefährlichen Charme.« Es sei, »als ob man mit geschlossenen Augen im Theater sitzt«. Hinter den witzigen Beschreibungen von Helene Schjerfbeck jedoch steckt ein großer Ernst und eine große Sehnsucht nach Nähe.

Sie hat keine Hemmungen, ihr Herz zu öffnen: »Komm und rette mich. Du sollst auch keine Klagelieder hören. Übrigens muss ich Abbitte tun für alles Schlechte, das ich über die Russen gesagt habe. Wir Finnen haben die vorgefasste Meinung, dass sie an jeder Ecke betteln. Aber das ist nicht so. Sie sind zuvorkommend und höflich wie in kaum einem anderen Land.« Zum Schluss lockt sie noch mit einem ungewöhnlich schönen Bild von Fra Angelico in der Eremitage – alles vergeblich. Maria Wiik kommt nicht.

Es bleibt dabei: Bis zur Rückfahrt Ende Juni sitzt Helene Schjerfbeck an den Abenden in St. Petersburg einsam und allein in ihrem Zimmer. Wenn sie nicht am Teetisch einschläft, liest sie viel, das war seit Jugendjahren ihr Rettungsanker, oder sie malt, mit Vorliebe Blumen. Ein Bild mit Büscheln blauer Anemonen in einem hölzernen Spahnkarton soll aus diesen St. Petersburger Nächten stammen. Und nicht zu vergessen: Die drei Kopien der alten Meister werden pünktlich fertig und sind meisterhaft. Nicht nur, dass jeder Farbton, jeder Pinselstrich auf den Kopien dem Original zum Verwechseln ähnlich ist. Helene Schjerfbeck hat den Geist der Bilder erfasst und auf die Leinwand übertragen.

22. Kapitel

Zurück in Finnland – Lehrerin in Helsinki

Juli 1892 bis Winter 1893/94

In ihren Lebenserinnerungen schreibt Helena Westermarck, dass der Sommer 1892 in Finnland kalt und verregnet war. Die düsteren Tage legen sich aufs Gemüt. Helene Schjerfbeck ist nach der Rückkehr aus St. Petersburg wieder bei der Mutter eingezogen. Wir wissen nicht, wie sie die Tage verbringt; an Reisen im südlichen Finnland oder Malen im Freien ist bei diesem Wetter nicht zu denken. Mitten in diesen grauen Tagen kommt unerwartet Bewegung in ihr Leben, und Helene Schjerfbeck muss eine schwere Entscheidung treffen.

Seit 1848 war der Kunstverein mit seiner Zeichen- und Malschule für die akademische Ausbildung von Finnlands Künstlern, den Malern und Bildhauern – Männern und Frauen gleichermaßen – verantwortlich. Helene selbst hatte diese Ausbildung mit Auszeichnung durchlaufen. Jetzt bot der Direktor des Kunstvereins ihr an, ab dem Herbstsemester 1892 den Maler Gunnar Berndtson im Malstudio der Zeichenschule als Lehrerin zu vertreten. Der Kollege, acht Jahre älter als sie, hatte mit seinen Bildern so viel Erfolg, dass er eine private Akademie eröffnete.

Es wäre wohl naiv anzunehmen, dass Helene Schjerfbeck sich über diese Anfrage nicht geschmeichelt fühlte und keine Genugtuung empfand. Grundsätzlich aber zögerte sie. Sie lag mit ihren Bildern nicht im Mainstream der finnischen Malszene. Sie hatte bei allen strategischen Überlegungen als Künstlerin einen eigenen Weg gewählt, auch wenn sie etliche ihrer Bilder bisher der Öffentlichkeit noch gar nicht zugemutet hatte. Würde sie eine gute

Lehrerin sein? Die Ansprüche von Helene an sich selbst waren hoch, egal, worum es ging.

Was Mutter und Bruder von dieser Entwicklung hielten, lässt sich unschwer erraten. Endlich eröffnete sich eine Möglichkeit für die Dreißigjährige, Geld zu verdienen und einen ehrenvollen, gesicherten Berufsweg einzuschlagen. Es bliebe genug Zeit zum Malen neben der Lehrtätigkeit; sie brauchte ihren Traum nicht aufzugeben. Aber leben konnte sie von diesem Traum nicht, so viel war doch bewiesen. Helene fühlte sich von der Familie bedrängt. Im Protokoll vom Vorstandstreffen des Kunstvereins am 1. November 1892 wird über die Anfrage des Direktors an Fräulein Schjerfbeck informiert und festgehalten, sie sei »bereit, diese Verantwortung zu übernehmen, erst einmal für ein Jahr«.

Helene Schjerfbecks Alltag als Lehrerin begann. Der Winter ging ohne besondere Vorkommnisse vorüber. Auch im Frühjahr 1893 unterrichtete sie im Atelier der Zeichenschule, die im Ateneum eingerichtet war. Die kommenden Künstlergenerationen Finnlands lernten unter luxuriösen Umständen, verglichen mit den staubig-düsteren Unterrichtsräumen am Hafen in der Unionsgatan 20, wo Helene und Helena Westermarck von einem Leben im Dienst der Kunst geträumt hatten.

Anfang Juni zog es Helene Schjerfbeck erneut ins südwestliche Finnland, in die heimatliche Umgebung von Ekenäs (finnisch: Tammisaari). Eine Bahnstation südlich von Ekenäs, auf halbem Weg zur Hafenstadt Hanko (schwedisch: Hangö), mietete sie in Lappvik ein Zimmer, um in Ruhe zu malen. Für eine kurze Zeit kam sogar die Mutter dazu. In Ekenäs besuchte Helene Ulrike Baarman, die Schwester der Großmutter mütterlicherseits, deren Ehemann Ratsherr in Ekenäs war. Sie zeichnete die Zweiundsiebzigjährige mit feinem Bleistift bei einer damals alltäglichen Arbeit. »Dame am Spinnrocken« heißt das Bild. Konzentriert blickt die alte Frau auf den dünnen Faden in ihren Händen, während sich die Spindel dreht. Die vielfältigen Grau-Schattierungen tauchen die Szene in ein anheimelndes dämmriges Licht.

Das junge Mädchen im Bild »Vor der Konfirmation« von 1891 und die »Dame am Spinnrocken« von 1893 verbindet die gleiche, leicht nach vorn gebückte Haltung, der der Blick der Augen folgt. Die Welt der Betrachter bleibt außen vor. Beide Frauen sind intensiv mit ihrer Tätigkeit beschäftigt. Ein Motiv, das bei Helene Schjerfbeck erstmals auftaucht. Weitere dieser Art werden folgen, denn das Motiv von Frauen, die ganz in ihr Tun versunken sind, wird Helene Schjerfbeck nicht mehr loslassen.

Im Lauf des Sommers kommt Helene mit ihren Malschwestern Maria Wiik und Ada Thilén zusammen. Die drei Frauen haben sich zum Malen in Kangasala verabredet, und das ist ein Programm: »Ich schwankte im hohen Wipfel / auf Harjulas höchster Höh; hell schimmern die blauen Wasser, / so weit das Auge reicht ... Ich bin nur ein schwacher Vogel / mit zartem Gefieder klein. / Doch wär ich ein Adler hoch oben, / ich flög in das Blau hinein ... Du heiliger Herr dort oben, / die Bitte des Vogels erhör! Wie schön ist Deine Erde, / wie ist Dein Himmel so hehr!«

Das Gedicht »Ein Sommertag in Kangasala« (schwedisch: »En Sommerdag i Kangasala«) entstand 1853, als der Dichter Zacharias Topelius einen Ausflug machte und von der Schönheit der Seenlandschaft um den kleinen Ort Kangasala östlich der Stadt Tampere überwältigt war. Der finnische Komponist Gabriel Linsén vertonte es 1864, und seitdem ist »Ein Sommertag in Kangasala« viel mehr als ein Volkslied. Er zählt zum Kulturgut Finnlands, und je größer der Chor ist, der es singt, umso besser.

Zacharias Topelius gehört neben Johan Ludvig Runeberg und Elias Lönnrot zum literarischen Dreigestirn finnischer Schriftsteller, die um die Jahrhundertmitte in schwedischer Sprache der Sehnsucht nach einer finnischen Identität Ausdruck gaben. Für Topelius war die finnische Landschaft Gottes eigenes Land. »O Herr, lehr' uns zu lieben, / zu lieben lehr' uns unser Land«, lässt der Dichter den kleinen Vogel über die Seen von Kangasala zwitschern.

Die Schönheit der über zweihundert Seen hatten die Maler schon vor dem Dichter erkannt. Russische Zaren und wohlhabende Bürger kamen seit den ersten Jahrzehnten des 19. Jahrhunderts als Urlauber. Das Gedicht von Topelius und seine Vertonung machten die Landschaft zur nationalen Kultstätte. Die Maler, die es nach 1850 zu den Seen um Kangasala zog, stellten sich mit ihren Bildern von der mythischen Natur bewusst in den Dienst der nationalen Bewegung. Schjerfbeck, Wiik und Thilén hatten sich dem Ruf der nationalen Bewegung nach einer finnischen Malerei bisher verschlossen. 1893 wollten sie selbst in Augenschein nehmen, was für ihre männlichen Kollegen zu einer malerischen Attraktion und nationalen Aufgabe geworden war.

Kehrt Helene Schjerfbeck mit magischen Landschaftsbildern aus Kangasala zurück? Nein, ihr Hauptwerk aus diesem Sommer zeigt ein älteres Kind mit struppigem Haar, das vor einer schmucklosen Wand auf einer einfachen Holzbank sitzt, darüber ein Fenster. Das Mädchen, durch das Fensterlicht von hinten wie angeleuchtet, schaut auf die hölzerne Wiege, die den vorderen Bildraum einnimmt. Der Blick fällt von oben auf die Wiege und das Kind, das darin auf dem Rücken liegt, die Arme hebt, die kleinen Hände zu Fäustchen geballt. »Wiegenlied« heißt das Bild und ist so intim und unpathetisch, dass es als Interpretation einer völkisch-nationalen Idee nicht taugen kann.

Im Herbst 1893 wartet im Ateneum auf Helene wieder der Unterricht in der Zeichenschule des Kunstvereins. Gerade weil sie sich dieser Arbeit mit zwiespältigen Gefühlen widmet, fühlt sie sich verpflichtet, besonders gewissenhaft zu sein. Während sich andere Lehrer tagelang nicht in ihren Klassen sehen lassen und die Disziplin der Schüler und Schülerinnen entsprechend lax ist, kommt Helene Schjerfbeck jeden Tag ins Ateneum. Sie prüft die Fortschritte, die an den Staffeleien oder in den Zeichenblöcken gemacht werden, kritisiert und ermuntert. Gleichgültigkeit erlaubt sie weder sich selbst noch ihren Zöglingen.

Was bleibt von diesem Jahr 1893, in dem sie das dritte Jahrzehnt ihres Lebens hinter sich gelassen hat? Es waren schöne stille Tage in Lappvik und gesellige in Kangasala; Helene arbeitet gern mit ihren Malfreundinnen zusammen. Aber ein Ereignis aus dem Frühjahr muss sie sehr gekränkt haben. Im Mai war ein prächtiger Bildband erschienen – »Finnland im 19. Jahrhundert«. Albert Edelfelt, der Helene Schjerfbecks Weg als Malerin ermutigend begleitet hatte und ihre Bilder gegen Kritik verteidigte, war an der Redaktion beteiligt und steuerte selbst etliche Illustrationen bei. Der Band brachte einen ausführlichen Beitrag über Finnlands Kunst, Verfasser war der Kunstwissenschaftler J. J. Tikkanen, und das verhieß nichts Gutes für Finnlands Malerinnen.

Im Herbst 1885 hatte Tikkanen in einem Zeitungsartikel die neuesten Bilder von Helene Schjerfbeck und Helena Westermarck lächerlich gemacht und ihnen jede künstlerische Qualität abgesprochen. Ihr französischer Stil passte ihm nicht. Im Prachtband von 1893 wurden alle männlichen Maler Finnlands ausführlich geehrt, nebst Reproduktionen und Grafiken. Von den Malerinnen wurden gerade einmal Helene Schjerfbeck und Maria Wiik erwähnt, aber nur zusammen und wie im Vorübergehen. J. J. Tikkanen, der es besser wusste, schrieb, dass es der einen in der weiblichen Figurenmalerei um »gefühlvolle Weichheit ging, der anderen um kräftige Charakteristik und Form«. Beide »befassen sich gerne mit Kinderwelten«.

Fünfzehn Jahre hatte Helene Schjerfbeck für die finnische Kunst alles gegeben. Ihre Werke hatten in vielen Ausstellungen gehangen, in Helsinki, in London und dreimal im Salon de Paris. Zwei Staatspreise hatte sie für ihre Bilder erhalten. »Die Genesende« hatte bei der Weltausstellung 1889 eine Goldmedaille bekommen und sie selbst als erste Frau das größte Kunststipendium, das der finnische Staat zu vergeben hatte. Aber für Finnlands einflussreichsten Kunstwissenschaftler zählte das alles nicht, waren Frauen keine wirklichen Künstler. Und Albert Edelfelt hatte keinen Anlass gesehen, einer Künstlerin, die er mehr als einmal gelobt hatte, einen gebührenden Platz in Finnlands Kunst des 19. Jahrhunderts zu verschaffen. Diese Erkenntnis gehörte zum bitteren Teil von Helene Schjerfbecks Jahresbilanz 1893.

23. Kapitel

Wien und Florenz – Feste Anstellung in Helsinki

März bis August 1894

Zum Jahresanfang einigte sich Helene Schjerfbeck mit dem Kunstverein auf eine vorübergehende Freistellung von ihrem Unterricht, die für beide Seiten von Vorteil war. Sie würde nach Wien und Florenz reisen und für die Nationalgalerie einige Kopien berühmter Gemälde anfertigen. Das war eine Arbeit, die sie gut und gern machte und die ersehnte Veränderungen mit sich brachte. Endlich würde sie ein paar Monate wieder ein freies Leben führen können. Sie würde nicht den strengen, misstrauischen Blicken der Mutter und dem ermüdenden Unterricht an der Zeichenschule ausgeliefert sein.

Die Bilder, die sie auf ihrer ersten Station in Wien kopierte, befanden sich im Kunsthistorischen Museum, das Porträt »John Chambers« von Hans Holbein und von Diego Velázquez, »Infantin Margarita Teresa«. Ein wenig kam sie sich im Wiener Museum vor wie im Gefängnis. Während des Kopierens wurde sie zusammen mit einem alten ungarischen Maler im Saal eingeschlossen. Der Ungar hatte in seinem Pult eine Branntweinflasche und lebte in der ständigen Angst, zu vergessen, wo er sie versteckt hatte. Von Florenz, der nächsten Station, schrieb sie rückblickend an Maria Wiik: »Ich bin es Dir schuldig, ein paar Worte über Wien zu schreiben. Es gibt dort viele freundliche Menschen, auch mitten im Gefängnis war es besser, als Du glaubst.«

Dieser erste Brief vom Arno an die »arme Marie« trägt das Datum vom 29. März 1894: »Du weißt glücklicherweise nicht, was

Dir entgeht, weil Du daheim bist und ich in Florenz.« Rund um die Pension sind die Dächer mit Schnee bedeckt, die Straßen sind schmuddelig: »Aber was soll's; die Sonne scheint und die Luft ist frisch.« Das Wetter war ohnehin zweitrangig, verglichen mit den Malereien des »Seligen Angelico« im Markuskloster, die Helene Schjerfbeck gleich nach ihrer Ankunft angesehen und die sie sehr bewegt hatten. In den Uffizien entdeckte sie »einen der besten holländischen Meister«, das war »berauschend nach all den schweren, edlen Italienern«. Geschrieben ist der Brief in der Pension von Signora Malevolti in der Via Nazionale 36. Helene Schjerfbeck hat einen Eingang mit eigenem Schlüssel.

Und sie kann es nicht lassen. Schon in diesem ersten Brief versucht sie, die Freundin zu überreden, ihr in der Ferne Gesellschaft zu leisten. Pensionspreise und Mahlzeiten seien sehr günstig, ebenso die Fahrtkosten Helsinki–Wien–Florenz in der zweiten Klasse, und »ich trinke den herrlichsten jungen Wein, der in den Kopf steigt … Bringt Dich das nicht in Versuchung?« Maria Wiik kommt nicht nach Florenz. Aber Helene muss abends trotzdem nicht wie in St. Petersburg einsam in ihrem Zimmer sitzen.

Mit den 1890er Jahren werden Florenz und Italien bei den skandinavischen und finnischen Malern populärer als Paris und Frankreich. Die Freundin Ada Thilén wird in den kommenden Monaten am Arno auftauchen und dann weiter nach Sorrent reisen. Ellen Thesleff, Jahrgang 1869, eine der talentiertesten jüngeren finnischen Malerinnen, war seit Januar 1894 in Florenz. Von ihrem Vater, Generaldirektor beim Amt für Straßen- und Wasserbau der Stadt Helsinki und nebenher Amateurmaler, hatte sie die ersten Malstunden erhalten. Die professionelle Ausbildung von Ellen Thesleff glich in vielem der von Helene Schjerfbeck: ebenfalls eine Schülerin Adolf von Beckers und der Zeichenschule des Kunstvereins in Helsinki, ab 1891 Unterricht an der Akademie Colarossi in Paris. Ihre Bilder, fast nur in Grau gemalt, erregen Aufsehen in Helsinki. Florenz, wo sie jetzt Helene Schjerfbeck trifft, wird für Ellen Thesleff ein Sehnsuchtsort, den sie viele Male besuchen wird.

In Florenz gibt es zudem ein Wiedersehen mit Anna Petersen, die mit mehreren Kollegen eine kleine dänische Kolonie am Arno bildete. Helene Schjerfbeck war Anna Petersen, 1845 in Kopenhagen geboren, eine Malerin, die für ihre Bilder im strengen Stil des französischen Naturalismus in ihrer Heimat große Anerkennung fand, schon im Herbst 1880 in Paris begegnet. Ein Gruppenfoto vom Sommer 1894 zeigt Helene Schjerfbeck mit den dänischen Künstlern bei einem Ausflug von Florenz nach Siena. Dort hat Helene, die im Juli 1894 den dreiunddreißigsten Geburtstag feiert, ein Einzelfoto von sich machen lassen – »schrecklich wie immer«, schreibt sie dazu an Ada Thilén.

Der Auftrag für das finnische Nationalmuseum geht ihr leicht von der Hand. Sie kopiert Fra Angelico im Kloster San Marco, Filippo Lippi und Giorgione. Ihre große Liebe ist Fra Angelico. »In San Marco, dem alten Kloster, kann man sein ganzes Leben verbringen«, schreibt sie Maria Wiik. Die Fresken von Fra Angelico seien »wunderbar in ihren Empfindungen«. Aber das Kopieren ist in Florenz nur Beigabe, Helene Schjerfbeck will in Italien vor allem frei malen.

Das südliche Klima jedoch macht ihr zu schaffen. Helene ist so müde und matt, dass sie sich nachmittags hinlegen muss. Nach der Entscheidung, ins höher gelegene, frischere Fiesole zu ziehen, geht es ihr besser. Der weite Blick in die Landschaft der Toskana und auf das Dächermeer von Florenz gibt anregenden Bilder-Stoff. Helene Schjerfbeck experimentiert mit Kreide, Kohle und Gouache; statt Öl probiert sie Tempera, mit Wachs vermischt. Sie malt kleine Aquarelle, Porträts und Tuschfarben-Landschaften mit scharfzackigen schwarzen Zypressen. Sie nimmt das berühmte *sfumato* der italienischen Malerei auf. Die Konturen in ihren Bildern werden noch heller und weicher, der Aufbau noch klarer, asketischer. Fort aus den eingefahrenen künstlerischen Gleisen der letzten Jahre in Finnland.

Die aktuellen positiven Eindrücke in ihren Briefen an Maria Wiik stehen gegen die späteren Erinnerungen. 1894 schreibt sie aus Florenz: »Was soll ich zur Malerei sagen, das kann ich nicht beschreiben, das musst Du Dir ansehen.« 1906 in einem Brief an Ada Thilén kritisiert sie, dass es in Florenz nur bei den alten deutschen Meistern Individualität gab: »Erinnere Dich an Cranach! Adam und Eva hängen in den Uffizien, und sie haben mehr Spiritualität als alle italienischen Schönheiten in der Galerie zusammen, eine verfeinerte Schönheit.« Auf Fra Angelico dagegen lässt sie auch im Rückblick nichts kommen und fügt hinzu: »Es ist traurig, dass ich so wenig von Giotto gesehen habe.«

Vielleicht war in Florenz gerade wegen der überwältigenden Zahl von Kunstschätzen alles zu schön, zu vollkommen. Das Vollkommene berührte Helene Schjerfbeck nicht. In Italien fühlte sie sich immer als Touristin, wird sie Jahrzehnte später sagen. Ihr Geld reiche bis September, hatte sie Maria Wiik geschrieben, dann wolle sie heimfahren. Anfang August erreicht sie in Fiesole ein Brief vom Direktorium des Kunstvereins. Helene Schjerfbeck wird eine fünfjährige feste Anstellung als Lehrerin der Modell-Klasse in der Zeichenschule angeboten. Mit dem Herbstsemester im September wäre Arbeitsbeginn.

Eine Überraschung, aber für Helene Schjerfbeck kein Grund zum Jubeln. Hat sie sich doch gerade wieder ins Malen eingestimmt; in das, was allein ihre Profession ist, wo sie sich wirklich zu Hause fühlt, auch wenn der Lernprozess ein Leben lang währen wird. Wieder steht eine quälende Entscheidung an. Der Vertrag bringt – endlich – finanzielle Sicherheit; Helene weiß, wie sehr die Mutter und der Bruder darauf setzen. Als Künstlerin dagegen kann das nicht ihre Richtschnur sein. Aber der Kunstverein lockt auch mit einem eigenen Atelier, das ihr als Lehrerin zusteht.

Noch im August 1894 sagt Helene Schjerfbeck von Florenz aus zu, packt die Koffer und reist zurück nach Helsinki.

24. Kapitel

Mythos Krankheit – Heilung in Gausdal

1895/1896

Wer sich als finnischer Künstler einen Namen gemacht hatte, den stellte der Kunstverein bevorzugt als Lehrer an seiner Mal- und Zeichenschule in Helsinki an. Als Helene Schjerfbeck im Herbstsemester 1894 ihren Unterricht in der Modellklasse aufnahm, traf sie auf ihre Kollegin Elin Danielson, die in der Malklasse unterrichtete. Die beiden Frauen kannten sich, seit Elin, ein Jahr älter als Helene, 1876 als Schülerin in die Zeichenschule und anschließend in die Akademie von Adolf Becker kam. Ihre Hauptausbildung lag in der Porzellanmalerei, wo sie sehr erfolgreich war und ihren Lebensunterhalt verdiente. Doch es zog Elin Danielson zur Malerei. Wie Helene Schjerfbeck hielt sie sich ab 1883 dank staatlicher Stipendien mehrfach in Paris auf. Sie bildete sich in der Akademie Colarossi weiter und malte in Pont-Aven.

Die selbstbewusste Elin Danielson, zweifellos ein großes Talent, die gewandt und kommunikationsfreudig auftrat, gehörte nicht zum engeren Kreis der Malschwestern um Helene Schjerfbeck. 1889 hatte Elin mit ihrem Bild auf der Pariser Weltausstellung eine Bronzemedaille, Helene eine Goldmedaille dritter Klasse gewonnen. Die beiden Frauen sahen sich als Konkurrentinnen. Die Zusammenarbeit an der Kunstschule im Wintersemester 1894/95 jedoch verlief reibungslos. Mehr noch: Als Elin Danielson eine zeitweilige Befreiung vom Unterricht beantragte, um das Frühjahrssemester in Florenz zu verbringen, war Helene Schjerfbeck bereit, zusätzlich die Malklasse der Kollegin zu übernehmen.

Ende Mai 1895 wurde Helene Schjerfbeck für die letzten drei

Semesterwochen krank geschrieben. Sie hatte eine schwere Grippe, und der Sommer brachte keine Besserung. Bis zum Herbst des Jahres 1895 kam sie nicht mehr auf die Beine, und zum Frühjahrssemester 1896 legte sie erneut ein Attest vor, das sie für arbeitsunfähig erklärte. Von »allgemeiner Schwäche« sprechen die Ärzte; sie selbst hat später Müdigkeit, Erschöpfung, Schlaflosigkeit hinzugefügt. Damit ist das Thema »Krankheit« angeschlagen, das in den Beschreibungen und Aufsätzen über Helene Schjerfbecks Leben und über ihre Kunst eine dominante Rolle spielt. Ihre Krankheitsgeschichte beginnt 1895.

Bei einem nüchternen Blick auf die folgenden Jahre sind zwei Einsichten wichtig. Zum einen gibt es keine direkten Aussagen – keinen Brief, kein Tagebuch – von Helene Schjerfbeck aus diesem Jahrzehnt über ihre Krankheit. Erst gut zwanzig Jahre später hat sie in Briefen und Gesprächen mit einem vertrauten Freund, Einar Reuter, dieses Thema angesprochen und sich selbst als eine lebenslang kränkelnde Person beschrieben. Einar Reuter hat 1917 eine Biografie, die erste, herausgebracht, die dieses Bild von Helene Schjerfbeck festschrieb. Nachfolgende Biografien und Aufsätze haben diese sehr persönlich eingefärbte Schrift als historische Quelle genutzt.

Soweit es in ihrer Macht stand, hat Helene Schjerfbeck mit zunehmender Berühmtheit versucht, ihr Leben in ihrem Sinn für die Nachwelt zu prägen. Dass Menschen, die in der Öffentlichkeit stehen, die Interpretation ihres Lebens über den Tod hinaus bestimmen möchten, ist ein bekanntes und verständliches Phänomen. Warum Helene Schjerfbeck rückblickend so sehr daran gelegen ist, der Krankheit eine große Gewichtung zu geben, wird sich annäherungsweise im Umkreis ihrer späten Jahre klären. Für ihr Leben am Ende des 19. Jahrhunderts gilt: den »Mythos Krankheit« so weit wie möglich zu vergessen und genau auf die Fakten zu sehen.

Im Mai 1895, das sagen die Unterlagen der Kunstschule, wird Helene ernsthaft krank, zum ersten Mal in ihrem Leben, und sie bleibt es, von ärztlichen Attesten gestützt, bis zu den Sommerferien 1896. Im Herbst 1896 meldet sie sich gesund bei der Kunstschule zurück. Sie unterrichtet ununterbrochen bis zum Dezember 1900. In ihrem Atelier beginnt sie ein großes Bildprojekt, das ihre Geduld und ihre Experimentierfreude herausfordert. Woher kommt die neu gewonnene Energie? Was hat ihre Lebensgeister nach über einem Jahr Krankheit wieder aktiviert?

Die erste Krankheitsperiode ihres Lebens 1895/96 war ungewöhnlich lang. Doch Helene war offensichtlich nicht bereit, ihre Lehrtätigkeit und ihren Fünfjahresvertrag aus Krankheitsgründen aufzugeben, und sie hatte mit dem Kunstverein einen Arbeitgeber, der ihr jede Zeit zum Gesundwerden ließ. Helene Schjerfbeck beschloss, sich in den Sommerferien 1896 einer Behandlung außerhalb Finnlands zu unterziehen, von der sie viel Gutes gehört und gelesen hatte.

Ihr Gesundbrunnen lag in Norwegen und erforderte eine lange Reise. Aber das war für die Malerin kein Hindernis, selbst nicht für ihre siebenundfünfzigjährige Mutter, die Finnland noch niemals verlassen hatte. Zusammen mit der Tochter kam Olga Schjerfbeck im Sommer 1896 nach Gausdal ins »Hifjellshotel«, ein Hochgebirgssanatorium mitten im Gudbrandstal, rund vierzig Kilometer nördlich von Lillehammer. Das Sanatorium war 1876 gegründet worden und hatte sich in Skandinavien und Finnland sogleich einen guten Ruf zur Behandlung von Lungenbeschwerden, Krankheiten der Atmungsorgane und »Nervenleiden« erworben. Grundlage für den norwegischen »Zauberberg« waren das Klima, die gute Höhenluft und eine angenehme Unterbringung der Patienten. Helene Schjerfbeck erzählte ihrer Kusine Esther später, man habe nicht den Eindruck gehabt, unter Kranken zu leben, sondern wie in einer Vollpension. Auch wenn es auf den Fluren des Sanatoriums von Menschen wimmelte

Vielleicht hatte Helene erfahren, dass ihr Kollege Albert Edelfelt 1893 mit seiner Frau Ellan nach Gausdal gereist war, weil sie es »an den Nerven« hatte. Eine Diagnose, die dem medizinischen Verständnis in der zweiten Hälfte des 19. Jahrhunderts entsprach.

Die Nerven galten als Schaltstelle für den gesamten Körper, und alle Krankheitssymptome gingen von ihnen aus. Ein Fachbegriff war bald gefunden – die Neurasthenie, »Nervenschwäche«. Sie war der populären Krankheit Hysterie, für die ebenfalls »schwache Nerven« verantwortlich gemacht wurden, fast zum Verwechseln ähnlich.

Beide Begriffe sind inzwischen aus dem medizinischen Vokabular verschwunden. Zu offensichtlich war der Einfluss traditioneller Rollenbilder, die »schwache Nerven« ausschließlich dem »schwachen Geschlecht« zuwiesen und Hysterie wie Neurasthenie zu weiblichen Modekrankheiten abstempelten. Damals jedoch begann der Aufstieg von Sanatorien wie Gausdal, um einer vor allem bürgerlichen Klientel standesgemäße Hilfe bei diesen weit verbreiteten »Frauenkrankheiten« anzubieten.

Als Frau und Künstlerin war die unverheiratete Helene Schjerfbeck doppelt anfällig für das Verdikt »Neurasthenie«, hatte sie doch als Malerin einen traditionell männlichen Beruf gewählt und lebte permanent gegen ihre weibliche Bestimmung als Ehefrau und Mutter. Hinzu kommt, dass zum Mythos des europäischen Künstlergenies seit Jahrhunderten Krankheiten und übergroße Sensibilität gehörten. Es ist sehr wahrscheinlich, dass Helene von ihrer unmittelbaren persönlichen Umgebung in Helsinki – der Mutter, dem Bruder – lange vor der ersten Krankheit unter den Verdacht »schwacher Nerven« gestellt wurde. Auch ihre Ärzte werden diese populäre Erklärung nicht ausgeschlossen haben. Und wie sollte Helene Schjerfbeck nicht an diese Diagnose glauben, wenn alle um sie herum davon überzeugt waren. Helenes Entscheidung im Sommer 1896, nach Gausdal zu reisen, spricht für ihre Entschlossenheit, sich von diesem Leiden zu befreien.

Der Weg nach Gausdal führte am Rand einer tiefen Schlucht entlang, in die ein rauschender Wasserfall stürzte. Die Pferde vor dem Wagen quälten sich langsam höher und höher. Gausdal liegt auf knapp neunhundert Metern und das bedeutet in diesem Klima oberhalb der Baumgrenze. Auf Helene Schjerfbeck wirkte die Landschaft bei der Ankunft beklemmend eintönig. Doch das änderte sich, sobald sie die Umgebung erkundete. Alles wurde ein Teil ihrer positiven Erinnerungen: die farbenfrohen Blumen im Fjord, die Zwergkiefern und die Heide, jeder Stein am Wegrand, der Gesang der Amsel, die langen Abende des nordischen Sommers und vor allem die intensive Einsamkeit. Und dann war da diese besondere Luft, die Zauberkräfte hatte.

Helene Schjerfbeck erlebte in Gausdal die Natur so intensiv wie nie zuvor. Das war die eine ihrer Kraftquellen. Die andere war der medizinische Leiter des Sanatoriums. Er hatte es sich zur Lebensaufgabe gemacht, Menschen zu helfen, nach Verirrungen und Abzweigungen auf den eigenen Weg zurückzukehren und wieder »geradeaus« zu gehen. Ohne Angst vor dem, was andere dazu sagten.

Es ist ein glücklicher Umstand, dass Kristian Feyer Andvord, Facharzt für Lungenkrankheiten und Tuberkulose, im Frühjahr 1896 im Hifjellshotel die medizinische Leitung übernommen hatte. Der international anerkannte Forscher, Jahrgang 1855, war ein schlanker Mann, elegant gekleidet und seit 1890 zum zweiten Mal verheiratet. Kristian Andvord wurde 1896 Helene Schjerfbecks behandelnder Arzt, und er blieb es während der Aufenthalte in den zwei folgenden Sommern.

Wir müssen uns damit abfinden: Alles, was wir über ihr Verhältnis zu Kristian Andvord wissen, was er ihr bedeutete und wie er wieder Gesundheit und Freude in ihr Leben brachte, erfahren wir nur aus Gesprächen und Briefen, in denen sie sich Jahrzehnte später rückblickend ihrem engen Freund Einar Reuter anvertraute. (Er wird ihr Leben ab 1915 begleiten.)

Um den wichtigsten »Befund« der Zeit in Gausdal vorwegzunehmen: Zwischen Arzt und Patientin entwickelte sich eine Freundschafts- und Liebesbeziehung, die nach Helene Schjerfbecks eigenen Worten nicht nur platonisch war. Kristian Andvord hat Helene gegenüber seine zweite Ehe mit einer Frau aus wohlhabender schwedischer Oberschicht als unglücklich und leer beschrieben. Sie bekannte Einar Reuter: »Ich habe in Norwegen einem Menschen etwas gegeben, der dabei war umzukommen; etwas mehr als das, was die Welt als rein und gut bezeichnet, für mich war alles rein.« Das Knäuel aus persönlichen Gefühlen und therapeutischen Hilfen, aus Korrekturen und Verzerrungen im Nachhinein ist kaum zu entwirren. Trotzdem lässt sich aus Helenes Rückblicken ohne Indiskretion ein Bild zusammensetzen, das Konturen zeigt. So ungesichert es bleiben wird.

Über medizinische Indikationen oder konkrete Hinweise auf ihre Krankheit verliert Helene Schjerfbeck in der Erinnerung kein Wort. Diese Leerstelle sagt etwas: Dr. Andvord schien davon auszugehen, dass diese Patientin nicht unter dem klassischen Symptom »schwache Nerven« – Neurasthenie – leidet. Was sie krank machte, waren mangelnde Zuneigung und fehlendes Verständnis. Er gab Helene Schjerfbeck das Gefühl, zum ersten Mal in ihrem Leben einen Menschen gefunden zu haben, der sie verstand, und sie öffnete sich. Sie erzählte Dr. Andvord über sich und ihre Gefühle, was sie noch keinem Menschen anvertraut hatte. Helene sprach über ihre Einsamkeit; über das Gefühl, isoliert zu sein und manchmal von den Eindrücken ringsum wie erdrückt zu werden, so dass sich alles in ihr zusammenkrampfte – »er wusste über mich mehr als alle anderen«. Umgekehrt gilt: »Ich kannte sein Geheimnis, wusste, was er dachte, wenn er im Gewimmel der Menschen durch das Sanatorium lief.«

Die Lebensphilosophie von Dr. Kristian Andvord wurzelte in seinen eigenen traurigen Lebenserfahrungen und seiner Entschlossenheit, darin nicht unterzugehen, sondern seine Kraft, ja sein Glück daraus zu ziehen: »Er war glücklich ... Er lehrte mich, glücklich zu sein.« Die Leitlinien für ein geglücktes Leben, die er Helene Schjerfbeck in den drei Aufenthalten in Gausdal zu vermitteln suchte, bilden ein ambivalentes Geschwisterpaar. Die eine Botschaft hieß, sie solle aufhören, über sich selbst nachzugrübeln. Der Mensch lebt und arbeitet nicht um seiner selbst willen, sondern für andere. Dr. Andvords zwiespältiger Rat für seine Patientin: »Du brauchst weniger Liebe als alle anderen.« Sprach er als Arzt oder als Liebhaber? Helene Schjerfbecks Kommentar viele Jahre später: »Er war gut. Er legte seine Hände auf mich und sagte: Liebe mich ... Und ich fand eine Liebe für das Leben.«

War das ein guter Rat: sich aufzuopfern für die anderen? Die eigenen Wünsche und Fähigkeiten zu unterdrücken? Es gab Momente in ihrem Leben, da hat Helene Schjerfbeck sich einen kritischen Blick auf Dr. Andvords Heilmethode erlaubt. An ihre Freundin Maria Wiik schrieb sie viele Jahre nach Gausdal über ihren Therapeuten und Geliebten: »Er hat mir alle meine Traurigkeit aufgepackt.« Doch die unmittelbare Gesundung und die lang anhaltende Kraft, die sie aus ihren Begegnungen mit Andvord und seiner Wegweisung zog, sprechen für sich. Zumal er ihr nicht nur Aufopferung predigte.

Helene Schjerfbeck hörte in Gausdal auch eine andere, befreiende Botschaft. Sie durfte sich zugestehen, schwach zu sein. Sie sollte lernen, wann es an der Zeit war zu lachen und wann zu weinen. Sie durfte sich das Leben leichter machen, es war ohnehin schwer genug. Helene Schjerfbeck soll sich nicht von andern vorschreiben lassen, was richtig und was falsch ist. Dr. Andvords Devise: Jeder Mensch lebt nach seiner eigenen Moral; er ist allein sich selbst verantwortlich. Den eigenen Weg finden und gehen, sich von nichts und niemandem daran hindern lassen, das festigte Helene Schjerfbecks Überzeugung, mit der sie an ihrem Beruf als Malerin bisher festgehalten hatte. Es betraf den Kern ihrer Persönlichkeit.

Die Stärkung ihres Selbstbewusstseins durch Kristian Andvord, den Mann, den sie liebte, obwohl er sich nicht für Malerei interessierte, war der entscheidende Ertrag ihrer Gausdal-Reisen. Umso mehr, als der erste Mann, dem sie völlig vertraut hatte, der Maler aus England, mit der Auflösung der Verlobung ihrem Selbstbewusstsein einen schweren Schlag versetzt hatte. An Andvords Beispiel konnte Helene Schjerfbeck sich aufrichten, Mut und Hoffnung fassen. Zugleich nahm er ihr die Angst vor der Zukunft und vor dem Versagen: »Du musst tun, was deine Berufung ist, war seine Devise, aber wir wissen nicht, wie es ausgeht.« Ende offen: Das war ein weiterer Ansporn, nicht nachzulassen, nicht müde zu werden und an sich selbst zu glauben.

Drei Sommer lang war Helene Schjerfbeck mit ihrer Mutter in Gausdal und traf dort für ein paar Wochen die zweite Liebe ihres Lebens, in dem Wissen, dass es keine gemeinsame Zukunft gab. Wie schmerzhaft das war, darüber hat sie nie gesprochen. Es gelang ihr jedoch, diese Liebe auch ohne den Geliebten als Kraftquelle zu erhalten. Alle Semester vom Herbst 1896 bis zum Sommer 1899 kann sie im Ateneum, wo unter dem Dach die Kunstschule untergebracht ist, ohne Krankschreibung ihre Schülerinnen und Schüler unterrichten.

In den Sommerferien 1899 unterbricht Helene Schjerfbeck ihr Urlaubsritual, fährt nicht mehr nach Gausdal, sondern sucht einen Luftkurort in Finnland auf. Es ist Hyvinkää (schwedisch: Hyvinge) knapp sechzig Kilometer nördlich von Helsinki. Das hat auch mit Politik zu tun. In unruhigen Zeiten fährt man besser nicht außer Landes.

25. Kapitel

Russifizierung und der Widerstand der Jungfinnen

1890 bis 1899

Reisende, die zu Beginn der 1890er Jahre nach Helsinki kamen, berichteten verblüfft, in einer Stadt der Radfahrer gelandet zu sein. Selbst bei Eis und Schnee saßen außer den Einheimischen russische Soldaten in voller Uniform auf den Rädern, der Säbel baumelte an ihrer Seite. Die Zahlen bestätigen diese Wahrnehmung. In Finnlands Hauptstadt waren 1890 rund 70000 Fahrräder registriert; mehr Räder als Menschen, denn die Einwohnerzahl lag bei 65535. Helsinki zählte zu den am schnellsten wachsenden Hauptstädten Europas; im Jahr 1900 lebten hier 93219 Menschen.

Man war aufgeschlossen gegenüber dem technischen Fortschritt der Moderne. Im Winter 1890 wurde in Helsinki erstmals ein Eisbrecher eingesetzt. Endlich war der Seeweg durch die Ostsee nicht mehr für Monate unterbrochen und das Land die Hälfte des Jahres vom europäischen Kontinent isoliert. 1896 waren rund 4000 Telefone in Finnlands Hauptstadt installiert, mehr als in der russischen Hauptstadt St. Petersburg. 1898 wurde auch in Olga Schjerfbecks Wohnung ein Telefonanschluss gelegt, weil der Kunstverein mit Helene Schjerfbeck Fragen, die ihren Unterricht betrafen, auf kurzem Wege bereden wollte. Um diese Zeit hatten sich die Bewohner längst an die Straßenbahnen und Omnibusse gewöhnt, die – von Pferden gezogen – seit 1890 ihren regelmäßigen Dienst taten. Helsinki ähnelte immer mehr einer westlichen Metropole.

Entlang der Straßenseite der nördlichen Esplanadi wurden die letzten Lücken mit steinernen Luxusbauten gefüllt, in denen feine

Geschäfte und Restaurants das bürgerliche Publikum anzogen. An der westlichen Seite des Hafenbeckens, wo seit alters her im Freien Speisen zubereitet wurden, war 1889 eine prächtige steinerne Markthalle gebaut worden, die erste in Finnland. Das änderte jedoch nichts am bunten Treiben auf dem großen offenen Marktplatz am nördlichen Ende des Hafenbeckens.

Wo heute Touristen flanieren und in kleinen Zelt-Cafés finnischen Kaffee trinken, lieferten damals die Fischer weiterhin ihren Fang direkt aus den Booten an die Hausfrauen und Köche. Die Bauern aus dem Umland verkauften Gemüse, Kartoffeln, Eier, Milch und lebende Hühner, Fleisch und Brot. Neben den einheimischen Händlern boten seit Jahrzehnten Russen ihre Waren an, auf Delikatessen aller Art spezialisiert. Gegen Ende der 1890er Jahre hatten russische Straßenhändler das Monopol auf die Herstellung von Eiskrem in Finnlands Hauptstadt. Auf der politischen Bühne allerdings verschlechterte sich das Verhältnis zwischen Finnland und Russland in diesem Jahrzehnt dramatisch.

Die kluge russische Politik, die Finnlands Eigenständigkeit in Wirtschaft und Kultur erfolgreich gefördert hatte, kollidierte im letzten Drittel des 19. Jahrhunderts zunehmend mit einer innerrussischen Ideologie, die als »Panslawismus« ein zentralistisch regiertes Reich forderte. Alle eroberten Gebiete – ob Polen oder Finnland – sollten von St. Petersburg aus regiert werden. Mit der Anordnung, die bis dahin selbstständige finnische Post der russischen Reichspost einzugliedern und keine finnischen Briefmarken mehr zuzulassen, begann 1890 eine unübersehbare Politik der Russifizierung. Die Frage, wie man sich zu den rigorosen Anweisungen aus St. Petersburg verhalten sollte, spaltete die finnische Parteienlandschaft und führte zu neuen Koalitionen.

Die Finnenpartei – lutherische Pastoren, kleine Bauern und Handwerker – fühlte sich als Vertreter des wahren Finnentums. Sie stand für Tradition, ein gottgefälliges Leben, gegen die moderne Zivilisation und für eine prorussische Politik. Das forderte den Widerstand der schwedischsprachigen bürgerlichen Schicht heraus. Für sie gehörte die schwedische Vergangenheit Finnlands zu den Wurzeln einer gemeinsamen Kultur und Identität. Finnland war ein souveräner Staat mit einer Verfassung, die auf schwedische Gesetze zurückging, deren Einhaltung die Zaren garantierten. Die Schwedenpartei setzte auf eine liberale Gesellschaft, die sich nach dem westlichen Europa ausrichtete. Und sie kämpfte für eine Idee, die noch im 21. Jahrhundert modern ist: dass die nationale Identität nicht über die Sprache definiert wird.

Helsinki ist der beste Gradmesser, wie in der zweiten Hälfte des 19. Jahrhunderts die Dominanz des Schwedischen langsam, aber sicher zurückging. 1870 nannten 57 Prozent der Bewohner Schwedisch als ihre Muttersprache, 25,9 das Finnische. 1880 war das Sprachen-Verhältnis der Bevölkerung in Helsinki noch 52,3 zu 34 Prozent. Aber die Forderung der Finnenpartei, dass Finnisch in Politik und Verwaltung, Schulen und an der einzigen Universität in Helsinki das Schwedische ablösen sollte, wurde immer lauter. 1890 gaben nur noch 45,6 Prozent Schwedisch als Muttersprache an. Die finnisch Sprechenden hatten auf 45,5 Prozent aufgeholt.

Aus dem friedlichen Nebeneinander beim Aufbruch der nationalen Bewegung war ein erbitterter Sprachenstreit zwischen Anhängern der Finnenpartei und denen der Schwedenpartei geworden. Die Russen waren die lachenden Dritten. 1891 kam aus St. Petersburg die Anweisung, dass finnische Amtspersonen in Zukunft Russisch sprechen müssten. Das ging den jüngeren Mitgliedern der »Alten Finnen« zu weit. Als »Junge Finnen« kritisierten sie die Anordnungen aus St. Petersburg und pochten auf eine finnische Politik, die sich russischem Druck nicht beugen sollte. Sie schlossen passiven Widerstand gegen die russische Obrigkeit nicht aus und gingen Koalitionen mit der Schwedenpartei ein.

1898 schickte Zar Nikolaus II. Nikolai Iwanowitsch Bobrikow als neuen Generalgouverneur des Großfürstentums Finnland nach Helsinki. Im Oktober hielt er seine Einführungsrede im prächtigen Bau des Senats neben dem Dom, er sprach Russisch. Seine politischen Ziele: die Eingliederung der bisher unabhängigen finnischen

Armee in das russische Heer; die Anpassung finnischer Gesetze an die russische Gesetzgebung; die Supervision der Universität und die Gründung russischer Zeitungen.

Ein Jahr später schuf Zar Nikolaus II. Fakten. Er erließ am 15. Februar 1899 eine Grundverordnung, ohne wie bisher üblich den finnischen Landtag zu konsultieren. Gouverneur Bobrikow würde diese kompromisslos exekutieren. Sie ist als »Februarmanifest« in die finnische Geschichte eingegangen: In allen finnischen Angelegenheiten, die auch nur entfernt das Interesse des russischen Reiches betrafen, sollten die russischen Gesetze bindend sein. Allen Theorien, die Finnland eine eigene Souveränität zusprachen, war damit eine Absage erteilt. Die Studenten der Kaiserlichen Alexander-Universität von Helsinki setzten diesem politischen Affront eine öffentliche Aktion entgegen.

Die Blätter für eine »Große Adresse« an den Zaren tausendfach auf dem Rücken, schwärmten Studenten von Helsinki mit dem Zug, mit Schlitten und Skiern in die Weite des Landes aus, um Lehrer, Gutsherren, Bauern und Dienstmädchen über ihre Aktion aufzuklären und mit möglichst vielen Unterschriften zurückzukehren. Im Gepäck hatten sie neben Messer und Revolver für die unwirtlichen Gegenden auch Streichhölzer, um die Petitionen zu verbrennen, bevor sie in die Hände der russischen Obrigkeit fielen.

Mit einer eindrucksvollen Organisationsleistung gelang es, innerhalb von zehn Tagen als Antwort des patriotischen finnischen Volks auf das »Februarmanifest« über 522000 Unterschriften für die »Große Adresse« zu sammeln, die die Besorgnisse der Bevölkerung artikulierte. Rund fünfhundert prominente Finnen brachten die Unterschriften nach St. Petersburg. Der Zar weigerte sich, seine Untertanen zu empfangen.

In Russland erklärte der Dichter Lew Tolstoj, dass diese Art von passivem Widerstand erlaubt sei. In Finnland distanzierte sich die lutherische Kirche von der »Großen Adresse«. Die Partei der Altfinnen grenzte sich ausdrücklich von den Jungfinnen ab.

26. Kapitel

Die Kunst im Dienst des Patriotismus

1890 bis 1900

Zuerst war es eine heimliche Liebe. Nach drei Jahren endlich konnte Axel Gallén seinen zukünftigen Schwiegereltern beweisen, dass er als Maler fähig war, eine Familie zu gründen und zu ernähren. Im Mai 1890 heiratete der Fünfundzwanzigjährige die drei Jahre jüngere Marie Slöör. Sofort nach der einfachen Zeremonie begab sich das Paar auf Hochzeitsreise. Karelien, das teils zu Finnland, teils zu Russland gehörte, hieß das Ziel, und das war ein Programm. Das junge Paar, das aus schwedisch sprechenden Familien kam, vereinte ein glühender Patriotismus für die finnische Nationalbewegung. Im Rahmen einer landesweiten Aktion wird Axel Gallén 1907 – wie rund 36000 weitere Finnen – seine schwedischen Wurzeln verwischen und die finnische Version seines Namens Akseli Gallen-Kallela annehmen. Unter diesem Namen ist er als einer der Großen in die Malerei eingegangen. Wie kein anderer Künstler verkörpert Gallen-Kallela zwischen 1890 und 1900 die finnische Nationalbewegung und stellt das »Kalevala« ins Zentrum seines Schaffens.

Es war die Zeit des Widerstands gegen die Russifizierung, und die Wallfahrt nach Karelien, zum angeblichen »Urfinnland«, erlebte einen nie gekannten Aufschwung. Vor allem Künstler strömten nach Karelien und hofften auf Anregungen für ihre Arbeit. Was als romantische Naturschwärmerei gedeutet werden könnte, war ein patriotisches Bekenntnis. Wer sich dem Karelianismus verschrieb, sah sich im Dienst des finnischen Vaterlandes. Maler und Dichter, Musiker und Komponisten hatten nach dieser Ideologie eine besondere Verpflichtung. *Päivälehti*, die finnische Tageszeitung, hatte am 1. Oktober 1890, wenige Monate nach ihrer Gründung, an die Künstler als die Verantwortlichen für das »nationale Erwachen« appelliert. Der finnische Charakter sei ein »wahrhaft karelischer Charakter«, und die Künstler mussten ihn lebendig werden lassen – in Farben, Worten und Tönen. Der Mensch braucht Bilder, um sich zu begeistern; Musik, um sich zusammen mit Gleichgesinnten dem nationalen Rausch zu öffnen. Karelien und die Kunst, das war der Auftrag von *Päivälehti*, sollten sich gegenseitig befruchten: »Das scharfe Auge des Künstlers soll den Platz ausfindig machen, wo die Runenmenschen lebten ... wir wollen die künstlerische Seite Kareliens (mit Hilfe der Kunst!) spüren.«

Kein anderes Jahrzehnt hat ein so fruchtbares und erfolgreiches Bündnis zwischen Kunst und finnischer Nationalbewegung vorzuweisen wie jenes zwischen 1890 und 1900. Während die Unterdrückung finnischer Eigenständigkeit durch die Politik der russischen Obrigkeit zunimmt, fühlen sich die meisten finnischen Künstler zu patriotischen Bildern herausgefordert. Ihre Werke gelten nur noch zwei Motiven – dem Kalevala und der Schilderung von Landschaften, die Finnlands Geist und nationale Identität verkörpern. Die Künstlerinnen standen insgesamt abseits.

Im Ateneum wird im März 1891 das gewaltige Triptychon »Der Aino-Mythos« von Akseli Gallen-Kallela vorgestellt; eine Auftragsarbeit für den Kaiserlichen Senat von Helsinki. Die Begeisterung von Öffentlichkeit und Kunstkritikern über die Darstellung einer zentralen Erzählung am Beginn des Kalevala kennt keine Grenzen. In einen breiten goldenen Rahmen eingebunden, versucht der Zauberer Väinämöinen tolpatschig, sich dem ihm versprochenen Mädchen Aino zu nähern; sie entzieht sich ihm und sucht schließlich den Tod im Meer, um dem Alten zu entkommen.

Im Festsaal der Kaiserlichen Alexander-Universität dirigiert Jean Sibelius am 28. April 1892 die Uraufführung von »Kullervo«, einer sinfonischen Dichtung für Orchester, Mezzosopran, Bariton und Männerchor. Vom tragischen Leben Kullervos, der »nicht erwachsen werden wollte«, und Selbstmord begeht, erzählt der fünfunddreißigste Gesang des Kalevala. Jean Sibelius wird am Konzertende umjubelt; mit »Kullervo« beginnt seine steile Karriere als Nationalkomponist.

Im Sommer 1893 malt Akseli Gallen-Kallela sein drittes Monumentalgemälde nach den Geschichten des Kalevala – »Das Schmieden des Sampo«. Im November dirigiert Jean Sibelius die Uraufführung der »Karelia-Tableauxmusik« im traditionsreichen Seurahuone-Hotel am Hafen. Die studentische Landsmannschaft aus Viipuri, einer Provinz in Karelien, hat zu einem karelischen Fest eingeladen. Auf der Bühne werden in Kostümen sieben »Lebende Bilder« gestellt, zu denen Sibelius die Musik geschrieben hat. Die Musik zu dreien dieser Bilder fasst der junge Star-Komponist zur »Karelia-Suite« zusammen; wieder ein Erfolgsstück.

Akseli Gallen-Kallela malt 1896 die nächste Geschichte aus dem Kalevala – »Die Verteidigung des Sampo«. Sie erzählt, wie die Helden der finnischen Vorzeit vergeblich versuchen, die Zaubermühle Sampo aus dem mythischen Nordland zu entführen, um sie für ihre eigenen Zwecke zu nutzen. Im April findet im Festsaal der Universität von Helsinki die Uraufführung der ersten Fassung der vier »Lemminkäinen-Legenden« statt. Jean Sibelius dirigiert sein Werk für Orchester. Lemminkäinen ist der strahlende junge Held, der im Zentrum des Kalevala steht. Die Frauen bewundern ihn, er muss sich in harten Proben bewähren, erfüllt zwei davon und findet bei der dritten den Tod.

Das berühmteste Kalevala-Bild von Akseli Gallen-Kallela entsteht 1897 – »Lemminkäinens Mutter«. Nach dem gewaltsamen Tod ihres Sohnes begibt sich Lemminkäinens Mutter zum Totenfluss und fügt dessen Körperteile wieder zusammen. Diesen Augenblick hat Gallen-Kallela im Bild festgehalten. Im Hintergrund fließt der Totenfluss. Am linken oberen Bildrand schwimmt der Schwan von Tuonela, für dessen Tötung Lemminkäinen mit dem Leben büßen musste. Im selben Jahr dirigiert Jean Sibelius die zweite, endgültige Fassung seiner »Lemminkäinen-Legenden«, deren berühmtester Teil die zweite Erzählung ist – »Der Schwan von Tuonela«.

1899 kommt ein neues Bild mit einer Kalevala-Erzählung aus Akseli Gallen-Kallelas Atelier – »Kullervos Fluch«. Wem der Fluch des abgemagerten Kullervo gilt, der seinen Hass inmitten finnischer Wildnis wie ein ahnungsvoller Seher hinausschreit, haben die Zeitgenossen ohne Worte verstanden. Im Oktober dirigiert im übervollen Festsaal des Seurahuone-Hotels Jean Sibelius erneut eine Uraufführung – »Eisgang auf dem Fluss Oulu«. Es ist eine Improvisation für Männerchor und Orchester nach einem Gedicht des Nationaldichters Zacharias Topelius. Darin spricht der Fluss, ein »echter Sohn meines Landes« und »keine Sklavennatur«: »Frei bin ich geboren und frei will ich sterben.«

Im November 1899 haben die Studenten im Schwedischen Theater von Helsinki eine festliche Aufführung organisiert, um gegen die Einschränkung der Pressefreiheit durch Gouverneur Bobrikow zu protestieren und Gelder für die Pensionskasse der arbeitslosen Journalisten zu sammeln. Sechs »Lebende Bilder« aus Finnlands Mythologie werden durch Schauspieler auf der Bühne dargestellt. Jean Sibelius hat die »Musik zu den Pressefeiern« komponiert und steht am Dirigentenpult. Als der Finalsatz zum letzten, sechsten »Tableau« verklungen ist, kennt die Begeisterung der Zuhörer keine Grenzen. Das Thema heißt »Finnland erwacht«.

Aus dem sechsten Bild zur »Musik zu den Pressefeiern« komponiert Jean Sibelius eine eigene »Tondichtung für Orchester«, die unter seiner Leitung am 2. Juli 1900 uraufgeführt wird. Es ist die Geburtsstunde von »Finlandia«, Finnlands heimlicher Nationalhymne. Weltweit ist dieses Musikstück zum Sympathieträger für das kleine Land im Norden geworden. Wohin man in der finnischen Kunstszene im letzten Jahrzehnt des 19. Jahrhunderts blickt: Es ist der nationale Auftrag, dem Finnlands Musiker und Maler huldigen, und es sind Männer, die im Rahmen der patriotischen Kunst Ruhm und Ehre, Aufträge und Geld einheimsen.

In der Malerei hätte Helene Schjerfbeck den Zeitgeist mit meisterlichen Bildern bedienen können. Die Palette ihrer maltechnischen Möglichkeiten war grandios. Die Kunstkritiker, die seit Jahren ihr Talent beschworen und solche Bilder von ihr herbeisehnten, hätten ihr zugejubelt. Helene bediente diese Sehnsucht nicht, sie verweigerte sich der populären Aufforderung, mit ihrer Kunst der nationalen Bewegung zu dienen. Für sie war die Kunst niemandes Dienerin, im Gegenteil. Die Künstler hatten der Kunst zu dienen. Nichts konnte Helene Schjerfbeck davon abbringen, auch in schwierigen Zeiten ihre künstlerischen Prinzipien kraftvoll und selbstbewusst umzusetzen.

27. Kapitel

Außenseiterin der Kunstszene

1890 bis 1902

Malen im Rausch nationaler Begeisterung? Kraftstrotzende Phantasie-Helden einer mythischen Vergangenheit auf die Leinwand bringen? In einem solchen Szenario war kein Platz für Helene Schjerfbeck, denn für sie war das Verrat an der Kunst. Aus ihren Bildern und ihrem Verhalten lässt sich klar destillieren, was Malerei für sie bedeutete.

Experimente waren nicht nur erlaubt, sondern mussten sein, damit ein Künstler seinen eigenen Weg finden konnte. Das Bild und seine ganz eigenen Gesetze standen im Mittelpunkt. Es ging darum, wie sich Form und Farbe zueinander verhielten. Wie sich mit winzigen malerischen Nuancen Stimmungen erzeugen ließen. Das Abbild auf einer Leinwand oder auf Papier mochte realistisch aussehen, aber es war keine Fotografie. Ihm wuchs durch die Künstlerin eine neue Dimension zu. Sie wollte etwas Eigenes, Einmaliges schaffen, das sich im Blick der jeweiligen Betrachter veränderte und vielfach gebrochen wurde.

Der Künstler hatte die Pflicht, sich frei zu halten von äußeren Einflüssen. Dafür durfte er allein entscheiden, wie sein Dienst an der Kunst aussah. Helene Schjerfbeck verstand sich als Herrin über ihre Werke. Sie nahm keine Aufträge zum Geldverdienen an, selbst nicht im Bereich der lukrativen Porträtmalerei. Sie allein hatte es in der Hand, was und wer der Gegenstand ihrer künstlerischen Arbeit wurde. Waren sie fertig, konnten Museen, Ausstellungsmacher und private Käufer sich für ihre Werke entscheiden – oder dagegen.

1894 setzte der Frauenverband in seinem »Kalender der Arbeit der finnischen Frauen« seine Hoffnung darauf, dass in Finnland endlich eine anerkannte Künstlerin große patriotische Bilder schaffen würde. Der Wunsch richtete sich unausgesprochen an Helene Schjerfbeck. Doch solchen Vorgaben nachzukommen hätte bedeutet, sich als Persönlichkeit und Malerin aufzugeben. Seit Helene Schjerfbeck als elfjähriges Mädchen mit dem Unterricht in der Zeichenschule begonnen hatte, hatte sie ihren eigenen Weg eingeschlagen. Sie wollte erfolgreich sein, dafür wandte sie kluge Strategien und Kompromisse an. Aber die Kunst stand für sie immer im Mittelpunkt, frei von allen Verpflichtungen.

Die Situation ab 1890 war neu für sie, als Akseli Gallen-Kallela ein erfolgreiches Kalevala-Bild nach dem anderen malte und die männlichen Kollegen sich auf nationale »typisch finnische« Landschaften mit karelischer Wildnis, glitzernden Seen und romantischen Sonnenuntergängen spezialisierten und Publikum wie Kunstkenner begeistert waren. Nicht nur, dass Helene Schjerfbeck diesem Trend nicht gefolgt ist. Sie hat sich mit ihren Bildern deutlich davon abgesetzt. Nur ein Bild hat sie 1892 gemalt, das auf den ersten Blick wie eine Verbeugung vor der mythischen Geschichte Finnlands gedeutet werden kann.

Helene Schjerfbeck setzt eine junge Frau groß ins Bild, die ihr Gesicht tief in die Hände vergraben hat. Traurig, gedankenverloren geht ihr Blick auf die Kantele in ihrem Schoß. Die Kantele, einer Zither ähnlich, ist ein traditionelles Saiteninstrument aus Karelien, somit »urfinnisch«. Bei genauem Hinschauen entdeckt man, dass eine Saite des Instruments nicht mehr straff gespannt ist, sondern nach unten hängt. »Zersprungene Saite« ist der Titel des Bildes, der sich durchgesetzt hat, ursprünglich hieß es »Davids Psalm 137«. Der Kunstkritiker von *Nya Pressen* sah es im Frühjahr 1893 in der Ausstellung des Kunstvereins im Ateneum. Er nannte die Kantele-Spielerin in seinem wohlwollenden Artikel »eine junge Frau aus dem Volk«.

Eine fragwürdige Interpretation, denn Helene Schjerfbecks junge Frau ist schlank und elegant und trägt eine erstaunlich weit ausgeschnittene schmucklose weiße Bluse. Sie ist ganz und gar kein bäuerlicher Typ, wie man sich die ideale Frau aus dem finnischen Volk vorstellt. Ist dieses Bild vielleicht ein versteckter Gegenentwurf zu all dem nationalen Pathos und der Heroisierung männlicher Helden in den gelobten Bildern ihrer Kollegen? Und was bedeutet der ursprüngliche Titel? Vielleicht macht Helene Schjerfbeck auf ihre unspektakuläre Weise eine politische Aussage?

Wenn eine Saite der Kantele zersprungen ist, müssen die Gesänge des Kalevala verstummen. Trauer ist angesagt. Zu dieser Stimmung passt die Klage der Juden im 137. Psalm: »Dort an den Strömen Babels weilten wir / ach weinten wir / wenn Zions wir gedachten! / An Weidenbäume dort / hängten wir unsere Zithern.« Als die Juden von Jerusalem nach Babylon deportiert wurden, verweigerten sie ihren Feinden ihre traditionellen Gesänge und das »Freudenspiel« auf der Zither. Es war eine Art passiver Widerstand. Vielleicht will Helene Schjerfbeck mit diesem Bild ihre leise unpathetische Trauer über Finnlands Situation ausdrücken. Die »Zersprungene Saite« bleibt ein rätselhaftes Motiv. Als Beispiel für ein patriotisch aufgeladenes Bild jedoch kann die »Zersprungene Saite« nicht zitiert werden. Es wird vom Kunstverein für die Lotterie angekauft und findet einen Besitzer.

Auch während ihrer langwierigen Erkrankung 1895/96 besitzt Helene Kraft zum Malen. Und vielleicht ist das zweite Selbstporträt, das entsteht, auch Teil der Therapie. Eine Ewigkeit scheint seit 1884 vergangen, als sie verliebt, verlobt und voller Tatendrang, erfüllt von ihren Aufenthalten in Paris und der Bretagne, in ihrem ersten großen Selbstporträt lebensfroh in die Zukunft sah. »Was kostet die Welt?«, rief sie damals mit strahlenden Augen und einem fröhlichen Gesicht, das ganz dem Außen zugewandt ist.

Auch das Selbstporträt von 1895 verrät einiges von ihrem Lebensgefühl. Skeptisch fragend blickt sie seitwärts über die linke Schulter und gibt mit der leichten Drehung des Kopfes eine Neuigkeit preis: Der Zopf ist ab. An seiner Stelle sind die gekürzten blonden Haare am Hinterkopf zu einem Knoten gebunden. Der Hintergrund schimmert in silbrigem Grau mit blassem Braun. Blass ist auch das Gesicht, im Gegensatz zum prallen Blaugrün der strengen schmucklosen Oberbekleidung, die mit einem Halskragen bis unter das Kinn reicht. Mit diesem Bild hat Helene Schjerfbeck die Maltechniken, die sie in Florenz an den Renaissancefresken studierte, in ihren Stil integriert. Der leicht stumpfe Eindruck rührt vom Wachs her, das sie unter die Farben mischt.

Je länger man der jungen Frau ins Gesicht schaut, umso mehr nimmt man den leichten Spott in den Augenwinkeln wahr. Von Krise ist nichts zu spüren, eher von einer fast kessen Botschaft: Auch wenn ich auf Distanz zu den herrschenden Männerbünden der Kunstszene gehe, werde ich mich behaupten. Selbstbewusst verzichtet sie auch auf diesem Selbstporträt auf die Insignien ihrer Kunst, kein Pinsel, keine Palette sind zu sehen.

1897 heiratet Bruder Magnus, zieht aus Mutters Pension aus und mit seiner Frau »Betty«, Maria Elisabeth Berg, in eine eigene Wohnung. Ein tiefer Einschnitt für Helene Schjerfbeck. Gemäß den bürgerlichen Standesregeln ist nun sie als unverheiratete Tochter für die Mutter verantwortlich, ob es den Haushalt, die Pflege oder die Finanzen betrifft.

Die Verantwortung schiebt der zwei Jahre ältere Bruder gern auf seine Schwester ab. Zugleich fühlt er sich weiterhin als Familienoberhaupt, mischt sich in die Situation in der Georgsgatan ein, macht Helene Vorschriften. Nicht selten wird es darüber in den folgenden Jahren zu Streitigkeiten und Spannungen zwischen den Geschwistern kommen. Natürlich bleibt der Sohn weiterhin Olga Schjerfbecks Liebling. Trotzdem: Diese Situation löst weder Krankheiten noch Zusammenbrüche bei Helene Schjerfbeck aus, deren Nerven angeblich so schwach und sensibel sind. Für die nächsten drei Jahre wird sie in der Kunstschule kein Attest einreichen.

Für frischen Mut und fortgesetzten künstlerischen Aufbruch spricht ein Experiment, das sie 1897 beginnt. Statt eine Leinwand aufzuspannen, greift sie zu Papier, Wasserfarben, Kohle und Bleistift. Es entsteht ein Bild, das erst fünf Jahre später vollendet wird – »Das Mädchen am Gatter«. Modell ist eine junge Frau, Eva Thilén, nicht mit der Malfreundin Ada Thilén verwandt. Worauf Helene auch in Zukunft bei ihren Modellen Wert legen wird: Eva ist berufstätig, sie arbeitet bei einer Versicherung.

»Das Mädchen am Gatter« lehnt sich weit über den Zaun hinaus und blickt über eine unsichtbare Landschaft in eine verheißungsvolle Zukunft. Nichts im Bild lenkt von dem sehnsüchtig-wehmütigen Blick der großen offenen Augen ab und von der vorwärtsweisenden Bewegung, die über das Gatter hinausdrängt. Die Wasserfarbe, die in blassem Ton die freien Flächen ausfüllt, verleiht den unsichtbaren Träumen Flügel. Die Konturen sind deutlich mit Kohle gezeichnet. Die malerische Askese lässt Gefühlen und Stimmungen Raum. Aber die innere Konzentration der Malerin, die sich auf das Bild überträgt, hält jede Sentimentalität fern.

Im nächsten Jahr, 1898, erhält Helene Schjerfbeck erstmals einen öffentlichen Auftrag. Die neogotische Kirche von Strömfors (finnisch: Ruotsinpyhtää), heute ein Teil von Loviisa, im südöstlichen Finnland nahe der Küste gelegen, muss restauriert werden. Die Gemeinde hat mehrere Maler um Vorschläge für ein neues Altarbild gebeten. Helene Schjerfbeck gewinnt den Wettbewerb mit einem Entwurf der »Auferstehung Christi«. Von Herbst bis Weihnachten 1898 arbeitet sie an dem riesigen Bild, 265×116 Zentimeter. Maria Wiik hilft ihr und malt im oberen Teil die Hintergrund-Landschaft. Der Auferstandene ist in ein langes weißes Gewand gekleidet; der Kopf von einem breiten Strahlenkranz umgeben. Für das Gesicht hat ihr ein Eisenbahnarbeiter Modell gestanden.

Wieder zurück in ihrem Atelier, nimmt sich Helene Schjerfbeck ein Bild vor, an dem sie seit 1895 malt. Es hatte den Titel »Wenn die Kuh krank ist«. Aber nach dem Auferstehungsbild ändert sie das Motiv radikal. Hat die Beschäftigung mit dem religiösen Thema des ersten Ostermorgens sie dazu angeregt? Es gibt keinerlei Hinweise, warum das Bild nun »Kirchgängerinnen« heißt oder »Ostermorgen«. Es zeigt drei bäuerliche Frauen, die für drei

Generationen stehen, und vorne links den Kopf eines kleinen Jungen, wo zuvor der Kopf einer Kuh war.

Während sie das Bild im Format von 70×90 Zentimetern abschließt, läuft ihr Fünfjahresvertrag als Lehrerin an der Zeichen- und Malschule des Kunstvereins aus. Helene Schjerfbeck stellt einen Antrag auf Verlängerung und erhält eine positive Antwort. Und nach drei Jahren Sommerurlaub in Gausdal beschließt sie, den Sommer 1899 in Hyvinkää (schwedisch: Hyvinge), rund sechzig Kilometer nördlich von Helsinki, zu verbringen. Es ist auch der Schlussstrich unter die Beziehung zu Kristian Andvord. Ihre Gefühle werden bleiben und der positive Ausblick auf das Leben, den er ihr eingepflanzt hat. Nur muss sie ihren Weg allein weitergehen, aber das ist nichts Neues für Helene.

Ihr Bruder, der als Architekt auf dem Sanatoriumsgelände in Hyvinkää 1896 ein großes Haus für Patienten baute, wird ihr den beliebten Kurort empfohlen haben. Der Eisenbahnknotenpunkt ist mit dem Zug von Helsinki in kurzer Zeit zu erreichen. Auch nach St. Petersburg gibt es eine direkte Verbindung, die zahlreiche wohlhabende Russen zu den gepflegten Badeeinrichtungen und Hotels bringt. Helene Schjerfbeck wird bedacht haben, dass es 1899 aufgrund der ansteigenden politischen Spannungen zwischen Finnland und Russland nicht ratsam war, außer Landes zu gehen. Die Spannungen berührten alle Bereiche der Gesellschaft, auch die Kunst. Helene Schjerfbeck war davon zunehmend in ihrer Lehrtätigkeit an der Malschule des Kunstvereins betroffen.

Das »Februarmanifest« von 1899, mit dem die Russifizierung Finnlands vorangetrieben wurde, führte bei maßgeblichen Künstlern dazu, noch mehr als ohnehin schon die nationale Identität Finnlands zu stärken. Akseli Gallen-Kallela, der mit seinen Kalevala-Bildern seit 1890 diesem Kampf verpflichtet war, stand an der Spitze des neu gegründeten Künstlervereins. Er verlangte von seinen Malerkollegen, die Sache Finnlands mit den nationalen Richtlinien des Künstlervereins zu unterstützen.

Der Druck, dem Helene Schjerfbeck innerhalb der Kunstszene

von Helsinki in den 1890er Jahren ausgesetzt war, braucht nicht in allen Verästelungen ausgeführt zu werden. Die Quellen sind rar, aber die große Linie ist nachvollziehbar und glaubwürdig. Helene Schjerfbeck war eine Außenseiterin, die sich als Künstlerin dem Einsatz für die nationale Bewegung versagte. Außerdem war sie von den meisten Lehrer-Kollegen in der Mal- und Zeichenschule des Kunstvereins isoliert, weil sie ihre Schüler und Schülerinnen nicht in finnischer Malerei unterrichtete, was immer das sein sollte. Sie verleugnete ihr künstlerisches Erbe, den französischen Stil, nicht. Ihre Vorbilder der Moderne blieben Cézanne, Monet, Gauguin, um nur einige Namen zu nennen. Für sie war die Kunst – ob Malerei oder Literatur, Philosophie oder Musik – an kein Vaterland gebunden. Paris, die internationale Kunstmetropole, blieb ihr Sehnsuchtsort.

Das Verhalten der Kollegen würde man heute wohl als Mobbing bezeichnen. Als ihre Klasse vielfach innerhalb der Kunstschule ausgezeichnet wurde, erschien darüber kein Artikel in der Zeitung, wie es üblich war. Begünstigt wurden die Intrigen durch den Wechsel in der Leitung der Kunstschule im Jahr 1896. Auf einen kompetenten starken Leiter folgte eine freundliche Persönlichkeit, die in politische Parteiungen verstrickt war, sich im Metier Kunst nicht auskannte und es vielen recht machen wollte. Schnell zerfiel die kollegiale Zusammenarbeit zwischen den Lehrern. Schüler und Modelle hielten sich nicht mehr an Pünktlichkeit und Disziplin. Der Unterricht des Lehrers in der Zeichenklasse war so veraltet, dass Helene Schjerfbeck die Schüler, die von dort zu ihr in die Modellklasse kamen, erst einmal von dessen überholten Methoden abbringen musste. Ein loyaler Kollege gab über die Klasse von Helene Schjerfbeck im Mai 1900 zu Protokoll: »Die Modellklasse wird von allen, die an ihr teilnehmen, aufs höchste geschätzt; und sie ist die einzige, wo Schüler eine gute Grundlage für weitere Studien erhalten.«

Zu den Schülerinnen und Schülern aus Schjerfbecks Modellklasse ab 1899, die sich in der finnischen Malerei einen guten Namen erwarben, gehören Sigrid Schauman, Jahrgang 1877, und Verner Thomé, ein Jahr jünger. Beide haben sich in späteren Jahren mit großer Hochachtung und Dankbarkeit über den Unterricht ihrer Lehrerin geäußert. Nicht nur, dass Helene Schjerfbeck einen ausgezeichneten Zeichenunterricht gab. Sie vermied eine subjektive Bewertung und lehrte ihre Schüler, die eigenen Arbeiten mit neutralem künstlerischen Blick zu betrachten. Sie vertrat feste Prinzipien, auf die die Klasse sich verlassen konnte. Während der Arbeit forderte Helene Schjerfbeck totales Schweigen. Sie selbst bewegte sich so leichtfüßig und sprach so leise, wenn sie zum Korrigieren durch die Reihen ging, dass die meisten ihre Lehrerin gar nicht wahrnahmen, während sie an ihrer Arbeit saßen.

Konflikte auf offener Bühne auszutragen, lag dieser Künstlerin nicht. Aber stur sein konnte sie, und aufgeben entsprach ihr nicht. Weshalb es so verwunderlich nicht ist, dass Helene Schjerfbeck im Frühjahr 1899 um die Verlängerung ihres Vertrag bittet. Sie wird gemerkt haben, dass ihre talentiertesten Schüler ihren Unterricht schätzten. Die monatlichen Einnahmen waren nicht zu verachten; ohne sie wären die Urlaube in Gausdal oder Hyvinkää nicht möglich gewesen.

Es ist auch keineswegs so, dass sie als Malerin ganz abgewiesen wird und aus der Öffentlichkeit verschwindet. Der Kunstverein akzeptiert ihr großes Bild »Die Kirchgängerinnen« im Jahr 1900 für seine jährliche Frühjahrs-Ausstellung im Ateneum. Im Herbst hängt es im Festsaal des Rathauses von Turku.

Im Dezember 1900 fällt Helenes Unterricht an der Kunstschule abermals aus, eine schwere Grippe. Es ist die erste Krankmeldung seit dem Herbst 1896, und eine Grippe war keine Kleinigkeit. Die erste Grippe-Pandemie der modernen Zeit, eine weltweite seuchenartige Erkrankung, war 1889/90 in St. Petersburg ausgebrochen. Eisenbahnen und Schiffe trugen zu ihrer schnellen Verbreitung bei; eine Million Menschen starben damals an der russischen Grippe. 1898/1900 breitete sich die nächste Grippe-Pandemie aus, und die Influenza-Viren waren bis weit in das Jahr 1901 aktiv.

Helene Schjerfbeck erholte sich auch mit dem neuen Jahr nicht; vier ihrer Ärzte reichten im Lauf des Jahres 1901 beim Kunstverein weitere Atteste für die Künstlerin ein. Es ist denkbar, dass ihre »generelle ernste Schwäche« von der Grippe beeinflusst war und eine Immunschwäche ausgelöst hat. Die Krankheit zwang sie jedoch nicht ins Bett. Helene Schjerfbeck beschließt, ihre Genesung aktiv außerhalb der Hauptstadt ohne ihre Mutter zu betreiben, und fährt wieder nach Hyvinkää. Dort macht sie Spaziergänge, liest, ruht sich aus. Dann folgt eine Reise nach Sjundby, und Helene Schjerfbeck, die im Juli 1901 neununddreißig Jahre alt wurde, hat Energie und Vergnügen, in diesem Sommer an einem Ort mit vielen glücklichen Erinnerungen ein großes Werk zu schaffen.

In einem Schwung entsteht »Das alte Herrenhaus«, ein großer Wurf. Wie befreit ziehen sich breite Pinselstriche über die 65×85 Zentimeter große Leinwand. Neben dem mächtigen steinernen Haus auf dem Hügel formen sich die Bäume zu einem dunklen Ballen. Unten im Fluss spiegeln sich Farben in dichten Formen. Das Bild strahlt eine solide, dennoch beschwingte Balance von Kraft und Leichtigkeit aus. Auf ihrer Farbpalette hat Helene Schjerfbeck wieder die hellen Abstufungen bevorzugt. Kein Hauch von nationalem Pathos weht durch das Bild, und für eine typische wilde finnische Landschaft kann Sjundby auch nicht herhalten.

»Das alte Herrenhaus« atmet Aufbruchsstimmung, vertraut auf einen neuen künstlerischen Anfang; auf die eigene Kraft, diesen Weg zu gehen und sich nicht um die Welt ringsum zu scheren. Unter dem Datum des 11. Februar 1902 bittet Helene Schjerfbeck, die immer noch krank geschrieben ist, den Vorstand des Finnischen Kunstvereins, sie mit sofortiger Wirkung aus ihrem Lehrvertrag zu entlassen. Der Vorstand stimmt zu und dankt ihr für die exzellente Arbeit, die sie gewissenhaft und mit hervorragenden Resultaten ausgeführt habe. Mit keinem Wort ist Helene Schjerfbeck in ihrem Schreiben auf den Grund ihrer Kündigung eingegangen, und es existiert kein Dokument aus diesem Frühjahr, das darauf einen Hinweis gibt. Ob sie ihre Mutter und ihren Bruder über ihre Absicht informiert hat? Nichts deutet darauf hin. Eher ist es ein Akt der Emanzipation aus familären Zwängen, unabhängig davon, wie es weitergehen wird.

Im Juli 1902 wird Helene Schjerfbeck vierzig Jahre alt. Sie hat die Krankheit genutzt, in Ruhe, fern von den angespannten Verhältnissen zu Hause und in der Zeichenschule, nachzudenken und auf ihre eigenen Bedürfnisse zu hören. Nach der Kündigung im Februar werden ab dem Sommersemester 1902 statt des Lehrergehalts nur noch winzige Einkünfte der Tochter aus einer kleinen Pension in die gemeinsame Haushaltskasse fließen. Doch Helene Schjerfbeck hat sich für die Freiheit entschieden, nur ihrer Malerei zu leben. Die Zukunft ist offen.

28. Kapitel

Neue Freiheit in Hyvinkää

1902 bis 1905

Am Abend des 18. Juli 1902 schreiben zwei Frauen in Hyvinkää – unabhängig voneinander – einen Brief an ihre gemeinsame Freundin, die Malschwester Ada Thilén. Die eine Briefschreiberin ist Helena Westermarck. Sie lebt zur Zeit in einem Hotel, um ihrem kranken Vater, der im Sanatorium von Hyvinkää auf Besserung hofft, nahe zu sein. Ihre alte Freundin Helene Schjerfbeck lebt mit ihrer Mutter seit Anfang Juni 1902 in dem beliebten Kurort. Am Nachmittag hat Helena Westermarck einen Besuch bei den Schjerfbecks gemacht und schildert am Abend Ada Thilén ihren Eindruck: »Helene geht es beträchtlich besser, und sie hat begonnen, mit einem Modell zu arbeiten. Vielleicht machen die Ruhe und die Luft des Landlebens sie allmählich wieder voll arbeitsfähig.«

Zur selben Zeit schreibt Helene an Ada. Ihr Brief belegt, dass Helena Westermarcks positives Urteil der Realität entspricht. Helene erzählt der Freundin von Helenas Besuch, freut sich, dass sie wiederkommen wird, und ermahnt die zehn Jahre ältere Ada Thilén: »Du beklagst Dich öfter über Wind und Wetter. Weißt Du, Helena und ich klagen nie, uns geht es gut. Es gefällt mir, dass man hier so frei ist … Wir haben jeden Tag Gäste.« Ada erfährt, dass Helene in diesem Sommer nicht mehr als eine Stunde pro Tag malt. Sie ist kaum draußen an der Luft, denn es ist nass und kalt. Aber sie plant schon für Herbst und Winter: »Hauptsächlich will ich drinnen malen, Mutter sitzt dann für mich Modell.« So kann sie Kräfte sammeln für den nächsten Sommer.

Was sich in den Monaten nach ihrer Kündigung im Februar

1902 in Helene Schjerfbecks Kopf getan hat und mit welchen Plänen sie – möglicherweise – nach Hyvinkää aufgebrochen ist, dazu fehlt jeder Hinweis. Mit dem Brief vom 18. Juli 1902 an die Freundin Ada Thilén taucht Helene erstmals in Hyvinkää mit eigenen Worten auf. Und es wird klar: Sie hat Helsinki und die dortige Kunstszene definitiv hinter sich gelassen. Hyvinkää ist keine Zwischenstation.

Im Herbst 1880, als sie erstmals von Helsinki nach Paris aufbrach, hatte *Hufvudstadsbladet* die Achtzehnjährige als »unsere jüngste und vielversprechendste Künstlerin« verabschiedet. Am 10. Juli 1902 feiert Helene Schjerfbeck in Hyvinkää ihren vierzigsten Geburtstag. Wie viel an Enttäuschungen, Bitternis und persönlichen Verletzungen für sie als Malerin zwischen beiden Daten liegt, wird sie nicht vergessen. Aber sie hat nichts von ihrer Stärke und Dynamik verloren. Paradiesisch ist das Zusammenleben in Hyvinkää nicht, darüber wird manches zu erzählen sein. Ob es ihr Ziel war, nach der Kündigung allein zu leben? Ob die Mutter sich dem widersetzte? Wir wissen es nicht. Der wagemutige, riskante Sprung ins Ungewisse und Dunkle aber bedeutet für Helene Schjerfbeck, einen neuen Anfang gewagt zu haben – in ihrem Leben und in ihrer Kunst.

Das ältere Holzhaus bildete mit zwei anderen Häusern ein Dreieck um einen größeren Hof und Garten, in dem Bäume, Büsche und Blumen wuchsen und den alle Bewohner nutzen konnten. Der Komplex lag an der Kreuzung zweier Landstraßen in der Nähe des Bahnhofs von Hyvinkää; Bäckerei, Post und Geschäfte waren nicht weit. Von außen führte eine Treppe in einen kleinen Vorbau, eine Art Wintergarten; von dort ging es in die geräumige Küche. In diesem Raum hat sich Olga Schjerfbeck eingerichtet. Der zweite Raum, Helenes Arbeits- und Schlafzimmer, ist nur von der Küche aus erreichbar. Er ist karg möbliert mit Bett, Sofa und Tisch und einem Kachelofen, an der Wand eine ausgebleichte Tapete. Die Staffelei mit einem Stuhl gibt ihm ein eigenes Gepräge. Von ihrem großen Fenster schaut Helene Schjerfbeck auf die Straßenkreuzung, sieht die Pferdekarren vorüberziehen. Die Toiletten sind im Hof, auch Wasser und Brennholz für die Küche und den Kachelofen müssen von draußen geholt werden.

Als Helene und Olga Schjerfbeck Anfang Juni Helsinki hinter sich ließen und ins knapp sechzig Kilometer entfernte Hyvinkää aufbrachen, wussten sie, worauf sie sich einließen. Der behandelnde Arzt hatte Helene den Kurort wegen der guten Luft empfohlen; es gab viele Kiefernwälder ringsum. Die Stadt hatte eine bürgerliche Prägung, gutsituierte Kurgäste und war durch die Eisenbahn mit Helsinki und allen Teilen Finnlands vernetzt. Auch mit Hangö (finnisch: Hanko), dem Hafen im Südwesten, von dem Finnen in die Vereinigten Staaten auswanderten. Die Zahlen waren während der Russifizierung dramatisch gestiegen, von 3500 Auswanderern 1898 auf 23 000 im Jahr 1902. Tausende Männer, Frauen und Kinder fuhren wöchentlich vom Bahnhof in Hyvinkää mit Sack und Pack nach Hangö.

In ihrem Brief vom 18. Juli schreibt Helene begeistert an Ada, welche neuen Möglichkeiten, sich im Skizzieren zu üben, ihr die Auswanderer bieten: »... ich studiere Gruppen, vor allem jeden Freitag, wenn die Emigranten draußen vorbeiziehen ... Du kannst dir nicht denken, wie gut das ist. Man muss es in einem Augenblick machen, ohne über die künstlerische Bedeutung oder die Proportionen nachzudenken, dazu ist keine Zeit, während sie in Gruppen zusammenstehen. Später koloriere ich zu Hause aus der Erinnerung ...«

In Hyvinkää, wo fast jeder Einheimische während der Sommerzeit an Kurgäste vermietete, eine bezahlbare Wohnung zu finden, war nicht leicht. Helene Schjerfbeck bekam nach ihrer Kündigung nur eine winzige Pension. Zusammen mit der Witwenrente der Mutter musste das für Miete und Essen reichen. Mit dieser Summe hätten die beiden Frauen in Finnlands Hauptstadt ihren bisherigen Lebensstandard und damit ihren Stand in der Gesellschaft nicht halten können. Doch hier im internationalen Kurort galten Mutter und Tochter als zwei bürgerliche, gesellschaftsfähige Damen, obwohl sie sich nur eine Zwei-Zimmer-Wohnung leisten konnten.

Zu den Nachbarn ergaben sich bald gute Beziehungen, ebenso zu Medizinern am Ort. Einer von ihnen war mit der Malerin Anna von Bonsdorff verheiratet, die Helene von ihrem früheren Besuch in Hyvinkää kannte. Olga Schjerfbeck fand Anschluss bei Nachbarsfrauen in ähnlichem Alter. Der Brief an Ada Thilén vom 18. Juli belegt, dass Mutter und Tochter nicht nur an einen Sommerurlaub in Hyvinkää gedacht haben, sondern sich auf eine lange Zeit in ihrer kleinen Wohnung einrichteten.

Der Alltag mit seinen Konflikten stellte sich bald ein. Die dreiundsechzigjährige Mutter bestand darauf, dass kein Dienstmädchen fest angestellt wurde, wie Helene es wünschte. Halbwüchsige Kinder aus der Nachbarschaft halfen gegen ein kleines Entgeld aus. Sie kauften ein, holten Wasser und Holz aus dem Hof, standen stundenweise für Abwasch und Aufräumen bereit. Helenes Vorstellung, sich in Hyvinkää voll und ganz der Malerei zu widmen, zerschellte an der mütterlichen Autorität. Olga Schjerfbeck hatte die Küche unter sich, nur ab und an wurden die Nachbarskinder gebeten, Mahlzeiten aus dem nahen Bahnhofsrestaurant zu holen. (Die schmucke Gaststätte samt dem hellen hölzernen Bahnhofsgebäude von Hyvinkää hat sich bis heute erhalten, und immer noch strahlt der runde weiße Kachelofen, der bis unter die Decke geht, anheimelnde Gemütlichkeit aus.)

Auch wenn es an den Frühjahrs- und Winterputz ging, wenn die Kleider ausgeklopft, Fenster und Veranda geputzt, die Fußböden geschrubbt, Gemüse und Obst eingemacht wurden, war die Mutter unerbittlich: Helene musste helfen. Flicken und Ausbessern von Kleidungsstücken und Strümpfen war ihre Arbeit. Am Bahnhof von den Emigranten Skizzen machen, vor der Leinwand sitzen, im Nachdenken kreativ sein – solche Ausreden galten dann nicht. Helene ihrerseits konnte nicht tatenlos zusehen, wie ihre alte Mutter sich allein mit dem Haushalt abmühte; das schlechte Gewissen hätte ihr keine Ruhe gelassen.

Die Briefe aus Hyvinkää sind durchsetzt von Helenes Klagen über die Hausarbeit, vor der es kein Entrinnen gab. Aber auch von der Sorge um die eigensinnige Mutter, die Herrin über den Haushalt bleiben wollte, auch wenn ihre Kräfte nachließen. Der August 1904 war extrem heiß; selbst bei offenem Fenster konnte man es kaum in den aufgeheizten Zimmern aushalten. Helene Schjerfbeck schreibt an Ada Thilén, dass die Mutter kocht, den ganzen Tag sauber macht und jede Hilfe ablehnt, obwohl sie nun fünfundsechzig Jahre alt ist. Die Tochter hat schlaflose Nächte und Angstzustände; ihr resignierendes Fazit: »Aber mit Denken kann ich das Problem nicht lösen …« Ihrer Freundin Maria Wiik wird Helene Schjerfbeck den Rat geben: »Aber putze nicht und koche auch nicht – bedenke, wenn es zu spät zum Malen ist und Du zurückblickst, ist das Leben nur Putzen und Kochen.«

Mal waren es Frustrationen, mal Aggressionen, die Helene Schjerfbeck sich in Sachen Hausarbeit von der Seele schreibt. Ihre Freundinnen werden sich an die Klagen über die Mutter verständnisvoll gewöhnt haben. Dennoch galten ihre Besuche auch stets Olga Schjerfbeck, wofür sich Helene ausdrücklich bedankt, und kein Brief an die Malschwestern, in denen nicht herzliche Grüße von der Mutter stehen und Helene deren Wohl und Wehe nicht ausführlich schildert. Wenn es »Mamma« gutgeht, schreibt die Tochter mehr als einmal, »bin ich glücklich«. Das war eine ehrliche Aussage über diese ambivalente Beziehung.

Dass Helene kurz nach der Ankunft in Hyvinkää Ada Thilén ankündigt, die Mutter im kommenden Winter als Modell zu nutzen, lässt aufhorchen. Ein vorübergehender Einfall? Nein, die Tochter meint es ernst; bis 1909 wird sie die Mutter mehrfach malen. Olga Schjerfbeck ist – genau genommen – die zweite der neuen Frauen in Helene Schjerfbecks Galerie des 20. Jahrhunderts. Die erste ist das »Mädchen am Gatter«, ein Bild, das Helene Schjerfbeck 1902 in Hyvinkää vollendet; fünf Jahre zuvor hatte sie es in Helsinki begonnen. Es zeigt eine Frau in Aufbruchsstimmung. Für das erste vollständig neue Bild, das Helene Schjerfbeck in Hyvinkää malt, sitzt ihre Mutter 1903 Modell. Die Maße von »Zu Hause« sind 86,5×62,5 Zentimeter. Auf den ersten Blick scheint das Bild eine konträre Geschichte zum »Mädchen am Gatter« zu erzählen. Tatsächlich ist es wie ein Komplementärbild.

Während das junge »Mädchen am Gatter« in die Ferne blickt, sitzt Olga Schjerfbeck im Lehnstuhl und hat nur Augen für ihre Handarbeit. Zwei Generationen liegen zwischen den beiden, doch das Alter tut bei der älteren Frau nichts zu Sache. Konzentriert ist sie mit ihrer Näharbeit beschäftigt; so wie die junge Frau zielgerichtet aus dem Bild hinausschaut. Die Wand hinter dem hellen Lehnstuhl ziert kein Bild, kein Fensterrahmen durchbricht die Farbfläche, kein Vorhang lässt die Gedanken der Betrachter abschweifen. Das Bild lebt von Hell-Dunkel-Kontrasten. Ähnlich wie bei der »Tür« in der Kapelle von Trémalo, genau zwanzig Jahre ist das her, gelingt es Helene Schjerfbeck im Bild ihrer Mutter mit der Kraft der Farbe Raum und Volumen zu schaffen.

»Zu Hause« ist kein Bild des 19. Jahrhunderts, das romantisch die Abgeklärtheit des Alters preist – Abend des Lebens, Ausruhen, der Blick geht zurück oder vorwärts in eine verklärte Zukunft. Nein, in diesem Bild ist alles Gegenwart. Es herrscht eine nüchterne Arbeitsatmosphäre, die ihren eigenen Wert hat. »Zu Hause« ist ein entschiedener Schritt in die Moderne; die Tochter, die so vieles von ihrer Mutter trennt, hat sie als eine neue, moderne Frau gemalt. Und damit wird es spannend: Schlägt »Zu Hause« eine Brücke in sehr persönliche Bereiche? Die Malerin Helene Schjerfbeck hat mehrfach gesagt, dass sie den von ihr Porträtierten »unter die Haut gehen« will. Zugleich hat sie nicht verschwiegen, dass jedes Bild unbewusst mehr über den Maler verrät, als ihm je lieb sein kann.

Helene Schjerfbeck hat bis 1909 ihre Mutter mehrfach – in ähnlicher Stimmung und Wahrnehmung – als Modell gewählt. Die Vermutung liegt nahe: dass trotz aller Spannungen die beiden Frauen in Hyvinkää eine gemeinsame emotionale Basis finden. Dass Helene versucht, die Lebensphilosophie umzusetzen, die ihr Kristian Andvord in Gausdal mit auf den Weg gegeben hat: für andere da zu sein, so schwer es fällt. Vielleicht konnte Helene Schjerfbeck die Mutter entspannt malen, weil sie mit der Trennung vom Kunstverein und von Helsinki den entscheidenden Schritt in die Freiheit getan hatte.

Während sie 1901 bis 1903 dem Finnischen Kunstverein keine Bilder für die jährlichen Ausstellungen nach Helsinki schickte, bot Helene 1903 der Lotterie des Kunstvereins »Zu Hause« an. Der akzeptierte, und Helene bekam 400 Mark für ihr erstes Hyvinkää-Bild, und die waren sehr willkommen.

Die Farbe des Bildes war kaum getrocknet, da begann Helene schon das nächste. Helene Schjerfbeck war auf den Namen Helena Sofia getauft worden. Obwohl seit der Reformation im 16. Jahrhundert vom lutherischen Protestantismus geprägt, wurde in Finnland der Namenstag ausgiebig gefeiert. Weil im Heiligenkalender mehrere »Helenas« stehen, hatte die Familie – wahrscheinlich Olga Schjerfbeck – entschieden, am Tag der heiligen Sofia, am 15. Mai, zu feiern. Da konnte es keine Verwechslungen geben.

Briefliche Glückwünsche von Verwandten und Freundinnen blieben nie aus, und wenn eben möglich, besuchten Helena Westermarck, Maria Wiik und Ada Thilén ihre Malschwester Helene Schjerfbeck an jedem Namenstag in Hyvinkää. Von der Mutter bekam Helene 1903 am 15. Mai einen Strauß mit wildem blühenden Rosmarin geschenkt. Seit ihren Anfängen als Malerin hatten Blumen sie gelockt; viele Stillleben waren entstanden. In vielen Brauntönen, aus denen die hellen Blüten hervorleuchten und eine hingetupfte und zugleich dynamische Eleganz ausstrahlen, entstand im Sommer 1903 als Ölbild »Wilder Rosmarin«.

Das Bild gefiel Olga Schjerfbeck, und sie sagte es ihrer Tochter. Das war ungewöhnlich. Zahlreich sind die Aussagen von Helene Schjerfbeck, mit ihrem Talent und ihrer Leidenschaft als Malerin bei der Mutter keine Anerkennung gefunden zu haben. Zur positiven Reaktion von 1903 ist kein Kommentar der Tochter überliefert, wohl aber eine wortlose – symbolische? – Handlung. Helene Schjerfbeck schenkte ihrer Mutter das Bild. Als einziges Bild der

Tochter hing »Wilder Rosmarin« seitdem in Hyvinkää in der Küche, die Olga Schjerfbecks Reich war. Vielleicht ein von beiden akzeptierter Friedensstrauß.

Im Frühjahr 1903 hatte sich Maria Wiik eine Weile in Hyvinkää aufgehalten. Von ihr erfährt Ada Thilén in einem Brief: »Helene ist jetzt ein wenig frischer nach ihrer Erkältung.« Erkältung, Grippe, Müdigkeit, Kopfschmerzen, Schwindel – Helene Schjerfbecks Immunsystem ist seit den 1890er Jahren anfällig geworden. Neben dem Stichwort von der ungeliebten Hausarbeit werden uns die Symptome ihrer schlechten körperlichen Verfassung in ihren Briefen ständig begleiten. Es ist eine Art Teufelskreis: Während sie als junge Frau in der Bretagne, in Paris und in Cornwall trotz der geschädigten Hüfte problemlos lange Spaziergänge machte, fällt ihr das Laufen mit den Jahren immer schwerer. Verständlich, dass Helene Schjerfbeck sich in Hyvinkää meist im Haus oder im Garten aufhält und kaum lange Wege an der frischen Luft macht.

Der Eindruck unentwegter Kränklichkeit, den ihre Briefe vermitteln, verliert bei nüchterner Betrachtung allerdings seine alles überschattende Bedeutung. Helene Schjerfbecks Briefe ersetzen keine Tagebücher, sie sind sporadisch geschrieben; mal in schnellem Wechsel, mal mit großen zeitlichen Lücken. Und nicht zu vergessen, dass die Mehrzahl ihrer Briefe nicht erhalten ist. Dennoch ist unübersehbar, dass es ein festes Ritual ihrer Briefe wird, den Freundinnen stets etwas über den eigenen Gesundheitszustand und den ihrer Mutter mitzuteilen, egal, ob es sich um einen leichten Schwindel beim Aufstehen oder eine schwere Grippe handelt. Subjektiv fühlte sich Helene Schjerfbeck, wenn sie davon schrieb, sicherlich miserabel. Aber die Briefnotizen verzerren die Proportionen, erwecken den Eindruck, als ob sie keinen gesunden Tag mehr hatte, seit sie 1902 nach Hyvinkää zog.

Das stärkste Argument gegen diesen Eindruck liefert sie selber mit ihren Bildern. Es sind nicht wenige, und die Qualität ist auf höchstem Niveau. Kreativ, zielbewusst und konzentriert verfolgt sie ihren Weg zu immer größerer asketischer Einfachheit in Farbe und Form. Es gelingen Helene Schjerfbeck Bilder von außerordentlicher Klarheit und Dichte.

Im Winter 1903/1904 wurde sie auf der Suche nach neuen Modellen in direkter Nachbarschaft fündig. Blonda Raij, die jüngste der drei Töchter ihrer Vermieterin, die auf demselben Grundstück wohnte, entsprach ihren Vorstellungen und war bereit, Modell zu sitzen. Helene Schjerfbeck hatte ein besonderes Faible für junge Mädchen, weil sich in ihnen »die Schönheit offenbart«. Und Schönheit zeigte sich in ihren Augen, »wenn ein Mensch demütig und anspruchslos ist«. Die Malerin gab Blonda ein Buch in die Hand und malte sie, ihr schräg von hinten über die Schulter blickend, als »Lesendes Mädchen«. Das Modell sollte abgelenkt sein, um in sich zu ruhen, und keine Fragen stellen. Das mochte Helene Schjerfbeck überhaupt nicht.

Mit Blonda verlief für die Malerin alles nach Wunsch. Es entstand ein Bild auf Papier, 57,5×43 Zentimeter, mit Wasserfarben und Gouache, jenen Farben, die einen sanften, matten Glanz ausstrahlen. Nach dem Buch-Motiv ging es nahtlos weiter. Helene Schjerfbeck bat das junge Mädchen, sich in ihrem dunklen Kleid links neben das Fenster auf einen einfachen Küchenstuhl zu setzen und sich mit ihrem Häkelzeug zu beschäftigen. In scharfem Profil, leicht gebeugt auf die erhobene Handarbeit blickend, so hat Helene Schjerfbeck Blonda Raij vor einer schmucklosen monochromen Wand mit Ölfarben auf Leinwand gemalt. Das Licht vom Fenster beleuchtet Gesicht und Hände.

Im Jahr 1900 hatte zum letzten Mal ein Bild von Helene Schjerfbeck in der traditionellen Ausstellung des Kunstvereins in Helsinki gehangen – »Ostermorgen«, drei Frauengenerationen mit einem kleinen Jungen auf dem Weg zur Kirche. Für die Frühjahrsausstellung 1904 des Kunstvereins bietet Helene ihr Bild »Häkelndes Mädchen« an. Die Auswahlkommission akzeptiert es nicht. Dann fragt sie bei der Lotterie des Kunstvereins an – abgelehnt. Es ist ein Affront, aber Kommentare haben sich nicht erhalten, weder von Seiten des Kunstvereins noch von Helene Schjerfbeck. Sie wird ihre

Antwort elf Jahre später als Künstlerin geben, mit ungewohnter Schärfe und Offenheit.

Die einflussreichen Herren der Kunstszene in Helsinki bringen sie von ihren selbstgesetzten künstlerischen Aufgaben jedoch nicht ab. Deren hochmütige Absage ist eher eine Bestätigung für die Malerin: Wie heilsam es war, sich von diesem Ort der Niedertracht und des Neides, wo die Kunst von wenigen manipuliert und instrumentalisiert wird, entfernt zu haben.

Doch Helene Schjerfbeck verschwindet mit ihren Bildern keineswegs aus den Augen der Öffentlichkeit. 1904 wird im traditionsreichen Turku, das vor Helsinki Finnlands Haupt- und Universitätsstadt gewesen war, ein Kunstmuseum eröffnet. In der ersten Schau hängen zwei Bilder von Helene Schjerfbeck – »Das alte Herrenhaus« von 1901 und »Zu Hause«, das Bild der Mutter im Lehnstuhl von 1903. Beide Bilder werden für die permanente Sammlung des Museums gekauft.

Olga Schjerfbeck ist manchmal nach Helsinki gefahren, um Besorgungen zu machen und ihren Sohn Magnus mit Familie, zu der inzwischen zwei Enkelkinder gehörten, zu besuchen. Helene Schjerfbeck hat seit ihrem Aufbruch im Sommer 1902 keinen Fuß in die Hauptstadt gesetzt, und bei dieser Verweigerung wird es viele Jahre bleiben. Einsam war es deshalb nicht um sie. Die engere Familie, geliebte Kusinen aus der Sjundby-Zeit, die inzwischen Kinder haben, Bekannte und FreundInnen nutzten gern die kurze Strecke mit der Eisenbahn, um Mutter und Tochter zu besuchen.

»Im Juni hatten wir Besuch aus der Stadt«, schreibt Helene Anfang August 1904 an Ada Thilén. Auf Adas Frage im vorangegangenen Brief, ob es in Hyvinkää nette Menschen gebe, antwortet die Freundin: »… viele Juden und Griechen, bunt und laut auf allen Wegen.« Und sie fügt eine kleine Geschichte hinzu, um das ungezwungene Leben im Kurort, besonders während der Urlaubszeit, zu demonstrieren: »Vor wenigen Tagen, als Mamma in die kleine Bäckerei ging, saß da ein Offizier und hielt eine Frau im Arm!« Das hätten sich die beiden in der Hauptstadt nicht erlaubt.

Der Sommer 1904 war extrem heiß, da sah man dem langen Winter nicht ganz so unfreundlich entgegen. Noch bevor der Schnee endgültig geschmolzen war, gab es Neuigkeiten für Helene Schjerfbeck aus der ungeliebten Hauptstadt. Vom 23. Februar bis zum 26. März 1905 war im Ateneum die Ausstellung »Künstlerinnen« geplant. Ada Thilén, eine der Organisatorinnen, hatte die Freundin im Winter ein wenig überreden müssen, an dieser »Damen-Ausstellung« teilzunehmen. »Ich dachte erst«, schreibt Helene am 11. März 1905 an Maria Wiik, »es geht mehr um Damen als um die Arbeiten, oder es gibt scharfe Kritik. Aber die Reaktionen waren besser!« Helene wollte keine »Damen-Malerin« oder »weibliche Künstlerin« sein. Sie findet es »das Beste und Natürlichste, zusammen mit Männern und Frauen auszustellen«, erfährt Maria Wiik im April 1907, »darin sind wir immerhin gleichgestellt«.

Die Kunstkritiker reagierten positiv auf die vier Bilder von Helene Schjerfbeck, die – verglichen mit den Jahren 1880 bis 1900 – inzwischen ein seltener Gast im Ateneum war. *Hufvudstadsbladet* und *Helsingfors Posten* bewunderten alle Bilder, darunter »Der alte Herrenhof« und »Zu Hause«, und hoben einmütig »Zu Hause« hervor, mit seinen »weichen, schwingenden Konturen«; ein »Genrebild, das viel zu erzählen hat«. Die finnischsprachige Zeitung *Helsingin Kaiku* meinte, »Fröken Helene Schjerfbeck« schaffe es, mit alltäglichen Motiven »großen poetischen Charme und eine geheimnisvolle Stimmung« zu erzeugen.

Helene Schjerfbeck hatte aus zweierlei Gründen klug daran getan, ihre Skepsis zu überwinden und sich unter die »Künstlerinnen« einzureihen. Es brachte ihre Bilder wieder auf die Kunst-Agenda in der Hauptstadt, mochte der Rahmen auch bescheiden sein. Mindestens so wichtig war die öffentlich gezeigte Loyalität mit ihren Malschwestern, und die tat ihnen auch im privaten Kreis gut. Ada Thilén, Maria Wiik und Helena Westermarck – die drei Frauen waren für Helene Schjerfbeck seit dem Wegzug von Helsinki die Nabelschnur zur Welt; ein verlässlicher Teil ihres emotionalen Rückhalts, der gar nicht zu überschätzen ist.

Es ist bewundernswert und eindrücklich, mit welcher Solidarität und Beständigkeit die drei Älteren die Jüngste in ihrem Bund unterstützten, ihr das Leben in Hyvinkää erleichterten. Da waren einmal die regelmäßigen Besuche – ohne dass Helene Schjerfbeck sie je in Helsinki, wo die drei lebten, erwidert hätte. Darüber hinaus wusste Helene, dass die drei Malschwestern für ihre Gedanken, ihre Sorgen und den künstlerischen Austausch immer ein offenes, vertrauensvolles Ohr hatten.

Die praktische Seite: Am 5. April 1907 klagt Helene in einem Brief an Ada Thilén über ihre »Modellnot«. Sie wolle das Angebot der Freundin, etwas für sie zu tun, annehmen. Sie möchte gern malen, und wenn es keine Menschen sind, dann eben Blumen. Ob Ada Zeit habe, eine für sie zu kaufen? Am liebsten wäre ihr eine weiße oder hellrote Azalee; die gelben und lachsfarbenen mag sie nicht. Die Anfrage wird von Ada umgehend erledigt.

Da die Freundinnen Helenes schwierige Suche nach Modellen kennen – sie malt keine Menschen aus dem Gedächtnis –, kommen ungefragt zu jeder Jahreszeit Blumen für die Malerin ins Haus – Anemonen, Narzissen, Löwenmäulchen –, um malerische und finanzielle Durststrecken zu überbrücken. Denn Helene Schjerfbecks Blumenbilder sind in den Kunstlotterien gefragt.

Bilder brauchen einen Rahmen. Von jeher vertraute Helene Schjerfbeck auf die »Rahmen- und Kunsthandlung« von Berndt Kahlroth in Helsinki. Er ist ein »feiner Mann« und weiß, dass sie schlichte Rahmen bevorzugt, »Gold passt nicht zu mir«. Manchmal kommt er nach Hyvinkää, um sich Bilder anzusehen und vielleicht mitzunehmen, denn er hat Kontakte zu potentiellen Käufern. Manchmal schickt sie ihm neue Werke gut verpackt mit der Post.

Trotzdem ist Helene Schjerfbeck froh, dass sie sich auf Maria Wiik verlassen kann: auf deren künstlerischen Geschmack und die Bereitschaft, von ihrer Wohnung in der gepflegten Bergmansgatan im Kaivopuisto-Park in Kahlroths Geschäft vorbeizuschauen, ob die Rahmen auch wirklich zu den Bildern passen. »Darf ich Dich wieder einmal darum bitten, einen Rahmen anzusehen«, schreibt

Helene der Freundin am 2. Mai 1906. Das Bild brauche einen ganz schmalen Rahmen, schwarz oder baumfarben.

Dass Helene Schjerfbeck mit ihren Werken bisher keine Reichtümer erworben hat, ist den Malschwestern nicht unbekannt. Helene hat keine Scheu, von Maria Wiik oder Helena Westermarck, beide unverheiratet, beide aus begütertem Elternhaus, konkrete Unterstützung anzunehmen. 1904 kauft Maria das kleine Format »Häkelndes Mädchen«, das der Kunstverein nicht ausstellen wollte, und 1907 ersteht Helena ein Bild von der Freundin. Helena Westermarck scheut außerdem keine Mühe, um die Kosten von Helene Schjerfbeck klein zu halten, wenn es um die geliebten Bücher geht.

Alle drei Frauen sind begeisterte Leserinnen, empfehlen sich gegenseitig neueste Lektüre und organisieren untereinander ein reges Leih- und Tauschsystem. Sie sind an den internationalen Ereignissen und aktuellen Entwicklungen der Kunst interessiert und informieren sich durch ein Abonnement der führenden Kunstzeitschriften. Dazu zählen die schwedische Zeitschrift *Ord och Bild*, aus London kommt *The Studio* und aus Paris *L'Art et les Artistes*, *Cahier d'Art* und *L'Amour de l'Art*. Die Hefte zirkulieren zwischen Helsinki und Hyvinkää, was für alle Frauen die Kosten senkt.

Helene Schjerfbeck wird in ihren Briefen nicht müde, ihre Lesefrüchte aufzuzählen. Ihr Lesehunger ist unersättlich, kein Tag vergeht ohne Lektüre. Sie liest literarische Klassiker – Dante, Shakespeare, Charlotte Brontë –, neueste Romane aus den USA, englische und französische Werke im Original und neben der schwedischen auch norwegische und dänische Literatur. Die meiste deutsche Literatur liest sie in Übersetzung und auch die russische, wo Dostojewski zu ihren Ikonen zählt. Die Spannbreite ihres Literaturkonsums ist enorm. Gegen Abend, wenn es dunkel wird, muss sie ihre Augen schonen. Die mögen das Stearinlicht gar nicht, und elektrisches Licht ist den beiden Mieterinnen in Hyvinkää zu teuer.

»Was liest Du?«, fragt Helene Schjerfbeck am 3. August 1904 Ada Thilén, und sie fährt fort: »Ich habe mich mit Fredrika Bremers

Biografie beschäftigt, habe Garborgs Biografie ›Jonas Lie‹ gelesen, M. Prévost ›Les vierges fortes‹, A. Houssaye ›Notre Dames de Thermidor‹. An Deinem Giotto habe ich sehr viel Freude gehabt.« Dass zwei französische Bestsellerautoren in dieser kurzen Liste stehen, zeigt erneut Helenes Liebe zu Frankreich. Proust, Balzac und der Philosoph Pascal gehören zu ihren Lieblingsautoren.

Mit Helena Westermarck tauscht sich Helene Schjerfbeck am intensivsten über ihre Lektüre aus und folgt ihren Empfehlungen begierig. Ein wenig stolz schreibt sie 1910 an Maria Wiik, die Freundin solle Helena Westermarck sagen, sie habe deren Rat gefolgt und von Ricarda Huch »Ludolf Ursleu's Chronik« gelesen – »außerordentlich gut geschrieben, wirklich lebendig, origineller Stil«. Nicht weniger stolz hat sie 1903 Helena Westermarck eine Empfehlung gegeben: »Ich habe Ruskin gelesen und fand ihn sehr interessant, Du solltest ihn Dir bei Gelegenheit vornehmen.« Wer sich an dem englischen Maler, Kunsthistoriker und Philosophen John Ruskin erfreut, hat einen gehobenen Lese-Geschmack. Zugleich verhehlte Helene Schjerfbeck nicht, dass sie keine Hemmungen hatte, sich zwischendurch an Groschenromanen zu vergnügen.

Helena Westermarck hatte sich in den 1890er Jahren gegen ihr Maltalent und für das professionelle Schreiben entschieden. Ihr Roman »Licht in der Nacht«, 1903 erschienen, war wieder ein Erfolg. 1904 begann Helena Westermarck mit ihrer historischen Biografie über Fredrika Runeberg, die Frau des berühmten Nationaldichters und Mutter des populären Bildhauers, eine Serie von Frauen-Biografien. Das war eine doppelte Pioniertat, denn bisher hatte es niemand für wert befunden, neben den vielen Biografien über berühmte Männer dem Leben von eindrucksvollen Frauen, die mutig Neuland betreten und sich dem traditionellen Geschlechtermodell widersetzt hatten, eine öffentliche Bühne zu geben.

Aus dem Frühjahr 1904 ist ein Brief erhalten, in dem Helena Westermarck ihren Bruder Edvard, Professor für Soziologie an der renommierten School of Economics in London, um einen Gefallen bittet: »Wenn es Dir möglich ist, frage doch Deinen Buchhändler nach dem Preis von *The Book of the Art of Cennino Cennini – von Christiana Herringham*.« Sie habe Helene Schjerfbeck versprochen, ihn darum zu bitten: »Weil sie sehr knapp bei Kasse ist, riskiert sie es nicht, ein solches Buch zu bestellen …«

Im Herbst 1904 bekam Edvard Westermarck einen weiteren Brief seiner Schwester, in dem sie um ein Buch für Helene Schjerfbeck bittet. Es geht um »Hans Holbein the Younger« von Gerald S. Davies. Diesmal soll es ein Geschenk sein, »eine unversiegbare Freudenquelle für die arme Helene, die weiterhin in ihrer Gefangenschaft lebt. Sie schätzt und studiert Holbein, kann sich aber natürlich ein solches Werk nicht leisten. Ich bin gerade heute mit Maria Wiik draußen gewesen und habe sie in echtem Herbst-Winter-Matsch besucht.« Der Hinweis auf Helene Schjerfbecks »Gefangenschaft« in Hyvinkää lässt darauf schließen, dass die Entscheidung für diesen Wohnort unter den Malschwestern diskutiert und nicht unbedingt für gut befunden wurde.

Seit den Bildern, die in der Bretagne entstanden waren, wussten die Malschwestern auch, dass sie mit dem künstlerischen Weg, den Helene Schjerfbeck einschlug, nicht immer übereinstimmten. Helena Westermarck und Maria Wiik haben manche Werke, die ihnen fremd und nicht gelungen erschienen, kritisiert. Allerdings haben alle Malerinnen dem nationalen Sog in der finnischen Kunstszene ab 1890 widerstanden, obwohl sie damit auf Ruhm und Geld verzichteten. Die Auffassung, dass die Kunst frei sei und Künstler in ihrer Arbeit niemandem untertan, verband die vier Frauen.

Im Rückblick erscheint der ungebrochene und uneigennützige Einsatz von Ada Thilén, Maria Wiik und Helena Westermark für Helene Schjerfbeck als ein eindrucksvolles Phänomen: Als ob sie darin übereinstimmten, dass sie die Jüngste in ihrem Kreis nicht nur als Persönlichkeit schätzten, sondern als die Malerin mit dem größten, dem genialischen Talent, und sich deshalb treu und ohne Murren in ihren Dienst stellten.

Im Herbst 1904 erhielt Helene Schjerfbeck Post aus London. Ein Verlag plante eine Anthologie über Malerinnen in der Kunstgeschichte – »Women Painters of the World from Caterina Vigri 1413-1463 to Rosa Bonheur and the Present Day«. Der verantwortliche Redakteur bat Helene Schjerfbeck um einen Beitrag über finnische Künstlerinnen und Abbildungen von ihren Werken. Helene gab den Auftrag sofort an Helena Westermarck weiter, die Maria Wiik, Ellen Thesleff und Helene Schjerfbeck in den Mittelpunkt ihres Aufsatzes stellte und Helene als die beste von Finnlands weiblichen Künstlern bezeichnete.

Als das Buch 1905 erschien, war es Helene gelungen, Anna und Irene Lintumäki, zwei Geschwister aus der engen Nachbarschaft, gegen ein kleines Entgeld als Modelle zu gewinnen. Die beiden Mädchen kamen in den kommenden zwei Jahren zuverlässig zum Modellsitzen. Als Erstes bat die Malerin die jüngere Anna, sich in einem schwarzen hochgeschlossenen Kleid in Helenes hölzernen Schaukelstuhl zu setzen, den Oberkörper nach vorne gebeugt. Auf dem Bild, das entsteht, sind die weißen Hände auf den Knien gefaltet, leuchten aus dem schwarzen Stoff. Das bleiche Gesicht sticht aus dem hohen schwarzen Kragen und dem dunklen Haar hervor, maskenhaft, wie in eine andere Welt versunken. Der Hintergrund ist nichts als monochrome gelbliche Farbe, die an der tief sitzenden Kante zwischen Wand und Fußboden in Grünschattierungen übergeht.

Die Frau auf dem Schaukelstuhl wirft einen hauchdünnen, minimalen Schatten. Die Konturen des Körpers sind leicht verwischt. Teilweise schimmert die Struktur der Leinwand durch die Ölfarbe, die in dünnen Schichten aufgetragen ist. Die Welt mit ihrer Materie, all den Dingen, die uns den Raum nehmen, ist ausgeschlossen.

Es ist wohldurchdacht, obwohl es wie ein zufälliger Farbklecks scheint: Der winzige helle Punkt am linken unteren Stuhlbereich macht auf eine Schere aufmerksam, die an einer grünen Schnur von der Taille des Mädchens herabhängt und zum Titel des Bildes führt – »Die Näherin«. Der Titel entspringt nicht der Fantasie der Malerin. Anna ist vierzehn Jahre alt, geht noch zu Schule, arbeitet aber auch schon als Näherin in der Wollfabrik von Hyvinkää.

Die Wollfabrik, 1892 gegründet, ist ein wichtiger Arbeitgeber für Frauen, Männer und Kinder am Ort. Rund hundert Jahre war sie in Betrieb. Heute ist in den alten Hallen ein Kultur- und Jugendzentrum, nur wenige Minuten von der Hauptstraße und den vielen raumgreifenden Einkaufszentren entfernt.

Helene Schjerbecks Bild »Die Näherin« führt zurück zu den meisterhaften Anfängen. Das Bild atmet den gleichen Geist von genialer Einfachheit und Reduzierung auf das Wesentliche wie die »Tür«, die Helene Schjerfbeck 1884 in der Kapelle von Trémalo in der Bretagne malte. Damals entstand eine Ikone der Moderne, die sie 1905 immer noch vor der Öffentlichkeit verborgen hielt. »Die Näherin« versteckt sie nicht, und mit 95,5 × 84,5 Zentimetern hat sie ein großes Format gewählt.

Die Malerin hat ihre Initialen in die linke untere Ecke des Bildes gesetzt, davor steht die Jahreszahl 1903. Dreißig Jahre später, 1935, hat Helene Schjerfbeck unzweifelhaft versichert, dass »Die Näherin« im November 1905 fertig wurde. Damit legt sie – gar nicht so selten in ihren Bildern – eine subtile Spur, die sie möglicherweise während der Entstehung und in den darauf folgenden Jahren verwischen wollte. Denn der Herbst 1905 ist eine Zeit voller politischer Spannungen und dramatischer Ereignisse in Finnland. Nicht nur in Helsinki formiert sich in den Straßen der Widerstand gegen die russische Obrigkeit.

Auch die Arbeiterinnen und Arbeiter in der Wollfabrik von Hyvinkää haben sich in der letzten Oktoberwoche dem Generalstreik angeschlossen, der von einer breiten nationalen Bewegung, von allen Gewerkschaften und von den bürgerlichen wie den sozialistischen Parteien unterstützt wird. Sie fordern vom Zaren in St. Petersburg die Wiederherstellung der traditionellen Autonomie Finnlands innerhalb des russischen Reiches und grundlegende Reformen der politischen Institutionen und nicht zuletzt die politische Gleichberechtigung von Frauen und Männern.

29. Kapitel

Finnlands unblutige Revolution

1905 bis 1907

Am 16. Juni 1904 stand der neunundzwanzigjährige Eugen Schauman, als Beamter beim Kaiserlichen Senat angestellt, in Helsinki auf der breiten Treppe des eleganten Senatsgebäudes, das den Senatsplatz im Osten abschließt. Ob er dem strahlend weißen Dom an der südlichen Breitseite des Platzes noch einen letzten Blick gegönnt hat? Als um 11 Uhr, wie zu erwarten war, der russische Gouverneur Nikolai Bobrikow, die Stufen zum Senat emporsteigt, zieht Eugen Schauman eine Browning hervor, zielt und schießt dreimal auf den Gouverneur. Anschließend richtet er die Pistole gegen sich. Schauman stirbt sofort. Bobrikow geht weiter, bricht im Senatsgebäude zusammen und wird auf seinen ausdrücklichen Wunsch ins finnische Universitätskrankenhaus gebracht, nicht in ein russisches Lazarett. Die besten Ärzte operieren ihn. Doch der Vertreter des Zaren im Großfürstentum Finnland stirbt am nächsten Morgen. In Moskau wird Bobrikow mit einem Staatsbegräbnis geehrt.

In Helsinki, so die Überlieferung, wurde niemals zuvor so viel Champagner getrunken wie in der Nacht vom 16. auf den 17. Juni 1904 – in Erwartung der Todesnachricht des Gouverneurs. Denn Eugen Schauman, ein Finne mit schwedischer Muttersprache, vertrat jene Schichten, die sich Champagner leisten konnten. Nach seinem selbstgewählten Tod wurde er zum Helden einer breiten nationalen Bewegung, die sich mit dem politischen Attentat auf den Senatsstufen ein Fanal im Kampf gegen die fortschreitende Russifizierung Finnlands erhoffte.

Was wird Helene Schjerfbeck in Hyvinkää durch den Kopf gegangen sein, als sie im täglichen *Hufvudstadsbladet* die Nachrichten aus der Hauptstadt las? Eugen Schaumans zwei Jahre jüngere Schwester Sigrid hatte in der Mal- und Zeichenschule zum engeren Kreis ihrer Schüler gezählt, und schon 1901 hingen Bilder der talentierten jungen Malerin in Ausstellungen im Ateneum. Der Kontakt zwischen Lehrerin und Schülerin blieb auch nach Helene Schjerfbecks Kündigung und ihrem Umzug nach Hyvinkää erhalten. Die Eltern der Geschwister Schauman gehörten zur finnischen Elite mit schwedischen Ahnen: Der Vater hatte einen hohen Posten beim russischen Generalstab, die Mutter war eine Tochter des Bischofs von Porvoo. Sigrid Schauman, die ihrem Bruder sehr nahestand, bekannte sich nach 1904 stolz zu dessen Tat. Es war für sie eine große Genugtuung, als seine sterblichen Überreste im Mai 1906 unter feierlichem Geleit der Studenten von Helsinki nach Porvoo überführt und dort in einer öffentlichen Zeremonie begraben wurden.

Diese demonstrative Ehrung eines politischen Attentäters war möglich, weil im Herbst 1905 in Finnland eine unblutige Revolution stattgefunden hatte, die alle Schichten der Gesellschaft unterstützten. Auslöser waren Entwicklungen in Russland, die im Großfürstentum Finnland wie politisches Dynamit wirkten.

Seit dem Januar 1904 führen das russische Reich und das japanische Kaiserreich Krieg gegeneinander. Tausende russischer Soldaten und Matrosen sterben in mörderischen Schlachten zu Wasser und auf dem Land. Die Spannungen im Zarenreich werden immer größer. Mit Beginn des Jahres 1905 kommt es zu Aufruhr und Aufständen gegen die Obrigkeit. Arbeiterräte werden gebildet, ein Generalstreik bricht aus. So gefährlich wird die Situation für die Herrschenden, dass der Zar im »Oktobermanifest« von 1905 für Russland politische Reformen verspricht.

Im warmen Herbst 1905, als die Menschen in Finnlands Hauptstadt auf Straßen und Plätzen über die politischen Ereignisse in Russland und die eigene Lage diskutierten, sprang der Funke des Aufruhrs von St. Petersburg über. Am Vormittag des 29. Oktober 1905 beschlossen die Studenten einen Vorlesungsstreik. Um 14 Uhr hatten Gewerkschaften und die Sozialdemokratische Partei die Arbeiter vor dem Bahnhof versammelt, und der Generalstreik wurde ausgerufen. Außer den prorussischen Altfinnen und der lutherischen Staatskirche waren alle gesellschaftlichen Gruppierungen dabei. Sogar die Beamten streikten.

Ein Ausschuss aller Streikbeteiligten arbeitete fieberhaft an einem politischen Manifest, das der Zar – parallel zum »Oktobermanifest« – für Finnland unterzeichnen sollte. Am 3. November brachte ein Schnellboot die wichtigsten Forderungen über die Ostsee nach St. Petersburg. Niemand der Aufständischen wollte eine Loslösung von Russland, aber die vom Zaren befohlene Russifizierung der finnischen Gesellschaft musste rückgängig gemacht werden.

Am 4. November um drei Uhr morgens unterschrieb der Zar ein Manifest für sein finnisches Großfürstentum, und das Schnellboot jagte mit der kostbaren Fracht zurück nach Helsinki. Dort entbrannten heftige Diskussionen, ob die Zugeständnisse ausreichten. Die Rote Garde der Sozialdemokraten marschierte auf, es drohte ein Bürgerkrieg. Doch die Kompromissbereitschaft siegte. Das Manifest des Zaren, der den Kernforderungen zugestimmt hatte, wurde einstimmig akzeptiert. Am Montag, dem 6. November 1905 um zwei Uhr, endete der nationale Generalstreik in Finnland mit einem Triumph.

In Hyvinkää setzte sich Helene Schjerfbeck in ihrem Zimmer neben der Küche vor die Staffelei, platzierte die vierzehnjährige Nachbarstochter Anna Lintumäki als Modell in den Schaukelstuhl und malte weiter am Bild einer streng in sich gekehrten jungen Frau. Aus künstlerischen Gründen hätte es der Schere nicht bedurft, die das Modell als Näherin auszeichnet. Auf dem Hintergrund der politischen Ereignisse jedoch bekommt dieses einfache Requisit eine unübersehbare Bedeutung. Dies als Zufall zu deuten, unterstellt der Zeitungsleserin Helene Schjerfbeck eine Naivität, die der Malerin nicht gerecht wird.

Während das »Oktobermanifest« von 1905 in Russland ein Fetzen Papier blieb, weil der Zar sich nicht daran gebunden fühlte, gelang es der breiten politischen Allianz in Finnland, sich in den folgenden Monaten auf ein radikales Reformprogramm zu einigen. Die Parteien, bisher eher politische Klubs, gaben sich feste institutionelle Strukturen. Der Senat sollte abgeschafft werden: Statt des Zwei-Kammer-Parlaments, in dem bisher die Stände herrschten, sollten alle mündigen Finnen, das heißt alle über vierundzwanzig Jahre, ein einheitliches Parlament wählen.

Alle Finnen – das war eine Sensation: Das allgemeine Wahlrecht, das passive wie das aktive, galt von nun an gleichermaßen für Männer und Frauen. Wofür die Suffragetten in England, die Frauenbewegung in den USA, in Deutschland und anderen Ländern Westeuropas noch viele Jahre kämpfen mussten: In Finnland wurde dieser Meilenstein der Gleichberechtigung 1907 Wirklichkeit. (Nur Neuseeland hatte dieses Recht den Frauen schon zugestanden.)

Vor dem politischen Umbruch kam es zu heftigen Auseinandersetzungen zwischen den Reformern. Mit dem Jahresbeginn 1906 setzten Massendemonstrationen in der Hauptstadt alle Parteien unter Druck. Die Spannungen wurden auch in Hyvinkää sichtbar. »Die täglichen Zeitungen sind voll von Politik«, schrieb Helene Schjerfbeck am 31. Januar 1906 an Helena Westermarck. Im Mai 1906 beschloss das alte Parlament tatsächlich die Reform der politischen Institutionen in Finnland und gleiches Wahlrecht für Männer und Frauen. Im Frühjahr 1907 sollte das neue Parlament gewählt werden. Der Wahlkampf überall im Land begann.

Am 1. August 1906 geht eine kurze Notiz an Maria Wiik: »Ich hatte vor, zu malen und Dir eine Karte zu schicken. Aber ich kam nicht dazu, denn hier ist es unruhig geworden, rote Fahnen und Frauengeschrei ...« Die wenigen Briefe mit konkreten politischen Aussagen, die sich erhalten haben, stammen aus der Korrespondenz mit Helena Westermarck. Sie lassen darauf schließen, dass die enge Freundin Helene Schjerfbeck zu politischen Stellungnahmen herausgefordert hatte. »Weißt Du, ich werde immer weniger rot«, schreibt Helene am 3. März 1907 an die andere Helena, »konstitutionell bin ich auch nicht, wenn ich höchste Gewissensmaßstäbe anlege.« Das war dreizehn Tage vor der historischen Parlamentswahl. Die »Roten«, diese Etikettierung hatte sich für die Sozialdemokraten festgesetzt; mit den »Konstitutionellen« war der bürgerliche Block gemeint, dem die Einhaltung der alten Verfassung aus Schweden-Zeiten wichtig war.

Als nach dem Wahltag am 16. März 1907 die Stimmen zum finnischen Parlament ausgezählt wurden, gab es eine politische Sensation. Die Partei der Sozialdemokraten hatte 80 der 200 Sitze errungen. Damit lag sie weit vor der Partei der Altfinnen, 59 Sitze, und den Jungfinnen, 26 Sitze. Für die Schwedische Volkspartei bedeuteten 24 Sitze den politischen und gesellschaftlichen Absturz der schwedischsprachigen Elite; ihre Zeit als Finnlands prägende Kraft war endgültig vorbei. Die große Mehrheit im Parlament sprach nun Finnisch, das auf russische Anordnung seit 1902 im ganzen Land als gleichberechtigte Sprache anerkannt war. Eine weitere Sensation war, dass von den 200 Abgeordneten 19 Frauen waren, darunter 9 sozialdemokratische Abgeordnete.

Eine Anmerkung noch zum Wahlerfolg der Sozialdemokratischen Partei, die 1899 als »Arbeiterpartei« gegründet worden war. Wo kamen die vielen »roten« Stimmen her im Kalevala-Land? Finnland hatte kein Heer von Proletariern, wie die westlichen Industrienationen auf dem Kontinent. Den Sozialdemokraten im Norden war es gelungen, die freikirchlichen Erweckungsbewegungen und die Abstinenzler, die mit ihrem rigorosen Kampf gegen den Alkohol vor allem auf dem Land eine mächtige Gefolgschaft hatten, zu beerben. Wer in Finnland vom »Evangelium des Sozialismus« sprach, meinte das sehr ernst. Die landlose Agrarbevölkerung war das Rückgrat der finnischen Sozialdemokratie. Ähnlich ihren deutschen Genossen trat sie revolutionär auf, war aber in der politischen Praxis zu Kompromissen und Reformen bereit.

Ob Helene Schjerfbeck trotz ihrer Zweifel an »Roten« und »Konstitutionellen« zur Wahl gegangen ist? Hat es sie nicht doch gelockt, als Angehörige der ersten Frauengeneration Finnlands an der Wahlurne eine eigene politische Entscheidung treffen zu können? Im August 1911 wird sie zum Stichwort »Wahlrecht« an Helena Westermarck schreiben: »Das Einzige, was ich vom Wahlrecht der Frauen erhoffe, ist eine Gleichstellung in der Moral von Mann und Frau; dem Paradies bringt es uns nicht näher. Es ist schlicht eine Sache der Gerechtigkeit.« Aus diesem Urteil spricht Skepsis bis Distanz. Doch das Zitat beweist, dass die Situation der Frau und die Emanzipation ein Thema zwischen ihr und der Freundin war, die in diesem Punkt sehr anders dachte.

Eine engagierte Feministin war Helene Schjerfbeck in der Theorie nicht, selbst wenn es um Bekenntnisse im privaten Kreis ging. In der Öffentlichkeit nahm sie überhaupt nicht Stellung. Aber mit ihren Lebensentscheidungen und ihrer Entwicklung als Malerin setzte sie deutliche Akzente: als eine selbstbewusste Frau und Künstlerin, die gegen nicht geringe Widerstände ihren eigenen Weg gegangen ist. Und dabei soll es bleiben.

30. Kapitel

Sehnsucht und Routine und viele neue Bilder

Hyvinkää 1907 bis 1912

Am 26. April 1907 setzt sich Helene Schjerfbeck an ihren Tisch, um Maria Wiik endlich »einen ordentlichen Brief« zu schreiben. Das Jahr hatte mit dem »üblichen Katarrh« begonnen, und müde fühlt sie sich auch. Kalt ist es zwar immer noch, aber die Tage werden schon milder und locken zum Hinausgehen. »Gut für mich«, setzt sie hinzu, denn sie weiß, wie wichtig Bewegung für sie ist. Der Buchfink macht »kleine Versuche«, was seinen Gesang betrifft, und dann gibt es noch einen ganz anderen Vogel, der ihr in diesen Frühlingstagen außerordentlich gute Laune beschert: »Weißt Du, ich habe Selma Lagerlöfs letztes Buch für Kinder gelesen, und das war so gut, dass ich dabei bin, wie eine Wildgans zu fühlen und zu denken ... Nun warte ich auf unsere Kraniche, und Du kommst ja gewöhnlich mit ihnen!«

Wie so oft ist Helene Schjerfbeck mit ihrer Lektüre auf dem neuesten Stand. Die »Wunderbare Reise des kleinen Nils Holgersson mit den Wildgänsen«, das Buch der weltbekannten schwedischen Autorin, war 1906/07 in zwei Bänden erschienen. Zwei Jahre später, 1909, würde Selma Lagerlöf, 1858 geboren, als erste Frau mit dem Nobelpreis für Literatur ausgezeichnet werden.

Reisen: Ein Stichwort, das bei Helene Schjerfbeck vielfältige Resonanz auslöst. Zehn Jahre lang, von 1880 bis 1890 war Reisen ihr Lebenselexier, und auch für das folgende Jahrzehnt konnte sie bis 1898 ihre Erinnerungen von St. Petersburg über Wien und Florenz bis ins norwegische Gausdal schweifen lassen. Ihr Entschluss,

1902 Helsinki den Rücken zu kehren und sich in Hyvinkää niederzulassen, bedeutete nicht, die Lust am Reisen aufzugeben. In den Briefen an die Malschwestern bricht die Sehnsucht nach der Ferne immer wieder durch.

Ein Sehnsuchtsort, mit tiefen Gefühlen verbunden, liegt in Norwegen. Im Juli 1908 geht der Seufzer an Ada Thilén: »Nächsten Sommer möchte ich gern nach Gausdal reisen.« Doch den ersten Platz in ihren Reisewünschen nimmt weiterhin Paris ein. »Sollen wir nicht nach Paris reisen«, schreibt sie Mitte Oktober 1907 an Maria Wiik, »mit ein paar kleinen Ateliers nebeneinander … und malen, was uns behagt, in gutem Licht und mit Modellen, die richtig sitzen.« Paris ist der Dreh- und Angelpunkt ihrer Sehnsucht: »Es gab keinen Tag im November, keinen Winternachmittag, an dem ich nicht an Paris dachte – im Winter arbeitete man, lebte man, träumte von seinem Werk.«

Während Helene Schjerfbeck in Hyvinkää festsitzt, fahren Helena Westmarck und Maria Wiik im Herbst 1905 zusammen zur Weltausstellung nach Lüttich und Brüssel. Anschließend wandern sie auf vertrauten Wegen durch Paris und treffen wie in alten Zeiten finnische Kolleginnen, nur dass die einer jüngeren Generation angehören. Helene neidet den beiden ihre Reisen nicht, sie wünscht nur, davon zu profitieren. Die Freundinnen sollen ihr die Welt ins Haus bringen und auch die Erinnerungen, die sie teilen können. »Komm bald«, liest Maria Wiik kurz vor Weihnachten 1909, »damit wir reden können – über finnische und französische Weihnachten, und alles, was wir zusammen gesehen haben.«

Als Helene Schjerfbeck im Juli 1907 ihren fünfundvierzigsten Geburtstag feiert, war ihr Leben in dem Kurort Routine geworden. Aber sie isoliert sich nicht, sondern ist neugierig und gut informiert. Im August 1907 erfährt Ada Thilén, dass es in Hyvinkää, das nicht am Meer liegt, zugeht »wie in einem Seebad« mit einem »lebhaften Publikum«. Dazu kommen außergewöhnliche Ereignisse: »Vor einer Woche hatten wir eine russische Invasion, ca. 10 000 Mann. Das war der Auftakt zu einem großen Manöver …

aber nach drei Tagen zogen sie sich zurück. Ein großer Teil zog hier vorbei, und ich denke, es war eine schreckliche Schande – viele schleppten sich mit wunden Füßen vorbei, konnten kaum stehen.« Die besseren jungen Damen von Hyvinkää waren zu einem Offiziersball eingeladen. Doch die Rechnung wurde ohne das »Volk« gemacht: »Es drängte sich in den Ballsaal, so dass kein Platz mehr zum Tanzen war.«

Insgesamt betrachtet Helene Schjerfbeck das Treiben der internationalen Gäste mit feiner Ironie: »Hier sind viele Russen im Sommer, die meisten Juden. Auch trippeln kleine Japaner mit Turbanen, altmodisch gekleidet, die Frauen bleiben meist im Wagen. Man sagt, in deutschen Kurorten sei es nicht so übertrieben wie hier in Finnland«, schreibt sie im Juli 1911 an Ada Thilén.

Die gute Stimmung vom Frühjahr 1907 hielt an. Rückblickend nennt Helene Schjerfbeck ihrer Freundin Maria Wiik im September die Gründe. Sehr wichtig: »Mamma ist munter.« Zwar steht wie jedes Jahr das Großreinemachen für den Winter an, und Helene ist von ihrer Mutter fest eingeplant, woran sie sich nie gewöhnen wird. Andererseits hat die Tochter keine ruhige Minute, wenn Olga Schjerfbeck kränkelt. Geht es ihr gut, ist Helene glücklich – Hausputz oder nicht. Ebenso wichtig für ihre gute Stimmung ist der lange warme Sommer. Helene Schjerfbeck nennt ihn »einen Kaffeesommer, das war trefflich, denn man konnte für Stunden und Tage verschwinden und malen«.

Nicht, dass Helene ihre Koffer gepackt und fortgereist wäre. Das Glück, »verschwinden« zu können, lag für sie darin, ein paar Stunden der häuslichen Enge und der permanenten Kontrolle durch die Mutter zu entkommen. Freiheit bedeutete, die Wohnung verlassen zu können und draußen im Garten oder am nahen Waldrand die Staffelei aufzubauen; das Modell dorthin zu beordern und zu malen – Zeit und Raum vergessend.

So entstand als erstes Bild 1907 im Freien vor dunklem Baumhintergrund das Brustbild von »Mommo«, einer alten Frau, eine typisch finnische Großmutter mit weißem Kopftuch, die spitzbübisch nach links aus dem Bild schaut. Helena Westermarck hat die »Großmutter« gekauft, und ihr schrieb Helene Schjerfbeck, dass das Besondere durchaus zu diesem Modell passe. »Mommo«, auf diesem Namen bestand die alte Frau, kam vom Land, hatte ihren Mann verlassen »und sich ein eigenes Haus gebaut, in dem vier ihrer Kinder wohnten«.

Das Weiß des Kopftuchs, unter dem Hals geknotet, steht in scharfem Kontrast zu dem dunklen Umhang, der ihren Oberkörper umschließt. Mit der Entscheidung für das weiße Kopftuch hat Helene Schjerfbeck bewusst ein neues Kapitel ihrer Farbpalette aufgetan; es ist kein Augenblicks-Einfall. Ebenfalls 1907 arrangiert sie die inzwischen sechzehnjährige Nachbarstochter Anna Lintumäki, ihr Modell für die »Näherin«, mit deren Schwester Irene zu der Szene »Lesende Mädchen«. Ein weißes Kleid und eine weiße Bluse dominieren das Aquarell, und ein breiter schwarzer Rock lässt die hellen Farben auf dem engen Raum noch deutlicher hervortreten. Es ist die Farbe, die die Volumen der Körper schafft.

Im selben Jahr wählt Helene Schjerfbeck die junge Anna noch einmal als Modell und malt »Stille«, ein Bild, das ein Höhepunkt ist auf einem Weg hin zu radikaler künstlerischer und farblicher Askese und fort von allem, was das Auge ablenkt und verführt. Das helle, mit Weiß modellierte Gesicht einer jungen Frau, die großen Augenlider gesenkt, taucht im oberen Bildteil aus dem monochromen schwarzen Hintergrund hervor. Von diesem Hintergrund setzt sich im unteren Teil des Bildes das weiß-hellblaue Kleid ab.

Es ist, als ob die Kunst die Materie aufhebt und alle Dinge, an denen der Mensch haftet, aus dem Blick schafft. Die geheimen Wurzeln von »Stille« reichen zurück bis zur »Tür« in der Kapelle von Trémalo. Zweiundzwanzig Jahre war Helene damals alt. Die »Stille« der Fünfundvierzigjährigen zeigt eine Verdichtung und Zuspitzung von Kunst, die in der Bretagne begann und für Helene Schjerfbeck zur lebenslangen Aufgabe wurde.

Im Oktober 1907 kommen noch einmal Gäste, bevor Eis und Schnee die Fahrt nach Hyvinkää beschwerlich machen. Helenes

Kusine Esther bringt mit ihren beiden Töchtern für drei Tage »Großstädtisches« in die einfache Behausung. Bruder Magnus schaut mit Frau und den zwei Kindern vorbei. Es wird Kaffee gekocht, obwohl »ein Berg von Winterkleidern zum Flicken liegt«. Gäste sind ein zwiespältiges Vergnügen. Helene schätzt die Abwechslung, und die Familie ist ihr wichtig. Aber mit den Gästen kommt auch Unruhe in das geregelte Leben von Mutter und Tochter. Helene Schjerfbeck fühlt sich »müde, morgens schmerzt der Körper«. Ein altes Übel, die Schlaflosigkeit, plagt sie. Wenn sie morgens gegen fünf Uhr endlich einschläft, reißt sie um sechs Uhr die Werkssirene der Wollfabrik wieder aus dem Schlaf.

Doch schon in ihrem Brief vom 16. Oktober 1907 freut sie sich, dass Maria Wiik ihr Kommen angekündigt hat, und ermuntert sie: »Du bist immer willkommen, wie gesagt, kein Programm, die Fenster sind winterfest, die Kleider ausgeklopft.« Am 18. November bedankt sich Helene für den Besuch der Freundin und hat eine Bitte. Mit der Post würde auch ein Aquarell an Berndt Kahlroth, ihren bewährten Rahmenhändler, gehen. Für dieses Bild – die »Lesenden Mädchen« – wünscht sich Helene Schjerfbeck einen schmalen Rahmen, »ein großer Rahmen macht es zu prätenziös«. Sie vertraut Kahlroth, wäre aber dankbar, wenn Maria Wiik zu ihm gehe und sich die Rahmung ansehe. Im Zweifel hat die Freundin die Vollmacht, Änderungen vorzunehmen. Der Künstlerverein, das neue Gegengewicht zum traditionellen Kunstverein, nimmt das Aquarell »Lesende Mädchen« sofort für dreihundert Mark in seine Lotterie auf und schon in der ersten Dezemberwoche hat das Bild einen Besitzer gefunden.

Wie in jedem Frühjahr, wenn ihr Geburtstag naht, fühlt Olga Schjerfbeck sich 1908 gar nicht gut, will aber keinen Arzt in ihre Nähe lassen. Die Tochter ist überzeugt, dass die Mutter Angst vor dem Älterwerden hat. Der Arzt dringt darauf, die Neunundsechzigjährige von allen Aufregungen fernzuhalten, weil die Gefahr einer Herzattacke bestehe. Doch nachdem der April mitsamt dem Geburtstag vorbei ist, geht es aufwärts mit Olga Schjerfbeck. Ihr

Namenstag im Juli wird zusammen mit den Nachbarn gefeiert, und Sohn Magnus schaut auf einer Dienstreise vorbei. Helene Schjerfbeck bedankt sich im Namen der Mutter bei Maria Wiik, die wie jedes Jahr gratuliert hat. Die Freundinnen wissen, das ist wichtig für die Mutter und damit auch für die Tochter.

Fast nahtlos geht der Herbst in den Winter über. Im Oktober ist es schon »recht kalt«. Längst sind die langen warmen Mittsommernächte vorbei, als Helene Schjerfbeck im Garten sitzen konnte, mal mit, mal ohne Staffelei. Die nordischen Winter mit ihrer Kälte und Dunkelheit legen sich auf die Gemüter. Bücher gehören dann zu Helenes liebster Seelennahrung. In diesen Wochen hat sie wieder einmal Selma Lagerlöf gelesen. Zum Weihnachtsfest kam wie jedes Jahr eine großzügige Büchersendung von Maria Wiik. »Sehr interessant, so herrlich«, bedankt sich Helene am 26. Dezember 1908.

Sie sitze ausschließlich drinnen, weil vor dem Haus »eisiger Sturm und starke Kälte« herrschten. Die Fenster seien so vereist, »dass ich die Welt draußen kaum sehen kann«. Weil sein Sohn krank ist, reist Bruder Magnus diesmal Weihnachten allein aus Helsinki an. »Du kommst wohl nicht vor dem 29.?«, fragt Helene die Freundin, und in der Frage schwingt die Hoffnung mit, dass Maria Wiik ihren Besuch ganz gewiss einhalten wird.

Dann beginnt ein neues Jahr, lässt auf bessere Zeiten hoffen, und die Stimmung dreht sich: »Ich habe ein bisschen Lust zum Arbeiten, das Wetter war so, dass man hinauskonnte und etwas aufgefrischt wurde.« Drei Tage später, am 29. Januar 1909, schickt sie dem Brief eine Postkarte hinterher: »Meine liebe Marie, falls Du Blumen siehst, könntest Du welche schicken ...?« Helene denkt an ein Blumengeschäft in Helsinki, das den Transport übernehmen soll. Bis zu fünf Mark dürfen die Blumen kosten. Anemonen in hellen Farben und eine rosa Azalee im Topf wünscht sie sich, damit ihre Lust zum Malen sofort Nahrung findet.

Zehn Tage später geht »in Eile, müde und gefroren« Helene Schjerfbecks Dank für die »Frühlingsblumen« an Maria Wiik hinaus. Als Schnittblumen stehen der Malerin jetzt weiße und blaue

Anemonen zur Verfügung, dazu eine hellrote Azalee im Topf. Ein ähnliches Dankesschreiben erhält die Freundin im September 1909: »Du warst so schnell, die Blumen zu schicken, nach denen ich mich sehnte, um sie zu malen ... nun sitze ich den ganzen Tag vor ihnen.« Diesmal sind es Löwenmäulchen, »schön und praktisch, wenn die unteren Blüten abfallen, kommen oben die neuen«. Mit den Blumen hatte Maria wieder einmal Bücher geschickt. Die »Anemonen« und die »Löwenmäulchen« fanden durch die Kunstlotterien in Turku und in Helsinki ihre Käufer.

Aus dem »bisschen Lust zum Malen« im Januar 1909 wurde ein kreatives Jahr, in dem Helene Schjerfbeck die »weiße Phase« fortsetzte. Es entstand »Maria«, eine Art Komplementärbild zu »Stille«. Es zeigt im angedeuteten Profil den Rücken einer sitzenden lesenden Frau, die sich gegen einen monochrom-diffusen dunkelgrauen Hintergrund abhebt. Der Körper wird von einer grau-weißblauen Tönung umhüllt. Wie die »Stille« strahlt »Maria« äußerste Askese aus und eine grenzenlose Ruhe. Die Zeit steht still. Nichts Körperliches, nichts Dingliches drängt sich auf. Ihre Schwägerin Betty hat Helene für »Maria« Modell gestanden.

Im Februar 1908 war es Helene Schjerfbeck gelungen, die Tochter des nahe gelegenen Bäckers als Modell zu gewinnen. Ein »Sonntagsmodell«, denn während der Woche musste die junge Frau im Laden helfen. Die Malerin steckte das Modell in lange weiße Musselinkleider, es musste sich auf einen Stuhl setzen und von der Seite in Richtung Staffelei blicken. Helene Schjerfbeck nahm sich viel Zeit für zwei Bilder. Kostümbild I (1908-1909) zeigt die »weiße Frau« bis zur Taille und dicht an die Betrachter herangerückt. Kostümbild II (1909) ist mit 89,5×63 Zentimetern das größere, und diesmal malt Helene Schjerfbeck ihr Modell vom Scheitel bis zur Sohle.

In beiden »Kostümbildern« wird im Hintergrund das warme Orange einer Apfelsine zum Gegenspieler für das dominierende kühle Weiß des Gewands und den maskenhaften Blick des Modells. Helene Schjerfbeck hatte sich schon in ihrer Pariser Zeit für die damals von Europa entdeckte japanische Kunst interessiert und 1887 eine »Japanische Puppe« gemalt. Seit 1900 nimmt die Begeisterung für den »japanischen Stil«, den vor allem der Holzschnitt verkörpert, unter den Künstlern der Moderne stetig zu. Als die »Kostümbilder« entstehen, berichten die Kunstzeitschriften *The Studio* und *Ord och Bild* ausführlich über die Künste im »Reich der aufgehenden Sonne«. Vom intensiven Austausch mit der Malerei eines fernen Landes und ihrer Anverwandlung in die eigene künstlerische Entwicklung erzählen die Bilder mit der Orange.

Zur Lektüre dieses Jahres gehörte der junge russische Schriftsteller Leonid Andrejew; ein Vertreter der expressionistischen Literatur, der Tabus in Religion und Sexualität thematisierte. Helene Schjerfbeck war neugierig auf das Neueste, und ihr bürgerliches Herkommen hinderte sie im Bereich der Kunst nicht, offen zu sein für radikale Umbrüche. Vor die Wahl gestellt, aber war ihr Dostojewski lieber, der, wie sie Maria Wiik schrieb, »mehr in die Seelen seiner Leute geht«.

Durch das Fenster ihres Zimmers blickte Helene Schjerfbeck hinaus auf die Landstraße. Sie sah Menschen, die in die Stadt gingen oder zum Bahnhof, und die Fuhrwerke, die eine Menge Staub aufwirbelten. Irgendwann in diesem Jahr 1909 fiel ihr Fanny auf, das kleine Mädchen aus der Nachbarschaft, das jeden Morgen am Haus vorbeikam, in die Schule ging und nach einigen Stunden zurückkehrte. Fanny wird ihr Modell, und Helene Schjerfbeck macht sich daran, mit ihrer Malerei einen »Glimmer von dem, was in der Kinderseele vor sich geht«, nach außen zu bringen. Weiß ist keine Farbe, die zu Kindern passt. Es entsteht das Brustbild »Mädchen mit blauem Band« als Aquarell auf Papier.

Das dunkle Obergewand, ohne jede Körperbetonung oder stoffliche Markierungen, geht bis ans Kinn. Ein breiter dunkler Hut rahmt das Gesicht ein. Es behauptet sich gegen den dunklen monochromen Hintergrund mit seinen offenen grauen Augen, rätselhaft, fragend. Das schmale blaue Band über der linken Schulter ist wie ein Markenzeichen der Malerin. Sie hat die Hoheit über das Bild.

Berndt Kahlroth, ihr bewährter Rahmenmeister in Helsinki, der auch Kunsthändler im Kleinen war, kaufte das Bild.

Den Sommer 1909 empfindet Helene Schjerfbeck als eine besonders friedliche Zeit. Die Nachbarn in den angrenzenden Wohnungen und Häusern sind fort. Das bedeutet: kein Streit, den sie durch die Wände mithören muss. Kein Kommen und Gehen, während sie im Garten einfach nur allein sein möchte. Diesmal bleibt alles »wundersam ruhig«, wenn sie in der Hängematte liegt – lesend, träumend, dem Himmel und den Baumwipfeln nah.

Im Herbst 1909 kommen Gerüchte auf, dass das Haus, in dem sich ihre Wohnung befindet, verkauft werden soll. »Sollen wir uns verändern«, fragt sie Maria Wiik, »soll ich mich in einen Kredit stürzen, um ein Haus zu kaufen und ein Atelier zu mieten?« Von einem eigenen Atelier träumt Helene Schjerfbeck, seit sie mit der Mutter in zwei Räumen in Hyvinkää lebt. Doch sie bleibt realistisch und vertraut der Freundin an, dass ein Kredit für ein Haus auf den Widerstand ihrer Familie stoßen würde. Deren Argument – und damit ist vor allem der Bruder Magnus gemeint – würde sein, man könne nicht »solch ein Risiko für die unbedeutende Arbeit eingehen, die ich mache!«. Die alte Wunde mag geschlossen sein, doch sie hat Narben hinterlassen. Der Brief endet mit der Hoffnung, dass die Freundin bald wieder zu Besuch kommt.

Das Bild der »Lesenden Mädchen« von 1907 ist nicht in Öl und auf eine Leinwand gemalt, sondern ein Aquarell mit Gouache auf Papier. Beim »Mädchen mit blauem Band« hat sie sich für die gleiche Technik entschieden; die »Stille« wurde mit Tempera und Öl gemalt. Mit den neuen Maltechniken ist Helene Schjerfbeck auf der Höhe der modernen Malerei, die mit dem Beginn des 20. Jahrhunderts Abschied vom Ölbild als dem alleinigen Markenzeichen großer Kunst genommen hat. Tempera und Gouache, auch Kreide wird hinzukommen, verstärken Schjerfbecks neuen, leicht verschwommenen Stil. Sie wirken matt und weniger glänzend als Öl und nehmen die Schwere aus dem Bild. Die künstlerischen Möglichkeiten erweitern sich und werden differenzierter, ohne dass die Malerin in Zukunft auf die traditionelle Ölmalerei verzichtet, die auch ihr Bild »Maria« prägt.

Das Jahr 1909 war in vielfacher Hinsicht erfolgreich für die Künstlerin. Die eigene ungebrochene Schaffenskraft wurde von zunehmender Wahrnehmung ihrer Werke in der finnischen Kunstszene begleitet, vielleicht auch bestärkt. In der Frühjahrs-Ausstellung des Kunstvereins in Helsinki hing wieder ein Bild von Helene Schjerfbeck, und im Lauf des Jahres war ihre Teilnahme an Ausstellungen in drei weiteren Städten gefragt. Auch mit der Gesundheit ging es bergauf. Zum Jahresende war sie endlich ihre Grippe los. Die vom Kurarzt verordnete Medizin schlug an, und sie konnte ihre Spaziergänge auf die doppelte Länge ausdehnen. Ihr Brief zu Weihnachten – dem Jul-Fest – an Maria Wiik spiegelt eine ausgeglichene Stimmung. Helene Schjerfbeck blickt optimistisch in die Zukunft:

»Liebe Freundin, ein gutes, friedvolles Jul! Und außerdem alles Gute in der Welt, Arbeitskraft und Ruhe im neuen Jahr wünscht Dir Deine alte Lena ... So vergeht nun Jahr für Jahr, und wer hätte geglaubt, dass man es so lange aushalten – und dass man so wenig schaffen würde. Immerhin sagte Hokusai mit 80 Jahren, wenn er noch weitere fünf Jahre bekäme, würde er etwas Gutes daraus machen. Das liegt also noch vor uns, und es wäre schön, wenn es so ist.« Dass Helene Schjerfbeck ausgerechnet an Weihnachten 1909 den genialen japanischen Holzschnittmeister Hokusai (1760-1849) erwähnt, wirft ein Licht auf ihre »Weißen Bilder« des vergangenen Jahres und zeigt, womit sie sich als Malerin gedanklich beschäftigte.

Eis und Schnee haben diesmal keine Schrecken: »Du solltest sehen, wie weiß es hier am Abend ist. Der Mond hängt sehr hoch am Himmel, es ist schön und kalt. Weil die Sonne sich am Tag zeigt, habe ich Sehnsucht nach Frühling und Sommer.« Der Zug der Jul-Gäste hat schon begonnen. Kusine Esther war da, Bruder Magnus wird in den nächsten Tagen kommen – »dann hat Mamma ihr richtiges Weihnachten«. Ihre feine Ironie hat Helene Schjerfbeck nicht verloren. Am Ende des Briefes noch eine Bitte: Maria Wiik soll sich am Wochenende schnell auf den Weg nach Hyvinkää machen, damit die beiden Frauen über »finnische und französische Weihnachten« plaudern können.

Die nächsten zwei Jahre sind geprägt durch ein extremes Auf und Ab von Olga Schjerfbecks Gesundheit. Helene pflegt die Mutter, und es bedeutet, dass sie sich kaum aus der Wohnung wagt. Die Mutter erwartet, dass die Tochter ihr Gesellschaft leistet. Über den Zustand der Mutter erfahren wir fast ausschließlich durch die Aussagen der Tochter. Nur wenige Male gibt es einen Blick von neutraler Warte. Nach einem Besuch in Hyvinkää im März 1910 schreibt Maria Wiik an die gemeinsame Freundin Helena Westermarck, dass beide Frauen »frisch und wach« seien. Zwar sei Helene unter der Woche kränklich gewesen und konnte nicht malen, aber sie mache neue Skizzen.

Mit dem Frühjahr 1910 bietet sich beständige Hilfe im Haus durch drei Geschwister aus der Nachbarschaft an. Die Eltern Sahrman können das Entgelt dafür gut gebrauchen, und Helene Schjerfbeck kann befreit aufatmen: endlich ein Arrangement, dem die Mutter sich nicht verweigert. Der zwölfjährige Einar hackt das Holz für die Öfen und trägt es, ebenso wie das benötigte Wasser, vom Hof ins Haus; seine beiden älteren Schwestern Harrta und Katri helfen im Haushalt. Die Kinder sind zuverlässig, und Helene Schjerfbeck hat sehr bald Einar mit seinem bleichen Gesicht und den hellroten Lippen als Modell im Blick. Für die nächsten zwei Jahre wird er ihr Lieblingsmodell, viele Skizzen und Bilder entstehen vom »Brennholzjungen«, in Öl und als Aquarell, mit Bleistift, Kreide und Kohle gezeichnet. Auch seine Schwestern bringt Helene Schjerfbeck auf die Leinwand.

Als der Sommer 1910 sich von seiner warmen Seite zeigt, lässt Helene Schjerfbeck ihr Modell Ida, eine freundliche junge Frau, im Freien unter einem Baum auf einem kleinen Stuhl Platz nehmen. Das Ölbild »Unter der Linde« wird 1911 fertig und hängt ein Jahr darauf in der jährlichen Ausstellung des Kunstvereins Turku. Eine weitere junge Frau saß Helene Schjerfbeck in diesem Sommer im Schaukelstuhl Modell – Elna Tamlander. Im Dezember erfährt Maria Wiik vom traurigen Ende der jungen Frau: »Am nächsten Sonntag begräbt man unser Mädchen ... Ich kann nicht auf mein Bild sehen. Der Mensch ist mehr als Malerei.« Die Achtzehnjährige war an Tuberkulose gestorben, einer weit verbreiteten Krankheit, gegen die die Medizin machtlos war. Was blieb, sind Helene Schjerfbecks Bilder, darunter das Ölbild »Mädchen im Schaukelstuhl«.

Das Bild setzt auf den ersten Blick die Reihe der »Weißen Bilder« aus dem Sommer 1909 fort. Tatsächlich führt Helene Schjerfbeck mit der Wahl des Schaukelstuhls diese Entwicklungslinie in eine andere, gegensätzliche Richtung. Auch dieses Modell steckte die Malerin in ein weißes Kleid, das den ganzen Körper verhüllt. Aber wo in Bildern wie »Stille« oder »Maria« eine unendliche Ruhe herrscht, Zeit und Bewegung ausgeschlossen scheinen, strahlt das »Mädchen im Schaukelstuhl« Dynamik aus. Man spürt eine filigrane Anspannung bis in die Fingerspitzen, die das Ende der Armlehnen umfassen. Die weiße Kleiderhülle wird von den Fliehkräften des schwingenden Stuhls in den Sitz gedrückt. Das helle Orange, in dem die hölzerne Struktur des Stuhls, die Lehnen und mit dickem, kräftigem Strich die untere Kufe gemalt sind, bändigt diese Dynamik. Der Kopf ist gegen die Bewegung nach vorn gestreckt – gleich geht es mit Schwung in die andere Richtung.

Unter der gleichförmigen Oberfläche in Hyvinkää, wo der Alltag zweier Frauen im Rhythmus der Jahreszeiten seinen relativ unaufgeregten Lauf nimmt, wird Helene Schjerfbeck vorwärtsgetrieben von einer kreativen Unruhe, aufgewühlt von inneren Auseinandersetzungen um die beste Lösung, erfüllt von künstlerischen Visionen.

1911 gibt Helene Schjerfbeck »Das Mädchen im Schaukelstuhl« in die jährliche Ausstellung des Kunstvereins von Turku. Der Künstlerverein nimmt in Helsinki sein Bild von ihr für seine Herbstlotterie. Grund, stolz zu sein, wenigstens ein bisschen? Maria Wiik erfährt vier Tage vor Weihnachten 1911 von Helene, »dass ich nicht mehr als höchstens zwei Bilder (kleine) pro Jahr produziere ... Könnte ich in meinem Leben nur *eine* gute Sache machen, würde das vielleicht mit all dem Schlechten versöhnen.«

Nicht zum ersten Mal hört ihre Malfreundin Maria dieses Bescheidenheits-Mantra und weiß doch nur zu gut, dass Helene stets mehr als zwei Bilder schafft. Sie kennt auch ihr unbeirrbares Selbstbewusstsein als Malerin; nur auf dieser Grundlage konnte Helene Schjerfbeck radikal, allein und gegen alle Zweifel ihren künstlerischen Weg gehen. Warum diese auffällige irrationale Selbsterniedrigung?

Es gibt Momente der Recherche, da fällt es einem wie Schuppen von den Augen. Zwei Jahre vor ihrem Seufzer, nur einmal im Leben etwas Gutes schaffen zu wollen, hatte sie Maria Wiik in ihrem Dezemberbrief 1909 mit den guten Wünschen für das neue Jahr an den genialen Hokusai erinnert, der sich mit achtzig Lebensjahren noch weitere fünf wünschte, um etwas Gutes daraus zu machen. Eine andere Variante der Überlieferung spitzt die Pointe noch mehr zu. Danach sagte Hokusai, der neunundachtzig Jahre alt wurde, auf dem Totenbett: »Hätte der Himmel mir fünf weitere Jahre geschenkt, wäre ich ein großer Maler geworden.« Es sind die Künstler selbst, die den Mythos in die Welt gesetzt haben.

Arm, krank, an seiner Kunst verzweifelnd, weil ihm nie gelingt, wovon er träumt, und ohne Anerkennung: das ist der Mythos, der sich durch Zeiten und Kulturen um den Genie-Kult der Künstler rankt, ihm den Boden bereitet, auf dem er gedeihen kann. Die Künstler selbst haben das Muster einer herzerweichenden Künstler-Biografie ebenso verinnerlicht wie jene, die bewundernd zu ihren Werken aufschauen und schon zu Lebzeiten des Künstlers solche Mythen als Ausweis des Genies begierig aufnehmen. Warum soll nicht auch Helene Schjerfbeck, die die Kunst und das Leben der großen Maler intensiv studierte, Hokusai inklusive, sich diesen Mythos eingeprägt und auf sich selbst bezogen haben?

Einen Monat bevor sie im Dezember 1911 ihre angebliche schöpferische Untätigkeit beschwört, hat Helene sich bei Maria Wiik für die längere Briefpause entschuldigt. Sie hatte viel »Sommerarbeit« zu bewältigen; künstlerische versteht sich. Als Helene Schjerfbeck eine Anzeige für eine Ausstellung in Tampere sah, hat sie »in großer Hast« beschlossen, daran teilzunehmen.

Seit fast zehn Jahren hatte sie keinen Fuß in die Kunstszene von Helsinki gesetzt. Sie malte in Hyvinkää allein in eigener Entscheidung. Aber ein roter Faden durchzieht ihre Biografie seit Beginn ihrer Karriere: Bei aller Bescheidenheit – Helene Schjerfbeck will mit ihren Werken in der Öffentlichkeit präsent sein. Auch 1911 hing wieder ein Bild von ihr in der Frühjahrs-Ausstellung des Kunstvereins. Und Tampere hoch im Norden (schwedisch: Tammerfors) war Finnlands drittgrößte Stadt. Der neobarocke Näsilinna-Palast war 1908 als Museum eingerichtet worden. Der Stellenwert moderner Kunst nahm weiter zu in Finnland, und Helene Schjerfbeck will an diesem Aufbruch teilhaben.

Im Januar 1912 bewältigt Helene Schjerfbeck den Haushalt fast allein, nachdem Weihnachten und der Jahreswechsel entgegen ihren Befürchtungen erfreulich verlaufen waren. Ihre Mutter war im November und Dezember sichtlich aufgeblüht. Mit Überschuhen und Pelzmütze gegen Schnee und Kälte ausstaffiert, ging sie sogar in die Stadt. Endlich durfte Olga Schjerfbeck ihren geliebten Kaffee wieder trinken und fühlte sich im Kreis der vielen Weihnachtsgäste, darunter Sohn Magnus, sichtlich wohl. Aber mit dem neuen Jahr ist Olga Schjerfbecks Kräftereservoir erschöpft. Für Stunden leidet sie unter Gedächtnisverlust; ein Krankheitszeichen, über das der Arzt, Helene und ihr Bruder Magnus Stillschweigen vereinbarten.

Die schwermütige Stimmung in der kleinen Wohnung, draußen Eis und Schnee und nur wenige helle Stunden am Tag, luden dunkle Gedanken geradezu ein. Helene Schjerfbeck machte sich Sorgen um die finanzielle Situation. Schweren Herzens trennte sie sich im Frühjahr 1912 für die Lotterie des Kunstvereins in Helsinki von einem Bild, das sie seit 1884 wie einen geheimen Schatz hütete. Der »Schatten an der Wand« war mit der »Tür« bei ihrem Aufenthalt in Pont-Aven entstanden. Beide Bilder hatte sie seitdem nicht aus der Hand gegeben.

Kaum war der »Schatten an der Wand« durch die Frühjahrslotterie an einen Pfarrer in Ekenäs gegangen, überlegte Helene Schjerfbeck ernsthaft, das Bild zurückzukaufen. Sie tat es nicht, doch die Trennung fiel ihr unendlich schwer. Immerhin kam in den folgenden Monaten weiteres Geld in die Haushaltskasse. Der Kunstverein kaufte für seine Sammlung Kopien alter Meister für dreihundert Mark ihre meisterhafte Kopie des Holbein-Porträts »Sir Richard Southwell«, die sie 1886, vierundzwanzig Jahre alt, ohne Auftrag im Louvre gemalt hatte. Der Kunstverein von Turku kaufte 1912 das »Mädchen mit der Schaukel«, das er im Jahr zuvor ausgestellt hatte.

Am 13. Dezember schreibt Helene Schjerfbeck einen langen Brief an Helena Westermarck, die nach Italien aufgebrochen ist: »Bist Du schon in Rom? Das kenne ich weniger, aber die kurze Strecke San Marco–Dom–Bargello–Uffizien–Pitti ist mir wohlbekannt und sicher der Teil der Erde, der am dichtesten mit Kunst gefüllt ist.« Dann versucht sie die Freundin für das Unbekannte zu interessieren und gibt konkrete Hinweise: »Hast Du nicht Lust ... Spanien zu sehen; il Greco, den wir alle nicht kennen und der ein wunderbarer Menschenmaler war – Goya und alle die anderen.« Es war kein uneigennütziger Rat: »Und danach kommst Du und erzählst mir davon.« Den Anstoß zu El Greco hat neben der eigenen Neugierde wahrscheinlich auch ein dreiteiliger Beitrag über die Kunst in Spanien und Portugal in der Kunstzeitschrift *L'Art et les Artistes* gegeben, der 1912 erschienen war.

An den Tagen zwischen Weihnachten 1912 und Silvester, als Olga Schjerfbeck noch erstaunlich »frisch« ist, zeigt sich Helene gelassen und ist nicht bereit, in die Wehklagen der Freundinnen einzustimmen. Maria hatte ihr geschrieben, dass sie müde sei; für die Freundin Ada Thilén ist alles ringsherum dunkel. »Es tut mir leid, das zu hören«, antwortet Helene Schjerfbeck an Maria Wiik, »blicke ich um mich, gibt es ein Drama in jedem Haus. Aber ich habe mich einmal im Leben glücklich gefühlt, und das hilft über Vieles hinweg.« Kein Wort darüber hinaus. Ob sie an die Zeit der Verlobung in der Bretagne denkt oder ihre Beziehung zu Dr. Kristian Andvord in Gausdal?

Mit dem Poststempel vom 28. Dezember 1912 geht ein weiterer Brief an Maria Wiik, die vorgeschlagen hatte, zum Jahresende einen Besuch zu machen: »Das passt uns außerordentlich gut am Sonntag, sei willkommen.« Dass neun unangemeldete Gäste die zwei Zimmer bevölkern, verdirbt Helene die gute Stimmung nicht: »Für Morgen denken wir ans Sofa, und dann kommen der Sonntag und Du und das wird schön.«

Die Gelassenheit in Helene Schjerfbecks Briefen zum Jahresende passt zu der unaufgeregten Ironie, mit der sie im Sommer das Kommen und Gehen der Besucher kommentiert hatte: »Ich weiß, was ein Touristenheim ist. Wir hatten von Weihnachten bis zum 1. April an 45 Tagen Durchreisende und Gäste …« Das ist umso bemerkenswerter, weil sie um diese Zeit schon an einer Arbeit saß, die ihr Können, ihren Ehrgeiz und ihre persönliche Beteiligung auf besondere Weise herausforderte.

Am 10. Juli 1912 feierte Helene Schjerfbeck ihren fünfzigsten Geburtstag. Vor zehn Jahren ist sie mit ihrer Mutter nach Hyvinkää gezogen. Sie wollte nicht länger in Helsinkis Kunstszene den Intrigen der führenden Männer ausgesetzt sein. Die Kraft, die sie dort zum Kämpfen gebraucht hätte, wäre unweigerlich ihrer Lebensaufgabe, der Malerei, verloren gegangen. Nach fünfzehn Jahren malte Helene 1912 erstmals wieder ein Selbstporträt. Niemand drängte sie dazu; kein Museum und kein Kunstverein bat sie darum – sie selbst hat sich diesen Auftrag gegeben.

Das Selbstbildnis von 1912, nicht wie üblich mit »H. Sch.« signiert, sondern deutlich sichtbar mit ihrem vollen Nachnamen, hat eine doppelte Botschaft. Es zeigt in der Komposition von Farbe und Form ihre malerische Entwicklung der vergangenen zehn Jahre auf einem Höhepunkt: der feine helle grau-grüne Hintergrund, dagegen scharf abgesetzt die dunkelblaue Bekleidung des Oberkörpers, die gerade mal die Schulter andeutet und dennoch Raum schafft, obwohl das Bild malerisch auf weite Flächen angelegt ist. Über dem Blau sitzt das helle, teilweise wie weiß gepuderte Gesicht, mit feinen lila Flecken auf den Wangen und grauen auf der hohen Stirn. Die Fläche der Haare ist farbig ausgemalt, ohne auf Einzelheiten Rücksicht zu nehmen. In der linken Ecke des Bildes und den Rand hinauf hat die Malerin mit der Ölfarbe nur leicht über die Leinwand gestrichen, so dass die Struktur als Teil der Komposition sichtbar bleibt.

Wie auf dem letzten Selbstporträt von 1884 blickt Helene seitlich über die linke Schulter aus dem Bild; haarscharf am Betrachter vorbei. Ihre Augen ziehen sofort alle Aufmerksamkeit auf sich: Das linke ist grau-grün mit schwarzer Iris, das rechte ein blauer Fleck ohne Pupille. Der Fleck nimmt die feinen blauen Konturstreifen der Oberkleidung auf und gibt dem Porträt eine besondere Note.

Dass es Helene Schjerfbeck zuallererst um Kunst geht, schließt nicht aus, dass ihre Bilder Aussagen machen, die wohlbedacht sind. In ihrem Selbstporträt von 1912 tritt uns die Malerin mit hellwachen Augen gegenüber. Der Blick geht in die Zukunft. Helene Schjerfbeck zeigt sich voll neugieriger Spannung, überzeugt, dass noch viel auf sie wartet. Was es auch ist, sagt das Bild, ich bin bereit und werde als Künstlerin das Beste daraus machen. Sie konnte nicht ahnen, dass in diesem Jahr hinter den Kulissen der Grund für großartige Veränderungen gelegt wurde.

Gösta Stenman, 1888 im nordfinnischen Oulo in eine schwedisch sprechende Familie geboren, hatte seine berufliche Laufbahn 1908 als Journalist begonnen. Seine Leidenschaft für die Kunst führte ihn nach Paris. Dort informierte er sich über die moderne Malerei und den professionellen Kunsthandel. Zurück in Helsinki, wurde dem jungen Mann klar: In seiner Heimat und dem gesamten skandinavischen Raum gab es keinen Kunsthändler, der wie ein

Geschäftsmann handelte und bereit war, für den großen Erfolg auch große Risiken einzugehen. Gösta Stenman entschloss sich, Skandinaviens erster professioneller Kunsthändler zu werden, und kündigte 1912 seine Stellung als Redakteur einer Nachrichtenagentur in Helsinki.

Zu seinen ersten Aktivitäten als Kunsthändler gehörten seine Besuche in Brondins Café, einem beliebten Treff junger Künstler. Er gewann das Vertrauen von »jungen Wilden« wie Ruokokoski, Sallinen und Mäkela, die mit einem expressionistischen Stil die vorangehende Generation von Malern herausforderte. Gösta Stenman hatte ein Gespür für die Qualität von Kunst, unabhängig, ob sie hoch im Kurs war oder unbeachtet. Sein Geschäftsprinzip war, Kunst einzukaufen, die nach seinem Urteil weit über dem Durchschnitt lag, aber im Augenblick nicht gefragt und deshalb preisgünstig war. Der Tag würde kommen, wo er diese Werke mit Gewinn verkaufen konnte, nicht zuletzt dank seines Einsatzes und seines strategischen Vorgehens in der finnischen und skandinavischen Kunstwelt.

1912 sah der aufstrebende Kunsthändler erstmals Bilder von Helene Schjerfbeck. Er machte sich auf die Fährte nach käuflichen Bildern, überzeugt, dass diese Malerin das Potential zu außerordentlichem Erfolg und Ansehen in der Welt der Kunst weit über Finnland hinaus hatte. Gösta Stenman suchte den Mann auf, der im Dezember 1907 Helene Schjerfbecks Aquarell »Lesende Mädchen« in der Lotterie des Kunstvereins erstanden hatte, und überredete ihn, ihm das Bild zu verkaufen. Dann überzeugte Stenman den Kunstverein, die »Lesenden Mädchen« in der jährlichen Herbst-Ausstellung zu zeigen.

Helene Schjerfbeck hörte in Hyvinkää mit Erstaunen davon, ohne dass sie die Hintergründe kannte oder etwas über diesen unbekannten Kunsthändler wusste. Und dann war Gösta Stenman auch mit seinem dritten Schachzug erfolgreich: Im Dezember 1912 verkaufte er dem Kunstverein die »Lesenden Mädchen« für die nationale Sammlung im Ateneum.

31. Kapitel

Unerwarteter Besuch: Der Kunsthändler und der Forstmeister. Erfolge in Malmö – Helsinki – Stockholm

1913 bis 1916

Was nützt das Gefühl, gute Arbeit geleistet zu haben und mit Kopf und Herz frei zu sein für ein neues Werk, wenn die Malerin keine Modelle findet. Oder keine, die ihrer Vorstellung und künstlerischen Ausrichtung entsprechen, wie Helene Schjerfbeck es, wieder einmal, Anfang 1913 erlebte. Doch sie gab der bedrückenden Stimmung nicht nach und zwang sich, ein Stillleben mit Schnittblumen zu malen. Und der Frühling brachte positive Nachrichten in die kleine Wohnung von Tochter und Mutter.

Wie seit gut zehn Jahren war dem Kunstverein in Turku auch 1913 daran gelegen, ein neues Bild von Helene Schjerfbeck in seiner jährlichen Ausstellung zu präsentieren. Sie schickte die Fassung in Öl von »Brennholzjunge II«. Einar Sahrman, der hilfreiche Nachbarsjunge, hatte dafür Modell gestanden. Der Junge mit dem blassen Gesicht und den roten Lippen, ein Bündel Holz im Arm, muss eine besondere Herausforderung für die Malerin gewesen sein. In unterschiedlichen Größen und Techniken hat sie in mehreren Bildern versucht, dem verschatteten Blick an der Grenze zwischen Kindheit und Pubertät, der Unsicherheit und Eigensinn spiegelt, auf die Spur zu kommen. Die raue Struktur der Leinwand spielt im Dialog mit den breiten Pinselstrichen einen deutlich sichtbaren Part in der Komposition. Das sinnliche Rot der Lippen ist der herausfordernde Mittelpunkt des Bildes.

Drei Jahre später wird Helene Schjerfbeck den »Brennholzjungen II« ihr »Programmbild« nennen. Es kehrte nicht zu ihr zurück, denn der Kunstverein in Turku kaufte es noch während der Ausstellung. Zugleich sprach sich die positive Kritik in Turku über das ungewöhnliche neue Bild von »Fröken Schjerfbeck« bis nach Helsinki herum. Der dortige Künstlerverein stellte »Brennholzjunge II« als Leihgabe in der Herbst-Ausstellung aus, und auch die Kunstkritik fand lobende Worte.

Helene Schjerfbeck wusste, dass ihr sehnlicher Wunsch nach einem eigenen Atelier in Hyvinkää ein Traum bleiben würde. Einen Ersatz immerhin konnte sie im Sommer 1913 mieten. Zwar handelte es sich eher um eine Hütte im Innenhof des Grundstücks, wo die Gartenarbeiter ihre Gerätschaften abstellten, ohne Fenster, und es regnete durchs Dach. Aber für dieses »Atelier« brauchte sie nur wenige Schritte in den Garten zu tun, konnte mit einem Blick aus der Tür die Landschaft für ein Bild einfangen und das Innere für Stillleben nutzen. Bei aller Ärmlichkeit bedeutete es ein kleines Stück Freiheit, ermöglichte für einige Stunden ein wenig Distanz zur totalen mütterlichen Kontrolle.

Ende August 1913 kam unerwartet Besuch. Helene Schjerfbeck hörte die Schritte auf der hölzernen Treppe, die in den Wintergarten vor der Küche führte. Da hatte sich wohl jemand in der Adresse geirrt. Doch der junge Mann, der anklopfte und in den Raum trat, stellte sich als »Redakteur Stenman« und Kunsthändler vor. Er sei eigens von Helsinki gekommen, um die Malerin Helene Schjerfbeck kennenzulernen. Er wäre glücklich, Bilder von ihr zu sehen und zu kaufen.

Helene Schjerfbeck traute ihren Ohren nicht. Es musste sich um ein Missverständnis handeln. Aber der Mann mit dem jungenhaften Gesicht blieb hartnäckig. Ein letztes Abwehrmanöver ihrerseits: »Sie sind noch so jung, Sie wissen nicht, was Sie tun. Ich möchte nicht, dass Sie meinetwegen pleitegehen.« Was die Malerin nicht wusste: Gösta Stenman, fünfundzwanzig Jahre alt, war entschlossen, seinen Aufstieg zu einem angesehenen Kunsthändler in Finnland und Skandinavien bedingungslos mit dem künstlerischen Durchbruch von Helene Schjerfbeck zu verknüpfen.

Es waren nicht wenige Bilder, die Helene Schjerfbeck ihm an diesem Tag zeigte. Bei jedem fragte Stenman nach dem Preis, verstummte und sagte dann nur: »Wenn sich das Fräulein hinterher nur nicht ärgert.« Am Ende bekannte er: »Ich muss sie alle haben.« Und er bekam sie alle. Im Frühjahr 1914, als zur Eröffnung von »Stenmans Konstsalong« in Helsinki die private Sammlung des Galeriebesitzers gezeigt wurde, darunter viele Schjerfbecks, kam Maria Wiik in einem Brief an die Freundin offenbar kritisch auf den »jungen Stenman« zu sprechen. Helene Schjerfbeck antwortete ihr, dass der Erwerb ihrer Bilder transparent gewesen sei. Er habe sich eindeutig als Kunsthändler vorgestellt, der an ihren Bildern zum Weiterverkauf interessiert sei. Wie gut die Künstlerin sich mit ihren Werken bei Gösta Stenman aufgehoben fühlt und wie sehr sie der »junge Mann« motiviert hat, spricht aus ihrem Fazit: »Ich arbeite jetzt und lasse alle Gedanken an die Welt hinter mir.«

So viel darf schon verraten werden: Die künstlerische Partnerschaft zwischen Helene Schjerfbeck und Gösta Stenman hat lebenslang Bestand. Es ist eine Treue, die auf gegenseitigem Respekt für die Arbeit und die Persönlichkeit des anderen gründet. Für beide war es eine ideale, schicksalhafte Verbindung: Die geniale Malerin traf auf ein Genie der Kommunikation, des Marketings und der Geschäftstüchtigkeit, das diese Talente in den Dienst seiner Leidenschaft für die Kunst stellte. Helene Schjerfbeck ihrerseits hat bei aller Zurückhaltung nie den Sinn für die geschäftsmäßige Seite der Kunst verloren. Sie war überzeugt, dass ihr ein Platz in der Avantgarde der modernen europäischen Kunst des 20. Jahrhunderts zustand, und deshalb bereit, sich auf das »Abenteuer Stenman« einzulassen. Ihr Gespür für seine uneingeschränkte Loyalität hat sie nicht getrogen.

Der Besuch des jungen Mannes löste einen befreienden Energieschub aus. In der Hauptstadt gab es nun einen sachkundigen und engagierten Liebhaber ihrer Malerei, der auf Nachschub wartete, ohne sie unter Druck zu setzen, und der die für sie lästigen und zeitraubenden Kontakte zu Museen und Kunstvereinen pflegte. Helene Schjerfbeck konnte ihre künstlerische Entwicklung frei von Auftragsarbeiten fortsetzen. Sie vertraute darauf, durch Gösta Stenman ein interessiertes Publikum zu finden und nicht zuletzt Mutter wie Bruder endlich beweisen zu können, dass ihre Kunst nicht brotlos war.

Die Mühen im Haushalt und der Ärger über die Wohnverhältnisse in Hyvinkää wurden deshalb nicht weniger. »Mein morsches Zimmer wird jedes Jahr kälter«, erfuhr Maria Wiik im November 1913. Die Gardinen mussten für das Jul-Fest geflickt werden, und Helene würde »Kleider für Mamma nähen, auch wenn sie das nicht will«. Doch die Hinweise auf die häusliche Situation klingen diesmal gelassen. Statt tiefer Seufzer über gesundheitliche Beschwerden folgt eine sachliche Information: »Der Arzt sagt, Mamma muss nach draußen wegen der Herzbeschwerden, ich gehe mit ihr eine Stunde durch den Garten.« Humorvoll berichtet Helene von ihrer Lektüre in den kalten Wintermonaten: »Ich habe mich aufgewärmt mit dem Lesen von ›Aráfis tropiska år‹ …« Der Klassiker »Arafis' Jahr in den Tropen« des schwedischen Autors Birger Mörner war soeben erschienen. Außerdem schwärmt sie wieder einmal von Balzac; diesmal ist sein »brillanter« Roman »La Peau de chagrin« an der Reihe.

Helene Schjerfbeck erwähnt am Jahresende 1913, dass sie dabei ist, Bilder auf den Weg nach Helsinki in Stenmans Geschäftsräume zu expedieren. Eine unkomplizierte Angelegenheit im Vergleich zu Bildtransporten außerhalb Finnlands, auf die sie sich zur gleichen Zeit eingelassen hat. Vom Frühjahr bis zum Herbst 1914 sollte im schwedischen Malmö eine umfassende Ausstellung zeitgenössischer Malerei im Ostseeraum stattfinden. Die Ausstellungsmacher hatten Helene Schjerfbeck als einzige Frau eingeladen. Helenes Ehrgeiz war geweckt. Noch 1913 nahm sie Kontakte zu Museen und privaten Besitzern ihrer Bilder auf, um die Werke, die sie gern nach Malmö geschickt hätte, auszuleihen. Die Welt sollte das Beste von ihr zu sehen bekommen.

Im Frühling 1914 legt Gösta Stenman in Helsinki den stabilen Grund für seine Karriere als Kunsthändler und für den Erfolg »seiner« Maler. In einem klassischen Jugendstilhaus am Zusammentreffen der eleganten Straße Bulevardi und der traditionsreichen Esplanadi eröffnet er eine Galerie, »Stenmans Konstsalong«. Am 7. April meldet *Hufvudstadsbladet*, dass »Redaktör Stenman« in seiner Galerie Skillnaden 7 (finnisch: Erottaja) seine Privatsammlung ausstellt. Heute hat sich im Erdgeschoss das Finnische Design Forum eingerichtet; gegenüber liegt ein kleiner Park mit Springbrunnen.

Bis 1914 gab es nur eine einzige Kunstgalerie in Finnlands Hauptstadt, »Salon Strindberg«. 1895 hatte Sven Strindberg, ein Vetter des schwedischen Dramatikers August Strindberg, sein Geschäft für Rahmen und Druckgrafiken zu einer Kunstgalerie erweitert. Auch Gösta Stenman hatte dort für Maler, die mit ihm verbunden waren, Ausstellungen organisiert. Nun wurden die beiden ersten professionellen Kunsthändler in Helsinki – und damit in ganz Finnland – Konkurrenten. Stenmans gute Kontakte zu *Hufvudstadsbladet* garantierten ihm die Aufmerksamkeit des schwedischsprachigen Bürgertums, das seit jeher kunstliebend und wohlhabend war.

In Hyvinkää las Helene Schjerfbeck, Abonnentin von *Hufvudstadsbladet*, am 7. April 1914, dass kein Kunstfreund die Ausstellung in »Stenmans Kunstsalon« versäumen solle, denn sie gebe »ein starkes Bild vieler finnischer Künstlerpersönlichkeiten und ihre Entwicklung wieder«. Am 2. Mai meldete die Zeitung, dass der Kunstverein aus Stenmans Ausstellung das »Kostümbild II« von Helene Schjerfbeck für fünfhundert Mark gekauft habe. Die Strategie des jungen Mannes ging auf: Im 20. Jahrhundert brauchen Bilder Öffentlichkeit, um Käufer und Aufmerksamkeit für die Künstler zu gewinnen. Und es sind die neuen Massenmedien, die Zeitungen, die diese Publizität herstellen.

Mit dem Ankauf ihres Bildes durch den Kunstverein gehörte »Kostümbild II« zur Sammlung des nationalen Kunstmuseums Ateneum. Das hat Helene Schjerfbeck vielleicht über die Frustrationen der vergangenen Monate hinweggetröstet. Ihre Vision, für die internationale Ausstellung in Malmö aus einem Kreis ihrer Bilder die besten auswählen zu können, scheiterte. Museen wie Privatleute weigerten sich, ihren Schjerfbeck-Besitz auszuleihen. Als die »Baltische Ausstellung« mit über 3500 Werken am 15. Mai 1914 eröffnet wurde – sie dauerte bis zum 30. September –, waren unter den 192 Werken aus Finnland nur zwei Aquarelle von Helene Schjerfbeck zu sehen, eins davon die »Lesenden Mädchen« von 1907.

Umso mehr Gewicht hatte der Bericht, den der Kunstkritiker von *Hufvudstadsbladet* am 2. August 1914 über die prominente Ausstellung schrieb. In seinem Artikel wandert er durch die drei Räume, die für Finnlands Kunst reserviert sind. Im letzten Saal »hängen zwei Aquarelle von Helene Schjerfbeck«, die durch »ausgesuchte Töne, sichere Reduzierung der Formen und feinfühliges Künstlertum« hervorstechen. Dass sie hier »die einzige Vertreterin unserer weiblichen Künstler« sei, sei »nur gerecht«. Sie stehe »in der vordersten Reihe unserer Malerinnen«, und das »sichert ihr einen hohen Rang in unserer Kunst«.

Im Sommer 1914 kam Gösta Stenman direkt von Paris nach Hyvinkää. Er erzählte von St. Germain, Helene Schjerfbecks Lieblingsquartier, wo er sich diesmal ausschließlich aufgehalten hatte, und brachte ihr Originale von Juan Gris und Marie Laurencin zum Anschauen mit. Aber auch Bilder des Finnen Tyko Sallinen – einer aus der jüngeren Künstlergeneration – hatte er im Gepäck, der bei ihm mit allen Werken fest unter Vertrag stand. Für Finnland war eine solche Bindung zwischen Künstler und Kunsthändler, in Frankreich schon lange üblich, neu und befremdlich. Als Geschäftsmann scheute Gösta Stenman weder Risiken noch Pionieraktionen und verlor dennoch die künstlerischen und emotionalen Bedürfnisse seiner Klienten nicht aus dem Blick. Helene

Schjerfberck, nicht bereit, Hyvinkää zu verlassen, ist auf Nahrung aus der Kunstszene angewiesen.

Sie kann sich für die Schätze aus Paris Zeit nehmen. Eine Woche lang hat sie nur Augen für das Bild von Juan Gris, der mit seiner Malerei zur neuen Richtung der Kubisten zählt. Ende Juli 1914 schreibt sie an Maria Wiik: »Ich glaube tatsächlich, der Kubismus kann einige Wirkung auf die Kunst haben. (Ich mag auch die japanische Richtung.) Aber ich glaube nicht an sein Entwicklungspotential ... Ich hoffe, ich bekomme zu Weihnachten ein Buch über japanische Malerei.«

Wenn ihr Kunsthändler, der »junge Mann«, Helene Schjerfbeck das Neueste aus Paris mitbrachte, dazu ein Bild des fünfunddreißigjährigen Tyko Sallinen, befriedigte er nicht nur ihre künstlerische Neugier. Er demonstrierte ohne Worte, dass sie keine alte Frau war, deren beste Zeit als Künstlerin hinter ihr lag. Er setzte auf ihr Entwicklungspotential und darauf, dass die Welt der Kunst des 20. Jahrhunderts noch über diese Malerin aus Finnland staunen würde.

Während zwei ihrer Bilder in Malmö hingen, hatte Gösta Stenman hinter den Kulissen schon dafür gesorgt, dass Helene Schjerfbeck in der »II. Ausstellung Finnischer Künstler« vom 7. November bis 13. Dezember 1914 im Ateneum ein eindrucksvolles Comeback erleben würde. Die Ausstellung wurde vom Künstlerverein, dem modernen Gegenpart zum traditionsreichen Kunstverein, organisiert, der in Gösta Stenman einen verlässlichen Förderer und praktischen Helfer hatte. Keine Frage, dass er acht Bilder von Helene Schjerfbeck platzieren durfte – niemals zuvor waren so viele auf einmal von ihr in Finnlands Hauptstadt zu sehen gewesen.

Stenmans Klientin hatte unter einer Bedingung zugestimmt, die der Kunsthändler gern erfüllte. »Der junge Mann«, schrieb Helene an Maria Wiik, treffe die Entscheidung, welche Bilder von ihr in der Ausstellung hängen sollen, an ihrer Stelle – »dann habe ich weniger Verantwortung«. Stenman erledigte auch alle konkreten Details wie die Anfragen an die Besitzer, den Transport, die Versicherungen. Helene Schjerfbeck konnte ihre Zeit und ihre Energie neuen Bildern widmen. Weil sie Gösta Stenman und seinem Gespür für ihre Kunst vertraute, hatte sie eine unschätzbare Freiheit gewonnen.

Am 6. Dezember 1914, elf Tage vor dem Ende der Ausstellung, zeigte Gösta Stenman in seiner Galerie eine Sammlung von Neuankäufen, darunter auch Werke von Helene Schjerfbeck. In *Hufvudstadsbladet* erschien ein Artikel über die »guten und repräsentativen Werke« und das »intime und angenehme Interieur« der Stenman-Galerie – »ein Besuch der Ausstellung lohnt sich«. Nur zwei Tage später meldete dieselbe Zeitung, dass Kunsthändler Stenman Schjerfbecks »Kostümbild II« an den Kunstverein verkauft habe. Der musste diesmal das Doppelte, tausend Mark, im Vergleich zu »Kostümbild I« zahlen. Die auflagenstarke finnischsprachige Zeitung *Helsingin Sanomat* schrieb, in Stemans Kunstsalon sei »eine Sammlung interessanter Arbeiten von Fröken Helene Schjerfbeck – typisch für ihre sehr eigene Kunst«.

So könnte das Jahr 1914 ruhig zu Ende gehen, erfolgreich wie keines zuvor für die Malerin Helene Schjerfbeck. Doch als aufmerksame Zeitungsleserin erfuhr sie in Hyvinkää, dass dieses Jahr in Europa und Finnland unter keinem guten Stern stand. Als am 2. August in *Hufvudstadsbladet* Schjerfbecks Bilder in der »Baltischen Ausstellung« in Malmö gelobt wurden, waren die Entscheidungen zu einem Krieg schon gefallen, der nie zuvor gekannte mörderische Dimensionen annehmen würde.

Am 26. Juni 1914 waren der österreichische Thronfolger Franz-Ferdinand und seine Frau Sophie von serbischen Nationalisten in Sarajewo ermordet worden. Was am 28. Juli mit der Kriegserklärung Österreich-Ungarns an Serbien und drei Tage später mit der Mobilmachung Russlands als europäischer Krieg begann, weitete sich schnell zum Ersten Weltkrieg aus.

»Die Kraniche sind fortgezogen«, erfährt Maria Wiik im August 1914 von der Freundin aus Hyvinkää. Dann berichtet Helene, wie sie den Kriegsausbruch erlebt hat: »Hier läuteten die ganze Nacht die Bahnhofsuhren ... unaufhörlich zogen die Soldaten vorbei ... Am schlechtesten war es in der ersten Zeit, als die Soldaten und 500 Flüchtlinge am Bahnhof waren; es war unmöglich wegzukommen – und wohin? Die Leute haben ihre Lieben ins Innere des Landes geschickt, also ist es hier ziemlich leer, und das ist gut in Zeiten der Lebensmittelknappheit ... Wir haben kein Weizenbrot mehr, und auch an Petroleum mangelte es eine Zeitlang.«

Die Ausnahmesituation traf Helene Schjerfbeck bei schlechter körperlicher Verfassung. Doch die Gelassenheit überwiegt: »Zu alledem habe ich mich 7 Wochen lang nicht bewegen, nicht erheben können, ohne die schlimmsten Folgen. Seit Mittsommer geht es mir sehr schlecht. Aber all das muss man mit Humor nehmen, wir sind bisher vom Schlimmsten verschont worden.« Dann folgt aus tiefster Seele ein Wunsch: »Wie ich mir einen Erfolg Frankreichs herbeisehne, für sie und für uns.« Die Banken in Hyvinkää zahlten kurzfristig kein Geld aus. Aber das ging vorbei, und auch Lebensmittel konnte man bald wieder ausreichend kaufen.

Finnische Soldaten mussten im Ersten Weltkrieg nicht auf Europas Schlachtfeldern kämpfen. Im Großfürstentum Finnland, das als Teil des Zarenreiches gegen Deutschland stand, kam es zu keinen kriegerischen Aktionen. Zwar signalisierten Studentenkreise in Helsinki schon im Oktober über Mittelsmänner deutschen Militärs, dass sie entgegen dem offiziellen Bündnis mit Deutschland gegen Russland kämpfen wollten. Doch das blieb vorerst ein Geheimnis. Mit dem neuen Jahr kehrte wieder Ruhe ein im Land. Die Wirtschaft erlebte sogar einen kleinen Aufschwung, weil aufgrund des Krieges die Exporte nach Russland stiegen.

Helene Schjerfbecks Rückblick auf das alte Jahr konnte ihre persönliche Gelassenheit nur bestärken: Noch nie seit ihrem ersten Auftritt als Malerin 1880 hatte sie mit ihren Bildern einen solch breiten Erfolg, der sich auch kräftig in der Haushaltskasse niederschlug. Mit Gösta Stenman an ihrer Seite blickte sie dankbar und optimistisch in die Zukunft. Dass die Malerin noch dazu mit einem außergewöhnlich anspruchsvollen und ehrenvollen Auftrag in das

Jahr 1915 ging, werden nicht viele in ihrer Umgebung gewusst haben. Es war ein Auftrag, der alte Wunden schließen sollte, aber zugleich das erlittene Unrecht in die Gegenwart holte.

Am 6. Oktober 1914 hatte der Vorstand des Kunstvereins beschlossen, zehn angesehenen finnischen Künstlern den Auftrag für ein Selbstporträt zu geben. Die Bilder sollten das Direktionszimmer des Vereins im Ateneum schmücken. Der berühmte Akseli Gallen-Kallela war unter den Ausgezeichneten und als einzige Künstlerin Helene Schjerfbeck. Sie, die normalerweise jeden Auftrag ablehnte, sagte nicht nein. Es hätte bedeutet, sich einem späten Triumph zu entziehen. Dreizehn Jahre war es her, dass sie nach böswilliger Kritik an ihrem Unterricht in der Mal- und Zeichenschule ihren Lehrvertrag gekündigt und sich 1902 von der Kunstszene in Helsinki nach Hyvinkää zurückgezogen hatte. Keinen Fuß hatte sie seitdem in Finnlands Hauptstadt gesetzt. Und nun würde Helene Schjerfbeck ab 1915 im Ateneum mit ihrem Selbstporträt auf jene Herren blicken, die ihr so großes Unrecht angetan hatten. Was für eine Genugtuung – was für eine Verantwortung.

Sie beschloss, eine Vorstudie zu machen. Als Gösta Stenman Ende März 1915 zu Besuch nach Hyvinkää kommt und die gerade fertig gewordene Studie sieht, ist er begeistert. In den ersten Apriltagen schreibt Helene an Maria Wiik, die den Entwurf gesehen und ebenfalls gelobt hat: »Wie gut, dass Du denkst, der silberne Hintergrund zerstört die Zeichnung nicht. Du sagst, dass sie schön ist, ich habe sie schon an Stenman verkauft.« Der ermutigt sie, das Selbstbildnis dem Kunstverein in Turku für die Frühjahrs-Ausstellung zu überlassen. Die Ausstellungsmacher sind begeistert und wollen die »Studie mit silbernem Hintergrund« sofort für das Museum kaufen.

Vergleicht man die Selbstporträt-Studie, ausgeführt auf Papier mit Aquarell, Kohle und Bleistift, mit dem anschließend entstandenen Selbstporträt in Öl, kann eine Interpretation gewagt werden: Helene brauchte eine erste Studie, um sich auf künstlerischem Weg von ihren aggressiven Emotionen und bitteren Erinnerungen an das Ende der 1880er Jahre in Helsinki zu befreien.

In der Studie mit silbernem Hintergrund blickt eine Frau im Halbprofil äußerst kühl, mit hocherhobenem Kopf und spitzem Mund über die rechte Schulter auf die Welt draußen – auf ihre Auftraggeber – herab. Das klassisch einfache, hochgeschlossene Gewand erinnert an einen Kimono und damit an die japanische Malerei, mit der sie sich seit Jahren beschäftigte. Der Kurzhaarschnitt verstärkt den Eindruck von einer eleganten »neuen Frau«, die sich seit ihrem ersten Aufenthalt in Paris als internationale Künstlerin verstanden und der Aufforderung zu einer nationalen finnischen Kunst, die der Kunstverein förderte und verlangte, nie gebeugt hat.

Nach dieser ersten inneren und künstlerischen Auseinandersetzung mit dem, was hinter ihr lag, machte sich Helene Schjerfbeck an das endgültige Selbstporträt, in Öl auf Leinwand gemalt. Sie begann das Werk, nachdem wenige Wochen zuvor ein Mann in ihr Leben getreten war, der – wie Gösta Stenman – von schicksalhafter Bedeutung für sie sein würde. Anfang März hatte ein Brief einen »Herrn E. Reuter« für Freitag, den 12. März 1915, bei Helene Schjerfbeck angekündigt. »Und heute war er da«, schrieb sie noch am selben Tag an die Freundin Ada Thilén, »ein gewisser Maler, kunstinteressiert, er besitzt 4 Bilder von mir, ist Forstmeister in Torneå.«

Der Forstmeister aus dem lappländischen Tornio (so die finnische Bezeichnung) hatte im Jahr zuvor in »Stenmans Konstsalong« erstmals Bilder von Helene Schjerfbeck gesehen und gleich zwei davon gekauft. Er wollte unbedingt die Künstlerin kennenlernen. So tranken sie nun mit Olga Schjerfbeck zu dritt in der Küche Kaffee, ein erstes Abtasten. Dann zogen sich die zweiundfünfzigjährige Malerin und der dreiunddreißig Jahre alte Einar Reuter, der aus einer schwedischsprachigen Familie kam, in Helenes Zimmer zurück. »Er war ein einfacher, sympathischer Mensch, hatte viele Kunstkenntnisse«, berichtet sie weiter an Ada Thilén. »Er sieht die Welt mit Maleraugen. Wir sprachen über Kunst und hatten gute Übereinstimmung ... Nach anderthalb Stunden verschwand er aus unsren Augen.« Aber nicht, ohne am Montag noch einmal wiederzukommen.

Seine Arbeit als Forstmeister war wegen des langen und menschenfeindlichen Winters hoch im Norden Finnlands auf vier Monate im Sommer begrenzt. Im Winter konnte er seiner Kunstleidenschaft, die mehr als ein Hobby war, nachgehen. Einar Reuter, ein großer schlanker Mann, der außerhalb seiner Wälder elegant gekleidet war, reiste viel und malte selbst. Er imponierte Helene Schjerfbeck mit genauen Kenntnissen von Museen und privaten Sammlungen in Europas Kunstmetropolen. Noch im März 1915 schrieb sie an Maria Wiik: »Hat Ada Dir von unserm Besuch erzählt? ... Es gibt Menschen, die hinterlassen die Leere einer verzweifelten Seele; andere eine sehnsüchtige Leere, das war keins von beiden.« Eher das Gefühl, dass das Leben sich mit etwas Neuem füllte.

Einar Reuter durfte sich unter ihren neuen oder im Entstehen begriffenen Bildern umsehen, nur das Selbstporträt mit Silbergrund hat sie ihm vorenthalten. Einen so intimen Blick in ihr Inneres wollte sie ihm bei aller Seelenverwandtschaft noch nicht geben. Er bat sie, das Stillleben »Rote Äpfel« nach der Fertigstellung kaufen zu dürfen. Eine gute Wahl, denn es ist ein weiterer Meilenstein auf ihrem Künstlerweg. Helene Schjerfbeck hat sich nach ihrer weißen und grauen Palette für reine Farben entschieden. Das leuchtend warme Rot der Äpfel hält Zwiesprache mit dem Blau einer Hyazinthe in einer silbernen Vase.

Am 19. April 1915 schickt sie die »Roten Äpfel« nach Tornio; fünfzig Mark ist ihr Preis. Einar Reuter besteht auf hundert Mark, was Helene Schjerfbeck mit dem Hinweis beantwortet, nun habe er noch ein Bild bei ihr gut. Dieses zweite Bild, von ihr ausgewählt, geht am 27. August auf die Reise. Es trägt den Titel »Der Rote Kopf«, zeigt eine junge Frau, deren gerötetes Gesicht von ihren Haaren fast ganz bedeckt wird. Helenes Auswahl hat zu hemmungslosen Interpretationen geführt, die alle auf eins hinauslaufen: Das Bild sei eine Liebeserklärung ohne Worte an Einar Reuter. Ohne jede Information von Helenes Seite wird unterstellt, hier habe eine ältere Frau gegenüber dem jungen männlichen Bewunderer den Kopf verloren und ihren Emotionen mit einem Bild freien Lauf gelassen. Tatsächlich ist das kleine Bild, 31×30 Zentimeter, ein Beweis, wie radikal modern und souverän in ihren Mitteln Helene Schjerfbeck in den ersten Jahrzehnten des 20. Jahrhunderts arbeitete.

Schon die Gleichzeitigkeit von »Roten Äpfeln« und »Rotem Kopf« sollte jeder Art von Küchenpsychologie einen Riegel vorschieben. Und wie viel mehr die Einsicht, dass für Helene Schjerfbeck bei allen Bildern die Malerei absolute Priorität hatte und damit, je älter sie wurde, die Farbe. Zur Zeit der »Roten Äpfel« erfuhr sie durch Beiträge in den geliebten Kunstmagazinen, wie sehr ihre Sicht der Farbe der von Henri Matisse ähnelte: Farbe nicht als Bedeutungs- oder Symbolträger, sondern als eine eigene Kraft, als ein eigenes Wesen zu akzeptieren. Bei Blau, so Matisse, denke er nicht an den Himmel und bei Grün nicht an Gras. Der französische Maler revolutionierte die traditionelle Malkultur. Helene Schjerfbeck vollzog diesen Schritt, als Malerin auf sich allein gestellt, in Hyvinkää. Wäre der Weg nicht kürzer und leichter gewesen, wenn sie früher etwas von Matisse und seiner bahnbrechenden Theorie erfahren hätte, fragt sie sich 1919 in einem Brief an Einar Reuter. Und gibt sich selbst die Antwort: »Das wäre einfacher gewesen – aber nicht besser – nein, es ist schon besser, allein zu sein.«

Die »Roten Äpfel« und »Der Rote Kopf« zeigen beide die Markierungen des Palettenmessers, das die Malerin zu dieser Zeit besonders kräftig nutzte. Es erlaubt dem Künstler, dicke Farbschichten aufzutragen, sie anschließend gezielt abzukratzen und abzureiben, um auf der Leinwand eine bewegte, mehrdimensionale Struktur herzustellen. Rembrandt, der für Helene ein unübertroffenes Vorbild war, hat diese Technik als einer der Ersten in die Malerei eingeführt und sie im Alter mit höchster Raffinesse genutzt. 1928 hat Helene Schjerfbeck ihrem nun schon vertrauten Freund Einar Reuter geschildert, mit welchen Techniken sie den »Roten Kopf« bearbeitet hat, weil der Glanz der Ölfarben nicht ihrer Vorstellung entsprach.

Zuerst hat sie das Bild mehrmals übermalt, der Glanz blieb. Anschließend wollte sie alle Farben wieder abkratzen, »aber ich hatte nicht den Mut dazu«. Dann kam ihr eine unerhört radikale Idee: Sie wollte das kleine Bild in der Erde vergraben, um endlich den ungeliebten Glanz loszuwerden. Aber auch dazu fehlte ihr der Mut, »ich wusste ja nicht, wie das Resultat sein würde«. Sie ließ alles beim Alten und schrieb selbstkritisch auf die Rückseite »Feigheit – ein Fragment«.

Helene Schjerfbeck sah es als ein großes Geschenk an, dass mit Einar Reuter ein Mensch in ihr Leben getreten war, von dem sie sich als Persönlichkeit und Künstlerin verstanden und akzeptiert fühlte. Gleich mit dem ersten Treffen begann ihre Freundschaft. Erste Briefe gingen hin und her. Zwölf wurden es 1915, im nächsten Jahr waren es dreiunddreißig Briefe und Postkarten und 1918 schon siebzig. Bis Ende 1919 war der Freund in ihrer Korrespondenz »Herr Reuter« oder »Herr Förster«; danach wurde er »Einar«, und Helene hat ihn nicht mehr gesiezt.

Ihrer vertrauten Beziehung zu den Malschwestern tat die Verbindung zu Einar Reuter keinen Abbruch; Maria Wiik, Helena Westermarck und Ada Thilén blieben feste Stützen in ihrem emotionalen Umfeld und Ratgeberinnen in praktischen Fragen. Aber neben den Vertrauten seit Jugendzeiten brachte Einar Reuter eine neue emotionale Qualität in ihr Leben: Ideen einer jüngeren Generation, Anregung, Ermutigung und unterschwellige Herausforderungen an die Malerin. Helene Schjerfbeck war – wie so oft – bereit, sich auf Neues einzulassen. Sie hatte keine Angst vor unbekanntem Gelände.

In dieser Stimmung entstand in den Monaten zwischen April und August 1915 die endgültige Version der Auftragsarbeit für den Kunstverein. »Mein Selbstbildnis in klarem Weiß und Zinnoberrot; es hat einen schwarzen Hintergrund und auf dem Hintergrund silberne Buchstaben wie auf einem Grabstein«, schreibt sie Ende August an Einar Reuter. Nur wenig später, am 2. September, geht ein Hilferuf an die Malschwester Maria Wiik: »Ich bin an dem Punkt, wo ich einen künstlerischen Rat brauche, wie ich das Selbstporträt male oder nicht. Bist Du nicht in der Nähe und könntest vorbeikommen?« Die Freundin ist dazu bereit, doch es klappt nicht. Ende des Monats beschließt Helene Schjerfbeck, das Selbstporträt ohne Marias Rat abzuschicken. Nicht ohne der Freundin zu schreiben, dass sie ein Jahr ihres Lebens für dieses Bild hergegeben habe, »sicher werden sie es ablehnen«.

Es überraschte Maria Wiik wohl kaum, als sie Mitte Oktober die Botschaft erhält: »Letzten Sonntag habe ich erfahren, dass ich angenommen wurde …« Und sogar mit besonderen Ehren. Akseli Gallen-Kallela, als Anführer einer nationalen Malerei Helene Schjerfbecks Widersacher in den 1890er Jahren, hatte vorgeschlagen, ihr Porträt ausdrücklich »mit Akklamation« in die Reihe der Künstler-Selbstporträts im Kunstverein aufzunehmen. Für die Malerin ist es wie eine Erlösung – auf Zeit: »Nun bin ich frei und kann weitermachen, bis die Angst und der Kampf aufs Neue beginnen.« Noch im Oktober wird das Selbstbildnis von Helene Schjerfbeck im Ateneum präsentiert. Es sei »ein außergewöhnliches Gemälde«, schreibt *Hufvudstadsbladet*. Im Protokoll der Sitzung vom 2. November 1915 bestätigt der Kunstverein, das Schjerfbeck-Porträt erhalten und in seine Sammlung aufgenommen zu haben. Das Honorar von fünfhundert Mark wird überwiesen.

Angst und Kampf: Nicht zum ersten Mal ist der Widerspruch zwischen den Worten und der künstlerischen Tat von Helene Schjerfbeck kaum nachvollziehbar. Das »Selbstbildnis mit schwarzem Hintergrund« von 1915, Öl auf Leinwand, 45,5×36 Zentimeter, zeichnet sich durch zwei malerische »Zugaben« aus, die dem asketischen Malstil dieser Jahre widersprechen. Umso gewichtiger sind sie, denn kein Farbtupfer ist zufällig gesetzt, nichts an der Bildkomposition eine Laune des Augenblicks.

Silberne Buchstaben wie auf einem Grabstein: Gegen alle Usancen hat Helene Schjerfbeck am oberen Bildrand links und rechts von ihrem Kopf ihren Namen in Großbuchstaben in den schwarzen Hintergrund gesetzt. Mit diesem demonstrativen Bezug auf ihre Person korrespondiert der rote Tontopf im linken unteren Bildteil, aus dem drei Pinsel ragen: Die Malerin Helene Schjerfbeck meldet sich zurück. Und diese Renaissance hat sie nur sich selbst zu verdanken, ihrem künstlerischen Ausnahmetalent und ihrem Durchhaltewillen.

Das Porträt schaut dem Betrachter direkt ins Gesicht. Der stolze Ausdruck der großen hellwachen Augen, der sinnlich rote Mund, der wie in Siegerpose leicht nach vorn gestreckte Kopf – nichts davon will die Malerin verstecken. Doch die Radikalität, die Helene Schjerfbecks Vorstudie mit dem silbernen Hintergrund prägt, ist in der nachfolgenden Ölfassung einer Gelassenheit gewichen, die nicht weniger selbstbewusst Zeichen setzt. Die kecke widerspenstige Locke am Hinterkopf steht für eine Künstlerin, die sich nicht anpasst, unbeirrt ihren eigenen Weg gegangen ist und auch in Zukunft ihrer Vorstellung von Malerei treu bleiben wird.

Die heftigen inneren Auseinandersetzungen mit den künstlerischen Möglichkeiten und Vorstellungen, die Helene Schjerfbeck beim Entstehen eines Bildes begleiten, hält sie unter Verschluss. Dem fertigen Bild ist nichts mehr anzumerken von den Kämpfen der Malerin, im Gegenteil. Die Gelassenheit, die meditative Ruhe, die von vielen ihrer Bilder ausgeht, hat immer wieder dazu verführt, Helene Schjerfbeck als Person mit diesen Eigenschaften zu verbinden.

Das weiß Helene Schjerfbeck, und ihr missfällt das Bild, das die Kunstwelt sich von ihr macht: eine einsame Frau, die über den Dingen steht, nur dem Geistigen verpflichtet. Und weil selbst Menschen, die ihr nahestehen, von ihren Zweifeln und Ängsten nichts ahnten oder wissen wollten, hat sie manchmal einen Blick in ihr Inneres zugelassen. »Keiner weiß, wer ich bin«, schreibt sie 1932 an Elin Elmgren, ihre Freundin aus Kindertagen. Und 1933 bekennt sie Helena Westermarck: »Stürmisch ist mein Leben – auch wenn das niemand glauben mag.«

Olga Schjerfbeck blieb nicht verborgen, dass die Bilder ihrer Tochter zunehmend Anerkennung fanden und gut bezahlt wurden, seit Gösta Stenman die geschäftliche Seite in die Hand genommen hatte. Doch am Hausputz – ohne Hilfe von außen – wurde nicht gerüttelt. Die Sorgen der Tochter, ob ihr Selbstporträt für den Kunstverein ihren Ansprüchen genügte, hatten keinen Vorrang gegenüber den strengen Regeln der mütterlichen Haushaltsführung. »Jetzt kommt der Herbst mit Aufräumen«, erfuhr Maria Wiik Anfang September 1915, »Mamma macht große Wäsche und klopft die Sommerkleider aus.« Helene wusste, dass ihre Mitarbeit nur aufgeschoben war: »Am 15. sind das Zimmer und die Veranda an der Reihe ...« Die Mutter hatte so unrecht nicht; Ende des Monats fiel der erste Schnee. Trotzdem lässt die Tochter sich ihre kleinen Freiheiten nicht nehmen. Gerade hat sie »ein gutes Buch« gelesen, »Pan« von Knut Hamsun.

In Helsinki sorgt Gösta Stenman dafür, dass Schjerfbecks Name auf der Kunstagenda bleibt. Im Herbst 1915 zeigt er in seinem »Kunstsalon« fünf Zeichnungen von Helene Schjerfbeck, ausdrücklich »zum Verkauf« bestimmt. In seiner Weihnachtsausstellung im Dezember hängen drei Bilder aus den 1880er Jahren. Der Kunsthändler weiß, Bilder müssen im Kreislauf von Verkauf und Kauf bleiben; nur so steigert sich ihr Wert und steigt die Bekanntheit des Künstlers.

Zum neuen Jahr geht es Olga Schjerfbeck, inzwischen zweiundsiebzig Jahre alt, wieder schlechter. Sie sollte liegen, aber »wenn Gäste kommen, ist sie eine Stunde auf, und da kann ich nichts machen«. Immerhin setzt Helene durch, dass ein Mädchen aus der Nachbarschaft alle Einkäufe für sie erledigt. Sie selbst hatte sich bemüht, in der Weihnachtszeit wöchentlich wenigstens ein bis zwei Tage zu arbeiten. Aber mehr als Skizzen bringt sie nicht zustande; sie ist unzufrieden. Da kommt Mitte Januar 1916 Einar Reuter – »ein Waldmensch aus dem Norden« –, und sogleich geht es aufwärts mit ihrer Arbeit und ihrem Arbeitseifer. »Auch eine Skizze kann voller Gefühl sein«, muntert Einar Reuter sie auf. Gösta Stenman schaut ebenfalls im Januar vorbei. »Wir hatten viel Besuch aus Helsinki«, heißt es im Februar 1916, darunter Bruder Magnus mit Tochter Hanna.

Der Kreis der Schjerfbeck-Kenner und -Liebhaber wächst, und das macht Arbeit. Der Komponist Erkki Melartin besaß einige Bilder von ihr und hatte um eine Studie gebeten. Helene Schjerfbeck überwindet sich, schickt eine in ihren Augen »schlechte« Arbeit und erfährt, dass sie Melartin eine große Freude gemacht habe. Zwischendurch näht sie sich ein neues Kleid und flickt alte Kleider, auch die der Mutter. Sie hat kaum eine ruhige Stunde, um sich in ihr Zimmer zurückzuziehen, und reagiert mit Kopfschmerzen und Schlaflosigkeit. »Gleich kommen Gäste«, endet ihr Brief vom 26. Januar 1916 an Maria Wiik, »Deine alte Lena«. Die Malschwestern sind keine »Gäste«. »Wenn es schön wird, kommst Du und wir werden reden«, schreibt sie Maria Wiik im April.

Im Sommer 1916 lebt Helene Schjerfbeck in Hyvinkää in nervöser Anspannung. Im Oktober würde in Stockholm eine große Ausstellung zeitgenössischer skandinavischer Kunst eröffnet. Zehn Bilder von ihr werden in Liljevalchs Kunsthalle hängen. Den dunklen Holzbau hatte ein schwedischer Geschäftsmann und Mäzen auf Djurgården, Stockholms größter Insel, errichten lassen. Von dort geht der Blick über das Wasser auf die Silhouette der Altstadt Gamla Stan. Heute sind es auf Djurgården nur wenige Schritte von Liljevalchs Kunsthalle zum Abba-Museum, zu einem bunten Vergnügungspark und zu Junibaken, wo Kinder und Erwachsene sich von einfühlsamen Panoramen aus Astrid Lindgrens Kinderwelten verzaubern lassen. Als Helene Schjerfbeck gebeten wird, sich an der Ausstellung zu beteiligen, verweigert sie sich. Ihre vergeblichen Anstrengungen für die Ausstellung in Malmö 1914 hat sie noch zu sehr in Erinnerung.

Doch sie lässt sich umstimmen, als Einar Reuter verspricht, alle praktischen Vorbereitungen und die endgültige Auswahl der Bilder für Stockholm zu übernehmen. Aber Unruhe und Ängste bleiben, bis die Fracht per Schiff auf dem Weg nach Schweden ist – »endlich kann ich wieder in Ruhe leben«. Die Ausstellung im Oktober/November 1916 mehrt ihren Ruhm in Skandinavien beträchtlich, die eigentümliche Eleganz von Schjerfbecks Bildern fällt aus dem Rahmen. »Sie ist im Grunde ein selbstständiger Charakter mit einem Talent«, schreibt der Kritiker von *Dagens Nyheter*. »Sie ist eine weibliche Künstlerin, die mit ihrem Können und ihrer künstlerischen Vielfalt im Norden ihresgleichen sucht.« Helene Schjerfbeck gesteht, dass dieses Lob aus Schweden »eine vollkommene Freude« in ihrem »höheren Alter« sei. Vergessen ist die Mutlosigkeit des Sommers – »ich erwarte Fortsetzungen«.

Ungläubig fragt sie Maria Wiik im Oktober 1916: »Kannst Du mir einmal sagen, warum sie mich ›modern‹ nennen – immerhin male ich weder kubistisch noch versuche ich, den Linien der Natur zu folgen.« Und Helena Westermarck liest im November: »Ich weiß nicht, wie modern aussieht. Ich weiß nur, dass sich die eine Arbeit aus der anderen entwickelt; dass eine Erfahrung durch die andere gewonnen wird.« Entgegen ihren abwiegelnden Äußerungen bleibt die internationale Anerkennung nicht ohne Wirkung auf ihre Motivation. Sie weiß auch, dass ihr Erfolg mit Gösta Stenmans Engagement für ihre Kunst unauflöslich verbunden ist, und verschweigt es nicht: »Ja, ich bin dankbar, ich habe davor in einer schweren Zeit gelebt.«

Helene Schjerfbeck akzeptiert, dass Gösta Stenman mit ihren Bildern Geschäfte macht, weil er damit der Kunst insgesamt dient, ihr als Malerin einen festen Platz innerhalb Finnlands Kultur verschafft und sie seriös am Gewinn beteiligt. Zwei Jahre nach der Gründung von »Stenmans Konstsalong« ist der Jahresumsatz seiner Galerie doppelt so hoch wie der Gesamtumsatz aller öffentlichen und privaten finnischen Institutionen, die mit Kunst handelten. Dass andere Kunstkenner und Museumsleute beginnen, mit ihren Bildern zu spekulieren, gefällt Helene Schjerfbeck allerdings gar nicht. Von den zehn Bildern in Liljevalchs Kunsthalle gibt sie nur eins zum Verkauf frei und setzt, ganz gegen ihre Gewohnheit, einen sehr hohen Preis an, um Spekulanten abzuschrecken. Als sie erfährt, dass ein finnischer Geschäftsmann, der in Stockholm lebt, ihr Bild gekauft hat, ist sie beruhigt – ein Privatmann und kein Kunsthallendirektor.

Inzwischen war wieder Winter in Hyvinkää, und erstmals bekamen die Menschen hier den Krieg zu spüren, auch wenn Finnland nicht in die blutigen Schlachten auf Europas Kontinent verwickelt war: Pensionen wurden teilweise nicht ausgezahlt; der Zucker wurde erstmals rationiert, Butter, Milch und Fleisch folgten. Mutter und Tochter hielten sich in ihrer kleinen Behausung an beruhigende Rituale: »Um halb neun Uhr abends setzen wir uns zur Ruhe, da lese ich ihr vor, jetzt ›Eugen Onegin‹ ...«

32. Kapitel

Einzelausstellung in »Stenmans Konstsalong«

Triumph in Helsinki 1917

1917 – ein Jahr, in dem umstürzende Ereignisse die Weltgeschichte verändern und in Helene Schjerfbecks Leben große Dinge geschehen.

In Hyvinkää konnte Helene Schjerfbeck im Februar 1917 kaum ihren Brief an Maria Wiik schreiben, weil ihre »Finger vor Kälte eingerissen« waren. Die Freundin erfuhr, dass Helene und ihre Mutter das Brot nun selber backen und ihre verschiedenen Brotvariationen Lücken auf der Speisekarte schließen müssen. Immer stärker macht sich der Krieg, an dem Finnland nicht aktiv beteiligt ist, im Alltag bemerkbar.

Der Erste Weltkrieg, jetzt schon im dritten Jahr, hat Russland an seiner Westgrenze durch die deutsche Armee schwere Verluste an Soldaten und Land zugefügt. Die Wirtschaft ist zerrüttet, Streiks und Hungeraufstände erschüttern das Zarenreich. Revolutionäre Arbeiter- und Soldatenräte, unter der Bezeichnung »Sowjet« vereint, ziehen immer mehr Macht an sich. Nach dem westlichen, gregorianischen Kalender war es der 8. März 1917 – nach dem russischen, julianischen der 23. Februar –, als in Petrograd die Februarrevolution ausbrach und der dortige Sowjet die Schaltstellen der Macht besetzte. (St. Petersburg war mit Beginn des Krieges im Herbst 1914 zu Petrograd russifiziert worden.) Wichtige Regimenter liefen zu den Aufständischen über. Eine Woche später wurde Zar Nikolaus II. zur Abdankung gezwungen und mit seiner Familie verhaftet. Das Zarenreich war Vergangenheit. In Petrograd teilte sich der Arbeiter- und Soldatenrat mit der Duma, dem russischen Parlament, und einer neuen Provisorischen Regierung, die von sozial-liberalen bürgerlichen Politikern geführt wurde, die Macht.

Mit dem Ende des Zarenreiches verschwand auch das Großfürstentum Finnland von der politischen Landkarte, nicht aber die staatsrechtliche Bindung Finnlands an Russland. Darüber waren sich die führenden Politiker in Petrograd und Helsinki einig. Mit Erleichterung wurde in Finnland am 20. März 1917 ein russisches Manifest aufgenommen, das die frühere verfassungsgemäße innere Autonomie des Landes wiederherstellte. Das 1916 gewählte finnische Parlament, in dem die Sozialdemokraten die Mehrheit hatten, durfte endlich zusammentreten. Am 26. März 1917 einigten sich bürgerliche Parteien und Sozialdemokraten in Helsinki auf einen Koalitions-Senat, in dem je sechs Minister der beiden Lager eine provisorische Regierung für Finnland bildeten. An ihrer Spitze stand ein sozialdemokratischer Ministerpräsident, zum ersten Mal in der Geschichte Europas.

Zu Beginn des neuen Jahres meldeten sich bei Helene Schjerfbeck ihre treuen Unterstützer vom Kunstverein in Turku. Sie hofften, in der traditionellen Frühjahrs-Ausstellung nicht nur wie üblich ein Werk, sondern eine Gruppe – rund zehn Bilder – von ihr auszustellen. Diese Anfrage konnte sie guten Gewissens abschlagen: Sie hatte Gösta Stenman zugesagt, sich an einer Ausstellung finnischer Kunst in Petrograd im April zu beteiligen. Kurz darauf folgten zwei Anfragen aus Helsinki. »Salon Strindberg« wollte sie zusammen mit Ellen Thesleff ausstellen. Da brauchte Helene Schjerfbeck nicht lange zu überlegen. Ihr künstlerisches Selbstbewusstsein war – bei allen Zweifeln – stark entwickelt, wenn es um ihre Stellung in der Öffentlichkeit ging. Warum sollte die jüngere Kollegin, genau genommen eine Konkurrentin, von ihrem Ruhm profitieren? Abgelehnt.

Die nächste Anfrage allerdings war von anderem Kaliber. Dem Direktor des Ateneums war nicht entgangen, wie sehr das Ansehen der Malerin in Schweden, dem großen Nachbarn, gestiegen war. Er bot ihr eine eigene Ausstellung an. Konnte sie nein sagen?

War das nicht eine triumphale Rehabilitierung, nachdem sie Helsinkis Kunstszene fünfzehn Jahre zuvor den Rücken gekehrt hatte?

An Helene Schjerfbeck war der Erfolg in Liljevalchs Kunsthalle in Stockholm, der sie sehr überrascht hatte, nicht wirkungslos vorübergegangen. Ihre Lust auf Abenteuer hatte einen kräftigen Schub erhalten. Sie zögerte, was das Ateneum betraf; beriet sich aber mit niemandem. Da kam eine zweite Anfrage des Nationalmuseums, die als Verstärkung gedacht und gut gemeint war, allerdings genau das Gegenteil bewirkte. Ob Helene Schjerfbeck vielleicht nur ihre alten Bilder aus der Zeit vor 1900 ausstellen möchte? Sie war empört, die Herren im Ateneum hatten nichts verstanden. Das, worauf sie so stolz war, ihre unabhängige künstlerische Entwicklung in der Abgeschiedenheit von Hyvinkää, sollte verborgen bleiben? Wer würde nach so einer Ausstellung ihre Bilder der vergangenen fünfzehn Jahre, ohne die sie als Malerin nicht mehr denkbar war, noch kaufen wollen? Die Absage fiel ihr nicht schwer.

Ihre Träume und Wünsche jedoch kamen nicht zur Ruhe; wurden durch die Anfragen nur noch mehr angeregt. Eine Einzelausstellung in »Stenmans Konstsalong«, das wäre etwas Besonderes. Zu ihrem Kunsthändler hatte sie volles Vertrauen, wollte ihn aber nicht unter Druck setzen. Sie bat ihren Bruder Magnus, bei Gösta Stenman vorzufühlen. Dessen Antwort fiel positiv aus. Die Zeit war reif, nach Malmö, Stockholm und Petrograd Helene Schjerfbecks Malerei in ganzer Breite im Herbst 1917 in Finnlands Hauptstadt zu präsentieren – in seinem Kunstsalon.

Eine Ausstellung vorzubereiten, zumal eine so umfangreiche, bedeutete – neben dem finanziellen Risiko, das Stenman einging – unendlich viel praktische Arbeit und Organisation. Drei Männer waren bereit, sich in den Dienst der Künstlerin zu stellen, Gösta Stenman, Magnus Schjerfbeck und Einar Reuter. An Reuter hatte Helene Schjerfbeck ihre Bedingung geschrieben: »Ich will mit der Vorbereitung und allem danach nichts zu tun haben. Ich möchte keine Entscheidung treffen.« Sie legte Listen von Bildern an, die ihr wichtig waren, sie half private Besitzer ausfindig zu machen, und sie hatte Lust, für die Ausstellung neue Bilder zu malen. Aber das waren freiwillige Zugaben. Die letzte Entscheidung über die Bilder hatte sie Einar Reuter übertragen, der war kenntnisreicher in moderner Kunst und wagemutiger als Bruder Magnus. Die Zusammenarbeit der drei Männer lief reibungslos.

Zwischen Helene Schjerfbeck und ihrem Bruder allerdings kam es in diesem Frühjahr zu nicht geringen Spannungen, wie sie Maria Wiik in einem Brief vom 3. Mai 1917 schrieb. Am Anfang steht eine fast unglaubliche Nachricht: »Ich muss Dir von großen Geschäften erzählen – Stenman hat ›mein altes Judenbild‹ für 10 000 gekauft.« Doch was so erfreulich scheint, hatte einen bitteren Beigeschmack für Helene. Sie hatte das Bild »Jüdisches Fest« – auch »Laubhüttenfest« genannt – im Herbst und Winter 1882/1883 in Helsinki gemalt, als sie mit Maria Wiik ein Atelier nutzte. Im März 1883 war es im Gepäck, als die beiden Malerinnen zurück nach Paris fuhren. Im Frühjahr hing es im berühmten Salon de Paris.

Irgendwann nahm sie das »Judenbild« wieder zurück nach Helsinki und schenkte es ihrem Bruder – unter einem Vorbehalt, wie Maria Wiik erfährt: »Es sollte nicht in die Welt kommen, so lange ich lebe.« Im Frühjahr 1917 erfuhr Helene, dass Magnus das »Laubhüttenfest« Gösta Stenman angeboten hatte, der die Geschichte dahinter nicht kannte und hocherfreut ein großzügiges Angebot machte. Für die Schwester war es ein gewaltiger brüderlicher Vertrauensbruch – »aber kannst Du Dir vorstellen, dass ich dazu nein sage?«. Der Schock wurde durch die Parteinahme von Olga Schjerfbeck noch vergrößert – »Mamma wusste davon, hatte mich zwar nicht bitten wollen, aber sie wünschte sich den Verkauf«.

Magnus war immer Olga Schjerfbecks Liebling, das wusste Helene. Die Familie zahlte sein Schuldgeld, und nach dem Tod des Vaters finanzierte die Mutter von ihrer Pension sein Architekturstudium. Dank Talent und Fleiß schaffte es Helene, dass ihre Ausbildung zur Malerin und die langen Aufenthalte im Ausland durch Stipendien-Gelder gesichert waren. Nur während der Zwischenaufenthalte in Helsinki, wenn Helene in der Pension der Mutter wohnte, war sie – bis sie als Lehrerin ein regelmäßiges Einkommen hatte – von familiärer Zuwendung abhängig. Auch ihr Bruder, der inzwischen als Architekt angestellt war, trug dazu etwas bei. Dieser Zuschuss lag sicherlich weit unter dem Gewinn, den der eigenmächtige Verkauf des »Laubhüttenfestes« ihm einbrachte. Doch Helene ist entschlossen, die Enttäuschung in emotionale Erleichterung umzukehren. Nun ist sie ihrer Familie wirklich nichts mehr schuldig: »So habe ich jetzt meine Freiheit und kann nun im Stillen für mich arbeiten.«

Helene verschweigt Maria Wiik nicht den letzten Akt der Geschichte, ein trauriger Höhepunkt. Wie in den vergangenen Jahren ging es mit Olga Schjerfbecks Gesundheit im Frühjahr 1917 auf und ab. Im Mai endlich »fühlte sie sich besser«, auch wenn sie weiterhin viel hustete und an Gewicht verlor. Für den Widerspruch hat Helene Schjerfbeck eine Erklärung: »... ich glaube, es geht ihr besser, da sie nun weiß, dass die ökonomische Lage nicht mehr so schwierig ist.« Zu erfahren, dass ein einziges Bild ihrer Tochter zehntausend Mark erbringt, stabilisiert die Gesundheit der Mutter mehr als jede Medizin.

Es ist, als habe sich Helene Schjerfbeck die Bitterkeit von der Seele geschrieben, je länger sie an ihrem Brief sitzt. Sie wechselt gelassen zu anderen Themen, die ihr am Herzen liegen, und dazu gehört, endlich wieder einmal die Freundin zu sehen: »Ja, liebe Marie, es ist lange her, dass wir Dich gesehen haben ... Du kannst kommen, wann Du willst, nur gib uns vorher Bescheid.« Mit diesem Wunsch kommen die Jugendzeiten zurück – »waren wir nicht alle voller Erwartungen, als wir zusammen und sorglos waren – obwohl, sorglos war ich nicht, ich habe es jetzt besser. Aber die Kraft! Deine alte Lena.« Nein, Helene Schjerfbeck will nicht jammern. Mit feiner Ironie fügt sie ihrem Brief vom 3. Mai 1917 noch einen letzten Satz hinzu: »Mamma grüßt Dich herzlich, sie klopft ihre Winterkleider aus und ich meine.«

Den Weg zum Bahnhof von Hyvinkää, nicht weit von ihrer Wohnung entfernt, ist Helene Schjerfbeck viele Male gegangen, seit sie mit ihrer Mutter im Juli 1902 in den Kurort kam. Am 7. Juni 1917 geschah etwas Unglaubliches: Helene Schjerfbeck bestieg zum ersten Mal nach fünfzehn Jahren am Bahnhof von Hyvinkää einen Zug nach Helsinki. Dort angekommen, ging sie quer über den Bahnhofsvorplatz ins Ateneum, um sich eine internationale Ausstellung über moderne Kunst anzusehen.

»Nun habe ich mich doch in die Großstadt aufgemacht, habe mich heute ins Ateneum drängen lassen und es gesehen –, war müde danach und bei meinem Bruder – danach zu keiner Gesellschaft mehr fähig«, lässt sie nach ihrer Rückreise noch am selben Abend Maria Wiik wissen. Sie hätte die Freundin gern von ihrem Bruder aus angerufen, aber es nicht mehr geschafft. In diesem Brief und allen folgenden gibt es nicht den kleinsten Hinweis, warum Helene Schjerfbeck nach so langer, bewusster Abstinenz im Sommer 1917 wieder nach Helsinki gefahren ist. Ab und an wird sie in den folgenden acht Jahren den Zug in die Hauptstadt nehmen, wenn es nötig ist, den Zahnarzt oder ihre Näherin aufzusuchen. Nur selten schaut sie bei einer Galerie vorbei, um Ausstellungen von jungen finnischen Künstlern zu besuchen.

An diesem 7. Juni hat Helene Schjerfbeck keinen Fuß in »Stenmans Konstsalong« gesetzt. Das verwundert, denn hier hatte ihre Kunst seit knapp drei Jahren ein Zuhause, war für jedermann sichtbar. Ohne den Kunsthändler ist ihr erfolgreiches Erscheinen in der Künstlerwelt in Skandinavien und Finnland undenkbar. Helene Schjerfbeck weiß es, und sie hat ihre Dankbarkeit nicht verschwiegen. In der Galerie hängen seit April acht Bilder von ihr, und die Vorbereitungen für ihre Einzelausstellung sind in vollem Gange. Vielleicht will sie nicht stören und auf keinen Fall den Eindruck machen, sie mische sich in Stenmans Geschäfte ein. Und eins widerstrebt ihr bei allem Selbstbewusstsein immer noch: im Mittelpunkt zu stehen und außerhalb ihrer eigenen vier Wände mit ihren Werken konfrontiert zu werden.

In Helsinki erfährt Helene Schjerfbeck, dass hier schon der Zucker rationiert ist. In der Hauptstadt und in Turku hat es wegen der

Lebensmittelknappheit Unruhen gegeben. Seit April 1917 dehnen sich Streiks in Finnland aus, vor allem in der Landwirtschaft. Die Situation in Hyvinkää im Juni ist durchwachsen. Es fehlt an Butter, das Schlangestehen beim Einkaufen wird alltäglich. Aber an Fisch und saurer Milch ist kein Mangel. Noch ist die Zivilgesellschaft in Finnland gefestigt, die provisorische Regierung aus Sozialdemokraten und bürgerlichen Parteien regiert kooperativ das Land. Im August werden im ganzen Land örtliche Nahrungsmittel-Komitees gebildet, die eine Rationierung der Grundnahrungsmittel organisieren und kontrollieren.

Am 10. Juli 1917 feiert Helene Schjerfbeck in Hyvinkää ihren fünfundfünfzigsten Geburtstag. Das eindrucksvollste Geschenk holt sie am 23. Juli selbst von der Post ab. Es kommt von Einar Reuter, der seine bisherigen Kunstaufsätze unter dem Pseudonym H. Ahtela verfasst hat und diesen Namen als Maler und Schriftsteller beibehalten wird. Drei Tage später erfährt die Freundin Helena Westermarck die Neuigkeit: »Wir haben ein Buch bekommen von dem Schriftsteller H. Ahtela; ich kann es nicht lesen, es ist auf Finnisch geschrieben. Und selbst wenn ich es lesen könnte, wäre ich ein wenig ängstlich, denn es handelt – von mir.« Das Herz der Monografie sind fünfundzwanzig Bilder von Helene Schjerfbeck. Einar Reuter hat sein Buch im Eigenverlag herausgegeben, in Absprache mit Gösta Stenman. Helene Schjerfbecks »junge Männer« wissen die Medien zu nutzen und die Aufmerksamkeit bis zur Ausstellung, die im September eröffnen soll, zu steigern.

Am 1. August wird Maria Wiik informiert: »Ein Buch über mich, mit vielen Abbildungen und ein sehr, sehr guter Text. Das habe ich gemerkt, als der Schriftsteller letzten Montag einen Teil der Ausgabe für mich übersetzte. Ich bin dankbar für so viel Wohlwollen und Verständnis … Ein guter Mensch ist die größte Kostbarkeit und Freude.« Doch es bleiben noch Wünsche an das Leben offen: »Ich sehne mich nach dem Herbst, da will ich malen. Und ich sehne mich danach, noch einmal in Gausdal zu sein, meinen Körper und meinen Geist zu erneuern und danach kraftvoll zu malen. Aber immer heißt es ›später, später‹ – bis zu der Zeit, wenn ich zusammengesackt und alt bin.« Helene schließt den Brief mit ironischem Augenzwinkern: »Da wohnen zwei alte Tanten – ›kaks vanha tanta‹– sagen die Jungens auf der Straße, und so ist es.« Immerhin, drei Worte Finnisch bringt sie auf die Reihe.

Der Sommer 1917 ist heiß. Olga Schjerfbeck steht zwei Stunden in der Schlange für Zucker – »das Leben ist ermüdend«. Alles wird teurer. Die alten Ängste kommen wieder hoch – »ich muss 1000 Mark im Jahr verdienen«, erfährt Maria Wiik nicht zum ersten Mal. Hinzu kommen neue Gerüchte über einen Verkauf ihrer Wohnung: »Vielleicht müssen wir etwas anderes suchen – aber wo soll man etwas anderes finden – jetzt? ... wir können nur zwei Zimmer mieten und haben keine Kraft umzuziehen.« Doch Helene Schjerfbeck kennt ihre Schwächen. »Du siehst, ich klage nur, möglicherweise unnötig«, schreibt sie am 8. September. Aber hinter diesen Klagen verbirgt sich diesmal anderes: die Anspannung und Nervosität vor einem Ereignis, das für Helene Schjerfbeck erfüllter Traum und Alptraum in einem ist.

Eine Anzeige in *Hufvudstadsbladet* lädt »ehrerbietigst« dazu ein, »am Mittwoch, dem 12. September, meine Einzelausstellung in Stenmans Kunstsalon, Skillnadsg. 7« zu besuchen, gezeichnet »H. Schjerfbeck«. Wem diese Information entgangen ist, der kann am 12. September 1917 in den Ausgaben der Hauptstadtzeitungen die mehrspaltigen Berichte und Kritiken zu Helene Schjerfbecks erster Einzelausstellung nicht übersehen. Sie sind so positiv, dass sich bis zum Ende der Ausstellung am 1. Oktober die Besucher in »Stenmans Konstsalong« nicht nur drängen, sondern in Kauflaune sind. Die Kunstkritiker sind tief beeindruckt von den 159 Bildern und Zeichnungen aus den Jahren 1879 bis 1917 und zögern nicht, Helene Schjerfbecks herausragenden Platz in der finnischen Kunst festzuschreiben.

Hufvudstadsbladet berichtet: »Wir sehen die gesamte Entwicklung der begabten und feinfühligen Malerin, von frühesten Jugendwerken, geprägt von französischer Kunst, über den japanischen Einfluss bis zu der streng synthetischen Form der letzten Jahre. Die tiefe Verfeinerung und Wärme, die Helene Schjerfbecks Werk stets auszeichnet, hat sie im besten Sinn populär gemacht.« Die Zeitung weist zudem darauf hin, dass zeitgleich »der Finnische Kunstverein im Ateneum eine Gruppenausstellung der Bilder von Helene Schjerfbeck angeordnet« hat, »die dem Kunstverein gehören«. Eine größere Ehre kann es für eine lebende Künstlerin nicht geben.

Dagens Press bringt neben der Ausstellungskritik am selben Tag einen Artikel mit der Schlagzeile »Ein Buch über Helene Schjerfbeck« und darüber als Hingucker ihr »Selbstporträt mit silbernem Hintergrund«. Die Besprechung lobt den Autor. Er gebe eine verständnisvolle Schilderung von Schjerfbecks Kunst zusammen mit seinem persönlichen Eindruck, und das mache »den Wert und den Charme« dieses Buches aus.

Helsingin Sanomat nennt in seiner Besprechung Helene Schjerfbeck »eine der größten Künstlerpersönlichkeiten, die Finnland aufzuweisen hat«. Sie erfasse »das Innere der Menschen mit ihrer Malerei; man findet hier Gefühl und Seele, die eine offensichtliche Realität besitzen«. Helene Schjerfbeck habe »nicht vergebens nach der einzigen großen Wahrheit gesucht, der Schönheit der menschlichen Seele«.

In Zusammenarbeit mit Gösta Stenman hat Einar Reuter, der Schwedisch und Finnisch beherrscht, für den Katalog zur Ausstellung eine Einleitung auf Finnisch geschrieben. Auch der Katalogumschlag ist zweisprachig. Helene Schjerfbecks Einzelausstellung in »Stenmans Konstsalong« ist ein außergewöhnliches Ereignis. Damit hat sich die fünfundfünzigjährige Malerin einen festen Platz in der finnischen Kunst und weit darüber hinaus erobert. Die Kämpfe und inneren Stürme waren nicht umsonst.

Nur eine kommt nicht zur Schjerfbeck-Ausstellung in »Stenmans Konstalong« – die Schöpferin der Bilder. Mit ihren Werken aus fast vierzig Jahren und allem, was daran hängt – Erinnerungen, Kämpfe, bittere Kritiken –, konfrontiert zu werden, will Helene Schjerfbeck sich nicht antun. Es ist für sie aufwühlend genug, im Katalog zu blättern und über die Preise, die für ihre Bilder dort ausgeschrieben sind, entsetzt zu sein. Sie bittet dringend, Zweihundert-Mark-Preise auf fünfzig Mark herunterzusetzen. Das allerdings hat sie nun nicht mehr in der Hand.

Am letzten Tag der Ausstellung, am 1. Oktober 1917, schreibt Helene Schjerfbeck einen langen Brief an Ada Thilén. Die Freundin hatte ihr geschrieben, sie sei im September in Stenmans Galerie gewesen. Ein Teil von Helenes Bildern habe ihr gefallen, andere habe sie nicht verstanden. Obwohl Helene weiß, dass ihre Malschwestern die künstlerische Entwicklung während der Jahre in Hyvinkää kritisch sehen, ist sie bedrückt und versucht, sich zu rechtfertigen: »Du kannst Dir wohl denken, dass mich das, was mich persönlich betrifft, aufgewühlt hat ... Dass dort Sachen sind, die Du nicht verstehst, (und es gibt ja auch Sachen bei Dir und Maria, die ich nicht verstehe) – das ist ganz normal. Da ist viel Schludriges, Skizzenartiges dabei ...«

Einem Vorschlag der Freundin widerspricht Helene allerdings vehement: »Und nun redest Du davon, ich soll nach Helsinki ziehen! Nein, weißt Du, das ist das Letzte, was ich wünsche! Helsinki hat mir nie etwas Gutes gegeben ...« Allerdings ist der Wunsch, sich zu verändern, durchaus vorhanden: »Ich plane, nach Ekenäs zu reisen, muss ich gestehen, um mir die Stadt anzusehen, mich nach den Preisen und dortigen Verhältnissen zu erkundigen.« In Ekenäs, der alten Hafenstadt westlich von Helsinki an einer tiefen Meeresbucht gelegen, sind Helenes Familienwurzeln. Der Urgroßvater ist dort begraben, der Vater aufgewachsen, und auch die Mutter kommt aus diesem Landstrich, in dem bis heute die große Mehrheit der Finnen Schwedisch spricht. Aber Helene Schjerfbeck ist dann doch nicht zu Erkundungen nach Ekenäs aufgebrochen. Immer neue verwirrende Gerüchte über die politische Lage machten die Runde. Die Zeiten waren zu unsicher für einschneidende Veränderungen.

Natürlich kennt Ada Thilén das leidige Thema »Haushalt« im

Zusammenleben von Mutter und Tochter. Noch während der Ausstellung im September 1917 weiß Helene Schjerfbeck, dass sie nicht nur öffentlichen Ruhm erntet, sondern dank der Verkäufe ihrer Bilder so viel wie nie zuvor verdienen wird. Sie macht einen neuen Versuch und schlägt der Mutter vor, sich mehr Hilfe im Haushalt zu leisten; Geld ist genug da. Aber die Tochter erkennt, dass Olga Schjerfbeck nicht umzustimmen ist. »Was Mamma am meisten fürchtet«, erfährt Ada Thilén, »ist eine Haushälterin.« Für die Mutter sei eine Haushälterin wie eine Wachtmeisterin, der sie sich nicht ausliefern will. Ihre Kinder sollen für sie sorgen, das ist ihr Lebensplan, »andernfalls will sie sterben«.

Der Seufzer vom 1. Oktober 1917 ist nicht der letzte zu diesem Thema: »Meine Sache ist der Haushalt nicht, ich sehne mich danach zu malen. Aber das war immer ein Streitpunkt ...« Immerhin macht die Mutter ihrer Tochter in diesen Wochen einen unerhörten Vorschlag: »Wenn wieder Frieden ist, könntest du für deine Gesundheit nach Gausdal fahren.« Helene ist wie elektrisiert und bestellt einen Prospekt, auch wenn sie weiß: ihr Sehnsuchtsziel bleibt Paris. Darüber aber ist mit Olga Schjerfbeck nicht zu reden. Doch ob Paris oder Gausdal – es bleiben Träume.

Der Alltag im Herbst 1917 in Hyvinkää führt schnell auf den harten Boden der Wirklichkeit zurück: »Dann das ewige Schlangestehen – für das tägliche Brot steht Mamma sechseinhalb Stunden. Es wird so gedrängelt, dass sie fix und fertig ist, wenn sie nach Hause kommt.« Nicht nur Olga Schjerfbeck, auch Helene und das Mädchen, das im Haushalt immerhin täglich einige Stunden hilft, müssen sich täglich anstellen – »für Brot, Butter, Zucker, Petroleum, die Post ... Man ist so erschöpft und glücklich, wenn man etwas bekommt«. Helene Schjerfbecks Brief spiegelt die Situation in Finnland wider. Die Rationierung der Lebensmittel funktioniert nicht mehr, Ende September sind überall Unruhen ausgebrochen. Da es keine Polizei mehr gibt, die für Ordnung sorgt, wächst die Zahl der Roten Garden, die von Arbeitern gestellt werden. Im Gegenzug bilden sich bürgerliche Milizen; die Spannung innerhalb der

Gesellschaft wächst. In Helsinki bricht die Koalition von Sozialdemokraten und bürgerlichen Parteien auseinander. Bei den Neuwahlen im Oktober 1917 verlieren die Sozialdemokraten die Mehrheit; sie können ihren radikalen Flügel kaum noch unter Kontrolle halten.

Durch einen Aufstand kommen in Petrograd die Bolschewiki, eine radikale Gruppe der Sozialisten, unter Führung von Wladimir Iljitsch Lenin an die Macht. Mit der »Oktoberrevolution« beginnt in Russland die Epoche der Sozialistischen Sowjetrepublik. Zugleich bricht ein blutiger Bürgerkrieg zwischen den »Roten« und den »Weißen«, den Bürgerlichen, aus, der nach über drei Jahren mit dem Sieg der »Roten« – und damit der Kommunistischen Partei Russlands (Nachfolgerin der Bolschewiki) endete.

Die »Oktoberrevolution« in Russland hat Auswirkungen auf Finnland. Dort rufen die Gewerkschaften einen Generalstreik aus. Doch der friedliche Streik schlägt in Gewalt um. Allein in Helsinki und Umgebung verlieren sechzehn Menschen ihr Leben. Um die Radikalen in den eigenen Reihen zu bremsen, beenden die finnischen Sozialdemokraten den Generalstreik nach einer Woche am 20. November. Doch das Schreckgespenst einer »roten Machtübernahme« schweißt die bürgerlichen Parteien zusammen; sie bilden im November eine rein bürgerliche Regierung.

Am 6. Dezember 1917 votierte eine Mehrheit im finnischen Parlament für die völlige Unabhängigkeit Finnlands von Russland. Der finnische Ministerpräsident reist nach Petrograd, um mit dem Arbeiter- und Soldatenrat eine friedliche Übereinkunft auszuhandeln. Am 30. Dezember 1917 erhält er eine schriftliche Zusage: Das bisherige Großfürstentum Finnland wird aus allen staatsrechtlichen Bindungen an Russland entlassen, seine vollständige Unabhängigkeit anerkannt. Unterschrieben haben das Dokument auf russischer Seite Lenin, Trotzki, Stalin.

Während sich die politische Situation zuspitzte, versuchte Helene Schjerfbeck, den großartigen Erfolg ihrer Ausstellung zu verarbeiten. An Einar Reuter schreibt sie: »Nun habe ich so viel bekommen, dass ich meinen Kopf senken kann, um mich auszuruhen. Denn zu lange habe ich einsam gelebt, um dem Glück ins Gesicht zu schauen.« Zur Entspannung geht sie Pilze suchen: »Das ist eine meiner größten Freuden.« Aber das Ausruhen soll nur eine Zwischenphase sein, wie ihre Lieblingskusine Esther Ende Oktober erfährt: »Jetzt versuche ich, zur Ruhe zu kommen nach all dem Aufwühlenden. Aber ich sehne mich auch nach Arbeit und etwas Neuem – Ich möchte so gern etwas Schönes malen und zeichnen und stelle mir vor, ein Modell mit einem netten Gewand einzukleiden, und frage Dich deshalb, ob Deine Töchter noch ihre abgelegten Tanzkleider brauchen?« Sie würde gern eins davon kaufen, gelb-grün oder rot, Hauptsache ein bisschen Farbe – »nur nicht weiß!«.

Die Lebensmittelknappheit hält an. Anfang Dezember gibt es alle drei, vier Tage ein Brot und etwas Butter nach langem Schlangestehen. Am 16. Dezember geht ein Brief an die Freundin Helena Westermarck: »Ich denke wie Du – zu arbeiten ist unser einziger Trost. Das ist auch das Einzige, was ich in dieser Welt machen und woran ich mich halten kann. Eine Politikerin werde ich nie, ich bin nur ein stiller, verschwiegener Mensch. Ein großer Trost kann auch ein Kunstbuch sein ...«

Helene und Olga Schjerfbeck beschließen, Weihnachten 1917 auf den üblichen Festschmuck zu verzichten. Sie sind nicht in Jul-Stimmung, nicht einmal eine Jul-Fichte wollen sie aufstellen. Allerdings kommen Gäste. Das bedeutet auch für Helene Schjerfbeck »4 Tage scheuern und backen« – »ich musste wieder liegen nach der körperlichen Arbeit«. Dafür gibt es zum Fest den erhofften Trost – ein Buch über Honoré Daumier. Der französische Maler, für seine plakativen wie unerbittlichen sozialkritischen Karikaturen berühmt, zählt seit langem zu ihren künstlerischen Vorbildern. Er ist für sie wie »eine Fahne, die in Richtung Freiheit und Arbeitsfreude zeigt«. Was für ein schöner und zukunftsweisender Abschluss eines aufregenden und entscheidenden Jahres im Leben von Helene Schjerfbeck.

33. Kapitel

Nach dem Bürgerkrieg: Ein Sommer voll glücklicher Tage

Ekenäs 1918

Die Situation in Finnland und dem, was Helene Schjerfbeck in der kleinen Wohnung in Hyvinkää am Jahresbeginn 1918 durch den Kopf ging, konnte widersprüchlicher nicht sein. Ihrer Freundin Maria Wiik gibt Helene Anfang Januar ein anschauliches Bild davon. Sie fragt die neun Jahre Ältere, welche Altersversicherung sie empfehlen könne: Ob eine Rente ab sechzig günstig ist oder eine, die erst später beginnt; denn fast über Nacht besaß Helene so viel Geld wie nie zuvor in ihrem Leben. Nach Abzug aller Unkosten und Provisionen – nicht zuletzt an Bruder Magnus für seine Mitarbeit – hatte Gösta Stenman nach der Ausstellung einen Gewinn von knapp vierzigtausend Mark an die Künstlerin überwiesen.

Das Geld gut anzulegen war das Gebot der Stunde in diesen politisch unruhigen Zeiten – aber wie? Zu kaufen gab es nichts. Trotz der ungeheuren Summe wurden Helene und ihre Mutter kaum satt. »Hier bekommen wir seit Weihnachten nicht mehr als ein Brot pro Woche und ein wenig bläuliche Milch«, erfuhr Maria Wiik. Unabhängig von der aktuellen Lage zieht Helene Schjerfbeck eine nüchterne persönliche Bilanz. Fünfundfünfzig Jahre habe sie gebraucht, »um ökonomisch frei handeln zu können«.

Am 4. Januar 1918 bestätigte das Zentralkomitee der Arbeiter- und Soldatenräte von Petrograd dem ehemaligen finnischen Großfürstentum die vollständige Unabhängigkeit. Zum ersten Mal in seiner Geschichte war Finnland ein selbstständiger Staat. Was er vor allem brauchte, so die Meinung der bürgerlichen Regierung in Helsinki, war eine »starke Ordnungsmacht«. Die finnische Polizei hatte sich in den Wirren des Jahres 1917 aufgelöst, eine eigene Armee musste erst aufgebaut werden. Mit der schwierigen Aufgabe, die Ordnung wiederherzustellen, beauftragte eine Parlamentsmehrheit Mitte Januar 1918 den ehemaligen Generalleutnant der russischen Armee Carl Gustaf Emil Mannerheim. Der hochgewachsene Finne mit schwedischen Wurzeln und aristokratischem Auftreten hatte dem Zarenreich an der westlichen Front gegen Deutschland gedient und nach der Oktoberrevolution 1917 die Armee verlassen.

Am Beginn von Finnlands Unabhängigkeit standen sich die bürgerlichen Parteien und die Sozialdemokraten voller Misstrauen gegenüber. Alle wollten die besten Ausgangspositionen um die Macht im neuen Staat besetzen. In diesen Wochen bekam Helene Schjerfbeck ungewöhnliche Post. Eine sozialistische Zeitung hatte ein Rundschreiben an alle Künstler verschickt, wie Helene in ihrem Brief an Maria Wiik vermutet: »Und die ›Roten‹, haben sie Dir auch geschrieben und gefragt, ob Du für das ›große Volk‹ oder für die ›Machthaber‹ malst?« Helene Schjerfbeck zeigte guten Willen und machte sich daran, alle Fragen ehrlich zu beantworten. Mit steifen Fingern, denn in der Wohnung waren es nur sechseinhalb Grad. Beim Petroleum für die Lampen wie beim Holz für die Öfen musste gespart werden, »Mammas Hände werden nicht warm, trotz Handschuhen«.

Die erste Frage: »Haben Sie mit Ihren Arbeiten etwas mit dem Gedanken an die Arbeiterklasse geschaffen, so dass das arbeitende Volk daran Vergnügen hat?« Schjerfbecks Antwort: »Als Künstler habe ich immer versucht, meine Arbeit gut zu machen … ich will meinem Land nur das Beste geben, das ich zu schaffen vermag.« – Ob die Arbeiterklasse ein Recht habe, eine Kunst zu verlangen, die ihre Ideen und Werte spiegelt? – »Der Künstler muss frei arbeiten oder er geht unter …« – »Wie glauben Sie, kann man die Massen dazu bewegen, Kunst zu verstehen und sie zu genießen?« – »Ein musikalisches Ohr kann einem niemand geben, das Verständnis für Kunst kann einem niemand geben. Aber die, die sich ein Bild anschauen und es lieben, lernen auch, es zu verstehen – und dann ein noch besseres Bild zu verstehen.«

Zuletzt fragte die sozialistische Zeitung, ob ihr künstlerisches Interesse der Arbeiter- oder der machthabenden Klasse gelte? Helene Schjerfbecks Antwort: »Ich habe am liebsten arme, empfindsame Kinder gemalt und weiß nicht, ob das von Interesse ist.« Sie hat unterschrieben und den Fragebogen wieder in die Post gegeben. Wahrscheinlich ist er nie angekommen, denn inzwischen war der Zugverkehr zusammengebrochen.

Nach dem Hinweis auf das Rundschreiben der »Roten«, wie die Sozialdemokraten nach russischem Vorbild im Gegensatz zu den »Weißen«, den Bürgerlichen, genannt werden, macht Helene Schjerfbeck im selben Brief eine ihrer seltenen politischen Anmerkungen: »Jetzt, wo das Morgen so unsicher ist, kann man nur schwer an eine wirkliche Freiheit glauben, so froh man darüber wäre. Vielleicht helfen die veränderten Machtverhältnisse etwas zu ändern – aber was wird passieren, wenn das Volk die Russen zurückruft?« Darin schwingt eine gewisse Skepsis mit. Die »Russen« – das bedeutet die radikalen »Bolschewiki« unter Lenin – sind ein Alptraum für alle, die sich wie Helene Schjerfbeck zum bürgerlichen Lager zählen.

Am 25. Januar 1918 ordnet General Mannerheim an, dass nur die privaten bürgerlichen Schutzkorps und nicht die Roten Garden der Arbeiterbewegung zur Verstärkung in die neu zu schaffende Armee eingegliedert werden. In der Sozialdemokratischen Partei setzen sich die Kräfte durch, die darin eine Kampfansage des bürgerlichen Lagers an die Arbeiterklasse sehen. Jetzt gelte es, einem bürgerlichen Staatsstreich zuvorzukommen und selber die Macht zu ergreifen.

Kallio ist Helsinkis Arbeiterviertel. Es liegt nördlich der »Langen Brücke« und zieht sich hinter dem Hakaniemi-Platz den Hügel hinauf. Westlich vom Hakaniemi mit seiner backsteinroten Markt- und Kaufhalle steht wenige Minuten entfernt an der kleinen Parkanlage der Paasivuorigatan seit 1908 die Trutzburg der finnischen Arbeiterbewegung, aus wuchtigen Granitblöcken gebaut.

Eine Tafel an der Außenwand erinnert an den Bürgerkrieg, der am 27. Januar 1918 in Helsinki gegen elf Uhr nachts hier mit einer roten Laterne begann. Als sie im Turm des Gewerkschaftshauses brannte, war das für die Roten Garden im Arbeiterviertel das Signal, vom Kallio-Hügel hinunter ins Zentrum zu marschieren und die Stadt zu besetzen. Für die Arbeiterbewegung war es der Beginn der Revolution; für ihre Gegner hatte der Bürgerkrieg begonnen.

Im Lauf des 28. Januar gerieten die wichtigsten Gebäude und Plätze Helsinkis in die Hand der »Roten«. Den führenden bürgerlichen Politikern jedoch gelang die Flucht in die Hafenstadt Vasa. Bis Mitte Februar 1918 hatte sich eine Frontlinie stabilisiert: Der Südwesten Finnlands inklusive der Städte Pori und Tampere und der Osten bis zum Ladoga-See lagen im Machtbereich der »Roten«, also auch Hyvinkää. Die Roten hatten in Helsinki eine Revolutionsregierung gebildet und konnten sich auf rund 70 000 Soldaten der Roten Garden stützen. Vasa dagegen wurde im Schutz von General Mannerheims Armee, die ebenfalls 70 000 Soldaten zählte, die »Hauptstadt der Weißen«, deren Machtbereich das Finnland nördlich von Pori und Tampere war.

»Am 2. Februar flohen wir ins Sanatorium … wegen des zu erwartenden Geschützfeuers«, erfuhr Einar Reuter hoch im Norden von Helene Schjerfbeck. Seit dem Beginn des Bürgerkrieges hatten Mutter und Tochter auf gepackten Koffern gesessen. Das Sanatorium war für viele aus der Stadt und der Umgebung eine Zuflucht geworden, als die Roten Garden Hyvinkää einnahmen. Als eines Nachts ein Rotgardist mit Bomben in der Hand ins Sanatorium kommt, sind es Kinder, die Schreckliches verhindern. So jedenfalls sieht es Helene Schjerfbeck: »Draußen und zum Teil drinnen sitzen Frauen aus dem Volk mit ihren Kindern … Der Gardist kommt zweimal mit den Bomben, geht aber wieder hinaus – da waren zu viele Kinder aus dem Volk.«

An dem Tag, als Helene mit ihrer Mutter ins Sanatorium flieht, stirbt in Helsinki Betty – Elisabeth – Schjerfbeck, Magnus' Frau. Für den 12. und 13. März erhält »Helena Schjerfbeck« einen Passierschein der Roten Garde für eine Fahrt »von Hyvinkää nach Helsinki und zurück« und kann nach dem Tod ihrer Schwägerin endlich den Bruder und seine beiden Kinder besuchen. Noch nie hat sie einen so vollen Zug erlebt; überall Menschen, in den Gängen, auf den Plattformen. Drei Stunden sitzt sie im Zug fest, der in Friedenszeiten anderthalb Stunden braucht. In Helsinki liegt der Schnee einen halben Meter hoch. »Es war schön, Dich zu sehen«, schreibt sie drei Tage nach ihrer Rückkehr an Maria Wiik, und als sie vom Bahnhof in Hyvinkää heimwärts ging, habe ihr ein Rotgardist über eine Schneewehe geholfen.

Helene und Olga Schjerfbeck kehrten Ende Februar wieder in ihre Wohnung zurück. Die politische Lage des geteilten Landes schien halbwegs beruhigt. Die Revolutionsregierung hatte einen Verfassungsentwurf vorgelegt. Die führenden finnischen Sozialdemokraten waren keine antidemokratischen Bolschewiki. Sie wollten keine Räterepublik, sondern eine parlamentarische Demokratie nach Schweizer Muster mit möglichst umfassender Volksbeteiligung.

Aber die Roten hatten immer größere Schwierigkeiten, in ihrem Machtbereich, vor allem in Helsinki, staatliche Funktionen, Verwaltung und Wirtschaft aufrechtzuerhalten. Lehrer und Verwaltungsbeamte gingen seit dem Umsturz nicht zur Arbeit, Post und Telegrafendienst funktionierten nicht. Fabriken und Banken hatten geschlossen. Wer nicht mit der Sozialdemokratie sympathisierte, sann insgeheim auf Rache. Im Schutz der Dunkelheit schlugen sich junge Männer in den Norden durch, um sich der Armee von General Mannerheim anzuschließen.

Als Helene Schjerfbeck Mitte März nach Helsinki fuhr, war der Bürgerkrieg in eine neue Phase getreten. Inzwischen hatten tausend sogenannte »Jäger« Mannerheims Armee in Vasa verstärkt. Es waren Männer, die sich seit Beginn des Ersten Weltkrieges im deutschen Kaiserreich freiwillig militärisch ausbilden ließen und teilweise Fronterfahrung hatten. Der General beschloss, mit einer Großoffensive Richtung Tampere die Entscheidung zu erzwingen. Ostern 1918 leben Helene Schjerfbeck und ihre Mutter erneut »auf gepackten Koffern«. Nach blutigen Kämpfen nehmen die Weißen am 6. April Tampere ein; die Stadt liegt in Trümmern. Es war der Wendepunkt im Bürgerkrieg.

Zur selben Zeit landete ein Hilfskorps mit deutschen Soldaten auf Bitten der bürgerlichen Regierung an der Südküste Finnlands und marschierte unter Führung eines deutschen Generals in Richtung Helsinki. Am 12. April kamen in der Hauptstadt bewaffnete Anhänger der Weißen aus ihren Verstecken. Der Kampf um Helsinki begann. Am nächsten Tag erreichte das deutsche Hilfskorps die Stadt und griff in die Kämpfe ein. Deutsche Schiffe bombardierten Helsinki vom Hafen aus. Am 13. April 1918 um zwei Uhr nachmittags hingen am vierundsechzig Meter hohen Granitturm der eleganten Kallio-Kirche, 1908/12 im schönsten finnischen Jugendstil auf den Hügel im Arbeiterstadtteil Kallio gebaut, weiße Fahnen. Bis Anfang Mai waren alle Städte in Finnland wieder in der Hand der Weißen.

»Ja, wir leben und sind sehr müde nach allem«, schreibt Helene Schjerfbeck am 7. Mai 1918 auf einer Karte an Maria Wiik. »Während der ganzen Monate ging es gut und unter dem Kanonendonner spürte man die Erschütterungen nicht ... Aber jetzt kommen die Erschöpfungen.« Weitere Karten mit der guten Nachricht gehen an die alten Freundinnen Marianne Stockes in England und Minka Grönvold. »Nach Norden«, an Einar Reuter, hat sie auch geschrieben. Bruder Magnus und ihre Näherin in Helsinki erhalten eine Karte, mit der sie ihren Besuch in drei Tagen ankündigt: Sie will einkaufen, zur Näherin gehen und am nächsten Tag wieder zurückfahren – diesmal braucht sie keinen Passierschein.

Eine Woche später, am 16. Mai 1918, nahm General Carl Gustaf Mannerheim in der Hauptstadt die Siegesparade ab, als die Armee des »weißen Finnland« die Esplanadi hinunter zum Hafen marschierte. Der General – hoch zu Pferd – hatte sich mit seiner Entourage unter dem Denkmal für den Nationaldichter Johan Ludvig Runeberg in der Mitte der Esplanadi aufgestellt. Die demonstrative Botschaft Mannerheims: Dies war kein Sieg von Deutschlands Gnaden; Finnland, auf seine nationale Identität bauend, hatte sich aus eigener Kraft von den Roten befreit.

Helene und Olga Schjerfbeck erlebten den Sieg der weißen Truppen in Hyvinkää: Musik und Pferde, müde Männer, Staub und eine weiße Fahne. Verlässt man heute das alte hölzerne Bahnhofsgebäude in Hyvinkää, fällt der Blick geradewegs auf einen gegenüberliegenden kleinen »Ehrenhain«, in dessen Mitte ein wuchtiger Steinblock in die Höhe ragt. »Befreiungskrieg 1918« steht auf Deutsch obenan und darunter wird der fünfzehn »deutschen Freiheitshelden« gedacht: »Erwin Kahl, Erich Paul, Fritz Kalms ...« Am Ende die militärische Zuweisung der deutschen Soldaten, die nach Finnland in den Krieg gezogen waren und dort den Tod fanden: »Jägerregiment, Pionierregiment, Ulanenregiment«.

In den Kämpfen des Bürgerkrieges waren rund 3200 weiße und 3500 rote Soldaten gefallen. Aber die Opfer von Terror und Gewalt auf beiden Seiten übertrafen diese Zahlen bei weitem. Die Niederlage vor Augen, war Anfang April die »rote Gewalt« wieder ausgebrochen. Die Rache der »weißen« Sieger war fürchterlich. Am 28. Mai 1918 wagte *Hufvudstadsbladet,* dem bürgerlichen Lager eng verbunden, einen kritischen Kommentar: »Auf die Raserei der Roten folgt der Terror der Weißen.«

Insgesamt starben im finnischen Bürgerkrieg rund 40 000 Menschen, davon 25 000 auf Seiten der Roten. Am Ende der Kämpfe hatten die Weißen rund 80 000 Gefangene gemacht. Insgesamt 12 000 von ihnen überlebten Hunger, Krankheit und die menschenverachtende Behandlung nicht. Mitte Mai 1918 begann die Verurteilung der Gefangenen. 265 Todesurteile wurden vollstreckt, 60 000 rote Gefangene zu Freiheitsstrafen verurteilt. Die Traumata des Bürgerkrieges sollten das Leben und die Politik des Landes für Jahrzehnte prägen.

Nach und nach kehrte für Tochter und Mutter das gewohnte Leben zurück. Doch zugleich kam Bewegung in die erstarrten Lebensmuster; Hyvinkää ist nicht mehr die Festung, aus der keine Tür hinausführt. Ende Mai fährt Helene erneut nach Helsinki, diesmal ist ein Besuch beim Zahnarzt fällig. Im Juni ist sie zurück in der Hauptstadt und quartiert sich bei Magnus ein. Einar Reuter erfährt, dass Helene Schjerfbeck »eine glückliche Stunde« in »Stenmans Konstalong« hatte – »er war so freundlich und zeigte seine Bilder«. Im Saal mit Bildern von Tyko Sallinen »lebt sie auf«; sie empfindet seine Arbeiten als »expressiv, voller Gefühl, da war etwas Neues«. Helene Schjerfbeck betrachtet die junge Generation unvoreingenommen, ohne Neid.

In diesen Wochen versucht Magnus Schjerfbeck, Mutter und Schwester von einem Plan zu überzeugen: Sie sollen im folgenden Winter zu ihm nach Helsinki ziehen. Die lange kalte Jahreszeit sei in der Stadt besser zu ertragen, und der Witwer freue sich mit seinen Kindern auf ein wenig Gesellschaft. Mit dem Argument, sie hätte dort keine Möglichkeit zum Malen, kann Helene Schjerfbeck diesen Wunsch abwehren. Ihr ganzes Leben steht sie im Schatten des großen Bruders, der immer noch glaubt, für sie sprechen und handeln zu können. Sie hat sich damit abgefunden, dass Magnus Schjerfbeck mit dem Verkauf ihrer Bilder – manchmal ohne sie zu fragen – viel Geld verdient. Aber für Monate unter seiner direkten Kontrolle zu leben – nein. Und diesmal steht die Mutter offenbar auf Seiten ihrer Tochter.

Die beiden Frauen zeigen dem Trauernden ihre Solidarität auf andere Weise. Im Lauf des Juni reisen Mutter und Tochter zum Sommerhaus von Magnus Schjerfbeck in Tavastö, im Schärengarten südwestlich von Helsinki gelegen. Helene Schjerfbeck genießt das Meer. Es ist »blaugrün und weich gegen den Himmel« mit »weißer Brandung und über allem die Sonne. Das war schön.« Zwei Aquarelle entstehen, mit der Brandung und den roten Klippen.

Aber das kräftige Meeresklima bekommt Helene nicht; sie

kann nicht schlafen, ist nervös und unruhig. Sie will fort, aber nicht zurück in die Zwei-Zimmer-Wohnung in Hyvinkää. Wieder geht Gausdal durch ihre Träume, die klare Luft des norwegischen Hochplateaus. Aber der Frieden ist noch nicht stabil, und Olga Schjerfbeck kann sie nicht mehr dorthin begleiten. Eine Alternative allerdings liegt ganz nah, und die Familie gibt sie frei.

Als feststeht, dass Helene Schjerfbeck zur weiteren Erholung in das weiter westlich gelegene Ekenäs fahren wird, versucht sie, Einar Reuter in die alte Hafenstadt zu locken. Zwar hat sich die Lebensmittelversorgung seit dem Ende des Bürgerkrieges noch nicht wesentlich gebessert, aber Helene ist zuversichtlich: »In Ekenäs gibt es Kaffee, Tee und Milch – in Gastwirtschaften, Hotels oder im Restaurant Knipan.« Das Restaurant ist bis heute das feinste und größte in Ekenäs, direkt am Strand weiträumig auf Eichenbollen über das Wasser gebaut. Die Freundin duldet keinen Widerspruch: »Wenn es für mich Essen in Ekenäs gibt, dann finden wir auch etwas für Sie, und Sie können mein Gast sein.«

Bei Regen und Nebel verlässt Helene Schjerfbeck am Morgen des 2. Juli 1918 Tavastö: »Meine Mutter stand am Ufer, alt und schwach, und es war schwer, sie zurückzulassen. Ich *muss* mich nach etwas umsehen, am besten für uns beide.« Das schreibt sie schon am nächsten Tag an Einar Reuter. Die Empfindungen bei diesem Abschied waren so tief, dass Helene noch am 18. Juli Maria Wiik davon berichtet. »Mit schwerem Herzen« sei sie von Tavastö abgereist, »denn Mamma sah so blass und mager aus. Aber es ist gut, dass sie dort eine Weile sein kann, und wir haben beschlossen, dass sich keine von uns beunruhigt, und wir lassen alles in Gottes Hand.« Außerdem könne die Mutter die Zeit bei ihrem Sohn ohne die geschwächte Tochter besser genießen.

Erstmals seit 1902 wird sie für fast drei Monate ohne ihre Mutter leben. Doch der Abschied in Tavastö zeigt der Tochter, dass ihr Wunsch nach Freiheit mit den emotionalen Bindungen an ihre Mutter in den vergangenen sechzehn Jahren, so ambivalent sie auch sind, unauflösbar verwoben ist.

Der Bürgerkrieg wirft einen langen Schatten. Entgegen ihren Plänen, ein Zimmer zu mieten, muss sie erst einmal in eine Pension ziehen: »… ich weiß noch nicht, wie ich an ein Zimmer komme – in diesem Monat sind hier 13 000 Gefangene und 60 Juristen, um die Gefangenen zu verurteilen – sie haben alles gemietet.« Die Gefangenenzahl ist nicht ganz korrekt, aber die Realität ist erschreckend genug: Von den 30 000 roten Gefangenen, die die Weißen im Mai 1918 nach dem Ende des Bürgerkrieges machten, wurden 10 000 in die ehemals russische Kaserne von Dragsvik eingeliefert, knapp drei Kilometer östlich von Ekenäs. Jeden Tag brachte ein Transporter 220 Gefangene in die Gesamtschule von Ekenäs. Insgesamt 6367 machten die angereisten Juristen in der Schule bis in den Sommer den Prozess wegen Hoch- und Landesverrats und verurteilten fünfundneunzig Prozent der Angeklagten. Die politischen Urteile von Ekenäs waren wegen ihrer Härte besonders gefürchtet.

Helene Schjerfbeck hat Glück. Schon am 5. Juli schreibt sie an Einar Reuter: »Jetzt habe ich alles, wonach ich mich gesehnt habe. Vor zwei Stunden habe ich ein großes Zimmer mit eigenem Eingang gemietet, und draußen vor der Tür stehen große Bäume.« Ihre Adresse ist Nikolaigatan 17 (heute Gustav Wasa gatan). Das langgestreckte hellgelbe Holzhaus mit fünf großen Fenstern im Erdgeschoss und kleinen Dachluken darüber, im klassischen Empirestil auf ein solides Granitfundament gebaut, steht noch heute an der breiten Ausfallstraße gen Osten. Ein weißes Tor an der rechten Querseite führt zum Innenhof, von wo es in die Wohnungen geht. Die traditionellen finnischen Häuser haben keine Türen zur Straßenseite.

Helenes geliebte Baumkronen, »belaubt, mit geschmeidigen Konturen«, ragen immer noch eindrucksvoll von der hinteren Hausseite über das Dach. Die Malerin ist begeistert und weiß schon, was sie als Erstes tun wird: »Am Abend gehe ich mit dem Skizzenbuch zu den Bäumen – ich arbeite nur aus Freude am Malen, fühle mich frei …« Im Haus ging es lebhaft zu, hier befanden sich die Druckerei und die Redaktion der Regionalzeitung *Västra Nyland*. Helene Schjerfbeck störte das nicht. Sie empfand Ekenäs als eine ruhige Stadt, »etwas alt und idyllisch – ich mag das«.

Von der Nikolaigatan sind es nur Minuten bis zu Skeppartädgården, einem weiten Park, der von hohen Eichen geprägt ist. Rasenflächen, Büsche und Bänke dehnen sich bis an den Hafen und das Stadtzentrum und schaffen eine lichte Waldlandschaft, die ihresgleichen sucht. Viele Stunden hat Helene Schjerfbeck hier gesessen, skizziert, gemalt, meditiert; damals schmückten auch noch große Blumenbeete den Park. Zwischen allem Grün glitzert silbern im Westen das Wasser der Hafenbucht, rauschen die Baumkronen.

Die günstige Lage von Ekenäs auf einer Landzunge am östlichen Ufer eines Meeresarmes, der tief in das Land ragt, schafft ein ungewöhnlich mildes Klima, in dem – wie nirgendwo sonst in Finnland – Eichen gedeihen, und sie geben der Stadt ihren Namen: »Eken« ist das schwedische Wort für Eiche. (Bis heute sind über achtzig Prozent der Bewohner schwedischsprachige Finnen.) Das mittelalterliche Ekenäs, zeitgleich mit Helsinki 1550 von den Schweden gegründet, wurde 1821 bei einem Brand zu großen Teilen zerstört, ebenso die barocke Kirche. Doch die Struktur der Altstadt mit den nach dem Brand neu errichteten bunten Holzhäusern, die nun neoklassizistische Kirche mit ihrem hohen Turm und die Lage am Wasser machen Ekenäs zu einem besonderen Ort. Heute docken an den Eichenstegen der Hafenbecken allerdings keine Fischerboote mehr an, sondern kleine und größere Segeljachten neben vielen Motorbooten.

Wenige Tage nach ihrem Einzug in die Nikolaigatan bekommt Helene Schjerfbeck für zwei Tage Besuch. Die Haushälterin ihres Bruders ist nach Ekenäs gereist, in der Hoffnung, unter den »roten« Gefangenen ihren Bruder zu finden. Nun erfährt Helene Schjerfbeck aus erster Hand von den menschenunwürdigen Umständen, unter denen die Gefangenen leben. Hunger, Krankheiten und Folter kosteten rund 3000 von ihnen das Leben. Seit 1951 ist der Gefangenenfriedhof an der Landstraße Nr. 25 eine Erinnerungsstätte.

1988 wurde eine bronzene Stele für die »Rotgardisten« aufgestellt, »die im Klassenkrieg 1918 für die Demokratie kämpften«.

Zu ihrem Geburtstag am 10. Juli erreicht Helene Schjerfbeck ein Gruß von Maria Wiik. Sie schreibt noch am selben Tag zurück: »Deine Karte war eine wirkliche Freude ... Ja, je älter man wird, desto mehr sehnt man sich danach zu malen ... Wir sollen wieder an die Zukunft glauben oder nur malen und glauben, dass es ewig währt – wie in der Jugend, im Mont-Blanc [Hotel in Paris], in der Bretagne. Einen besseren Rat weiß ich nicht.«

Am 14. Juli treffen aus Helsinki endlich die größeren Malutensilien ein, darunter Helenes Staffelei, ihr bequemer Stuhl und ihre Palette. Kein Tag zu früh, denn am 15. Juli 1918 legt das Segelboot, auf dem Einar Reuter Urlaub gemacht hat, im Hafen von Ekenäs an. Er hat Verwandte in der Stadt, bei denen er sich einquartiert. Die meiste Zeit der folgenden drei Wochen jedoch wird er mit Helene Schjerfbeck verbringen. Für sie erfüllt sich, worauf sie sehnsüchtig gehofft hat: mit Einar Reuter, dem Vertrauten, eine Weile ein unbeschwertes Künstlerleben zu führen wie einst in Paris zu Jugendzeiten.

Das große Glück des Sommers von 1918, die heitere Stimmung, die Lust am Leben findet Ausdruck in ihren Bildern. Einar Reuter trägt ihre Malutensilien zu einer Bank am Rand von Skepparträdgården und fotografiert sie dort vor der Staffelei. Und er sitzt ihr Modell zu einem Bild, dessen Motiv in der Kunstgeschichte Seltenheitswert hat: Eine Malerin porträtiert einen Mann, nicht irgendeinen, sondern den, dem ihre tiefsten Gefühle gelten. Helene Schjerfbeck dreht die Rollen um, die seit Jahrhunderten gelten: dass es die Männer sind, die aus männlicher Perspektive Frauen in allen Positionen malen, bekleidet oder nackt.

Helene Schjerfbeck kennt keine Berührungsängste. Gerade mal zwanzig Jahre alt, hatte sie während der abendlichen Akt-Stunden in der Pariser Akademie Colarossi mit Vorliebe männliche Modelle gezeichnet. So zieht sich ein weiter Bogen zu ihrem Bild »Der Segler« vom Sommer 1918 in Ekenäs, als die Sechsundfünfzigjährige den Siebenunddreißigjährigen malt, wie er sich mit nacktem Oberkörper in der Sonne räkelt. Arme und Hände gebräunt, Gesicht und Hals vom Sonnenbrand gerötet. Auf Helenes Bild badet der Vertraute in Sonne und Licht. Helene Schjerfbeck versteckt ihre Gefühle nicht.

Jahre später wird sie Einar Reuter bedauernd schreiben: »Was tief innen liegt, die Leidenschaft, die möchte man ans Licht bringen, aber dann schämt man sich und kann sie nicht hervorzaubern, weil man eine Frau ist.« Der Widerspruch zwischen Worten und Taten ist typisch für Helene Schjerfbeck. Vor der Leinwand, mit dem Pinsel in der Hand, ist sie eine selbstbewusste Frau und schämt sich nicht. »Der Segler« ist ein leidenschaftliches Bild, mit Lust und Liebe gemalt. Dynamisch streicht sie mit kräftigem Pinsel an der rechten Seite des Oberkörpers entlang.

Über den Freund, der ihre Tage füllt, sind die Freundinnen nicht vergessen. Helena Westermark und Maria Wiik erfahren in getrennten Briefen, wie es mit der Versorgungslage steht: dass Helene »den ganzen Tag herumläuft, um Essen aufzutreiben« und vor allem von den Mittagessen in der Arbeiterküche lebt, die um drei Uhr serviert werden – »gesalzener Fisch und faules Fleisch«. Am 18. Juli schildert sie Maria Wiik ihr freies Leben: »Ich kann machen, was ich will; ein bisschen malen, wenn ich Lust habe. Ich muss nicht morgens erklären, was ich ›heute mache‹ oder was ich am Tage vollbracht habe.«

Die Malschwester erfährt auch von Helenes weiteren Plänen: »Draußen vor der Tür steht mein ›Motiv‹, zwei große Bäume …« Es ist ein weiteres »Spiegelbild« ihrer Stimmung, das Helene Schjerfbeck in diesem Sommer malt. »Bäume im Wind« hat eine leicht impressionistische Anmutung durch die Farben – das helle Blau und Grün, das lichte Gelb und Braun. Die beiden Bäume im Vordergrund ragen kerzengerade vom unteren bis zum oberen Bildrand, im Hintergrund biegt sich ein dünner Stamm. Der Wind und die Bäume haben nichts Bedrohliches an sich. Hell und leicht, geradezu fröhlich ist die Stimmung, die dieses Bild ausstrahlt.

Ende August beendet Olga Schjerfbeck ihren Besuch in Tavastö bei ihrem Sohn und fährt zurück nach Hyvinkää. Für die Tochter das Signal, ihre Zelte in Ekenäs abzubrechen. Sie würde gern noch bleiben, aber die Mutter wird sie brauchen. Doch aus Hyvinkää kommen unerwartete Botschaften. Die Mutter ermuntert Helene, noch zu bleiben; es gehe ihr gut, sie komme zurecht. Ganz kann die Tochter ihr schlechtes Gewissen nicht auslöschen, aber immerhin, sie schiebt ihre Abreise noch ein paar Wochen hinaus.

Am 10. September erfährt Helena Westermarck: »Mit dem Essen war es schwierig, aber ich hatte viele friedliche und wunderbare Stunden.« Wer der Anlass für solche glücklichen Stunden war, hatte sie am 2. September erstaunlich offen an Einar Reuter geschrieben: »Sie sprechen so freundlich von dem armseligen Aufenthalt in Ekenäs. Für mich war Ihr Besuch nur Freude, mehr Hilfe, als Sie erahnen können.«

Helene Schjerfbeck wechselt in ihren Briefen an Einar Reuter mühelos zwischen den Gefühlen, die sie bewegen, und ihren grundsätzlichen Ansichten über die Malerei: »Ein Künstler kann Kosmopolit sein – und dennoch stets national. Meine Wurzeln sind hier im Norden. Dieser Gedanke macht mir keine Angst. Bei allen Einflüssen bin doch ich diejenige, die die Kunstwerke schafft.« Helene zeigt sich als internationale Künstlerin, die selbstbewusst in der Welt der Kunst zu Hause ist, ohne sich von einer bestimmten Richtung dominieren zu lassen.

Zugleich fasst sie zusammen, was die Verbindung zu Einar Reuter für sie persönlich bedeutet: »Ihr Brief heute hat mir so gut getan … Sie zeigen so viel Großherzigkeit, ich darf in Ihnen einen Freund sehen. Vielleicht will ich Sie vor dem Hässlichen bewahren. Aber ich bin schwach im Sturm und einsam, und Sie verstehen und verurteilen nicht. Seien Sie mein Freund und meine Stütze.« Der Wunsch, sich anlehnen zu können, ist unüberhörbar.

Am 27. September 1918 ist der Sommer in der Stadt mit dem kleinen Hafen, den Fischerbooten und den bunten Holzhäusern vorbei. Helene Schjerfbeck macht sich auf den Weg zum Bahnhof.

Zuerst geht es nach Helsinki. Gösta Stenman erwartet sie in seiner Galerie zum Signieren und schenkt seiner Malerin ein Bild von Akseli Gallen-Kallela. Eine interessante Neuigkeit hat er auch: Ivar Hörhammer, sein ehemaliger Geschäftspartner im Kunsthandel, hat in Helsinki eine Galerie eröffnet; Kaserngatan 48 (finnisch: Kasarmikatu), in Blickweite des Rondells der Esplanadi mit dem Runeberg-Denkmal. Nun gibt es mit dem »Salon Strindberg«, der ältesten Galerie Helsinkis, und »Stenmans Konstsalong« drei seriöse Galerien in der Hauptstadt. Gösta Stenman ist nicht beunruhigt, im Gegenteil. Wettbewerb bringt Dynamik in die Kunstszene, belebt das Geschäft und lässt die Preise steigen.

Am 29. September ist Helene Schjerfbeck wieder in Hyvinkää, in ihrem Zimmer, das sie nur durch die Küche, den Raum der Mutter, erreichen kann. »Wir leben hier wie früher – Mutter besteht darauf, die Milch selber zu holen … Ans Malen denke ich erst, wenn es besser wird: Ich stehe in der Brotschlange, putze und mache die Winterkleider zurecht …«, schreibt sie am 9. Oktober an Maria Wiik. Bald bemerkt Helene, dass die Mutter noch eigensinniger ist als früher. Die Tochter darf nichts verändern, nichts einkaufen und weiterhin keine Haushaltshilfe organisieren. Olga besteht darauf, schwere Eimer zu tragen, während Helenes schlechtes Gewissen ihr keine Ruhe zum Lesen lässt. Wenn es nicht nach ihren Anweisungen geht, verliert Olga Schjerfbeck die Beherrschung. »Gott schütze den, der versucht, mit ihr darüber zu reden – er würde aus dem Haus verbannt«, schreibt Helene an Ada Thilén.

Auch gegenüber Maria Wiik kann sie ihren Ärger nicht ganz verbergen. Während die Mutter unterwegs ist, um Essen einzukaufen, »liegen halbfertige Kleider auf allen Stühlen, das ist nicht angenehm, Deine alte verschlissene Lena«. Drei Tage vor Weihnachten werden Helenes Frustrationen von besorgten Gedanken verdrängt. Sie habe große Angst um ihre Mutter gehabt, schreibt sie Maria, zuerst im November und zuletzt vor einer Woche. Olga Schjerfbeck wurde ohnmächtig – »ich glaubte, das sei das Ende«.

Ein Gespräch mit einem der Oberärzte im Sanatorium von Hyvinkää nimmt für die Tochter die persönliche Schärfe aus dem Verhalten ihrer Mutter. Seine Diagnose: Olga Schjerfbeck leidet an einem Verfall des Gehirns, Demenz würde es heute heißen. Die Mutter soll machen, was sie will; das sei die beste Medizin. Schließlich wird für die gröbste Hausarbeit wieder ein junges Mädchen gefunden; die Mutter wird ruhiger. Und Helene schreibt, »wenn sie sich freut, bin ich glücklich ...«

In den Briefen zum Jahresende an Maria Wiik ist sie bemüht, kein Bild des Jammers abzugeben. Zwar sei sie oft müde und ärgere sich, weil sie im Herbst vielleicht an zehn Tagen zum Malen kam und ansonsten nur »stopft und flickt, Gardinen und alles«. Doch die Einsicht folgt: »Aber nicht, dass Du glaubst, ich klage über Dinge, die uns fehlen. Wir können vom Jahreseinkommen leben, wir haben es gut und sind dankbar.« Und sie versichert der Freundin: »Es war schön, Deinen Brief zu bekommen, denn eine alte Freundin ist eine Kostbarkeit.« Im November ist Einar Reuter auf der Durchreise zu Besuch in Hyvinkää. Helene freut sich sehr über ein »großes, schönes Bild, sehr stimmungsvoll«, das er ihr geschenkt hat.

Auch wenn Helene Schjerfbeck nicht an neuen Bildern arbeitet, die alten »arbeiten« für sie. In der Herbst-Ausstellung von Turku sind fünfundzwanzig ihrer Bilder zu sehen, eine besondere Auszeichnung. Dieselbe Auswahl wandert im November 1918 nach Vaasa, wo Gösta Stenman am Ende der Ausstellung das Bild »Der Segler« für seine Galerie kauft. Der dramatisch gestiegene Wert von Schjerfbecks Bildern und ihr Ansehen in der Kunstszene aufgrund der Ausstellungen seit 1914 ist kein Strohfeuer.

Allerdings kommen manchmal in schlaflosen Nächten die alten Ängste wieder. »Schwermütig und wegen allem verzweifelt und deshalb ganz krank« sei sie gewesen, berichtet sie Maria Wiik am 2. Februar 1919. Wie so oft in den vergangenen Jahren taucht in solchen Momenten der Wunsch auf, nach Gausdal zu reisen – gefolgt von der nüchternen Erkenntnis, »daraus wird nichts. Für lange Zeit nichts«. Sie versucht, nicht zu resignieren: »Jetzt sind die

Kriegszeiten vorbei, jetzt fängt wieder etwas Neues an, und ich nehme ›eine Malzeit im Sommer‹.« Sie beschwört den »Ekenäs-Sommer, wo ich so gesund und fröhlich war wie seit 20 Jahren nicht und die alten Krämpfe verschwanden«. Ein Brief an Einar Reuter erinnert an die unvergessenen Stunden ihres Zusammenseins, fürchtet aber zugleich, dass eine Wiederholung ein Traum ist: »Ekenäs war so hell, ich war so glücklich dort im letzten Sommer, dass es so nicht wieder werden kann – Sie waren dort, es war warm und hell.«

Helene Schjerfbeck bittet ihn eindringlich, zur Stärkung seiner Gesundheit nach Gausdal ins Kurhotel zu fahren – wo sie einmal glücklich war. Dann fügt sie hinzu, dass sie für den Sommer 1919 eine Reise nach Ekenäs plant. Wieder ist etwas in Bewegung gekommen.

Im Mai 1919 schlägt Olga Schjerfbeck ihrer Tochter vor: »Du kannst im Sommer für deine Gesundheit nach Ekenäs reisen.« Einige Wochen, aber auch einige Monate, wenn es Helene guttut. Die Zeit ist vorbei, in der eiserne Sparsamkeit das Gebot der Stunde war. Die Verkäufe der Bilder erlauben es sogar, zwei Haushalte zu führen, in Hyvinkää und in Ekenäs. Helene Schjerfbeck nimmt den erstaunlichen mütterlichen Rat entschlossen an. Am 10. Juni 1919 steigt sie in den Zug nach Ekenäs. Mittags um zwölf geht sie erneut durch das schöne hölzerne Bahnhofsgebäude von 1873 auf den Vorplatz. Wie damals begrüßt es auch im 21. Jahrhundert die An- und Abreisenden mit einem Speiselokal und den hohen runden Kachelöfen im Wartesaal.

34. Kapitel

Zum dritten Mal enttäuscht: Ein herzbrechendes Missverständnis

Ekenäs 1919 bis Oktober 1920

Helene Schjerfbeck findet am 10. Juni 1919 sofort eine Unterkunft in der Altstadt von Ekenäs, wie für sie gemacht: Södra Strandgatan 13, heute Nr. 16, bei Fröken Sigrid Nyberg. Das imposante, gelb gestrichene Holzhaus steht noch. Die Längsseite mit zehn großen Fenstern führt die Straße entlang, und zur Querseite verwehrt eine hohe hölzerne Mauer jeden Blick in den Innenhof. Helene Schjerfbeck musste nur die Giebelseite am Straßenende umrunden, und schon stand sie an der westlichen Kante vom Fischmarkt, der sich leicht zur natürlichen Hafenbucht hinunter neigt. Damals fuhren die Fischer am frühen Morgen, wenn sie vom Fang zurückkamen, mit ihren Booten bis an den hölzernen Steg, der die Bucht mit dem Land verbindet, und lieferten den Fisch direkt an die Marktbetreiber.

Der Hafen und die Fischhändler waren für Helene Schjerfbeck Heimat, wie sie Einar Reuter nach ihrer Ankunft verrät: »Am Morgen bin ich hier ans Ufer gegangen ... Die Boote kamen, ich hörte das Plätschern der Wellen gegen die Eichenstämme und dachte, ›das ist mein Vaterland‹. Denn ›Vaterland‹ hat für mich immer das Plätschern der Wellen zwischen den Booten und dem Kai bedeutet, wenn man fuhr und wenn man wiederkam – von Paris.« Eine vertraute Umgebung, die Lust auf Arbeit machte.

Helene Schjerfbeck hat kaum ihre Sachen ausgepackt, da kommt Ruth Ulrika, »Ulla«, Baarman und sitzt ihr Modell. Die Malerin und ihr vierundzwanzigjähriges Modell kennen sich, sie sind verwandt. 1893 hatte Helene Schjerfbeck bei einem Besuch in Ekenäs Ullas Großmutter Ulrike Baarman, die Schwester von Helenes Großmutter mütterlicherseits, am Spinnrocken gezeichnet. Für Helene Schjerfbeck, stets auf der Suche nach Menschen mit besonderen Gesichtszügen, ist sie das ideale Modell mit ihrer »kreolisch-italienischen« Ausstrahlung; dabei träumerisch und in sich gekehrt. Allerdings sei Ulla nicht immer gut, schreibt sie schon in den ersten Tagen an Einar Reuter, sie müsse »Wärme, Hitze entwickeln«, um ihre »indianische Kupferfarbe« zum Glühen zu bringen. Es ist der Anfang von vielen gemeinsamen Stunden im Sommer 1919, während Ulla Baarmans Porträt mit dem Titel »Kalifornierin 1« entsteht.

Im Juni hält sich Einar Reuter tatsächlich in Gausdal auf; bei seiner Ankunft im Kursanatorium wartet ein finanzieller Zuschuss seiner Malfreundin auf ihn. Helene Schjerfbeck ist in auskunftsfreudiger Stimmung. Viele Briefe gehen nach Norwegen, in denen sie von ihren Maltechniken erzählt, von ihrem Umgang mit Farben und Tönen, dem Rhythmus der Pinselstriche und was sie im Innersten antreibt. »Inspiration«, wie Einar Reuter es nennt, ist ihr ein »zu großes Wort«. Zwar leite sie beim Malen Unbewusstes, doch sie spricht lieber von der »Lust am Malen«. Davon hat sie zurzeit jede Menge.

Sie tauschen sich über Paul Gauguin aus, den beide schätzen. Helene »zieht es jetzt zu Gauguin hin«, allerdings ist die »gauginsche Art der Bildkomposition« für sie kein Vorbild. Vielmehr sucht sie nach ähnlichen Modellen wie der Meister aus Frankreich, »weich und schwer«. Helene Schjerfbeck erinnert sich, wie sie als junge Malerin an das Gute im Menschen glaubte. Daran hält sie weiter fest, wie sie Einar Reuter am 6. Juni 1919 vermittelt: »Ich möchte in meiner Straße am Fenster sitzen und glauben, dass jeder, der vorbeigeht, ein Leben lebt, glücklich oder unglücklich, aber tief. Die Natur ist sich immer gleich, man zweifelt nicht an ihr.«

Neben Passagen über die Kunst und Gedanken zur Lebensphilosophie enthalten ihre Briefe emotionale Bekenntnisse an den jüngeren Freund: »Ihre Briefe lese ich 4, 5 Mal und ziehe alles aus ihnen, jedes Mal mehr; am Abend werden sie wieder gelesen. Was war es doch für ein Glück, dass Sie sich wohlfühlten, sofort das Gute dieses Ortes verstanden ... Dass Sie mich letztes Jahr gestört hätten – nein – wenn ich eine solche Zeit nur noch einmal erleben könnte.« Das war am 22. Juni 1919. Am 26. Juni schreibt sie von dem »ungewöhnlichen Gefühl, dass das Leben behaglich ist«. Es sei »schön zu leben, es ist gut, hier zu sein, Ruhe!«.

Einen Tag später ist die Stimmung umgeschlagen: »Donnerstag werde ich nach Hyvinkää reisen. Habe heute H. Ahtelas Buch gelesen. Ich wünsche Ihnen viele glückliche Tage, und grüße die Namenlose, die Ihrem Brief einige Zeilen zugefügt hat. In Treue, Ihre H. S.« Nur wenige Stunden liegen zwischen der glücklichen Behaglichkeit einer emotionalen Bindung, die sie seit dem Sommer 1918 begleitet, und der abgrundtiefen Verzweiflung, die sie am 27. Juni 1919 mit floskelhaften Zeilen gerade noch im Zaum halten kann. Kurz danach hat Einar Reuter seine Freundin in Ekenäs aufgeklärt: Die »Namenlose« war die neunzehnjährige Schwedin Tyra Arpi; er hat sie in Gausdal kennengelernt und sich dort mit ihr verlobt.

Am 30. Juni zeigt Helene Schjerfbeck ihre Wunden: »Herr Förster, ich reise gerade. Ich wünsche Euch perfekten Sonnenschein. Vergiss und entschuldige, dass ich so aufschrie, als eine neue Freundin in meinen Brief gekommen war, mein Einziger. Ein Mensch ist wie ein Kind, er schreit laut auf, wenn jemand sein Einziges nimmt. Alles gut hier. In Treue, Ihre H. Sch.« Nur fort. Helene Schjerfbeck flieht vor der »großen Einsamkeit«, die sie nachts in Ekenäs erdrückt, nach Hyvinkää zu ihrer Mutter. Doch ihr kann die Tochter nicht erzählen, was geschehen ist. Nach wenigen Tagen fährt sie zurück an den vertrauten Ort, zu den mächtigen Bäumen und dem Geräusch der Wellen, das sie liebt und das ein wenig Beruhigung bringt.

Nicht dass es ihr in Ekenäs besser ginge. Sie ist in ärztlicher Behandlung, sie fühlt sich miserabel, ist depressiv und schlaflos und liegt die meiste Zeit. »Aber der Doktor sagt, das ist Schwäche, nichts

Organisches«, schreibt sie Helena Westermarck im August. Am 16. August folgt eine Bitte an die Freundin, die seit zehn Jahren in Lappvik, eine Zugstation südlich von Ekenäs, ein Sommerhaus besitzt. Helene Schjerfbeck hat ein Testament aufgesetzt. Sie möchte ihre Mutter versorgt wissen, falls sie vor ihr stirbt: »Ich denke, alles ist so unsicher, und am unsichersten ist die Lebenserwartung.« In wenigen Tagen wird aus Hyvinkää das nötige staatliche Siegel kommen. Helene braucht nur noch Zeugen zum Beglaubigen: »... könnte ich Dich bitten, an einem Tag im August nach Ekenäs zu kommen?« Olga Schjerfbeck weiß Bescheid, sonst soll es niemand wissen.

Trotz der dramatischen Umstände und einer übergroßen Sommerhitze arbeitet Helene Schjerfbeck weiter. Die Malerei scheint der einzige verlässliche Halt; ihn gibt sie nicht auf, solange ihr noch am Leben liegt. Im Innenhof des Hauses, wo sie ihr Zimmer gemietet hat, haben sich Zigeuner einquartiert. Helene beobachtet deren unbürgerliches Leben mit Bewunderung und bittet zwei junge Frauen, Ylva und Gerty, ihr Modell zu sitzen. Zuerst entsteht »Hitze«, eine kleine Tempera-Zeichnung, auf der ein Himmel aus »schwerem violettem Grün« und zwei große kahle Bäume den beiden kleinen, von hinten gemalten Menschen eine bedrohliche Zukunft aufzeigen.

Anschließend malt sie, noch im August 1919, das große Ölbild »Zigeunerin«, 66×55,5 Zentimeter. Helene Schjerfbeck nimmt alle Kraft, die ihr noch verblieben ist, zusammen und drückt mit den Mitteln ihrer Kunst aus, wie es um sie steht. Die »Zigeunerin«, großflächig gemalt, füllt das gesamte Bild aus. Sie sitzt zusammengekauert, den Kopf tief gesenkt, das Gesicht ist ein undifferenzierter Farbfleck. Das dunkle Haar fällt weit in die Stirn, die von der linken Hand gehalten wird. Die rechte presst sich an das rechte Ohr. Nichts hören, nichts sehen will dieser Mensch, allein sein mit seiner Angst, seinem Schmerz, seiner Verzweiflung. Der gelbe Streifen hinter Kopf und Schultern ist wie ein stummer Aufschrei.

Aber bald ist alle Kraft aufgebraucht, die physische wie die seelische: Die Beine versagen den Dienst, Helene Schjerfbeck kann kaum die Arme heben. Depression und Ängste befördern die Schlaflosigkeit, Herzrhythmusstörungen sind die Folge. Sie begibt sich zur stationären Behandlung in das Krankenhaus von Ekenäs. Am 22. August 1919 geht ein Brief an Einar Reuter: »Jetzt schreibe ich für eine Weile nicht, lese nicht viele Briefe, nur Ruhe.«

Am 9. September klingt schon wieder Optimismus aus ihren Zeilen und der Wille, nicht hilflos zu erscheinen: »Ich tue alles, um gesund zu werden – aber einen 5-Minuten-Besuch am Krankenbett sollst Du nicht machen. Ich muss erst wieder kräftiger werden.« Es ist ein guter Zeitpunkt, innezuhalten, zurückzublicken und von alten Mustern Abschied zu nehmen.

Hat Helene Schjerfbeck die Sympathie und Bewunderung, die ihr der fast zwanzig Jahre jüngere Einar Reuter entgegenbrachte, falsch gedeutet? Während Einar Reuter Freundschaft meinte, hat sie Liebe verstanden und Sehnsüchte und Erwartungen auf ihn projiziert, für die er keine Anlässe gegeben hat. Diese Deutung hat der Forstmeister aus dem Norden Finnlands viele Jahrzehnte später, nach einer möglichen Liebesbeziehung befragt, mit zwei Bemerkungen gestützt. »Sie war ja alt«, sagte er über Helene Schjerfbeck, und die distanzierende Verwunderung über ihr Verhalten ist unüberhörbar. Er beteuerte außerdem, es sei eine »rein platonische Beziehung« gewesen. Einar Reuter, der 1970 starb, beließ es bei diesen Andeutungen in der Annahme, damit die Deutungshoheit über den dramatischen Sommer von 1919 zu behalten: als das Drama einer alternden, einsamen Frau, für das er keine Verantwortung trug.

Als er 1917 Helene Schjerfbeck ein Exemplar seiner Monografie über die Künstlerin schickte, trug das Buch eine Widmung: »Ek elskar deg – eg elskar deg / som ikkje vann.« Das ist Norwegisch, wird aber von jedem, der Schwedisch spricht, verstanden: »Ich liebe dich – ich liebe dich / die nichts gewann.« Das sind teils eindeutige und für Außenstehende teils rätselhafte Worte, die vielleicht auf Gespräche zwischen den beiden zurückgehen und für Helene durchaus Sinn ergaben. Jedenfalls wird damit verständlicher, warum Helene Schjerfbeck im Sommer 1918 in ihren Briefen aus Ekenäs an Einar Reuter schrieb, wie glücklich sie sei. Warum hätte sie nicht auf Reuters Zeilen vom Sommer 1917 bauen sollen?

Auf dem Hintergrund dieser Widmung stehen Helene Schjerfbecks Reaktionen auf Einar Reuters Verlobung in einem anderen Licht. Was sie krank macht, ist die Wiederholung eines Traumas, das sie nun zum dritten Mal durchlebt: ein Mann, dem sie vertraute, spielte mit ihren Gefühlen. Was für eine Demütigung.

Seit Einar Reuter im März 1915 in ihre kleine Wohnung in Hyvinkää trat, um sie und ihre Bilder kennenzulernen, war er in kürzester Zeit die wichtigste Person in ihrem Leben geworden. Sie empfand eine tiefe Seelenverwandtschaft und erlebte Gefühle, die sie rundum glücklich machten. Es war Liebe, davon ging sie aus. Und gab es Liebe nicht in vielfältigen Erscheinungen und Empfindungen? Was sagen da Begriffe wie »platonisch« – gar nichts. Dass Helene Schjerfbeck und Einar Reuter unterschiedliche Auffassungen von Liebe hatten, ist keine Seltenheit.

Wenn Helene Schjerfbeck glaubte, dass die besondere Beziehung zwischen ihr und Einar Reuter ein Leben lang exklusiv bleiben würde und andere wichtige Partner ausschloss, war Scheitern vorprogrammiert. Am 8. August, sehr bald nach der bitteren Neuigkeit aus Gausdal, hatte Helene den Altersunterschied angesprochen und zugleich einen Hinweis auf die Art ihrer Liebe gegeben: »Wenn ich Ihnen ein Freund hätte sein dürfen. Ich gab mein Herz. Es gibt Geschwister, zwischen denen der Altersunterschied zwanzig Jahre ist.« Was Helene Schjerfbeck verdrängt: dass in einer geschwisterlichen Liebe in der Regel noch Platz für andere, wichtige Partner ist.

Im Frühjahr 1920 ermuntert Einar Reuter eine Kusine in Ekenäs, ihre Tochter, die künstlerisches Talent hatte, Helene Schjerfbeck vorzustellen. Die fünfzehnjährige Ann-Marie wurde bis zum Herbst Helenes private Schülerin und anschließend in Helsinki in der Mal- und Zeichenschule des Ateneums ausgebildet. Der Kontakt zwischen ihr und Helene blieb erhalten; Ann-Maries Mutter, eine Physiotherapeutin, wurde eine enge Vertraute der Malerin. 1971 hat Ann-Marie Häyrén-Malmström, inzwischen Künstlerin und Schriftstellerin, über die Beziehung zwischen Einar Reuter und Helene Schjerfbeck, die sie beide kannte, in *Finsk Tidskrift* einen Aufsatz geschrieben. Sie gibt an, dass Einar Reuter ihren Fragen ausgewichen sei, ist aber überzeugt, dass es sich auf beiden Seiten um ein unglückliches Missverständnis gehandelt habe.

Sie versucht eine Erklärung, die in der Person von Reuter liegt. Helene Schjerfbeck habe ihn stets nur im vertrauten Zwiegespräch erlebt, nie in Gesellschaft mit anderen Menschen, anderen Frauen. Sonst hätte sie bemerkt, dass Einar Reuter – allein schon aufgrund seiner ungewöhnlichen Stimme – jedem in seiner Umgebung eine frappierende Zuneigung und Wärme entgegenbrachte. Dass er Helene Schjerfbeck, deren Gefühle ihm aus ihren Briefen wohlbekannt waren, seine Verlobung in einem Brief aus Gausdal mitteilte, unterstreiche jedoch sein geringes Einfühlungsvermögen. Von einer persönlichen Schuld könne man aber nicht ausgehen. Es gibt keine befriedigende Antwort auf dieses schmerzliche Ereignis in Helene Schjerfbecks Leben. Sie hat ihre Gefühle gezeigt, Einar Reuter hat sich nicht ins Herz blicken lassen.

Der große Krankenhauskomplex am Rand von Ekenäs heißt heute »Västra Nylands Sjukhus« und ist das zentrale Hospital für den ganzen Bezirk. Im Schatten des großen modernen Baus werden noch die alten ebenerdigen Holzhäuser zwischen Rasenflächen und Blumenbeeten genutzt, aus denen zu Schjerfbecks Zeiten das Krankenhaus bestand. Hier beschloss Helene Schjerfbeck, weiter mit Einar Reuter verbunden zu bleiben. In einer aus ihrer Sicht gewandelten Freundschaft, die es beiden möglich machte, künstlerischen und menschlichen Gewinn daraus zu ziehen.

In den folgenden Septemberwochen, während sie im Krankenhaus behandelt wird, bleiben Herz und Kopf im Kampf miteinander, und sie erspart Einar Reuter ihre innere Zerrissenheit nicht. Fast versöhnlich beginnt ihr Brief vom 12. September 1919: »Ich sitze ein wenig draußen, vielleicht wird alles besser als vorher … Es ist nur schwer, sich für das Leben zu interessieren, für etwas anderes als Bilder – die mich ans Leben binden, mich zum Leben führen.« Sie weiß, das Malen wird ihre Therapie sein. Aber die Wirklichkeit ist so einfach nicht: »Könntest Du arbeiten, wenn Du niemanden hättest – Du denkst vielleicht, dass ich andere habe – aber ich habe nichts.«

Allen guten Vorsätzen zum Trotz: Die Verbitterung gegenüber der Frau, die nun für Einar Reuter die wichtigste ist, gewinnt die Oberhand: »Sie kann nicht verstehen, was ich gelitten habe, ein kompletter Lebensschmerz. Alle haben mich weggeworfen ... Du warfst den Freund weg für sie ...« Am Ende die Bitte um Verständnis, ein Ruf nach Versöhnung: »Ich verstehe nicht viel – ich will so gern nett sein, und dass Du glücklich bist ... Ich war so alt und krank, ich will nichts Böses.«

Eine große Freude sind die unkomplizierten Briefe der Freundinnen. Aus Helenes Briefen klingt manchmal ein Echo. Maria Wiik schreibt sie am 12. Oktober: »Danke für den Brief, Du weißt gar nicht, was er bedeutet, wenn man hier so einsam liegt und keine Besuche wünscht, mit denen man Konversation treiben muss und nicht über Kunst sprechen kannst. Kunst ist das Einzige, woran ich denken möchte ... Die Arbeit ist immer ein Rettungsanker.« Helene Schjerfbeck bestärkt die Freundin: »Ständig zu putzen und zu kochen – nein, stell Dir vor, Du schaust auf ein Leben voller Putzen und Kochen zurück, statt gemalt zu haben. Warum ist man nicht ausschließlich seiner Lust zum Malen gefolgt! Erinnerst Du Dich an die Jahre in der Bretagne?« Nichts bleibt in Helene Schjerfbecks Erinnerung so unauslöschlich wie ihre Jahre in Paris, in der Bretagne – die einzigartige Zeit der Freiheit.

Wohl im Oktober 1919 wird Helene Schjerfbeck aus dem Krankenhaus entlassen. Bis Ende November bewohnt sie ihr schon vertrautes Zimmer bei Frau Holmberg in der Altstadt. Dann kann sie sich wieder bei Fröken Sigrid Nyberg in der Nähe vom Fischmarkt einquartieren. Die beiden Frauen werden in den folgenden Monaten Freundinnen. Sigrid Nyberg, 1876 geboren, vermietet drei

Wohnungen in Ekenäs und gibt Klavierstunden. Sie kümmert sich um die Kranke, deren Genesung sehr langsam vorangeht, Helene muss die meiste Zeit des Tages liegen. Umso mehr fällt auf, wie konzentriert und produktiv Helene sich an die Arbeit macht. An der Zahl der Bilder gemessen, die sie gegen Ende 1919 und bis in den Sommer 1920 hinein malt, kann man geradezu von einem kreativen Schub sprechen.

Im November/Dezember 1919 werden zwölf Bilder von ihr in einer Ausstellung in Kopenhagen gezeigt. Freundin Helena Westermarck ermuntert sie, in Dänemarks Hauptstadt zu fahren. Aber dazu fehlen Helene Schjerfbeck die Kräfte. Mit großer Erleichterung hört sie vom Erfolg ihrer Bilder und dass die zwei, die zum Verkauf standen, ihre Liebhaber gefunden haben.

Helene Schjerfbeck bleibt sich bewusst, dass sie ihr ständig wachsendes Ansehen in der Kunstwelt und ihre ebenfalls wachsenden soliden Einkünfte Gösta Stenman verdankt. Als Geschäftsmann in Sachen Kunst landet er am 1. Dezember 1919 einen großen Coup. Die extravagante Einweihung von »Stenmans Kunstpalast« an der Henriksgatan 10 (heute Mannerheimintie) ist Stadtgespräch. Der »Kunstsalon« an Skillnaden war für seine Ambitionen zu klein geworden. Stenman hatte das gesamte ehemalige russische Gymnasium gekauft und dort, im umgebauten elegant-luxuriösen »Kunstpalast«, schlug nun das Herz von Helsinkis Kunstszene. Helene Schjerfbeck gehörte zu den Künstlern, auf die Gösta Stenman seine Zukunft baute. Ihr dankbares Pflichtbewusstsein ihm gegenüber blieb Teil ihrer Motivation. Hinzu kam, was sie während der ruhigen Stunden im Krankenhaus als die beste Medizin erkannt hatte: Die Bilder und damit das Malen banden sie ans Leben und würden sie ins Leben zurückführen.

Die Kinder, die sich Helene Schjerfbeck seit Beginn ihrer Karriere als Modelle suchte, lassen sich kaum zählen, so viele sind es – in der Bretagne, in Helsinki, in St. Ives, in Paris, im alten Herrenhaus Sjundby, in Hyvinkää. Kinder, im Porträt oder in voller Größe, sind ein wesentlicher Bestandteil von Schjerfbecks malerischem Werk. Im November und Dezember 1919 war es Nanna, die die Malerin in Ekenäs mit ihren großen Augen und ihrer Klugheit begeisterte. Bis zum Jahresende entstehen drei Porträts, in denen klare Farbflächen gegeneinandergesetzt sind und Nanna mit ihren dunklen Kinderaugen, in denen sich neugieriges Staunen mit uraltem Wissen mischt, in die Welt blickt.

Neben ihrer Arbeit ist Helene Schjerfbeck bis weit in den Frühling 1920 damit beschäftigt, in Ekenäs eine Wohnung für sich und die Mutter zu finden. Vergebens, alles, was sie sieht, ist viel zu teuer.

Nach den Nanna-Porträts hatte Helene wieder Lust, eine erwachsene Frau auf die Leinwand zu bringen: »Ich will mein ›Fröken‹ malen, sie ist eine Greco-Madonna …« Das »Fräulein« ist ihre Vermieterin Sigrid Nyberg, und El Greco, der spanische Maler mit griechischen Wurzeln, ist schon lange Helene Schjerfbecks bewundertes Vorbild.

»Rêves« (oder »Braune Frau«) heißt das Bild. Wie bei den vorangegangenen Porträts geht Helene Schjerfbeck mit ungewöhnlichem Tempo ans Werk. Schon am 12. Februar schreibt sie ihrem Bruder Magnus, er solle versuchen, das Porträt von »Fröken Nyberg« zu verkaufen. Einar Reuter erfährt elf Tage später, dass Helene bereit ist, neben der Arbeit das Leben ein wenig – »in Maßen« – zu genießen: »Du sagst, Du bist glücklich, dass ich sparen will. Aber schau, ich brauche auch etwas, worüber ich glücklich bin – und Ruhm suche ich jetzt nicht – ich habe Geld und will in Maßen leben …« Die Botschaft, freundlich formuliert, ist unmissverständlich: Was Helene Schjerfbeck mit ihrem Geld – man kann es durchaus Wohlstand nennen – macht, ist ihre Entscheidung. Nachdem sie etliche Jahre von Mutter und Bruder finanziell abhängig war, will sie nicht mehr jede Mark umdrehen.

Diese Freiheit macht es möglich, dass Olga Schjerfbeck im März 1920 nach Ekenäs fährt und ein paar Tage mit ihrer Tochter verbringt. Sie hört, dass Helene trotz der hohen Mieten einen Umzug nach Ekenäs noch nicht aufgegeben hat. Die alte Frau, im vergangenen Jahr achtzig Jahre alt geworden und in vielen Fragen des täglichen Zusammenlebens bisher von unerbittlicher Sturheit, erklärt, dass sie sowohl in Hyvinkää als auch in Ekenäs leben könne. Und zu Helenes Verwunderung fährt sie allein zurück. Olga Schjerfbeck hat ihre Tochter überzeugt, mit gutem Gewissen so lange in Ekenäs zu bleiben, bis sie wieder richtig auf den Beinen ist. Erleichtert schreibt Helene an Maria Wiik: »... Mamma war hier ... zu meiner Freude sah sie gesund aus.«

Im April ist Helene Schjerfbeck kräftig genug, wieder Spaziergänge zu machen. Einar Reuter hat sie seit dem November 1919 mit ihrer Zustimmung ab und an besucht. Im Frühjahr 1920 kommt er wieder. Die beiden machen eine Fahrt durch Hagen, eine Halbinsel südlich der Hafenbucht mit einem zauberhaften Wald. Diesmal bringt sein Besuch Helene völlig aus dem Gleichgewicht: »Ich konnte nicht auf Wiedersehen sagen«, schreibt sie dem Freund am 17. Mai. Um tröstend fortzufahren: »Aber hier ist alles ruhig. Glaube nicht, Du kannst etwas tun – es ist ein Sehnen, das nichts auf der Erde stillen kann – keine Blume, kein Gesang, kein Bild.« Ohne den genauen Hintergrund zu wissen, erfährt Maria Wiik am selben Tag: »Werde ich die Kraft haben, von hier wieder fortzukommen? Oder soll hier Schluss sein? Was die Zukunft bringt, ist ungewiss.« Aber sie freut sich auch mit der Freundin und gratuliert ihr, dass in »Stemans Kunstpalast« im Herbst 1920 Maria Wiiks erste Einzelausstellung stattfinden wird.

Anfang Juli berichtet Helene Einar Reuter von positiven Veränderungen: »Ich habe über längere Zeit viel zu viele Schlafmittel genommen, deshalb die Ängste, die Herzbeklemmungen ... Jetzt will ich mich wieder ans Arbeiten machen, dann wird es wieder gut.« Die Kraft kommt zurück, der Lebensmut und der Wille, aktiv und selbstbestimmt zu bleiben. Eine meisterliche Arbeit ist in den zurückliegenden Wochen schon entstanden.

Am 1. Juni 1920 wollen Ann-Marie und ihre Mutter Helene Schjerfbeck eine Freude machen. Auf dem Markt im Zentrum von Ekenäs, wo das prächtige steinerne Rathaus in kräftigem Gelb leuchtet, kaufen sie einen Strauß Maiglöckchen und gehen die wenigen Minuten hinunter Richtung Hafen, zum Haus von Fräulein Nyberg. Das Fenster zu ebener Erde ist offen, und Helene ruft Ann-Maries Mutter zu, hereinzukommen. Ihre Schülerin wartet diesmal draußen, offenbar ist die Lehrerin nicht in bester Verfassung.

Die Freude über die Maiglöckchen und die Anteilnahme haben Schjerfbecks Lebens- und Schaffensgeister im Handumdrehen geweckt. Bevor die Blumen die Köpfchen hängen lassen, hat sie sich an die Staffelei gesetzt, das Bild »Maiglöckchen in blauem Glas« entsteht. Ein expressives Stillleben, in dem die Farben die entscheidende Rolle spielen und Helenes Meisterschaft, Dinge – wie Menschen – auf das Wesentliche zu reduzieren.

Es folgt ein extrem heißer Sommer. Erst Anfang Oktober wagt Helene Schjerfbeck wieder eine Ausfahrt. Sie sieht sich zwei Wohnungen an; immer noch in der Hoffnung, mit der Mutter nach Ekenäs zu ziehen. Doch die Mieten sind einfach zu hoch. Maria Wiik, die treue Freundin, und die Malerin Venny Soldan, die auch zum Kreis der finnischen Malschwestern in Paris gehörte, lange ist es her, besuchen Helene im Herbst.

Helene Schjerfbeck fühlt sich frei und kreativ in Ekenäs. Doch sie möchte zurück. »Ich sehne mich nach Mamma«, hatte sie Anfang September Einar Reuter geschrieben. Am 10. Juni 1919 war sie in Hyvinkää aufgebrochen, voller Freude und mit der bangen Erwartung, ob das Glück des Ekenäs-Sommers von 1918 sich wieder einstellen würde. Als ob sie den langen Aufenthalt am Ort ihres Glückes und ihrer Verzweiflung versöhnlich abschließen möchte, schreibt sie am 15. September 1920 an Einar Reuter: »Grüße Tyra und mache sie glücklich und Du sollst mit auf meinem Weg sein.«

Allein hätte Helene Schjerfbeck die Fahrt nach Hause zur Mutter nicht gewagt. Aber auf Sigrid Nybergs freundschaftliche Unterstützung ist Verlass. Am 18. Oktober 1920 besteigen beide Frauen in Ekenäs den Zug, der sie nach Hyvinkää bringt.

35. Kapitel

Neue Bilder, Ausstellungen und ein tiefer Lebenseinschnitt

Hyvinkää November 1920 bis Juni 1925

Helene Schjerfbeck kam mit vielen guten Vorsätzen zurück in die Zwei-Zimmer-Wohnung in Hyvinkää. Aber sosehr sie sich freute, wieder mit der Mutter zusammen zu sein, sie wusste nur zu gut, wo die Bruchstellen in ihrem Zusammenleben waren. »… ich versuche, folgsam zu sein«, schreibt sie Einar Reuter im November 1920. Doch schon im Dezember liegt die Tochter wieder »im ständigen Konflikt« mit der Mutter. Die Streitpunkte sind die gleichen wie seit achtzehn Jahren. Helene kämpft um »eine kleine Malstunde« pro Tag und ein wenig Zeit zum Lesen. Doch für Olga Schjerfbeck geht weiterhin der Haushalt vor. Stopfen, Flicken und Nähen ist Tochterpflicht, ob es sich um Gardinen, Kleider oder Hüte handelt.

Zu Weihnachten 1920 packt Helene die gefürchtete Influenza mit Fieber. Zwei Monate lang wird sie die meiste Zeit im Bett liegen. Das erleichtert den Burgfrieden: »Mutter pflegt mich so lieb, bringt mir Essen. Ich kann Feuer schüren, Staubwischen, Blumen gießen.« Dann geht es wieder unter die Decke. Zum Jahresende gibt es eine Überraschung. Die Malerin Helene Schjerfbeck erhält den staatlichen Orden Weiße Rose. Es ist die höchste Auszeichnung, die die Republik Finnland seit dem Sommer 1919 verleiht, für militärische oder zivile Verdienste um das Land. Erklären kann sich Helene diese Ehrung nicht. Aber sie hat den Orden, ein weiß emailliertes Kreuz, dessen Schnittstelle von Längs- und Querbalken von einer weißen Rose im Medaillon zusammengehalten wird, samt der Schatulle ihr Leben lang sorgfältig aufbewahrt. (Unter den Ordensträgern sind Erich Honecker und Nelson Mandela, Jean Sibelius und Prinzessin Victoria von Schweden.)

Ihr schlechter Allgemeinzustand zwingt Helene Schjerfbeck Anfang März 1921 schon wieder ins Bett – »es ist Sünde, dass Mamma so viel Arbeit hat«. Doch das Malen holt sie ins Leben zurück, genauer: Kati Sahrman, die jüngste der Sahrman-Geschwister aus der Nachbarschaft. Die beiden älteren Schwestern Harrta und Katri hatten schon 1910 im Haushalt Schjerfbeck geholfen und Helene Modell gestanden. Katis damals zwölfjähriger Bruder Einar lebt als »Brennholzjunge« in mehrfacher Ausführung in Schjerbecks Bildern fort. Wer die zehnjährige Kati als »Lächelndes Mädchen« auf Helenes Porträt vom Frühjahr 1921 ansieht, kann die Begeisterung der Malerin für das zarte Wesen, das ein bisschen schelmisch, ein bisschen prinzessinnenhaft in die Welt blickt, verstehen.

Ebenfalls im März erfährt Helene Schjerfbeck, dass der staatliche Künstler-Pensionsfonds ihr von nun an eine Rente über vierhundert finnische Mark und wegen der allgemeinen Teuerung einen Zuschuss von insgesamt fünftausend Mark auszahlen wird. Gleich geht die gute Nachricht an Maria Wiik: »Du kannst glauben, dass ich glücklich war und Mamma ebenso.« Nebenbei erfährt die Freundin, dass Helene – eigentlich nichts Neues – »eine Menge« liest. Im Augenblick ist »Regenbogen«, ein »feines Buch« des schwedischsprachigen finnischen Autors Runar Schildt, an der Reihe. In den folgenden Monaten liegt Dantes »Göttliche Kommödie« im Original auf ihrem Tisch, daneben eine französische Übersetzung. Sie zitiert Kierkegaard in einem Brief und empfiehlt der Freundin den Künstlerroman »Das zweite Gesicht« von Hermann Löns, der gerade ins Schwedische übersetzt wurde.

Wenn es um den Kauf von Büchern geht, knausert Helene Schjerfbeck nicht. Im Juli 1921 erscheint in Helsinki ein Buch von Toulouse-Lautrec. Mit dem geschätzten Maler taucht eine Erinnerung an die Akademie Colarossi in Paris wieder auf. Eines Tages wurden die Studenten ans Fenster gerufen: Da ging er, der kleine große Meister. Helenes Bruder Magnus weigert sich, das Buch zu kaufen: viel zu teuer, die meisten Bilder zeigten »Damen der Halbwelt«. Doch die »Halbwelt-Damen« sind Kunst, und das Argument von Maria Wiik, das Toulouse-Lautrec-Buch ersetze eine Paris-Reise, tut ein Übriges. Helene erfüllt sich ihren Wunsch, und im Winter wird sie die Kostbarkeit an die Freundin ausleihen.

Lesen ist Reise-Ersatz. Im späten Frühling hat Maria Wiik gefragt, ob Helene in diesem Sommer wieder nach Ekenäs fährt: »Nein, bis Ekenäs komme ich nicht. Wenn ich im Sommer bis an den Gartenzaun komme, wäre das ein großer Erfolg.« Auch von durchwachten Nächten ist die Rede. Das alte Übel, die Schlaflosigkeit, lässt Helene Schjerfbeck nicht los; auch nicht die Dämonen, die im Dunkeln lauern. Im September 1921 schreibt sie Einar Reuter von einem Blick in den Spiegel, dem der Wunsch nach einem Selbstporträt entspringt. Ihre Augen wird sie mit tiefen melancholischen Schatten malen: »Mein Porträt wird einen Todesausdruck haben, denn der Maler enthüllt die Seele, und daran kann ich nichts ändern.« Weil Kunst und Leben für sie eins sind, kann Helene Schjerfbeck dem Freund ihr Innerstes offenbaren, trotz allem, was im Sommer 1919 geschehen ist.

Und sie lässt tief in ihr Inneres blicken: »Vielleicht kann nur ein Künstler so in sich gehen, in das Harte, Eisige, das nur ich bin.« Der Vorteil des Selbstporträts ist zweischneidig: »… da habe ich mein Modell stets zur Hand. Aber es ist nicht lustig, immer sich selbst anzusehen.« Sie habe schon Bilder weggeworfen: »Warum reagiere ich auf alles so intensiv, dass es meine Arbeit zerstört? Ich zeichne so gewaltsam, dass ich es wieder entfernen muss.« Die Antwort hat Helene Schjerfbeck sich selbst im Januar 1933 in einem Brief an Helena Westermarck gegeben. Sie weiß um den Mythos einer stillen, zurückgezogenen Malerin, die mit viel Seele und romantischem Gefühl schöne Bilder malt, und sie will ihn zerstören: »Stürmisch war mein Leben, das glaubt niemand.«

Helene Schjerfbecks Briefe an Einar Reuter sind ambivalent, was ihr Frauenbild betrifft. Oft zeichnet sie sich nach dem traditionellen Bild der Frau, in wenigen Fällen widersetzt sie sich ihm.

In der gewandelten Freundschaft, die sie mit Einar Reuter seit dem Krisensommer 1919 verbindet, mutet sie ihm zum Jahresende 1921 die Wahrheit zu und erzählt von ihren unfriedlichen, unangepassten, geradezu aggressiven Gefühlen. Alle ihre Briefe soll Reuter vernichten, dazu wird sie ihn im nächsten Jahr nachdrücklich auffordern.

Am 20. März 1922 heiraten Einar Reuter und Tyra Arpi. Fast wie nebenbei hatte Helene am 12. Januar an Maria Wiik geschrieben: »Hr. Reuter reist bald nach Schweden, um sich nach einigen Jahren Verlobung zu verheiraten ...« Am 10. März ist es so weit: »H. Ahtela ist jetzt auf dem Weg nach Schweden ...« Schon der Rückgriff auf Reuters Künstlernamen H. Ahtela deutet auf eine gewisse Distanz. Helene Schjerfbeck fährt fort: »... er befindet sich nun wohl in Uleåborg (finnisch: Oulu) und macht sich schick ... Meine Güte, es hat so viele Abbrüche und Aufschübe gegeben, dass man gar nicht mehr folgen kann. Aber wenn es einmal in Richtung eheliches Ideal geht und weg von der Kunst, dann ist es wohl das Beste, dabei zu bleiben. Es wird das Beste für ihn sein – anfangs fand ich es schade.« Knapp drei Jahre nach dem Schock der Verlobung ist es Helene Schjerfbeck gelungen, ihrer Beziehung zu Einar Reuter die verletzende Dramatik zu nehmen.

Am Morgen des 10. Juli 1922 hört Helene Schjerfbeck aus der Küche nebenan ein Ständchen zu ihrem sechzigsten Geburtstag. Nicht nur an diesem Tag kommen Telegramme, Blumen und vor allem Gratulanten. Am 16. August schreibt Helene an Esther Brusiin, ihre Lieblingskusine aus den Jugendjahren im Herrenhaus von Sjundby: »... 13 Tage hintereinander gab es Besuch. Leider ermüdet mich Konversation und nimmt mir meinen Schlaf. Danach waren wir beide erkältet – das ist jetzt etwas besser –, aber ich habe schrecklichen Schwindel und kann kaum auf den Beinen stehen. Und mittendrin erreichte mich eine Einladung zu einer Ausstellung in Göteborg im nächsten Jahr, und ich habe große Lust dazu – aber ich finde keine Ruhe zum Arbeiten und bin zu schwach. Wie soll das gehen?«

Es wird gehen, denn Helene Schjerfbeck, die mit anderen finnischen Malern zu einer Ausstellung über »Nordische Kunst« in Schwedens zweitgrößte Stadt eingeladen ist, sind internationale Ausstellungen wichtig geworden. Die Erfolge des vergangenen Jahrzehnts haben ihren Ehrgeiz noch mehr geweckt. Sie ist eine finnische Künstlerin, die sich als Kosmopolitin fühlt und in der internationalen Kunstwelt bestehen möchte.

Dass sie im Oktober am rechten Zeigefinger eine Blutvergiftung bekommt, ist ärgerlich. Sie kann den Finger nicht bewegen und deshalb kaum malen. »Wer weiß, wie das mit der Göteborg-Ausstellung ausgeht, ich bin noch nicht fertig«, schreibt sie mühsam Ende November an Maria Wiik. Auch im Dezember ist der Finger noch unbrauchbar, und der Winter hält sie in der Wohnung fest: »Ich komme nie nach draußen, gerade mal bis zum Hofzaun.«

Die Sorge, ob ihre neuen Bilder bis zum März 1923 für Göteborg fertig werden, ist das eine. Dagegen steht die Freude, dass es Olga Schjerfbeck gutgeht. »Mamma ist gut gelaunt«, erfährt Einar Reuter am 18. Januar 1923, und das wiederum mache sie glücklich. Umso schockierender ist der schwere Herzinfarkt, den Olga Schjerfbeck am 25. Januar erleidet; sie kann nicht mehr sprechen und kein Essen mehr zu sich nehmen. Helene organisiert zwei Krankenschwestern und sitzt die meiste Zeit am Bett der Mutter. Am 4. Februar 1923 stirbt Olga Schjerfbeck, fast vierundachtzig Jahre alt, in der kleinen Wohnung in Hyvinkää, die seit dem Sommer 1902 für sie und die Tochter das Zuhause war.

Es war schwer, die Mutter leiden zu sehen, ohne ihr helfen zu können. Doch anderes bleibt, wie Helene Schjerfbeck am 16. Februar an Maria Wiik schreibt: »Ich habe alles in so schöner Erinnerung. Sie streichelte meine Wange, als sie nicht mehr reden konnte. Ich glaube, sie hat nicht mehr gelitten, sie war nicht mehr müde, musste nicht mehr arbeiten, es kam Frieden über sie … und der gute alte Glauben ist der beste Trost … Deine alte Freundin Helene, die für alles Gute dankbar ist, das Mamma bekam.« Direkt nach

Olga Schjerfbecks Tod stellten sich bei Helene hohes Fieber und Herzprobleme ein. Sie kann die Mutter auf deren letztem Weg nicht begleiten.

Doch es kamen gute Freunde, als Olga Schjerfbeck auf dem alten Friedhof in Helsinki im Grab ihres Mannes beigesetzt wurde. Es war eine würdige Zeremonie voller Wärme. Wie gut kannte Helene die endgültige Ruhestätte ihrer Mutter: »Dort unter Birken in Ufernähe, wo Papa und sie ruhen, ist es so schön, dort bin ich als Kind mit meiner Mutter gewesen.«

Kaum eine Woche war seit dem Tod der Mutter vergangen, da tat Helene Schjerfbeck, was sie in all den Jahren nicht geschafft hatte: Sie stellte eine Haushälterin an, die kochen und backen konnte und ihr von Freunden empfohlen worden war. Endlich musste sie sich um nichts im Haushalt kümmern und bekam wieder regelmäßig nahrhafte Mahlzeiten. Anfang April fragte Maria Wiik ihre alte Freundin, ob sie vielleicht wieder nach Helsinki ziehen möchte. Helenes Antwort ist eindeutig: »Was soll ich in Helsinki? ... ich kann nicht mit einem Stuhl auf der Straße sitzen – gehen kann ich seit vielen Jahren nicht mehr.« Letzteres war allerdings ziemlich übertrieben.

In den Wochen und Monaten nach dem Verlust der Mutter blieb der Ausblick in die Welt düster. Wieder beherrschten Helene Schjerfbeck ambivalente Gefühle. Seit ihrer Kindheit hatte sie die Mutter als lieblos und selbstgerecht empfunden, sich als Erwachsene im Zusammenleben ihrer Kontrolle unterworfen. Jetzt war sie frei und konnte allein über ihr Leben bestimmen. Trotzdem fehlte ihr der Mensch, mit dem sie zwanzig Jahre hindurch fast symbiotisch verbunden war; sie fühlte eine große Leere: »Ich bin sehr einsam. Ich sehne mich nicht nach der ganzen Welt, nur nach ein bisschen.«

Skeptisch blickte sie auf Göteborg, wo im März 1923 die Ausstellung über »Nordische Kunst« begonnen hatte und zehn ihrer Bilder hingen. »Von Göteborg erwarte ich nichts Gutes, das wird kritisch ...« Aber es kam – wieder einmal – ganz anders. Zwar nör-

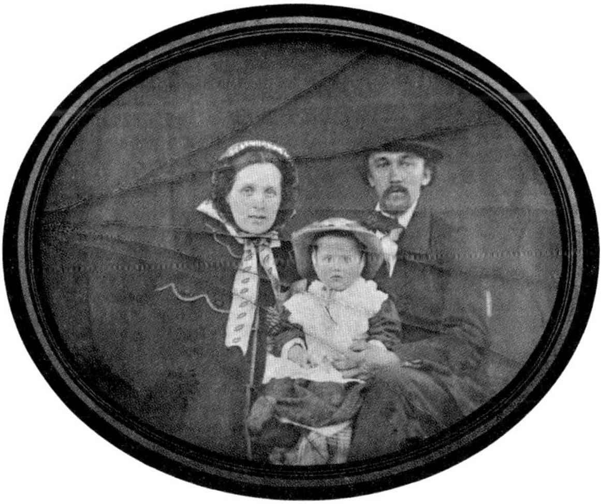

10 Olga und Svante Schjerfbeck mit ihrer ältesten Tochter Olga Sofia um 1860. Sie starb, bevor Helene Schjerfbeck 1862 geboren wurde

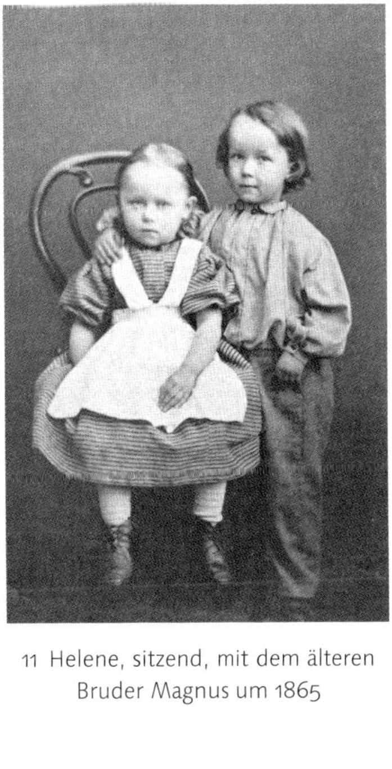

11 Helene, sitzend, mit dem älteren Bruder Magnus um 1865

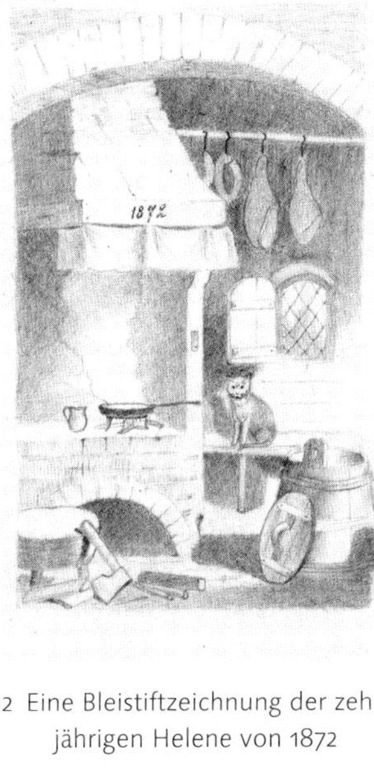

12 Eine Bleistiftzeichnung der zehnjährigen Helene von 1872

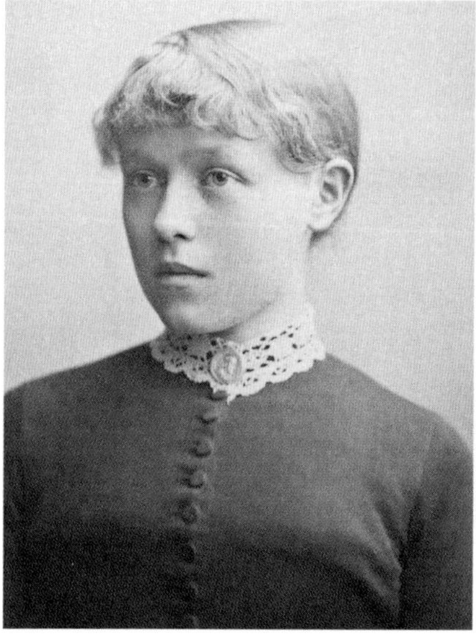

13 Helene 1882 in Paris, lebenslang ihr Sehnsuchtsort. Hier studierte und arbeitete sie viele Male bis 1890

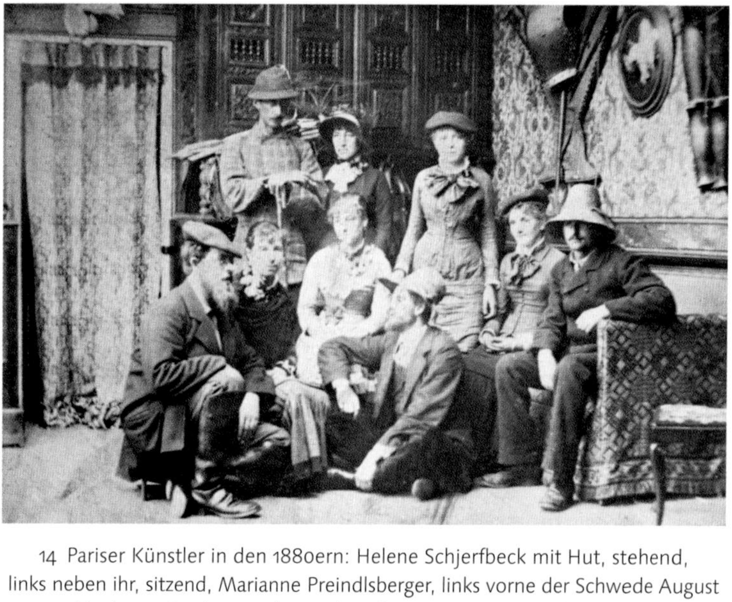

14 Pariser Künstler in den 1880ern: Helene Schjerfbeck mit Hut, stehend, links neben ihr, sitzend, Marianne Preindlsberger, links vorne der Schwede August Hagborg. Mit ihm machte Helene lange Spaziergänge durch Paris

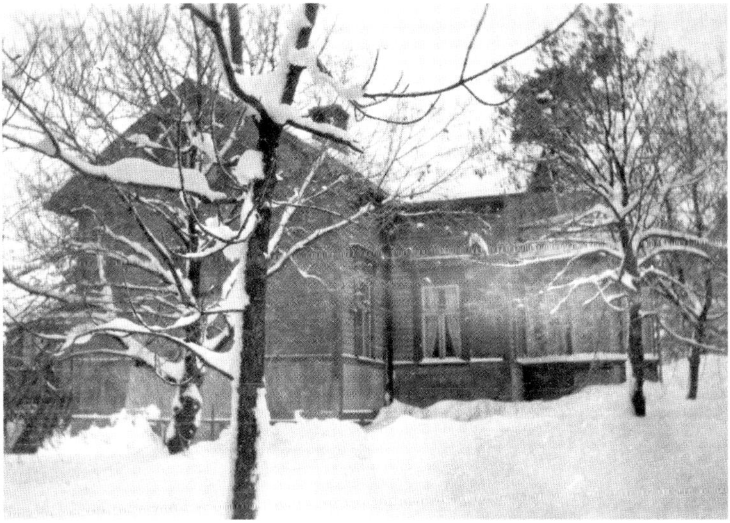

15 Diese Wohnung in Hyvinkää bezog Helene 1902 mit ihrer Mutter. In bewusster Abkehr von der Kunstszene in Helsinki begann der fruchtbarste Abschnitt ihrer Malerei

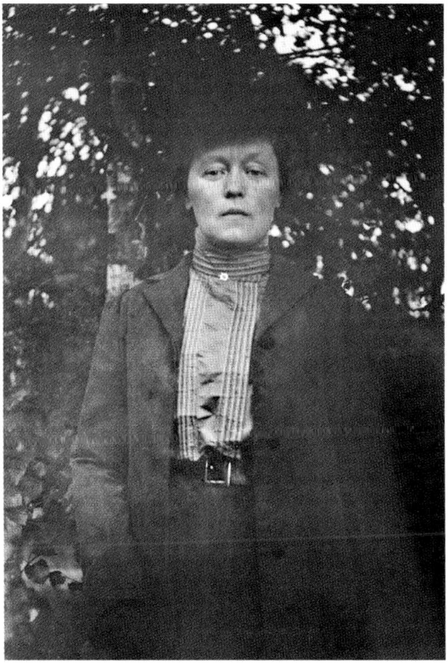

16 Helene Schjerfbeck 1917 im Garten ihrer Wohnung in Hyvinkää. Seit Paris legte sie Wert auf elegante Kleidung

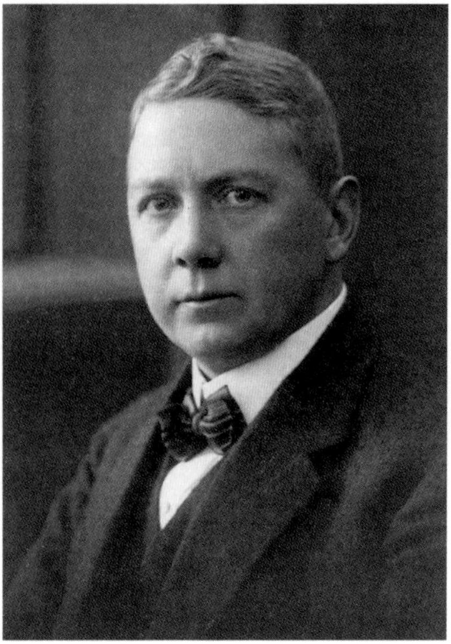

17 Gösta Stenman (1888-1947) wurde 1913 Helene Schjerfbecks Kunstagent und war maßgeblich am Erfolg ihrer Kunst in Skandinavien beteiligt

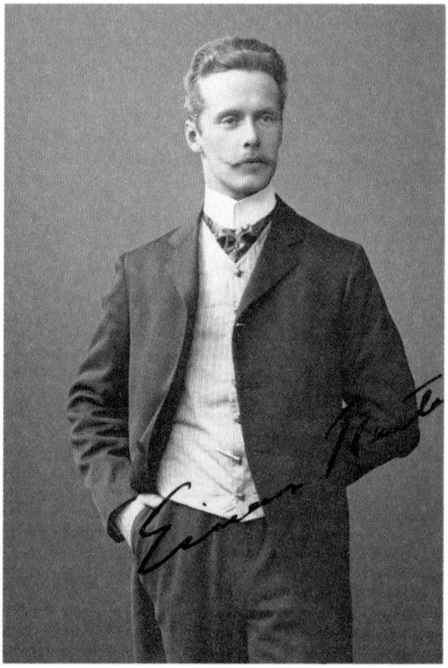

18 Einar Reuter (1881-1968), Forstmeister, Kunstkenner, suchte die Malerin 1915 auf. Eine lebenslange Freundschaft begann, mit Höhen und Tiefen

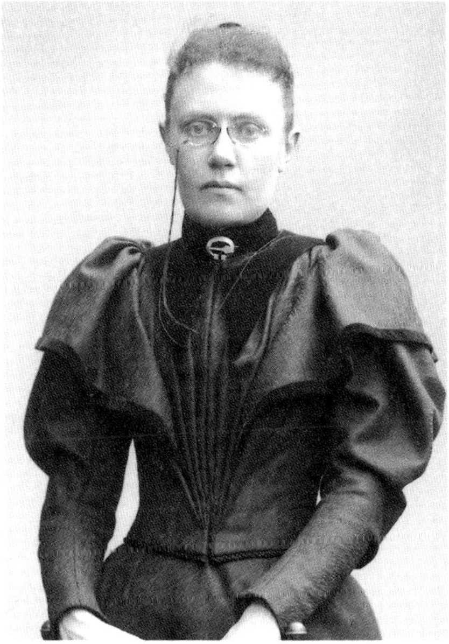

19 Helena Westermarck (1857-1938), Malerin, Schriftstellerin, in der Frauenbewegung aktiv, war Helenes älteste Freundin

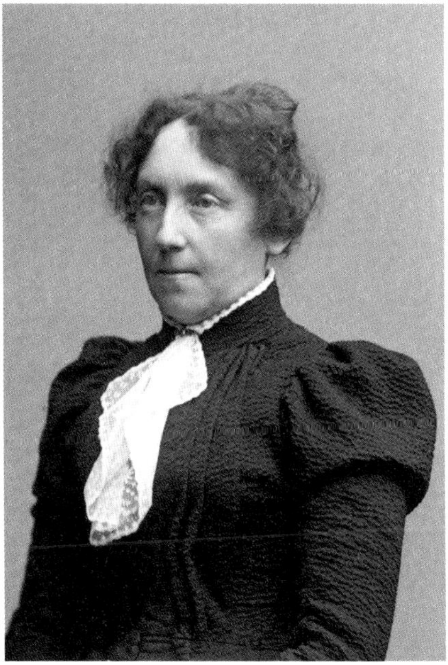

20 Maria Wiik (1853-1928), als Porträtmalerin gefragt, war für Helene Vertraute und wichtigste Briefpartnerin

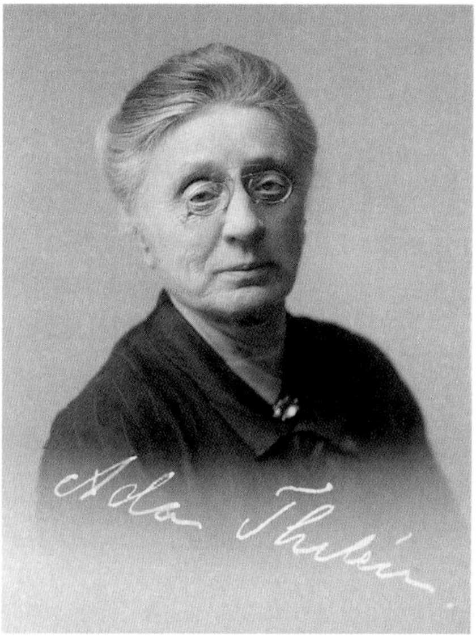

21 Ada Thilén (1852-1933) gehörte zum Kreis der »Malschwestern«. Gingen Helene die Blumen für Stillleben aus, Ada besorgte neue

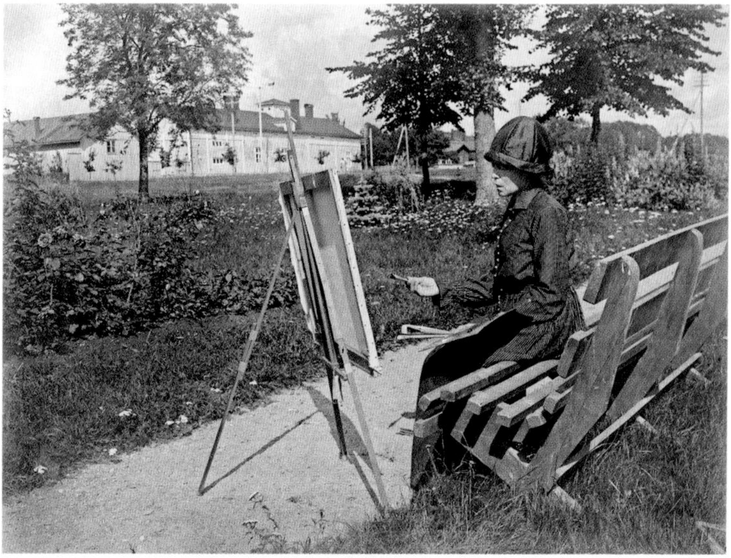

22 Während gemeinsamer Urlaubstage in Ekenäs fotografierte Einar Reuter 1918 Helene an der Staffelei im Park

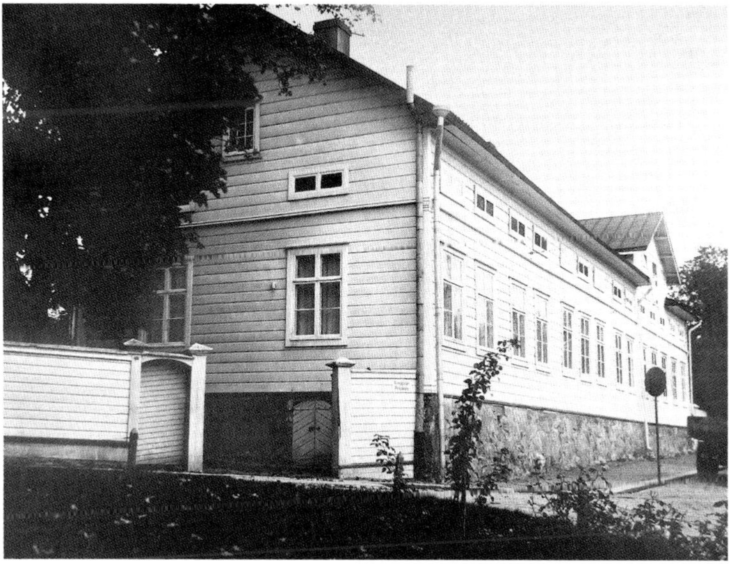

23 Nach dem Tod der Mutter zog Helene 1925 nach Ekenäs. In der Eckwohnung, direkt neben dem Tor zum Hof, hatte sie erstmals ein eigenes Atelier

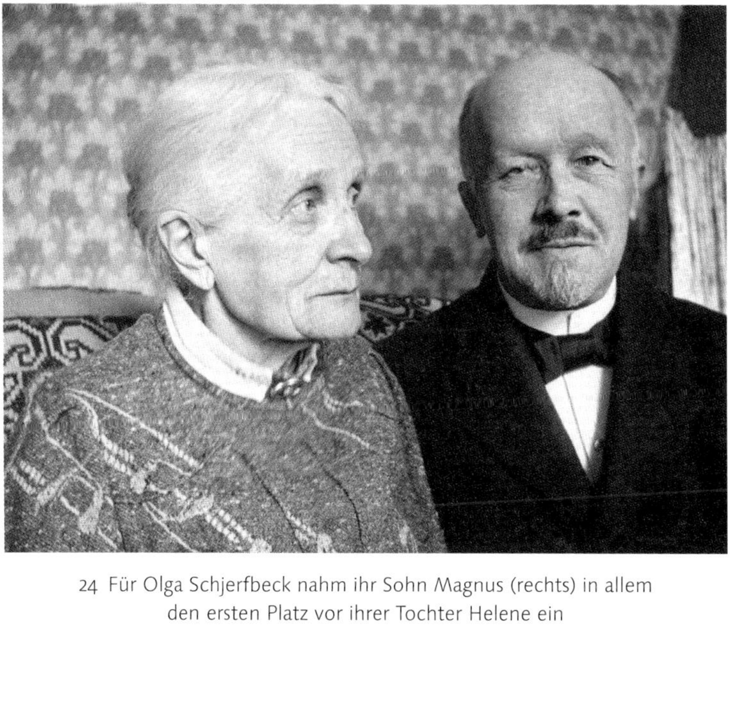

24 Für Olga Schjerfbeck nahm ihr Sohn Magnus (rechts) in allem den ersten Platz vor ihrer Tochter Helene ein

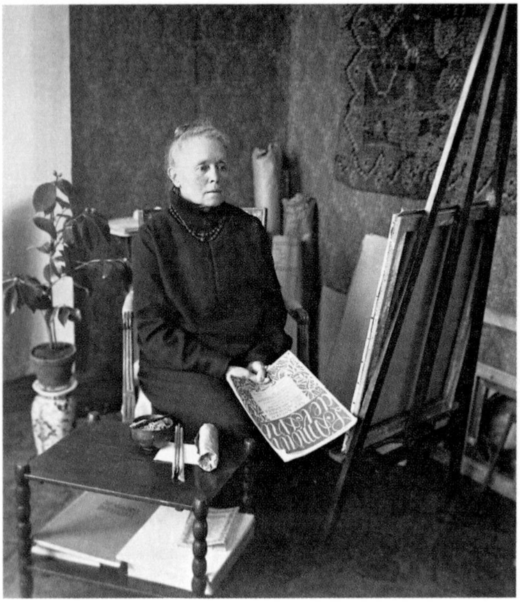

25 Helene, 65-jährig, in ihrem Atelier in Ekenäs mit einer französischen Kunstzeitschrift, auf die sie abonniert war

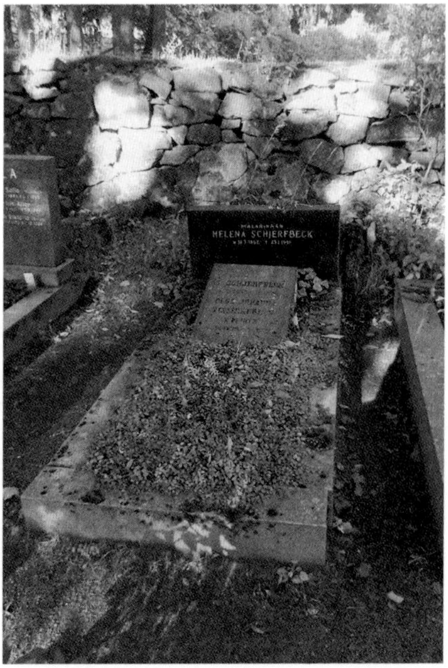

26 Das Grab von Helene Schjerfbeck auf dem Alten Friedhof von Helsinki. Sie wurde im Grab ihrer Eltern beigesetzt

gelten die Zeitungen in Helsinki, die Bilder von Ellen Thesleff und Helene Schjerfbeck seien »typisch weibliche Amateurkunst« und Schjerfbeck vom französischen Impressionismus beeinflusst. Solche unqualifizierten Bemerkungen jedoch konnte Helene ignorieren.

Der umtriebige Gösta Stenman würde die gesamte Göteborg-Ausstellung in seinem »Kunstpalast« im November in Helsinki zeigen. Dann konnten sich die Kunstliebhaber der Hauptstadt selbst von den Schjerfbeck-Bildern überzeugen. Wirklich aufregend wurde es, als im September 1923 Post aus Frankreich bei der Malerin eintraf. Absender war ihre geliebte Kunstzeitschrift *La Revue Moderne des Arts et de la Vie*. Mit leisem Triumph schreibt Helene Schjerfbeck an Maria Wiik: »Mein größter und geheimster Wunsch war ein Wort von Frankreich, und ich bekam es.«

Das angesehene französische Magazin bat die Malerin um Unterlagen für seinen Kunstkritiker. Er möchte an Hand ihrer Bilder in Göteborg etwas über ihr Werk und über sie persönlich schreiben. Helene Schjerfbeck ist so beglückt, dass sie eine ausführliche Antwort auf Französisch schreibt. Prompt kommt die Anfrage aus Paris, ob *La Revue Moderne* ihre Antwort publizieren darf – natürlich. Seitdem wartet Helene jeden Tag mit klopfendem Herzen auf den Postboten.

In der Novembernummer 1923 erscheint in der Rubrik »Les Artistes vus aux récents Salons« ein Bericht über die Ausstellung in »Gottembourg« mit dem Untertitel »Mme Hélène Schjerfbeck«. Bevor der Artikel beginnt, schreibt die Redaktion, Helene Schjerfbeck habe ihnen einen »so freundlichen Brief« über ihre Gefühle geschrieben, dass sie dieses Vergnügen mit ihren Lesern teilen möchte: »Hier ist dieser Brief, gewürzt von exquisiter Sensibilität, gefärbt von sanfter Melancholie.« Helenes Rückblick auf ihr Künstlerleben für das französische Publikum beginnt: »Ich war Schülerin der Akademie Colarossi von 1884 bis 1886.« Bewusst wird Helene Schjerfbeck diese falsche Datierung nicht gemacht haben. Aber selbst wenn ihr keine Unterlagen über ihre Pariser Zeit vorlagen: Hatte sie wirklich vergessen, dass sie nach wenigen Monaten in Paris schon im Januar 1881 mit der gesamten Truppe finnischer und skandinavischer Malerinnen von der launischen, unfähigen Madame Trélat zur Akademie Colarossi gewechselt war?

In ihrem Brief zählt Helene Schjerfbeck die französischen Maler auf, die sie schätzt – Daumier, Guys, Toulouse-Lautrec und Gauguin. Und sie beendet ihren Rückblick mit einer Liebeserklärung: »Mein Ideal, mein Traum ist, noch einmal in Frankreichs Licht malen zu können; in Frieden, Einsamkeit und mit Gefühl in dem Land zu arbeiten, das ich seit meiner Jugend liebe.« Der französische Kritiker nennt ihre Bilder geprägt von »feiner Empfindsamkeit, einnehmender Poesie, ergreifendem Charme«. Schjerfbecks Technik und Experimentierlust würden »die ehrerbietigste Bewunderung« verdienen.

Helene Schjerfbecks Komplimente waren keine leeren Worte. Frankreich, Paris verlor für sie nie seinen Glanz. »Hör mal, Marie, sollen wir nicht nach Paris reisen?«, hatte sie erst am 23. Juli 1923 an Maria Wiik geschrieben. Und sie kommt ins Schwärmen: Wir haben ein kleines Atelier und machen nichts als malen; mittags gehen wir gegenüber in eine Crémerie – »man muss nur lernen, 20 Stufen steigen zu können, ohne dass das Herz kaputt geht! Es ist der einzige Ort in der Welt, wo man Frieden hat.« Sie schreibt diesen Brief wenige Tage nach dem Namenstag der Mutter: »Ich nutzte diesen Tag, um still zu sitzen, nachzudenken, und eine wunderbare Ruhe kam über mich … man sieht, dass alles so ist, wie es sein soll. Warum soll man sich da Sorgen um die Zukunft machen.«

Nach dem Tod der Mutter hatte Helene die Möbel in ihrem Zimmer umgestellt und die Küche teilweise zum Atelier gemacht. Doch der Gedanke lässt sie nicht los: Soll sie eine andere Wohnung nehmen? Vielleicht in eine andere Stadt ziehen – nach Ekenäs? Im Herbst bietet ihr Dr. Calonius in einem seiner Häuser in Hyvinkää eine größere Mietwohnung an. Mit Erik Calonius und seiner Frau hatten sich die beiden Schjerfbeck-Damen angefreundet, nachdem er 1914 der zuständige Arzt für die Wollfabrik geworden war. Er war Kunstliebhaber, besaß einige Schjerfbeck-Bilder und kümmerte sich nach dem Tod ihrer Mutter mehr denn je um Helene. Sie nimmt sein Angebot an. Noch vor dem Jahreswechsel liegt der Umzug hinter ihr.

»Ein Bilderbuchhaus« nennt Helene Schjerfbeck ihr neues Zuhause auf der anderen, westlichen Seite der Zuggleise, wiederum nur Minuten vom Bahnhof entfernt. Es hat so viele Zimmer, »wie ich sie brauche«. Endlich kann sie mit Olga Blomqvist eine Haushälterin fest anstellen, die sogar ihr eigenes Zimmer bekommt. Auf der Rückseite ist das Haus von großen Bäumen umstellt, wie für Helene gemacht.

Ist es nun vorbei mit den Haushaltsplagen? Dem nicht enden wollenden Flicken und Ausbessern? Kann Helene Schjerfbeck endlich alle Zeit und Energie in die Malerei stecken? Vielleicht war Maria Wiik über ihre alte Freundin gar nicht so verwundert, als die sich am 11. März 1924 meldet: »Jeden Tag will ich schreiben, und jeden Tag geht alle Kraft in den Haushalt – oder ein Schwätzchen mit der alten, schwachen Haushälterin – und all denen, die kommen, um zu helfen.« Dabei sollte sie eigentlich für eine Ausstellung arbeiten – »zum letzten Mal«, fügt sie hinzu, und dass sie dazu eigentlich »keine Kraft habe«. Mitten im Brief geht Helene Schjerfbeck auf, was sie der Freundin zumutet: »Immer die gleichen Jeremiaden ...!«

Ihre Selbstironie und den kritischen Blick auf sich selbst hat sie nicht verloren. Aber das Thema Haushalt lag offenbar nicht nur Olga Schjerfbeck am Herzen. Am 13. März bekommt Maria Wiik zu hören, Helene habe Möblierungssorgen. Sie sucht einen farbigen Überzug für das Sofa, weil der Raum sonst tot wirke, aber der sei schwer zu bekommen. Auch Gardinen müssten genäht werden – »was das Zeit und Kraft kostet«. Und dann hatte auch noch Gösta Stenmans Frau einen Osterbesuch mit ihren drei Töchtern angekündigt. Kein Wunder, dass Helene Schjerfbeck froh über deren Absage ist.

Denn vergessen ist sie nicht. Vor Ostern hat Sigrid Schauman ihre ehemalige Lehrerin besucht. Mit der Malerei hat sie abgeschlossen und ist eine anerkannte Kunstkritikerin geworden. Ihrer Freundin Helena Westermarck bekennt Helene Schjerfbeck hinterher, dass Sigrid Schauman Bilder zu sehr nach Methoden und Konstruktionen beurteile und von Gefühlen nicht mehr viel sehen möchte. Sie ist vom Gegenteil überzeugt; für Helene Schjerfbeck ist der Künstler »ein Arbeiter des Gefühls«. In ihrem Brief an Maria Wiik ist sie nicht so streng; es sei ein netter Besuch gewesen. Auch Einar Reuter kommt auf eine Stunde vorbei »mit Frau und bleichem Kind«.

Dass die Kinder ihres Bruders, ihre Nichte Hanna, 1901 geboren, und der Neffe Måns, Jahrgang 1897, öfters nach Hyvinkää kommen, ist eine besondere Freude. Hanna, die über den Jahreswechsel 1923/24 in Paris ihre in München begonnene Ausbildung zur Restauratorin fortsetzte, hatte von Helene Anfang Februar einen Brief mit der Skizze eines Huts erhalten. Den wünschte sich die Tante als Mitbringsel aus dem Zentrum der Kunst- und Modewelt. Zwischen Hannas Bruder Måns, dem angehenden Lehrer, und seiner Tante entstand eine besonders vertraute Beziehung. Der schlanke junge Mann mit dem länglichen Gesicht war auch ein ideales Modell für Helene. Davon wird noch zu erzählen sein.

Doch zu viele Besucher, zu lange Gespräche konnte Helene Schjerfbeck nicht vertragen. Sie fühlte sich von der Malerei abgehalten, die Schlaflosigkeit wurde unerträglich. Da half nur noch das Opiumpulver, das ihr der Sanatoriumsarzt verschrieb. Überraschungen aber konnte sie durchaus genießen. Eines Tages erschienen zwei kleine Jungen an ihrer Haustür, um Tiere zu verkaufen, die sie mit ihrer Mutter aus Gips geformt hatten. Helene Schjerfbeck kaufte eins und lud die beiden zum Mittagessen ein.

Die neue Wohnung erlöste sie nicht von ihren Beschwerden. Auch 1924 sind Helenes Briefe voll davon: Husten und Fieber, Magen- und Herzprobleme, die fast unvermeidliche jährliche Grippe. Mangelnde Kräfte und Schmerzen beschwerten ihre Stimmung. Aber dem emotionalen Tief folgte immer wieder ein Aufschwung. Als sich der Todestag ihrer Mutter im Februar 1924 zum ersten Mal jährte, hatte Helene Schjerfbeck das Gefühl, das Schlimmste überstanden zu haben. Auch in tiefsten Depressionen vergaß sie nicht, dass die Arbeit ihr verlässlicher »Rettungsanker« war. Ostern 1924, als der Besuch von Frau Stenman glücklicherweise ausblieb, konzentrierte sie sich auf die Suche nach »Tönen für die grünen Äpfel«. Es entstand ein großartiges Stillleben.

Ob angsterfüllte schlaflose Nächte und kraftlose Tage, Gefühle großer Einsamkeit und Möblierungssorgen: Helene Schjerfbeck kam der innere Kompass nicht abhanden, der sie seit den Tagen in der Mal- und Zeichenschule leitete – als Malerin ihren eigenen Weg zu gehen. So krank und schwächlich sie war, für diesen Kraftakt konnte sie ihre Energien mobilisieren. Und nie verlor sie ihren kritisch-humorvollen Blick auf die Welt und sich selbst. »Oh, wie ist es mir ergangen«, schreibt sie im Frühjahr 1924 an Einar Reuter, »Schneeschippen im Winter, Laub fegen, Erde umgraben, Ausbesserungen machen, Winterkleider ausklopfen und einlagern. Und zwischen alledem wird eine Frau zur Künstlerin.«

Helene Schjerfbeck, die am 10. Juli 1924 zweiundsechzig Jahre alt wurde, konnte stolz auf ihren künstlerischen Erfolg sein. In vier großen Ausstellungen hingen in Helsinki im Lauf des Jahres 1924 Schjerfbeck-Bilder: 28 in der Jubiläumsausstellung I des Künstlervereins im Ateneum im Februar; 5 in der Ausstellung der Künstlergruppe »De Fria« – »Die Freien« – im März und April in der »Galerie Strindberg«; 7 in der Ausstellung über Künstlerinnen, die Gösta Stenman im Sommer aus Anlass des 3. Nordischen Frauenkongresses in seinem Kunstpalast organisierte; 4 in der Jubiläumsausstellung II des Künstlervereins im Herbst in Stenmans Kunstpalast.

Erfolge motivieren, besonders, wenn sie mit persönlicher Anteilnahme verbunden sind. »Eines Tages, als ich die Veranda und die Bänke scheuerte, kam Stenman – habe mich über seinen Besuch gefreut und dass er mein Bild gern hatte – das kommt mit im Herbst.« Der folgende Seufzer gehört einfach dazu: »Was ist es schwer, ständig auszustellen.« In ihrem Brief an Maria Wiik vom 12. August 1924 machte sie auch keinen Hehl daraus, was sie sich von der Freundin wünschte: »Kannst Du kommen, wenn Du Deine Badekur machst ... Ich möchte Dich so gerne sehen ... Ich möchte so gerne mit Dir reden, Du bist meine alte Freundin.« Helene Schjerfbeck liebt die Menschen und die Welt, nur zu viel kann sie davon nicht vertragen.

Das allerdings ist im Herbst 1924 der Fall. »Eine wahre Volkswanderung« habe es gegeben, erfährt Helena Westermarck. Trotzdem gelingt es ihr, ein großes Projekt zu beginnen, sehr nach ihrem Geschmack. Dafür hat sie ein männliches Modell gefunden und was für eins: »Es ist Huolman. Er könnte vom Hafen in Alexandria sein – gibt es dort einen Hafen? – oder er könnte ein Tatarenprinz sein, obwohl er in Wirklichkeit vom Ufer des Saimaa-Sees kommt. Er sieht aus wie ein Modell von Greco. Er ist so nervös und wild, dass ich mich eher vor ihm fürchte, als ob etwas Erschreckendes aus ihm herausbricht. Schwarze Augen und ein schmaler schwarzer Bart, lange Nase, kahl. Ich würde gern mehr Männer malen.«

Diese Schilderung geht an Dora Estlander, die Tochter ihrer Lieblingskusine Esther. Zwischen der Malerin und der jungen Frau ist eine freundschaftliche Beziehung entstanden. Mit Dora kann Helene Schjerfbeck über Malerei, Alltagssorgen und vor allem über Schmuck und die neueste Pariser Mode reden. Sie schätzt deren Briefe, »ohne alle Sentimentalitäten« geschrieben. Auch Einar Reuter gegenüber schwärmt sie im Herbst 1924 von ihrem männlichen Modell: »Ich habe begonnen, einen Rücken zu malen, ein junger Bauernjunge von einem nahen Bauernhof hat schon zweimal für mich gesessen. Wie schön so ein starker muskulöser Rücken ist. Und es ist schön, etwas Neues zu malen.« Das Bild trägt den verwegenen Titel »Räuber am Tor zum Paradies«. Es hat ein großes Format, wie Helene es liebte, 83,5 × 62,5 Zentimeter.

Das Paradies ist mit dunkler Farbe verschlossen, davor füllt der breite nackte Rücken eines kauernden Mannes, mit kräftigen braunen Pinselstrichen gemalt, die ganze Leinwand. Ob auch der Körper unterhalb der Hüften nackt ist, bleibt der Fantasie des Betrachters überlassen. Die zweiundsechzigjährige Malerin jedenfalls hat sich über alle Konventionen hinweggesetzt und – wie bei anderen Bildern zuvor – einen jungen Mann in den Mittelpunkt gestellt.

Das Bild wird zu Beginn des Jahres 1925 fertig. Helene Schjerfbeck nimmt sich vor, die kommenden Monate strikt für die Arbeit zu reservieren. Doch die guten Vorsätze bewahren sie nicht vor »Einsamkeitsgefühlen«, wie sie Maria Wiik am 3. März 1925 gesteht. Diese Gefühle und ihre Neigung zum Selbstmitleid sieht sie durchaus selbstkritisch: »Ich weiß nicht, ob ich möchte, dass sie aufhören – man bekommt, was man sich wünscht ... Nun beklage ich mich bei Dir, und Du brauchst vielleicht Aufmunterung.« Das ist wahr, denn die zweiundsiebzigjährige Maria Wiik hatte sich nach einer Augenoperation auch noch im Krankenhaus den Fuß gebrochen.

Es wird wieder einmal ein langer Brief. Das eine Thema ist die Malerei, auch über Umwege: »Hr. Reuter ist mit der Familie auf dem Weg nach Italien, Paris – für 3 Monate. Bedauerlich, dass seine Frau in Schweden am Blinddarm operiert wurde. Das Kind bleibt bei ihrer Mutter. So reisen die Leute – ich bin nicht neidisch darüber – ich will nur sitzen und arbeiten, wenn das Licht weich ist – und ich kann.« Ausstellen wolle sie eigentlich nichts mehr, aber sie fügt ehrlich hinzu: »Dann kommt das Gefühl, dass man nichts mehr erwartet, dass es nicht mehr weitergeht.« Das Jahr 1924 wird nicht das letzte Ausstellungsjahr für sie gewesen sein.

Das andere Thema ist die Einsamkeit: »Es sind zwei Jahre her, dass Mamma starb, und es ist immer noch gleich schwer. Ich bin sehr schwach.« Schon am 1. April ist der nächste Erinnerungstag – Olga Schjerfbecks Geburtstag. Am nächsten Tag geht wieder ein Dank an die Freundin Maria: »Du gabst mir vor zwei Jahren den größten Trost, als Du sagtest, dass Mamma sich über meine Erfolge gefreut hat – ich weiß, dass sie in Norwegen vergnügt war ... danke für Dein Wort.« Seit einer Woche schmerzt das Rheuma im ganzen Körper. Aber Helene Schjerfbeck will, das es weitergeht. Stillstand ist ihr schwer erträglich.

Am 24. Mai erfährt Maria Wiik die Neuigkeit: »… am 1. Juli ziehe ich nach Ekenäs – es heißt einpacken, für den Spediteur fertig machen.« Was war geschehen?

Hyvinkää gehört im 21. Jahrhundert zu den am schnellsten wachsenden Städten in Finnland. Wer vom Bahnhof kommend die Gleise überquert und auf der Hämeenkatu in Richtung Innenstadt wandert, an dem rauscht ohne Pause der Strom der Autos vorbei. Die breite Straße entlang wechseln weitläufige Kaufhauszentren, Parkhäuser und großflächige Parkanlagen einander ab.

Helene Schjerfbecks Beschreibung vom 24. Mai 1925 war prophetisch, Hyvinkää werde »ein Geschäftsort, nur noch Läden«. Damals begann der Boom, und Wohnungen in Bahnhofsnähe wurden sehr gefragt. Ein Kaufmann bot Helenes Vermieter Dr. Calonius dreimal so viel Miete, wie sie zahlte. Der Arzt und Freund wollte Helene Schjerfbeck in der Stadt halten und war bereit, auf diesen Gewinn zu verzichten. Ihre Miete sollte nicht steigen. Helene lehnte die Offerte dankend ab. Sie wollte nicht von der Großzügigkeit anderer Menschen abhängen.

Vielleicht war es der letzte Anschub, den sie brauchte, um nach dreiundzwanzig Jahren in Hyvinkää noch einmal aufzubrechen. Am 19. Mai 1925 bittet Helene Schjerfbeck ihre Freundin Sigrid Nyberg, in deren gelbem Haus am Fischmarkt in Ekenäs sie vom Sommer 1919 bis zum Herbst 1920 schöne und traurige Stunden verbracht hat, eine Wohnung für sie in Ekenäs zu suchen. Die einzige Bedingung: flache Treppen und eine gute Lage. Schon das erste Angebot, das Sigrid Nyberg ihr vermittelt, findet Helenes Zustimmung. Olga Blomqvist wird sie als Haushälterin begleiten.

Vorsorglich entschuldigt sich Helene Schjerfbeck bei Maria Wiik für eine durch die Packerei und den Umzug bedingte längere Schreibpause: »Erwarte keinen Brief fürs Erste, ich bin dafür zu müde.« Umso überraschter wird die Freundin gewesen sein, noch eine Nachricht vom 27. Juni 1925, einem Freitag, aus Hyvinkää zu erhalten: »Hier steht alles gepackt, morgen werden wir ruhen, Montag ist Reisetag.« Das klingt nicht schlecht und unterstreicht die erwartungsfrohe Stimmung, in der sie Einar Reuter am 28. Mai geschrieben hatte: »... so beginnt ein neuer Lebensabschnitt, mit großen Bäumen, warmer Luft und warmen Sinnen, Einsamkeit und Malen – daran will ich glauben.«

Hyvinkää hat Helene Schjerfbeck nicht vergessen. Alle, die längs der Hämeenkatu in die Stadt fahren oder gehen, kommen sehr bald an einem Denkmal vorbei, das unübersehbar und auf kongeniale Weise an die Künstlerin erinnert, die dreiundzwanzig Jahre in dieser Stadt gelebt hat. Auf einem Rasenstück direkt am Bürgersteig ist unter hohen Bäumen eine mächtige Wand aus dunkelgrauem Granit in einen hellgrauen Steinsockel eingelassen. In der linken Hälfte ist bis zur halben Höhe der Wand der Umriss einer Tür eingeschnitten. Durch den schmalen Schlitz fließt das Licht. Wer Helene Schjerfbecks Werk kennt, weiß sofort, welches Bild das Denkmal zitiert: »Die Tür« der Kapelle von Trémalo im bretonischen Pont-Aven. Dieses Bild der Zweiundzwanzigjährigen von 1884 ist ein Meilenstein auf dem Weg zu einer Meisterin der Moderne. Mit den Bildern, die ab 1902 in Hyvinkää entstehen, nimmt Helene Schjerfbecks Kunst endgültig ihre eigene, vielfältige Gestalt an. Geprägt von künstlerischer Askese und Konzentration auf das Wesentliche, wie es die Granitwand ideal verkörpert.

Auf dem Sockel ist eine Inschrift zu lesen, erst auf Finnisch, das die große Mehrheit der Menschen in diesem Gebiet seit jeher spricht, dann im schwedischen Original. Es ist ein Schjerfbeck-Zitat von 1932 aus einem Brief an Elin Elmgren, die Freundin aus Kindertagen: »Ich glaube, nur eine Rückkehr zu Einfachheit, Ruhe und Bescheidenheit kann die Welt retten.«

36. Kapitel

Ein Neubeginn: Frei, selbstständig, wohlhabend

Ekenäs Juli 1925 bis Ende 1927

Am 4. Juli 1925 ging die frohe Botschaft an Einar Reuter: »Im neuen Heim!« Es war der Tag ihres Einzugs in ihre neue Drei-Zimmer-Wohnung in Ekenäs. Eigentlich hatte Helene Schjerfbeck nach der Ankunft am 29. Juni mit ihrer Haushälterin Olga für ein paar Tage in die Jugendherberge ziehen wollen. Die Renovierung der neuen Wohnung brauchte noch Zeit. Aber Olga Blomqvist kannte keine Hotels oder Ähnliches. Sie war nur bereit, zur Überbrückung ein Zimmer bei Sigrid Nyberg zu akzeptieren, und ihre Arbeitgeberin fügte sich. Am 1. Juli kam der ganze Hausrat von Hyvinkää mit dem Zug und wurde kurzfristig in der Nikolaigatan 18 zwischengelagert. Direkt nebenan, in der Nr. 17, hatte sich Helene Schjerfbeck im glücklichen Sommer 1918 eingemietet.

Ihr neues Zuhause lag schräg gegenüber der Nr. 18, wenn man das Rasenstück mit den Rosenbüschen, die immer noch dort wachsen, auf der anderen Straßenseite ein paar Schritte stadtauswärts entlangging. Die Adresse hieß damals Perspektivet 2 (heute Raseborgsvägen, die nahtlos stadteinwärts in die Gustav Wasa gatan übergeht). Nichts ist von dem Haus- und Wohnkomplex, der ein gutes Stück in die Långgatan hineinragte, geblieben. Heute steht an der Ecke ein mächtiger moderner Wohnkubus mit braunen Außenwänden, und auf dem hinteren Teil des Grundstücks wurden lange Wohnriegel mit gelben Ziegeln gebaut. Nur die Rasenfläche im Innenhof mit Tisch und Bänken und die zahlreichen Bäume erinnern ein wenig an die alten Zeiten.

Helene Schjerfbeck bezog das westliche Ende des stattlichen Holzhauses, dessen Längsseite an der Straße lag. Die Wohnung befand sich direkt am Eingangstor zu dem weitläufigen Grundstück, auf dem im Halbkreis ein zweites, kleineres Haus, ein langgestreckter Bau für Holz und Toiletten und ein kleines Steinhaus für den Haus- und Gartenpfleger standen. Innerhalb der Anlage, die ein hoher Holzzaun umgab, standen zahlreiche Büsche, Apfel- und Pflaumenbäume im hohen Gras. Alle Eingänge lagen im Innenhof. Wenn Helene Schjerfbeck aus dem Haus trat, waren es nur wenige Schritte zu einer Laube gegenüber im grünen Teil des Grundstücks.

Im Haus waren vier Parteien untergebracht, bürgerliche Familien, auch ein Staatsrat war darunter. Helene verfügte über drei hohe Räume und eine Küche. Von einem kleinen Windfang führte eine kurze Treppe aus dem Flur direkt in die Küche, von der es links ins Zimmer der Haushälterin ging und geradeaus ins Atelier. Das Atelier blickte mit drei hohen Fenstern nach Süden, draußen, dicht an der Hauswand, wuchsen zwei Ahornbäume in den Himmel.

Im Atelier war Platz für die Staffelei, ihren Malstuhl, einen weiteren Sessel mit einem Beistelltisch und ein Bücherbord. Die hohen runden Kachelöfen kamen Helene wie wuchtige Pfeilspitzen vor. In der Küche mit dem großen Herd stand ein gemütliches Sofa. Hier nahm Helene Schjerfbeck mit Olga, der Haushälterin, die Mahlzeiten ein und empfing Besuch. Am 10. Juli 1925, sechs Tage nach ihrem Einzug, feierte sie ihren dreiundsechzigsten Geburtstag – zum ersten Mal in ihrem Leben in einer eigenen, geräumigen Wohnung, zum ersten Mal mit einem eigenen Atelier. Sie war unabhängig und frei in ihren Entscheidungen. Sie hatte sich durch ihre Malerei Wohlstand erworben und konnte sich eine Haushälterin leisten. Der Umzug nach Ekenäs war kein bloßer Wohnungs- und Ortswechsel. Helene Schjerfbeck war entschlossen, in ihrem für die damalige Zeit hohen Alter einen neuen Lebensabschnitt zu wagen. Einar Reuter hat sie die Pluspunkte von Ekenäs aufgezählt: »Aber hier ist Ruhe ... Es ist einsam, wenn man es wünscht ... Die Arbeit soll mein Rettungsanker sein ... ich will nur malen ... die sonnige Luft wird mich stärken.«

Ihr Vermieter hatte die neuen Tapeten in schokolade- und kaffeefarbigem Braun ausgesucht, scheußlich. Das Wetter ist nicht gerade ermunternd für eine Dreiundsechzigjährige. Helene Schjerfbeck bleibt gelassen: »Nun bin ich seit zwei Wochen in meiner neuen Behausung und habe einen schweren Kopf von all den Mühen, und die Gewitterwolken dräuen alle Tage rund um die Stadt. Ich wusste, das ist so in Ekenäs, lauwarm und schwül – aber zuerst will ich sagen, wir beide, Olga und ich, sind gesund – Klagen später ...« Die Selbstironie bleibt ihr Begleiter, wie der Brief vom 16. Juli 1925 an Maria Wiik beweist. Die folgenden Monate werden zeigen, ob ihre unaufgeregte Gelassenheit Bestand hat.

Die erwünschte Einsamkeit hält Helene Schjerfbeck nicht von ungewohnten Aktivitäten ab: »Ich habe mit Olga eine Fahrt durch Hagen gemacht ...« Das war Mitte August 1925, und von nun an wird die »Fahrt durch Hagen« ihre traditionelle »Sommerreise« sein. Dafür brauchte Helene Schjerfbeck das Gebiet von Ekenäs nicht zu verlassen.

Am südlichen Stadtrand von Ekenäs liegt das Krankenhaus, in dem sie im Herbst 1919 fast zwei Monate verbrachte; westlich davon in Richtung Hafen die Parklandschaft Skepparträdgården mit ihrem mächtigen Baumbestand, den Helene so liebte. Wer vom Krankenhaus und Skepparträdgården in Richtung Süden geht, befindet sich in Kürze in einem lichten Zauberwald, Hagen genannt. Er bedeckt die südliche Spitze der Landzunge, auf der Ekenäs liegt, vom Meer umgeben.

Das Areal ist seit 1990 Naturschutzgebiet, durch Pfade und breite Wege zugänglich. In Hagen bilden Eichen, Erlen und Ahornbäume, Eschen und Birken mit ihrem Laubwerk über den Pfaden »ein Gewölbe« wie zu Helene Schjerfbecks Zeiten. Im Unterholz wuchern Haselnusssträucher. Auf dem Grün der Blätter tanzen die Sonnenflecken. Da Helene sich mit Olga eine Kutsche erlaubte, mussten die beiden während der Fahrt öfters die Köpfe einziehen. Der Weg vom Krankenhaus Richtung Südwesten geht damals wie heute in Sichtweite des Meeresarmes durch den Wald: »Man sah die ganze Zeit das Wasser, so weit das Auge reicht.«

Am Ende der Landzunge angekommen, hat man die Wahl: entweder über die kleine Holzbrücke einen Abstecher zur verträumten Insel Ramsholmen zu machen oder zurück in die Stadt zu fahren. Im August 1925 ließ Helene Schjerfbeck die Kutsche in Richtung Norden abbiegen, um auf halbem Weg Richtung Ekenäs Rast zu machen: »Dann fuhren wir bis Brunnsbergen an die Kante.« Im westlichen Teil von Hagen führt ein Pfad zum Granithügel Brunnsbergen, dessen Kante steil zum Wasser abfällt. Das allerdings ist kaum sichtbar, weil ein Wald aus Schilf die Meerenge bis zum nahen Inselchen Gåsören bedeckt. Brunnsbergen war und ist eine beliebte Aussichtsplattform, weit geht der Blick über die Bucht von Ekenäs, der Turm der Kirche überragt die Stadt. Zeit für eine Kaffeepause, während Helene Schjerfbeck ihr Skizzenbuch nutzte. Aus diesem Blickwinkel ist ein Bild mit dem markanten Kirchturm entstanden.

Die Kutschfahrt durch Hagen, nur rund sechs Wochen nach ihrem Umzug, symbolisiert den bewussten Neuanfang. Niemals hat sie sich während der dreiundzwanzig Jahre in Hyvinkää einen Ausflug in die Umgebung gegönnt. Es fehlte an Geld, die Mutter ließ die Tochter kaum aus den Augen. Es fehlte aber auch an Zuneigung für Hyvinkää, das mit Beginn des 20. Jahrhunderts jene Geschäftstüchtigkeit entwickelte, die Helene Schjerfbeck auf die Nerven ging. Sie gewann neue Freunde; doch eine tiefere emotionale Bindung hat Helene Schjerfbeck zu Hyvinkää, wo die Bewohner nur Finnisch sprachen, nicht entwickelt.

Ekenäs dagegen war Heimat für sie, »Vaterland«. Helene Schjerfbeck hatte sich eine Stadt gewählt, deren Bewohner treue Finnen waren, aber alle Schwedisch sprachen, und wo ihre familiären Wurzeln lagen. Hier lebte noch Verwandtschaft mütterlicherseits, ihr Vater war hier aufgewachsen. Wenn Helene Schjerfbeck gut zehn

Minuten die Straße von ihrer Wohnung stadtauswärts ging, kam sie zum alten Friedhof. Hier lag unter hohen Eichen ihr Urgroßvater, der Provinzialarzt Sven Magnus Schjerfbeck, begraben. Die emotionale Verwurzelung trug mit dazu bei, dass Helene Schjerfbecks Leben nach dem Umzug in ein bisher nicht gekanntes Gleichgewicht kam.

Dass sie in Ekenäs die Einsamkeit fand, die Voraussetzung für ihre Kreativität und ihr Wohlbefinden war, hat sie in etlichen Briefen sofort lobend erwähnt. Zugleich taucht ein überraschender Nebenaspekt dieser Ruhe auf: »... ich habe entsetzliche Angst, dass ich zufrieden und ›materialistisch‹ werde, wie alle die anderen hier – das wird ein Kampf, sich aufrecht zu halten – sich und seine Unzufriedenheit.« Diese Befürchtung geht schon am 16. Juli 1925 an Maria Wiik. Wenig später, am 2. August, schreibt Helene Schjerfbeck ihrer Lieblingskusine Esther Brusiin: »Ich bin erstaunt und froh, dass Du Dich an Deine alte Kusine erinnerst, die in einer kleinen Stadt wohnt und der es davor graust, träge zu werden ... ich will nur ganz unzufrieden sein, nörgeln, malen und lesen ...« Nun lag es an ihr, wie viel Trägheit und Zufriedenheit sie sich gestatten würde.

Dass ihre Wohnung keine Insel der Ruhe war, wusste Helene Schjerfbeck vor dem Umzug. Sie kannte die Lage bestens seit ihrem Aufenthalt im Sommer 1918. Nicht nur, dass Perspektivet eine Ausfallstraße war, durch die der gesamte Autoverkehr direkt zum großen Marktplatz von Ekenäs mit seinem schönen Rathaus führte und auch wieder aus der Stadt hinaus. Gegenüber ihrer Wohnung befand sich eine Tankstelle mit Garagen und an der nördlichen Ecke ihres Hauses eine Bushaltestelle.

Im August 1927 wird Helene Schjerfbeck ihrer Freundin Ada Thilén über Veränderungen am Haus berichten: »Du müsstest herkommen und den Innenhof sehen, er ist nicht mehr so, wie Du ihn in Erinnerung hast. Der Eigentümer hat die hohen Ahornbäume gefällt, weil die Blätter im Herbst die Dachrinne verstopften. Aber in der Mitte stehen weiter die alten Obstbäume, und das hat etwas von alten herrschaftlichen Zeiten an sich.« Gelassen kommt Helene auf die Nachteile zu sprechen: »Samstag, Sonntag ist Krach, aber ich schlafe trotzdem ein, denn es ärgert mich nicht. Man schläft wegen vieler anderer Dinge nicht – Unruhen, Sorgen und Hilflosigkeit und weil man nicht mehr gehen kann.«

Wo Verkehr ist, da sind auch Menschen. Der gesamte Häuserkomplex, zu dem Helenes Wohnung gehörte, war auf Menschen, auf Kommunikation ausgerichtet. Die Entscheidung für diese Wohnung, in Hyvinkää getroffen, lässt die Deutung zu: Helene Schjerfbeck war bereit, sich dem modernen Leben – mit seinem Lärm und seinen Menschen – mehr als zuvor auszusetzen. Sie lässt sich auf beides ein: Ruhe und Lebendigkeit.

Ihr Vermieter, der im selben Häuserkomplex wohnte, war Eskil Bäckman, ein kauziger Typ. Abwechselnd hat sie ihn in ihren Briefen als eine Art Don Quixote, Aristokrat oder Fakir beschrieben. Sein prägnantes Gesicht kam ihrer Vorliebe für exotische Modelle sehr entgegen. Im Oktober 1925 wagte sie ihn zu fragen, ob er Modell sitzen würde. Eskil Bäckman verweigerte sich nicht, denn der Eigenbrötler war von der elf Jahre älteren Malerin wie verzaubert. Nur für diese Mieterin ließ der Hausbesitzer eine Toilette in die Wohnung einbauen. Die übrigen Bewohner mussten bei Tag und Nacht im Innenhof die Holzvorräte aufsuchen und eine Treppe besteigen, um die Latrine zu nutzen. Auch Wasser bekam Helene Schjerfbeck nach fünf Jahren in die Wohnung gelegt. Mit Vorliebe saß Bäckman in der Küche seiner Mieterin in einer Sofaecke; er gehörte auch zu Helenes Weihnachtsgästen.

Ihre Küche war ein geselliger Treffpunkt. Der Mann, der das Holz für den Küchenherd und die Kachelöfen brachte, wurde von Helene Schjerfbeck zu Kaffee und Butterbroten in die Küche gebeten. Eines Tages im Sommer 1926 klopft ein junger Mann an die Tür und stellt sich vor: Matti Kiianlinna, sechsundzwanzig Jahre alt, Schauspieler; er möchte der Malerin Modell sitzen. Helene Schjerfbeck ist einverstanden, auch wenn Matti nicht still sitzen kann, ständig Arme und Hände bewegt. Die beiden verstehen sich, teilen die Begeisterung für Dostojewski, und durch Matti lernt Helene, Goethes Faust zu verstehen.

Von den Malschwestern kommt Helena Westermarck, die im benachbarten Lappvik seit vielen Jahren ein Sommerhaus hat, öfter zu Besuch. Auch wenn ihr Helene Schjerfbeck acht Tage nach dem Einzug schreibt: »Wie kann ich sagen ›Besuche mich‹, wenn es passieren kann, dass Wanderer über den Kaffeetisch laufen!« Mit den Wanderern ist jede Art von Ungeziefer gemeint. Aber nur vier Tage später erfährt Maria Wiik: »Helena Westermarck kommt nächste Woche, ich freue mich, über Bücher zu reden, Balzac!« Maria Wiik, die mit einer Schwester in ihrem Elternhaus in Helsinki lebt, ist seit der Augenoperation und dem gebrochenen Fuß bettlägerig. In Hyvinkää war sie regelmäßig zu Besuch; nach Ekenäs kann sie nicht mehr fahren. Doch die Freundin bleibt eine wichtige Briefpartnerin, der Helene weiter offen von ihrem Leben und ihren Stimmungen erzählt.

Ihr Brief vom 22. November 1925 liest sich wie eine Bilanz des ersten Halbjahres in Ekenäs, die wohltuende Erfahrung einer tief gehenden Veränderung. Der Anfang jedoch gilt der kranken Freundin: »Meine Gedanken sind bei Dir gewesen, aber ich wusste nicht, ob man Dich mit einem Brief beschweren dürfte. Ada sagte, dass alles gut verläuft, und das hat meine Unruhe für eine Weile besänftigt.« Dann bindet Helene mit einem unbeschwerten Übergang Maria Wiik in ihr eigenes Leben ein: »Ich hatte viel unnötige Angst, wie ich sie oft habe. Ich kann so schnell an ein Unglück glauben – aber Gott bewahrt mich noch davor. Jetzt bin ich aber ganz hell und habe heute die Säuberungsarbeit für Stenman beendet, ein Quentin Massys ...« Gösta Stenman handelte auch mit alter Kunst, ein Gebiet, auf dem sich Helene Schjerfbeck bestens auskannte. Verbunden mit ihrem malerischen Geschick war sie eine ideale Restauratorin für diesen flämischen Meister des 16. Jahrhunderts. Gern tat sie ihrem unermüdlichen Förderer diesen Gefallen.

Die Hauptbotschaft des Briefes aber ist das innere Gleichgewicht, das Helene mit dem Umzug nach Ekenäs gefunden hat. Wie oft hatte sie der Freundin aus Hyvinkää von schlaflosen Nächten geschrieben, in denen die Angst sie fest im Griff hatte, kein Hoffnungsschimmer am Morgen Mut machte. Jetzt spricht sie von »einem guten Gefühl« in ihrem neuen Leben und kommt mit Gelassenheit und Selbstironie auf ein Thema zu sprechen, das Maria Wiik wohlbekannt ist: »... alles kann man nicht haben, Gesundheit habe ich nicht.« Doch keine traurigen Einzelheiten folgen. Und statt sich wie früher über zu viel Besuch zu beklagen, schaut sie freundlich auf die Reisenden zurück – »Familie, Freunde aus Hyvinkää«. Nicht erschöpft, sondern mit neuer Kraft »geht es jetzt an die Arbeit«.

Vor der Arbeit lag Weihnachten, das erste im neuen Heim nach so vielen Jul-Festen in Hyvinkää, fast alle mit der Mutter gefeiert. Familie und Freunde lassen Helene nicht allein. Aus Helsinki reist Bruder Magnus mit Obst und Süßigkeiten an; Olga hat eine große Torte gebacken. Aus England schickt die Freundin Marianne Stockes ein Buch über die Maler Whistler und Turner. Aus Hyvinkää kommt ein schöner Schal von Dr. Calonius. Noch vor Silvester 1925 macht sich Helene Schjerfbeck wieder an die Arbeit. Ihr erstes neues Bild, das in Ekenäs entsteht, ist ein Stillleben mit einer Birne, »das Einzige, was vom Jul-Fest übrig geblieben war«. Sie kann nicht ahnen, mit welcher Symbolkraft dieses Motiv viele Jahre später am Lebensende ihre künstlerische Vergangenheit und Gegenwart verbinden wird.

Im März 1926 fragte der Direktor des Stockholmer Nationalmuseums Gösta Stenman, der weiterhin seinen »Kunstpalast« in Helsinki führte und die meisten Bilder von Helene Schjerfbeck besaß, zu welchem Preis er das Stillleben »Zwiebel« verkaufen würde. Helene hatte es 1884/85 in Frankreich gemalt; ein meisterliches Werk der Zweiundzwanzigjährigen, von Cézanne beeinflusst, aber mit einer ganz eigenen Note. Gösta Stenman erwiderte, das Bild sei unverkäuflich – um es zwei Tage später großzügig dem Nationalmuseum als Geschenk anzubieten. Im wichtigsten Museum von Stockholm, dem Zentrum des nordischen Kunstlebens, als Malerin vertreten zu sein, machte Helene Schjerfbeck »glücklich«. Wieder war ihr »ein Wunsch erfüllt worden«, wie sie Maria Wiik am 26. März schrieb.

Ihr Brief enthielt allerdings auch schlechte Nachrichten. Einen Monat schon plagte sie die traditionelle Frühjahrsgrippe mit Fieber, doch damit nicht genug: »Olga hat alles ebenso. Ich bin von aller Arbeit weit entfernt.« Damit war das Malen gemeint. Aber die Hausarbeit ließ Helene keine Ruhe: »Habe die Gardinen noch nicht aufgehängt ...« Erneut zum Schluss: »Olga ist krank und jetzt kommen Gäste. Meine Augen und Ohren sind krank. Sei froh und vernünftig, bittet Deine Lina.«

Dem Hinweis auf die eigene Krankheit fehlt der verzweifelte Ton vergangener Jahre. Im Juni schreibt sie der Freundin: »Ich will froh sein über die Tage, die vergehen, ohne dass ich sehr krank bin.« Verbunden damit ist eine nüchterne Bestandsaufnahme: »Ich habe seit 3 Jahren eine Haushälterin, die ständig krank ist ... Aber man kann sie doch nicht hinauswerfen ... In 3 Jahren habe ich alles gemacht, Hausputz, Fenster ... jetzt koche ich auch oft das Teewasser. Gemalt habe ich nicht ... seit ich in Frankreich war. Finnland ist ein schwieriges Land.«

Niemand kann sich von allen liebgewordenen Ritualen und Mustern trennen. Bei Helene Schjerfbeck sind es zwei Künstler-Mythen, die sie immer wieder auf sich bezieht: Dass sie nie zum Malen komme – und dass ihr größter Wunsch sei, im Leben wenigstens ein gutes Bild gemalt zu haben. Wie alle Jahre zuvor wird sie diese Mythen auch in Ekenäs mit ihren Bildern eindrücklich widerlegen.

Im Juni 1926 wurde es ihr dann doch zu viel mit den durchreisenden Besuchern. Zehn innerhalb von zehn Tagen – »ich wünsche keine mehr. Ich finde keinen Schlaf«. Doch schon wenige Zeilen weiter freut sie sich: »Aber es ist auch nett, Freitag war die Tochter meines Bruders hier – sie kommt von Paris ... Sie hat Restaurierung studiert und war in Hellgrün gekleidet.« Nein, Helene

Schjerfbeck ist nicht menschenscheu. Sie nutzt den Innenhof des Grundstücks, wohl wissend, dass sie dort auf Nachbarn treffen kann: »Ich habe einen grünen Winkel, wo ich draußen sitze, und sie sind nicht unfreundlich im Garten.« Auch das städtische Leben in Ekenäs nimmt sie wahr und erzählt Maria Wiik im selben Brief vom 19. Juni belustigt davon: »Heute ist Sängerfest, alles ist festlich in Ekenäs – die Großmutter geht in weißem Tuch, die Mamma in einem sehr langen anständigen Mantel (wie ich) …«

Dann aber kommt das Wichtigste, die Arbeit: »Ich hatte heute ein feines Modell, 2 mal nun, sie ist wohl 15!!!. Sie kommt von Eydtkuhnen … Kleiner Mund und große Augen.« Als Erstes war der Malerin das aparte Kleid mit den grünen Romben aufgefallen. Helene beobachtete gern von ihren Atelierfenstern die Straße. Sah sie einen Menschen, der ihren Modellwünschen entsprach, schickte sie ihre Haushälterin hinaus, die die Bitte der Malerin vortrug. Die »Eydtkuhnen-Dame« willigte ein, Modell zu sitzen, doch schon nach vier Sitzungen reiste sie wieder nach Hause. Eydtkuhnen war bis zum Ende des Zarenreiches eine bekannte ostpreußische Grenzstation zu Russland, dann lag es an der Grenze zwischen Litauen und der UdSSR.

Anfang August 1926 sitzt die Malerin vor einer »flüchtigen Skizze von 4 Sitzungen« und fragt sich in ihrem Brief an Maria Wiik, »soll ich es wagen, sie auszuführen«. Sie wagt es, und zwei Meisterwerke entstehen. »Das Mädchen aus Eydtkuhnen I«, 55,5×38,5 Zentimeter, wird noch im August fertig und sogleich von Dr. Calonius gekauft, als er zu Besuch kommt. Mit der größeren Fassung »Mädchen aus Eydtkuhnen II«, 70×54,5 Zentimeter, lässt sich Helene Schjerfbeck Zeit bis ins Jahr 1927. Beide Porträts strahlen die elegant-nervöse Stimmung einer jungen Frau aus, die in der Moderne zu Hause ist. Man denkt bei ihrem Anblick nicht im Traum an das ferne Ostpreußen, vielmehr an Berlin, Paris oder Helsinki, das in den Zwanzigern eine moderne, swingende, jugendliche Metropole der westlichen Welt ist.

Die malerische Gestaltung und Ausstrahlung der »Eydtkuhnen-

Dame« mit dem überschlanken, leicht verdrehten Hals verraten, dass Helene Schjerfbeck sich in diesen Monaten nicht nur, wie seit langem schon, mit El Greco, dem alten Meister, beschäftigt, sondern ebenso intensiv mit Modigliani, dessen Bilder und Skulpturen nach seinem Tod 1920 schlagartig die Kunstwelt eroberten. Und sie studiert die Kunstmagazine nach wie vor.

Helene Schjerfbeck arbeitet nicht selten an mehreren Bildern gleichzeitig; gönnt dem einen eine Ruhepause, während sie andere vorantreibt. Als sie am 3. Oktober 1926 dem Vertrauten Einar Reuter die Vollendung eines Selbstporträts mitteilt, das sie 1913 begonnen hatte, ist es wie ein erlösender Aufschrei: »Ich vervollständigte ein Bild meines jungen Selbst, in dem ich meinen alten Mund draufsetzte – jetzt bin ich frei – jetzt kann ich mich amüsieren, wie ich will, und malen, was ich möchte, was mich anzieht …« Das Bild, obwohl grau in grau gehalten, hat eine suggestive Aussagekraft. Raffiniert gestaltet Helene Schjerfbeck mit Kohle, Ölfarbe und Aquarell collageartig ein Selbstporträt, in dem die rechte Hälfte mit dem dunkel verschatteten Auge kantig und leicht geometrisch erscheint. Der linke Teil dagegen ist mit seinen runden Linien, dem hellen weitgeöffneten Auge erwartungsfroh und selbstbewusst der Zukunft zugewandt.

»Jetzt bin ich frei« – so hatte die vierzigjährige Helene Schjerfbeck 1902 die Abkehr von Helsinki und den Aufbruch nach Hyvinkää verstanden; auch wenn er mit der Bindung an die Mutter verbunden war. »Jetzt kann ich mich amüsieren, wie ich will, und malen, was ich möchte« – der Neubeginn in Ekenäs ist wieder ein Aufbruch, diesmal in eine wirklich eigenständige Freiheit. Die Malerin muss auf niemanden Rücksicht nehmen.

Entscheidend ist, was sie aus ihrer Freiheit macht. Im Januar 1926 sitzt Eskil Bäckman ihr im Atelier Modell und regt sie zu dem Bild »Der Hausbesitzer als junger Mann« an. Jedes Gemälde hat für sie ein Eigenleben, ist weder Fotografie noch naturgetreue Nachbildung. Bei diesem Modellsitzen kamen zwei Menschen zusammen, die schweigen konnten. Aber außerhalb des Ateliers entspann sich zwischen der Malerin und ihrem Vermieter ein Gesprächsfaden, wurden Lebenserfahrungen ausgetauscht. Im April 1926 teilt sie Maria Wiik eine Weisheit mit: »Glück sind die Menschen, die man trifft, sagt mein schweigsamer Hausbesitzer.« Als zwei Jahre später Eskil Bäckmans Mutter stirbt, ist Helene Schjerfbeck bei der Beerdigung unter der Trauergemeinde.

In den Briefen an die bettlägerige Freundin Maria Wiik ermahnt sich Helene immer wieder laut, nicht so viel von den eigenen Sorgen zu erzählen – »Du hast so viele davon«. Sie spricht ihr Mut zu wie im Mai – »Du hast eine starke Seele und Du schaffst das« – oder wünscht, »dass es aufwärtsgeht«, wie im Dezember 1926. Vor allem aber lässt sie Maria Wiik Anteil nehmen an ihrem Leben und an ihren Bildern, wobei das eine vom anderen nicht zu trennen ist. »... ich weiß nicht, wofür ich male!«, schreibt sie am 5. September 1926. »Und male dennoch, vielleicht für Geld, vielleicht um zu verstehen, ob ich das machen kann, was ich will, denke ... Blumen kann ich nicht malen, denn ich möchte nicht jeden Tag malen und sie verändern sich – und Äpfel sind so schwer. Es bleiben nur Menschen übrig.«

Trotz ihres willigen Vermieters und der jungen Frau aus Eydtkuhnen hört Stenman bei seinen Besuchen, dass es der Malerin in Ekenäs an geeigneten Modellen fehlt. Und hinaus in die Landschaft, sei es nur um die Ecke in den Skeppartträdgården mit seinen wunderbaren Bäumen, kann Helene Schjerfbeck die Staffelei nicht mehr tragen. Da hat der renommierte Kunsthändler eine grandiose Idee.

Am 7. Mai 1927 hört Helena Westermarck von ihrer alten Freundin Helene: »Jetzt lebe ich in der Vergangenheit, denn ich habe eine Bestellung von 9 Reprisen meiner Jugendbilder nach Fotografien. Außerdem 4 weitere Bestellungen – und 3 habe ich schon gemacht – das macht 17!! – Ich bin müde, und es eilt.« Das Jahr hatte gerade begonnen, da schlug Gösta Stenman der Malerin vor, statt Menschen ihre alten Bilder wie Modelle zu nutzen, und sich von ihnen zu neuen Variationen anregen zu lassen. Ob sie nicht Lust hätte, mit der »Näherin« von 1905, das er für eines ihrer besten Bilder hielt, dieses Experiment zu wagen?

Stenman hatte einen Nerv getroffen. Helene Schjerfbecks Weg als Malerin war geprägt von der Lust am Neuen. Sie war eine neugierige Persönlichkeit, das Abenteuer reizte sie. Sie bat Einar Reuter um eine Fotografie der »Näherin«, denn die meisten ihrer Bilder waren inzwischen im Besitz von Museen oder Privatleuten. Ende Februar 1927, nach knapp vier Wochen, war der Auftrag erledigt, Helene Schjerfbeck sehr angetan von dem Ergebnis und der Auftraggeber höchst zufrieden. »Noch eine Freude«, schrieb sie am 12. März an Einar Reuter. »Stenman war fröhlich mit der Näherin und bezahlte entsprechend. Fragte, ob ich den Konvaleszenten malen möchte. In dieser unruhigen Zeit ist es gut, eine beruhigende Arbeit zu haben.« »Der Konvaleszent« – auch »Die Genesende« genannt – war 1890 entstanden und im Salon de Paris ausgestellt worden. Im April bestellte ihr Kunsthändler weitere acht »Reinkarnationen«, wie die Bilder, die keineswegs bloße Kopien der Originale waren, nun in Helenes Korrespondenz genannt wurden.

Einer war nicht zufrieden mit diesem neuen künstlerischen Weg und ließ es Helene Schjerfbeck wissen. Einar Reuter befürchtete, dass ihre Kreativität darunter leiden würde und keine neuen Bilder mehr entstünden. Sah er in Gösta Stenman plötzlich einen Konkurrenten und seinen Einfluss auf die Künstlerin in Gefahr? Helene Schjerfbeck ließ sich nicht manipulieren: »Ich konnte Stenman nicht nein sagen, und ich sage nicht nein zu einem Geschäft, mit dem ich mein Alter absichere. Man sagt nicht nein zu etwas, das so interessant ist.« Das schrieb sie Reuter am 1. Mai und eine Woche später antwortete sie noch deutlicher auf versteckte Vorwürfe: »Ich habe nie meine Überzeugungen verkauft.«

Wieder einmal lernte Einar Reuter das widersprüchliche Verhalten seiner Freundin kennen: Während Helene Schjerfbeck sich in ihren Briefen gern als schwache, unsichere Frau darstellte, deren Bilder man gar nicht als Kunst bezeichnen könne, vertrat sie – wenn es konkret wurde – geschäftstüchtig und selbstbewusst ihre Interessen. Sie reagierte allergisch auf den Versuch, ihre Entscheidungsfreiheit zu beeinflussen und ihre Loyalität gegenüber Gösta Stenman, dem sie ihren internationalen Ruhm und ihren Wohlstand verdankte, zu begrenzen.

Ihr Gespür für Qualität und die eigenen Fähigkeiten war untrüglich. Ob »Die Näherin« oder »Der Rekonvaleszent«, das alte Herrenhaus »Sjundby Manor« oder »Der Schatten an der Wand«, »Die kleine Riita«, »Tanzschuhe«, »Der Tod des Wilhelm von Schwerin« und viele mehr: die künstlerischen »Wiedergänger« früherer Bilder, deren neue Bearbeitung sie ab 1927 immer mehr in ihren Bann zog, nehmen in Helene Schjerfbecks Werk einen eigenen, eindrucksvollen Platz ein. Sie gehören unverwechselbar zu dieser Künstlerin.

Der Hinweis an Reuter, sich damit eine neue Geldquelle erschlossen zu haben, findet sich auch in den Briefen an die Malschwestern. »Stenman bezahlt gut«, heißt es mehrfach und sie weiß, dass ihre Freundinnen – unverheiratete, selbstständige Frauen, die von ihrer Arbeit leben – dafür Verständnis haben. Die Arbeit an den neuen-alten Bildern führt Helene zurück in die verschiedenen Etappen ihres Lebens, viele schöne Erinnerungen tauchen wieder auf.

Die erfreuliche finanzielle Situation bringt verdrängte Träume ans Licht. Helena Westermarck, die sie oft und vergeblich dazu ermuntert hat, erfährt von Reiseplänen. Am Ende allerdings wird nichts daraus. Doch die Arbeit selbst ist wie ein »Jungbrunnen« und Helene Schjerfbeck guter Stimmung. Im Sommer 1927 lädt sie Dora Estlander zu einer kleinen Tour mit dem Auto ein; sie kann Auto und Fahrer vom feinen Restaurant Knipnäs ausleihen. Helene hat sich mit der fünfundzwanzig Jahre jüngeren Tochter ihrer Lieblingskusine Esther angefreundet. Mit Dora kann sie sich über die neueste Mode, Schmuck und Kleider unterhalten, Dinge, die sie seit ihrer Zeit in Paris zu schätzen weiß. Einar Reuter erfährt: »Wir sind ein bisschen rausgefahren, ich sah die Gefangenen arbeiten – ich war so froh, als ich wieder in meinem Heim war.«

Offenbar ging die Route am Gefängnis im nahen Dragvik vorbei, der ehemaligen russischen Kaserne, in der nach dem Bürgerkrieg 1918 Tausende von »roten« Kriegsgefangenen zugrunde gingen oder ihre Strafen verbüßten.

Ihrer Freundin Dora vertraute Helene an, sie habe in der Stadt in der Auslage eines Juweliers einen einfachen Ring mit einem Bergkristall gesehen. Er gefiel ihr sehr, sie überlegte, ihn zu kaufen. Aber sei das nicht Leichtsinn? Würde der Ring vielleicht Unglück bringen? Dora, erfrischend unkompliziert, argumentiert heftig für den Kauf. Aber sie kennt Helene gut genug. So macht sie sich später auf den Weg in die Stadt, kauft das ersehnte Stück und schenkt es Helene.

An Helene Schjerfbecks schöne Ringe hat sich Jahrzehnte später Märta Sundström erinnert. Sie war um 1930 ein junges Mädchen und kam manchmal in den Wohnkomplex, weil sie mit dem Hausbesitzer verwandt war. Helene Schjerfbecks Modell wurde sie nicht, aber die beiden mochten sich. Sie saßen zusammen in der Fliederlaube im Garten auf einem Sofa, redeten über Gott und die Welt und einmal auch über einen besonders schönen Ring, den die Malerin trug. »Den bekam ich von meiner großen Liebe«, erzählte Helene Schjerfbeck freimütig, »aber das ist lange, lange her.« Wenn Märta sich verabschiedete, fragte die so viel ältere, meist in Schwarz gekleidete Gesprächspartnerin stets, wann sie wiederkomme.

Was Besucher betraf, hatte das Jahr 1927 mit einer guten Nachricht begonnen. Ihr Neffe Måns machte als Lehrer ein zweimonatiges Praktikum in Ekenäs. Zwar hatte Helene wieder ihre übliche fiebrige Influenza, ohne die kaum ein Winter vorbeiging. Aber Måns durfte trotzdem oft bei der Tante vorbeikommen. »Er ist natürlich, ermüdet nicht ... ich mag ihn sehr mit seinen Fehlern«, erfuhr Maria Wiik im Februar 1927. Er würde ein gutes Modell sein, fügte die Malerin noch hinzu und diese Prophezeiung wird sich vielfach bewahrheiten.

Måns' jüngere Schwester Hanna, die gelernte Restauratorin,

heiratete 1927 Eilif Appelberg, der gerade eine Stelle als Lektor in einem schwedischen Verlag in Helsinki angetreten hatte. Es war bitter für Helene, erst nachträglich von der Hochzeit ihrer Nichte zu erfahren. Ihr Bruder Magnus hatte in alter Selbstherrlichkeit entschieden, seine Schwester nicht zu informieren. Er ging davon aus, Helene sei zu krank, um nach Helsinki zu kommen. Darüber hätte sie selber entscheiden wollen. Doch es gab eine positive Wendung: Das junge Paar kam regelmäßig nach Ekenäs; zwischen Helene und Eja, wie sie Eilif nannte, entstand eine intensive Brieffreundschaft.

Als es Sommer wurde, dachte Helene Schjerfbeck daran, ihre Freundin Helena einzuladen, aus Lappvik herüberzukommen. Aber dann wurde wieder einmal Olga, die Haushälterin, krank, diesmal auf eine sehr ungewöhnliche Weise. Sie sei von einem Hund angefallen worden, erfährt Helena Westermarck, und die Folge sei eine Nervenlähmung: »Man kann sie nicht gebrauchen – ich kann keine Gäste haben – ich kann sie nicht nach draußen schicken … man muss sehen.« Als sie am 12. Dezember 1927 an Maria Wiik schreibt, sie habe Teppiche und Gardinen geflickt, fügt sie gelassen hinzu: »Du weißt, bis Jul steht viel an.« Und Haushälterin Olga würde keine große Hilfe sein.

Aber Helene Schjerfbeck lässt sich in Ekenäs weder die Stimmung noch die Besuche geliebter Menschen durch Notlagen im Haushalt verderben. Im selben Brief heißt es, sie habe es »vor kurzem mit Helena und ihrem Bruder und mit Hr. Reuter nett« gehabt. Zwei Tage betrachteten Helene und Einar in gemeinsamer Begeisterung »wunderbare Degas« in einem Kunstbuch. Danach hatte sie die Geschwister Westermarck eingeladen, um bei ihr in Ekenäs deren gemeinsame runde Geburtstage zu feiern. Ähnliches hatte in Hyvinkää nie stattgefunden.

Die Geschwister Westermarck, die unverheiratet blieben und zeitlebens eine innige Beziehung pflegten, nannten sich »falsche Zwillinge«, denn sie waren am gleichen Datum zur Welt gekommen. Am 20. November 1927 feierte Helena Westermarck ihren siebzigsten und ihr Bruder Edvard, ein international angesehener Soziologe und Philosoph, seinen fünfundsechzigsten Geburtstag zusammen mit Helene Schjerfbeck in Ekenäs – »unvergessene Tage«. Ein Jahr darauf schickte Helena Westermarck ihrem Bruder schriftliche Geburtstagswünsche: »Während ich schreibe, gehen meine Gedanken zurück nach Ekenäs. Ich denke mit großem Vergnügen daran, an alle die kleinen stimmungsvollen Episoden. Wenige Tage danach schrieb ich Helene Schjerfbeck und sagte, die einzige Enttäuschung war, dass sie so wenig Champagner trinken konnte. Ich dagegen trank auf einen Schlag mehr von diesem herrlichen Getränk als in meinem ganzen Leben.« Eine schöne, eine ungewohnte Vorstellung: die vierundsechzigjährige Helene Schjerfbeck Champagner trinkend, und sei es noch so wenig, bei sich zu Hause im Kreis guter Freunde.

Die alten Freundschaften, an denen ihr sehr viel lag, brachten Freude, aber auch Leid. »Marianne liegt krank, sie, die so viel Angst hatte vor Krankheiten«, erfuhr Maria Wiik im März 1927. Mit Marianne Preindlsberger und Helene Schjerfbeck hatte Maria Wiik die Zeit in Pont-Aven verbracht, erlebnisreiche Monate von Juli 1883 bis April 1884. Zweimal hatte Helene Schjerfbeck Marianne und ihren Mann Adrian Stockes in der Künstlerkolonie St. Ives in Cornwall besucht, zuletzt 1890. Seitdem hatten sich die Freundinnen nicht wiedergesehen; aber der Briefkontakt blieb erhalten.

Im Mai 1927 kam eine Karte aus London von Adrian Stockes: »Deine Marianne ist sehr krank. Sie hat nur noch wenige Tage zu leben – vielleicht wenige Stunden. Sie hat Dich immer sehr geliebt.« Marianne Stockes starb am 13. August 1927 im Alter von zweiundsiebzig Jahren in ihrem Londoner Zuhause. Zu ihrem Begräbnis erschien ein Nachruf in der *Times.* Die Kunstzeitschrift *The Connoisseur* lobte ihren »Charme, ihre Sensibilität und ihr Können als Malerin«; ihr Werk verdiene es, »in der Erinnerung zu bleiben«. Obwohl sie darauf vorbereitet war, muss Mariannes Tod Helene Schjerfbeck mit großer Traurigkeit erfüllt haben. Zur gleichen Zeit sprach sie in ihren Briefen der kranken Maria Wiik Mut zu und erinnerte an die gemeinsamen Pariser Jahre: »Erinnerst Du Dich, wie wir auf der Suche waren in Paris, immer unruhig und suchend. Und man sucht immer.«

In ihrem Brief zum Weihnachtsfest 1927 kommt Helene Schjerfbeck auf ihr eigenes Befinden zu sprechen: »Hier – ja, es geht so, man kann versuchen zu arbeiten – und in den Nächten Angst und Herzbeschwerden, und Gefühle von Einsamkeit haben wohl alle.« Sie will in Ekenäs »Jul mit Kraft und frohem Mut« feiern und wünscht der Freundin in Helsinki »Frieden und Segen«.

Man kann versuchen zu arbeiten: Helene Schjerfbecks »Versuche« sind genial. Lassen sich die originellen »Reinkarnationen« früher Bilder und die zweite große Fassung des »Mädchens aus Eydtkuhnen«, das 1927 entsteht, mit dem »Marktapfel« aus demselben Jahr vergleichen? Ja, alles ist großartig gelungen. Ein Unterschied, wenn auch kein qualitativer: »Der Marktapfel« besitzt das größte Überraschungspotential und ist ein weiterer Beweis für Helene Schjerfbecks außerordentliche künstlerische Spannweite.

Alle Konzentration des Bildes steckt in der intensiven roten Farbe des Apfels, die von dem dunkelgrünen Hintergrund noch gesteigert wird; asketischer kann kaum gemalt werden. Apfel und Hintergrund sind pure Farbe. Die Malerin verzichtet auf jedes Raumgefühl.

Ungezählte Stunden vor der Leinwand im Atelier oder auf ihrer »Arbeitsbank« im Garten unter den Apfelbäumen, viele willkommene Besuche, Pflege an Olgas Krankenbett und der Versuch, den Haushalt aufrechtzuerhalten: Helene Schjerfbecks Tage in Ekenäs sind auch 1927 gefüllt. Aber die Hinweise in ihren Briefen auf ein weiteres Lebenselixier werden nicht weniger. Erfüllt berichtet sie von ihren Stunden mit geliebten Büchern – von Hermann Bang und Thomas Mann, Kristian Elster und Platon, Mörike und Byrons »Don Juan«, von Gedichten der 1926 früh verstorbenen Dichterin Edith Södergran, die einen völlig neuen Ton in die schwedische Poesie brachte. Wiedergelesen hat Helene Schjerfbeck das »gute, alte Buch ›Jane Eyre‹« der englischen Schriftstellerin Charlotte Brontë.

Zweieinhalb Jahre waren seit ihrem Umzug nach Ekenäs im Juli 1925 vergangen; kein Bedauern, keinen Blick zurück hat es gegeben. Helene Schjerfbeck war angekommen im »Vaterland«, auch wenn sie manche Veränderung in der Stadt bedauerte: »... Ahornbäume werden gefällt, kein Schatten mehr, wo der Fahrer seine Liebste küssen kann ... die Stadt wird hässlicher.« Aber solche Mäkelei gehört zum Alltag. Am 19. Januar 1928 signiert sie mit »Helene Schjerfbeck« ihren ersten schriftlichen Mietvertrag. Er ist – nur auf Schwedisch, denn keiner der Beteiligten spricht Finnisch – auf »die Malerin Fräulein Helena Schjerfbeck« ausgestellt. Fünfhundert Mark pro Monat kosten die »drei Räume mit Küche«. Das Fräulein Malerin, das in diesem Sommer sechsundsechzig Jahre alt wird, kann es sich leisten.

37. Kapitel

Das Leben nimmt weiter Fahrt auf

Ekenäs 1928 bis 1931

Der lange Brief, den Helene Schjerfbeck am 13. März 1928 an die schwerkranke Maria Wiik schreibt, ist der Versuch, Trost zu spenden – mit dem Wissen, dass jeder am Ende mit seinem Schicksal allein ist: »Die Gedanken gehen zu Dir und zurück zu den alten Zeiten, weil die jetzigen Zeiten schwer sind. Ich wünsche Dir alles Gute.« Vor dem Hintergrund von Marias schweren Zeiten blickt auch Helene zurück, differenziert, dankbar und ohne sich mit eigenem Unglück anzubiedern: »Ich habe so viel Gutes gehabt, wie ein Mensch begehren kann – jetzt ist man einsam. Aber wenn man etwas im Leben hat, wonach man strebt, ist das wohl Glück. Ich versuche, ein wenig zu arbeiten, aber ich bin müde – und abgestumpft.« Das Negativkonto wird sofort ausgeglichen: »Bücher sind ein Trost«, ebenso »Verwandte und Freunde«; die kommen auch »in dieses alte Paradies« und helfen ihr. Helene beschreibt, wie es ihr mit diesem Brief geht: »So wandern meine Gedanken – und ich möchte, dass Du es gut hast. Erinnere Dich an die Jugendzeit – Deine alte Helene.«

Maria Wiik stirbt am 19. Juni 1928 in Helsinki, ein Schlaganfall. Gegenüber Ada Thilén nannte Helene die verstorbene Freundin eine »einzigartige Persönlichkeit« mit einem »liebenswerten, treuen Herzen«, die alle »Turbulenzen großartig getragen hatte«. Dabei war ihr Maria Wiik »lange fern und fremd« gewesen; besonders in der oft beschworenen »Jugendzeit« fühlte sich Helene der elf Jahre Älteren unterlegen, als Künstlerin benachteiligt. Aber ihre intensive Korrespondenz zeugt von einem umfassenden Vertrauen.

Ihr hat sie alles erzählt – ihre Verzweiflung und ihre Ängste, ihre Krankheiten und ihre glücklichen Augenblicke; sie bat um künstlerischen Rat oder um ein Rezept für ihre Haarprobleme.

Helene Schjerfbeck reiste nicht zur Beerdigung nach Helsinki. Sie ließ rote Rosen auf das Grab der Freundin legen und schrieb an Helena Westermarck: »Von uns sind nur noch 3 übrig, Du, Ada und ich.«

Maria Wiiks Tod war ein Einschnitt, doch das Leben ging weiter. Ende Juni 1928 nutzte Helene die neu gewonnene Freiheit mehr denn je, und Einar Reuter bekommt eine begeisterte Beschreibung: »Weißt Du, ich habe gesehen, wo der Frieden wohnt. In einem alten Haus mit zwei kleinen Räumen, kleinen Fenstern, die offen stehen, und Sonne und Wind schweben frei hinein. Es liegt auf einer Anhöhe, man sieht auf eine Wiese mit 30 Apfelbäumen, Sonne von drei Seiten. Wenn man für die Heimfahrt hinunter zum Strand geht, ist es so schön und sonnig auf den kleinen blühenden Naturwiesen, dass man sich setzen muss. Und es gibt keine Eile … Hr. Bäckman sagte, ich soll wiederkommen.« Mit ihrem Vermieter Eskil Bäckman, der nicht jeden einlud, mit ihm die Wurzeln seiner familiären Herkunft zu besuchen, hatte Helene Schjerfbeck einen Tagesausflug in die Meeresbucht nahe Snappertuna gemacht.

Die beiden fuhren vom Haus an der Perspektivet mit dem Auto zum Lokal Knipnäs, das an der westlichsten Landspitze von Ekenäs ins Meer gebaut war. Von dort ging es mit dem Boot Richtung Osten in einen tiefen Meeresarm bis ans Ende der Bucht. Snappertuna mit seiner alten Burg, die Helenes Bruder einst restauriert hatte und wo Helene Schjerfbeck und Ada Thilén 1892 einen unvergessenen Mal-Sommer verbrachten, war nicht weit. Der Weg vom Strand zu dem kleinen Haus auf der Anhöhe war ein holpriger Pfad, mit Felsbrocken durchsetzt. Dass Helene ihn hin und zurück gehen konnte, ohne in ihrem Brief ein Wort über Schwierigkeiten zu erwähnen, zeigt: so bewegungsunfähig, wie es manchmal in ihren Briefen anklang, war sie trotz aller Beschwerden nicht. Eskil Bäckman hat der Ausflug gefallen. Ihre Antwort auf seine Offerte, den gelungenen Tag zu wiederholen, ist typisch für Helene Schjerfbeck – »o nein, das ist eine zu schöne Erinnerung«.

Die konnte sie gut gebrauchen, denn mit dem Juli kam die Sorge um ihre Haushälterin. Olga Blomqvist hatte einen Schlaganfall erlitten, an eine weitere Beschäftigung war endgültig nicht mehr zu denken. Helene Schjerfbeck machte sich auf die Suche nach einem Pflegeplatz für Olga und war schließlich erfolgreich. Eine Nachfolgerin zu finden, war zeitraubend. Etliche stellten sich vor, absolvierten eine Probezeit, darunter »eine Alkoholikerin und eine überzeugte ›Rotgardistin‹«. Zum Jahresende 1928 hatte sich Helene Schjerfbeck entschieden: Augusta Wilhelmina Bussman, von allen nur Mina genannt, wurde angestellt. Sie kam aus der benachbarten Kirchengemeinde Tenala (finnisch: Tenhola) und arbeitete seit 1910 als Dienstmädchen. Sie war zehn Jahre jünger als ihre Chefin, groß und kräftig, humorvoll und strahlte Gemütlichkeit aus. Mina plauderte gern, manchmal ein bisschen viel, aber Helene fühlte sich wohl in ihrer Gesellschaft. Sie liebte große Feste, lief dann beim Putzen und Backen zu großer Form auf. An Jul konnte es für Mina gar nicht genug Lichter in der Wohnung geben. Wäre es nach Helene Schjerfbeck gegangen, hätte sie auf einen Weihnachtsbaum verzichtet. Aber sie ließ ihrer Haushälterin diese Freude.

Die Tage waren schon dunkler und kälter, als im Herbst 1928 Dr. Erik Calonius von Hyvinkää nach Ekenäs kam, um die Maler-Freundin zu besuchen und vielleicht ein neues Bild für seine kleine Schjerfbeck-Sammlung zu kaufen. Helene Schjerfbeck war beim Aufräumen und warf Briefe ins offene Feuer. Ein Blick genügte, und der Arzt erkannte, dass es Teile ihrer Künstlerkorrespondenz waren. Darauf angesprochen, dass sie Briefe vernichtete, die für die Kunstgeschichte von Bedeutung seien, wich sie für den geschätzten Freund einmal von ihrer Überzeugung ab. Sie gab Dr. Calonius ein versiegeltes Paket mit der Aufschrift: Nach meinem Tod zu öffnen. Es waren rund zweihundert Briefe von Helene an Maria Wiik, die Marias Familie nach deren Tod an Helene zurückgeschickt hatte. Ein unersetzlicher Schatz.

Es war im Herbst, als ihre poetische Ader, ihre Liebe zu Frankreichs Dichtern und ihre eigenen Gefühle zusammenfanden: »Wenn die ersten schweren Tropfen fallen, denke ich immer an Rimbaud ...« Es sind die Worte aus den »Romances sans paroles«, die Helene Schjerfbeck in den Sinn kommen: »Il pleure dans mon cœur / Comme il pleut sur la ville ...« – »Es weint in meinem Herzen / wie Regen auf die Stadt ...« Geschrieben hat sie der Dichter Paul Verlaine 1874, knapp zwei Jahre nach der kurzen leidenschaftlichen Beziehung zu dem jungen Poeten Paul Rimbaud. Zeilen voller Trauer und Melancholie, die eingegangen sind in den Poesie-Kanon der französischen Literatur. Und Helene Schjerfbeck stand zu ihren großen Gefühlen. Es war 1928, als sie Dora Estlander schrieb: »Einmal hat jemand mich angesehen und gesagt: ›Sie interessieren sich nicht für Kleinigkeiten in Gefühlsangelegenheiten‹ – und ich befürchte, ich begehre große, tiefe und wunderbare Dinge.« War es eine Erinnerung an Kristian Andvord in Gausdal, ihre zweite große Liebe? Auf jeden Fall ließ Helene Schjerfbeck die junge Dora tief in ihr Herz blicken.

Während weite Reisen Träume blieben, gönnte sich Helene Schjerfbeck in Ekenäs Ausflüge mit Pferd und Wagen durch die lichten Wälder von Hagen als festen Teil des Sommerprogramms: »An einem der letzten sonnigen Tage war ich in Hagen. Mina hatte Kaffee mitgenommen – ich habe auf dem Felsen gezeichnet. Ich habe jetzt eine Erinnerung an Seeluft, eine plantschende Ente am Strand und die Geräusche, wenn Ruderboote vorbeifahren. An diese Geräusche kann ich mich dann im Winter erinnern.« Das war Ende August 1929. Im Mai 1930 schreibt Helene an Einar Reuter: »Es ist heiß und gewittrig, und man will nur ausruhen, nichts anderes – aber in der Natur ist es herrlich. Ich war auf Sommerreise in Hagen, sah große Felder von gelbbraunem Schilf in blassblauem Wasser, flach und schön. Hechte schwammen gemächlich im Wasser und eine Taucherente.«

Die Freundschaft zu Einar Reuter verlief längst wieder in ruhigen Bahnen. Er kam mit seiner Frau Tyra zu Besuch nach Ekenäs, und Helene hatte auch sie schätzen gelernt. Nicht selten war in ihren Briefen eine Prise Koketterie dabei, vor allem was ihre künstlerische Produktion betraf. Im Februar 1930 spielt sie zudem auf ihr Alter an. Er glaubt, sie arbeite; die Wahrheit ist: »... sehr wenig, denn ich muss wählerisch sein bei meiner Gesundheit – es wird nicht besser mit fast 70 Jahren!«

Genau ein Jahr später, Anfang Februar 1931, geht es nicht um Helenes Arbeit vor der Staffelei: »Mina ist krank, es kommt der Arzt, es kommt die Krankenschwester – ich springe ... Ich bin von morgens bis abends auf Trapp, messe Fieber, träufle ihr Medizin ein ...« Es ist eine Influenza, die aufs Herz geht; ein Wunder, dass Helene Schjerfbeck verschont bleibt. Sie kocht, putzt und macht Feuer, keine Kleinigkeit bei dem großen Küchenherd und den Kachelöfen im Atelier. Draußen ist bitterkalter Winter. Nach drei Wochen geht es Mina etwas besser. Aber wird sie wieder ganz gesund werden? Helene plagt die Erinnerung an Olgas lange Krankheit. Im April ist Mina wieder bettlägerig, an Spaziergänge nicht zu denken.

Helene Schjerfbeck verliert das innere Gleichgewicht nicht: »Ich sehne mich manche Nacht nach Ruhe – und wünsche dennoch zu leben – bin ich nicht im Grunde leichtsinnig, das zu wünschen ...« Diese Gedanken gehen im März 1931 an Elin Elmgren, die zum kleinen Kreis der Kinder gehörte, für die Olga Schjerfbeck 1871 in ihrer Wohnung in Helsinki eine private Schule organisiert hatte. Der Unterricht unter der Leitung der angehenden Lehrerin Fröken Lina Ingman fand nach zwei Jahren ein Ende. Helenes Freundschaft zu Lina Ingman und zu Elin Elmgren, die wie Lina aus einer Professorenfamilie kam, überdauerte die Jahre. Elin Elmgren, zwei Jahre jünger als Helene, erhielt 1901 als eine der ersten finnischen Studentinnen die Approbation als Ärztin und war auf Augenheilkunde spezialisiert. Sie blieb unverheiratet, arbeitete im öffentlichen Gesundheitswesen und machte längere Studienaufenthalte in Kopenhagener und Wiener Kliniken. Nach ihrer Pensionierung 1926 intensivierte sich der Kontakt zwischen ihr und Helene.

Im Frühjahr 1931 tauschen sich die beiden Frauen über das Thema Gott aus. Da Helene Schjerfbeck in späteren Jahren getreu ihrer Überzeugung Elin Elmgrens Briefe vernichtet hat, kennen wir nur ihre Briefe an die Freundin: »Du glaubst, dass ich religiös bin – ich will glauben, und Gott ist meine einzige Zuflucht gewesen in den einsamen schweren Jahren, und ich danke ihm – aber mit Sekten habe ich nichts zu schaffen.« Ähnliches hatte sie im Jahr zuvor Ada Thilén bekannt: »Und Du weißt, ich habe wie Du ein Vertrauen in Gott. Er hat Dir bisher geholfen ... und nun will er vielleicht, dass Du Dich über das freust, was er Dir gibt. Ich danke ihm oft ...«

Ein sehr irdisches Thema brachte Gösta Stenman zur Sprache. Er schlug Helene Schjerfbeck vor, sich ein Radio anzuschaffen; so könne sie Bach und Beethoven hören. Helene liebte klassische Musik, Bach war für sie der Größte. Aber ihre Antwort fiel nüchtern aus: »Ich habe 6 im Garten und 4 bei den Nachbarn, Parkplätze unter dem Fenster, eine Tankstelle gegenüber, und ich bin dankbar für jede Stunde, in der es still ist.«

Und wie stand es in diesen Jahren mit ihrer Malerei, von der sie angeblich – um ihr Alter besorgt – nur wenig zustande brachte? Wer ihren brieflichen Aussagen vertraut, erhält ein widersprüchliches Bild. »Weißt du«, schreibt sie im September 1929 selbstbewusst und programmatisch an Helena Westermarck, »wir sollten keine Hausmütter sein, wir sind Arbeiterinnen.« Einen anderen Ton schlägt sie gegenüber Einar Reuter im Mai 1931 an: »Sie lachen über mich, wenn ich sage, ich habe viel zu tun – ich mache sauber, wische, koche, manchmal nähe ich Kleider, flicke alles, und das ist viel, und manchmal schaue ich nach einem Bild – setze ich mich hin, um zu malen, kommen Rechnungen, nie ist Ruhe. Wie kann man bei einem Haushalt entspannen.« Um diesen Widerspruch aufzulösen, hilft nur eines: ein Blick auf die Bilder, die zwischen 1928 und 1931 entstanden sind.

38. Kapitel

»Neue Frauen«, interessante Männer, Ausstellungen und der siebzigste Geburtstag

Ekenäs 1928 bis 1932

Familie Blomberg zog 1926 in das kleine Steinhaus, das im großen Innenhof von Perspektivet 2 an der nördlichen Ecke hinter Bäumen und Büschen lag. Bruno Blomberg, 1892 geboren, war als Hausmeister für die Häuser und den Garten zuständig. Helene Schjerfbecks künstlerisches Auge fand Gefallen an seinen Kindern Karin und Carl-Gustav. Sie fragte die Mutter Charlotta Blomberg um Erlaubnis, und 1928 saß Karin zum ersten Mal Modell. Es entstand das Bild »Mädchen mit den großen Augen«. 1929 versetzte das junge finnische Mädchen Helene Schjerfbeck beim Malen in die Stimmung des Orients; »Ägyptisches Mädchen« nannte sie das Porträt.

Auf einem schlanken langen Hals sitzt ein längliches Gesicht. Aus den »großen Augen« sind diesmal zwei markante Schlitze geworden; ein kesser Blick dringt dennoch nach außen. Die Wangen sind gerötet, der Mund ist dunkelrot, so liebt es die Malerin. Der dunkle Kurzhaarschnitt schafft klare Konturen gegenüber dem hellgrauen monochromen Hintergrund. Das »Ägyptische Mädchen« ist eine geheimnisvolle Schöne, die deutlich ins 20. Jahrhundert gehört. Karins Bruder Carl-Gustav hat Jahrzehnte später erzählt, dass Helene Schjerfbeck die Sitzungen, bei denen Schweigen verpflichtend und jeder Blick auf die Leinwand untersagt war, großzügig honorierte. Ihm gab sie fünfhundert Mark.

Am 16. Januar 1929 erfährt Einar Reuter: »Ich habe ein Mädchen aus den Schären gesehen und will es malen.« Ihr malerischer Jagdinstinkt für ein besonderes Modell, der Helene Schjerfbeck ihr ganzes Künstlerleben begleitet, hat sie auch mit fast siebzig Jahren nicht verlassen. Im März folgt eine positive Bestätigung: »Das Mädchen aus den Schären sitzt Modell.« Es hat nicht viel Zeit, Helene muss sich mit Skizzen begnügen. Doch darin ist sie längst Meisterin. Ebenso in der Fähigkeit, das Gesamtempfinden beim Anblick der Porträtierten, wenn sie versucht, in die tiefen Schichten der Seele vorzudringen, zu konservieren und später, wenn sie allein vor der Leinwand sitzt, in den Malvorgang einfließen zu lassen.

»Das Mädchen aus den Schären« hat Helene Schjerfbeck 1929 in Öl mit einem überlangen schmalen Hals auf die Leinwand gebracht und auch als Aquarell mit Kohle auf Papier. In beiden Bildern geht der Blick der großen mandelförmigen Augen kühl kalkulierend schräg nach rechts außen. Der Kopf ist mit einem Tuch fest wie ein Turban umspannt. Die strichfeinen Brauen sitzen modisch hoch über den Augen, der volle Mund ist farbig betont. Der Hintergrund ist streng einfarbig. Mit seiner klassischen Eleganz und weltläufigen Ausstrahlung könnte das »Mädchen aus den Schären« in Paris und London, aber auch im modisch geprägten Helsinki der zwanziger Jahre zu Hause sein.

Vier Tage nach der Entdeckung des jungen Mädchens hatte Helene Schjerfbeck am 20. Januar 1929 gegenüber Einar Reuter ein künstlerisches Bekenntnis abgelegt: »Ein Künstler soll arbeiten, nicht viel philosophieren, nur Eindrücke aufnehmen. Eine starke, einfache, gefühlvolle Kunst, reich an Gefühl, die wollte ich.« Einfachheit, künstlerische Askese und Raffinement schließen sich in Helene Schjerfbecks Bildern nicht aus. Sie sind geradezu der stilbildende Mix ihrer Porträts junger moderner Frauen, die mit dem Umzug nach Ekenäs einen immer größer werdenden Teil ihrer Werke ausmachen. Gerade die Frauen-Porträts belegen, wie sehr Helene sich der modernen Zeit zugehörig fühlt. Ein Erbe ihrer Pariser Jahre, die sie als Künstlerin und als Persönlichkeit entscheidend prägten. Auch interessante Männer, die in dieses Schema passen, haben bei der Malerin Chancen; nur fand sie wenige.

Hinter dem malerischen Blick für die elegante, attraktive Einfachheit der »neuen Frauen« steckt persönliche Sympathie. Es sind selbstbewusste Frauen, meistens berufstätig, unverheiratet, für die sich die fast siebzigjährige Künstlerin entscheidet und deren untergründige Stimmung und Ausstrahlung sie mit traumwandlerischer Sicherheit trifft. Kein neidischer Blick der Älteren ist mit im Spiel, im Gegenteil. Mit ihren Porträts gibt Helene Schjerfbeck dieser Generation »neuer Frauen« eine prominente öffentliche Bühne.

In der zweiten Jahreshälfte 1928 erfüllt sich Helene Schjerfbeck einen langjährigen sehnsüchtigen Wunsch. Im Dezember 1912 hatte sie an Helena Westermarck geschrieben: »Hast Du nicht Lust … Spanien zu sehen; il Greco, den wir alle nicht kennen und der ein wunderbarer Menschenmaler war …« An den neuen Entwicklungen und Trends in der Welt der Kunst interessiert, wird Helene nicht entgangen sein, dass der Renaissance-Barock-Maler El Greco (1541-1614) im zweiten Jahrzehnt des 20. Jahrhunderts endgültig als »Prophet der Moderne« zum inbrünstig verehrten Vorbild einer neuen Künstlergeneration wurde. Picasso war von dem gebürtigen Griechen, der sich im spanischen Toledo niedergelassen hatte, ebenso fasziniert wie die jungen Maler des Blauen Reiters, Max Beckmann und Oskar Kokoschka.

El Greco lässt sich in keine künstlerische Schublade stecken, brach mit traditionellen Regeln der Malerei, schuf mit Licht und Schatten ein neues Raumgefühl. Er malte großformatig nervöse Apostel, spanische Adlige, Maria und die Engel – meist in grellen Farben und mit verrenkten Gliedern. Cézanne gehört zu El Grecos frühesten Bewunderern und ließ sich von dessen Bildern inspirieren. Helene Schjerfbeck, die Cézanne zu ihren Meistern zählte, schrieb im November 1927 an Einar Reuter: »Ich hätte Lust, so zu malen wie Greco, Cézanne tat es, van Gogh.« Im Jahr darauf tat sie es auch.

Ihr »Engelsfragment« von 1928/29 maß 74 × 54 Zentimeter, war mit Tempera und Öl auf Leinwand gemalt und die kongeniale Aneignung einer Engel-Komposition von El Greco. Wie bei ihrem

Vorbild hat Schjerfbeck zwei von drei Engeln himmelwärts ausgerichtet. Doch sie verzichtet auf grelle Farben. Bei ihr geht von den himmlischen Boten eine gelassene Spiritualität aus. Im Herbst 1928 kam erstmals der Ingenieur und Kunstmäzen Jalo Sihtola aus dem ostfinnischen Imatra nach Ekenäs, um die von ihm bewunderte Malerin zu besuchen, und sah ihre Greco-Aneignung. Sihtola, Onkel des berühmten Schriftstellers Mika Waltari, und seine Frau Esther waren eifrige Sammler nordischer Malerei. Das »Engelsfragment« wurde sofort nach der Fertigstellung von ihnen angekauft.

Im selben Zeitraum, um 1928, schuf Helene Schjerfbeck eine »Spanische Frau nach El Greco«. Ohne Anbiederung verbindet sie malerisch zwei Welten über den Abgrund der Zeit: Auf der Leinwand entsteht eine Frau mit der Aura El Grecos, die sich nahtlos als »neue Frau« Helene Schjerfbecks Kosmos zugesellt. Es ist ein künstlerisches Abenteuer, das gerade erst begonnen hat. »Nach Toledo, nach Greco zieht es mich immer noch«, erfährt Helena Westermarck im April 1932. Es ist eine Sehnsucht, die nur wachsen kann.

Touristen passieren achtlos Helsinkis Kunsthalle, einen neoklassischen fensterlosen Bau, wenn sie – vom Bahnhof oder der Innenstadt kommend – die breite Nervanderinkatu entlang zum beliebten unterirdischen Felsendom gehen. Als die Kunsthalle 1928 eingeweiht wurde, atmete die Kunstszene auf. Endlich hatte die Hauptstadt einen angemessenen Platz für die zeitgenössische Kunst. Nur Gösta Stenman hatte das Nachsehen. Seinem prächtigen Kunstpalast fehlten nun die Kunden und damit Stenman eine wichtige Einnahmequelle.

Gösta Stenman beendete 1928 seine Tätigkeit in Helsinki. Hier hatte er seit 1912 systematisch seine Karriere zum einflussreichsten und wichtigsten Kunsthändler der nordischen Länder aufgebaut und Helsinki auf die Landkarte der Kunst gesetzt. Er verlegte seine Arbeit nach London und beschränkte sich einstweilen auf die Kunst alter Meister. Stenman war ein unermüdlicher Reisender und besaß ein Sommerhaus nahe Ekenäs. Für Helene Schjerfbeck, die ihren Ruhm und ihre Anerkennung seinem Engagement verdankte, blieb er der Agent und Verbindungsmann zur internationalen Kunstwelt und ein Berater, dem sie vorbehaltlos vertraute.

In der Kunsthalle fand zur Eröffnung im Frühjahr 1928 eine große Ausstellung statt, eine weitere folgte schon im Sommer. Auf beiden war Helene Schjerfbeck mit mehreren Bildern vertreten. Dank Stenmans Kontakten hatte sich Helene Schjerfbecks Ruf auch in Stockholm, dem Zentrum nordischer Kunst, durch mehrere Ausstellungen gefestigt. Im Februar 1929 hingen wieder Bilder von ihr in einer Ausstellung in Liljevalchs Kunsthalle. Im späten Frühjahr wanderte die Ausstellung weiter nach Oslo. In der Kieler Kunsthalle gab es im selben Jahr eine Ausstellung über »Nordische Kunst«. Neben Akseli Gallen-Kallela und Tyko Sallinen war in der finnischen Abteilung Helene Schjerfbeck erstmals in Deutschland zu sehen.

Am 9. September 1929 schrieb Helene an Dora Estlander: »Sonntag kommt Måns zum Malen. Ich glaube, es wird ebenso gut wie Tizians junger Mann mit dem Handschuh im Louvre. Wenn es fertig ist, glaube ich es nicht mehr.« In ihrem Neffen Måns, »Masse« genannt, sah die Malerin ein ideales männliches Modell. Mit dem Porträt von 1929 begann eine Serie von Gemälden und Skizzen; kaum einen anderen Menschen hat Helene Schjerfbeck so oft gemalt wie Måns. Der zurückhaltende junge Mann, 1897 geboren, unterrichtete ab den 1930ern an einer angesehenen Jungen-Schule in Helsinki Geografie, Chemie, Physik und Geometrie. Wie an den jungen Frauen, die durch Helenes Vorstellungskraft und ihr malerisches Können auf der Leinwand zum Typus der »neuen Frau« wurden, faszinierte die Malerin an Måns, dass sie mit ihm den Typ des leicht blasierten Mannes von Welt auf die Leinwand projizieren konnte. Auch wenn er ihm in der Realität kaum entsprach.

»Autofahrer« nannte sie eines seiner Porträts; dass der Sohn ihres Bruders weder ein Auto besaß noch fahren konnte, tat nichts zur Sache. Das Auto war ein Symbol der modernen männlichen

Welt, die für Helene Schjerfbeck in Måns durch ihre Künstleraugen Gestalt annahm. Ein anderes Symbol war der Dandy-Typ, den Helene Schjerfbeck in den 1880er Jahren in Paris unmittelbar erlebt hatte. Er hatte den Übergang ins 20. Jahrhundert glänzend bestanden. Oscar Wildes »Dorian Gray« hatte Helene einst fasziniert gelesen – ein »schreckliches Buch«, weil es so voller Wahrheit steckte. Mit Måns hat der Dandy Eingang in Schjerfbecks Werk gefunden. Als schlanke Gestalt mit langem Hals und dunklen schwermütigen Augen erzählt der Neffe auch von Helene Schjerfbecks Dialog mit den Meistern quer durch die Jahrhunderte – von Tizian über El Greco bis Modigliani.

1930 war Helene Schjerfbeck wieder in einer Ausstellung der neuen Kunsthalle vertreten, mit vier Bildern. Alle stammten aus der Sammlung des Ateneums. Im Februar 1931 erhielt sie eine Einladung aus Antwerpen, an einer Ausstellung teilzunehmen. Innerhalb von fünf Tagen sollte sie fünf Bilder zum Transport bereitstellen. Helene fand das erstaunlich naiv: »Glauben die vielleicht, man sitzt ständig mit seinen fünf besten Bildern um sich herum?« Aus Antwerpen wurde nichts.

Dann kam ein Jahr, mit dem sie schon ein wenig kokettiert hatte. 1932 würde Helene Schjerfbeck ihren siebzigsten Geburtstag feiern. Aber alle, die am Morgen des 10. Juli 1932 vor ihrer Tür standen, um zu gratulieren, wurden enttäuscht. Das Geburtstagskind wollte nicht von einem Gratulationschor geweckt werden. Helene Schjerfbeck hatte in aller Frühe die Flucht ergriffen.

Den Vorschlag von Helena Westermarck, den besonderen Tag bei ihr im nahen Lappvik zu verbringen, hatte Helene Schjerfbeck abgelehnt. Es sei ihr zu anstrengend. Nur ihrer alten Freundin Elin Elmgren, der pensionierten Ärztin, hat sie am 15. Juli 1932 gestanden, was sie gegenüber Freunden und Verwandten als Geheimnis bewahrte. Ihr »verschwiegener Hausbesitzer« Eskil Bäckman war eingeweiht, denn er war Teil des Komplotts. Helene Schjerfbeck hatte vom Lokal Knipnäs einen Fahrer nebst Auto bestellt und fuhr mit Mina für einen Tag zu jenem winzigen Haus in den Schären vor Snappertuna, »wo der Frieden wohnt«. So hatte sie nach einem Ausflug im Juni 1928 mit Eskil Bäckman dessen familiären Herkunftsort beschrieben. Vom Haus auf der Anhöhe zeichnete Helene an ihrem siebzigsten Geburtstag den Blick auf das Ufer, einen einsamen Baum und die Boote in Hafennähe. Und setzte das genaue Entstehungsdatum auf den Rand des Blattes – 10.7.1932. Für die Malerin Helene Schjerfbeck war diese Kennzeichnung sehr ungewöhnlich. Sie wollte diesen Tag mit ihrer Kunst festhalten.

Als Helene Schjerfbeck gegen Abend wieder nach Hause kam, war die Treppe mit Blumen und Telegrammen bedeckt. Freunde und Verwandte forderten dennoch ihr Recht und meldeten sich in den folgenden Tagen zu Geburtstagsbesuchen an. Zum Malen kam sie vorerst nicht. Das hinderte sie nicht, Mitte August die Kutsche zu bestellen und ihre »jährliche Reise« durch Hagen und die Insel Ramsholmen zu machen. Mina hatte fürs Picknick gesorgt, das sie unter alten Erlen einnahmen. Es war ein ereignisreicher, anregender Sommer.

Eines Tages erschien Venny Soldan-Brofeldt mit einer dänischen Künstlerin. Die beiden Frauen schlugen im Garten des Innenhofes vor Helenes Haus ihr Zelt auf. Am frühen Morgen wanderten sie mit Rucksack und Staffelei zum Malen in die Umgebung. Wenn Helene ihnen aus den Atelierfenstern nachsah, kam die Erinnerung an die Jugendzeit in Pont-Aven zurück: Wie sie allein oder mit Marianne Preindlsberger vom Hôtel Julia in die bretonische Landschaft hinausgezogen war.

Die finnische Malerin Venny Soldan, ein Jahr jünger als Helene, gehörte nicht zum engsten Kreis der Malschwestern, obwohl auch sie in Paris studiert hatte, und staatliche Reisestipendien erhielt. Sie hatte Talent; 1889 hing eines ihrer Bilder in der Pariser Weltausstellung. Venny Soldan heiratete den einflussreichen Schriftsteller und Journalisten Juhani Aho, der seinen schwedischsprachigen Namen Johannes Brofeldt finnisierte. Er war in der Bewegung »Junges Finnland« aktiv und schrieb in finnischer Sprache. Es wurde eine unglückliche Ehe. Juhani Aho hatte eine Beziehung zu Vennys Schwester, das blieb nicht verborgen und auch nicht das Kind aus dieser Verbindung. Er starb 1921.

Venny Soldan-Brofeldt hatte ein Sommerhaus in Strandnähe bei der Hafenstadt Hango; von Ekenäs nur wenige Stationen entfernt. Sie war eine aktive Frau, die gern reiste, vielseitig interessiert, und Helene genoss ihre wachsende Freundschaft. Als Venny Soldan-Brofeldt im Sommer 1927 Helene Schjerfbeck besuchte, erzählte sie so lebendig von ihrer Paris-Reise, dass Helene danach an Helena Westermarck schrieb, sie habe ganz Paris vor Augen gehabt. Ein andermal erzählte Helene, die Freundin habe sie »innerhalb von zwei Stunden zum Buddhismus bekehren« wollen.

Mit Venny war es nicht langweilig. Zugleich respektierte sie Helenes Eigenleben. Im Rückblick auf den Zelt-Besuch in ihrem Garten ist Helene Schjerfbeck voll des Lobes: »Venny ist sehr gut, sie kommt nicht ins Haus, denn ich kann keinen Besuch empfangen. Wir tranken draußen Kaffee, aßen rohe Eier.« Venny schenkte der modebewussten Freundin zum Abschied eine Strandkappe aus Juan-les-Pins.

Der Herbst 1932 kam ins Land und mit ihm ein unerwarteter Besucher. Helena Westermarck erfährt am 9. Oktober von einem »wirklichen Menschen«, den die Bewunderung für Helene Schjerfbecks Bilder von Helsinki nach Ekenäs geführt hat: »Ich sehe, dass er Jude ist, Simon Pergament … nach 20 Minuten hatte er mich erfasst, verstand meine tiefsten Wünsche.« Es wurde ein Gespräch zwischen verwandten Seelen. Simon Pergament (er nennt sich auch Parmet) wurde 1897 in Helsinki geboren, war Kapellmeister, Dirigent, Pianist und Komponist. Er glaubte daran, dass die Kunst den Menschen erhebt und ihm hilft, sich zu finden. Das sagte er Helene Schjerfbeck und auch, dass in ihren Bildern eine Ahnung stecke – eine feine Beobachtung.

Vollends überwältigt war die Malerin, als der Musiker nach dem Besuch in seinem Dankes-Billett eine Weisheit von Leonardo da Vinci zitierte: »Cosa bella morte, e non d'Arte.« Die schönen Dinge sterben, aber nicht die Kunst – »das beschreibt meinen ganzen Kampf, wofür ich lebe, wofür ich in meinen Bildern gelebt habe«. Helene Schjerfbeck vertraute Helena Westermarck an, dass sie nach Erhalt dieser Botschaft einige aufgewühlte Tage erlebte.

Diese Erfahrung ist ihr wohlbekannt und keineswegs negativ. »Stürmisch ist mein Leben«, wird sie der Freundin im nächsten Jahr schreiben. Die Entscheidung, nach Ekenäs zu ziehen und einen Umbruch zu wagen, hat das innere Feuer neu angefacht. Mit Entschlossenheit, Kraft und Ehrgeiz hat Helene Schjerfbeck in der kleinen Stadt ihr großes künstlerisches Werk vorangetrieben und neue Akzente gesetzt. Sie ist auf der Höhe ihrer Zeit, was die Kunst und was die Menschen betrifft. Sie ist dem Leben neu zugewandt. Helene Schjerfbeck fühlt sich trotz ihrer siebzig Jahre sehr lebendig und erwartet neugierig und kampfbereit das kommende Jahrzehnt als kreative Herausforderung.

39. Kapitel

Triumph in Stockholm und selbstbewusste Gelassenheit

Ekenäs 1933 bis 1938

Das neue Jahr bringt in der ersten Hälfte traurige Erfahrungen. Am 8. Mai 1933 stirbt in Helsinki Bruder Magnus an einem Herzinfarkt. Seit Beginn der 1930er Jahre wirkte er übermüdet und nervös, seine Hände zitterten. An Reuter schreibt Helene, seit dem Tod der Mutter habe es mit dem Bruder keinen Streit mehr gegeben. Das war ein harmonisierender Rückblick, denn Magnus Schjerfbeck konnte seine Bevormundung der jüngeren Schwester nie ganz ablegen. Helene hatte zeitlebens unter dem Bündnis von Mutter und Sohn ihr gegenüber gelitten. Doch nun war sie die Letzte aus der kleinen Familie. Da blieb nur die Traurigkeit über den Verlust.

Fünf Wochen später trifft sie die Todesnachricht eines Menschen, mit dem sie rund fünfzig Jahre in einer unkomplizierten Freundschaft verbunden war. Am 14. Juni 1933 stirbt Ada Thilén; nach Maria Wiik die zweite aus dem Bund der Malschwestern und eine »vom alten Schlag«. Für immer bleibt in Helenes Erinnerung der Sommer 1891, als sie mit Ada in Snappertuna und dem benachbarten Schärenhafen Nothamn viele glückliche Monate verbrachte – und sie nichts taten als malen und leben. Es bleibt das helle Bild, das Helene Schjerfbeck von Ada Thilén unter den Birken im Freien malte: in weißer Bluse, den dunklen Zopf auf dem Rücken, den Blick auf das Wasser und in die Weite gerichtet – eine junge selbstbewusste Frau mit Erwartungen an die Zukunft.

Aus dem engeren Lebenskreis, dessen Wurzeln tief in die Vergangenheit reichen, ist neben Helena Westermarck der Kontakt zur alten Freundin Elin Elmgren und zu Lina Ingman geblieben. Im Briefwechsel vom Frühjahr und Sommer 1933 wirft der Tod von Bruder Magnus und Ada Thilén letzte Fragen auf. An ihre erste Lehrerin schreibt Helene Schjerfbeck: »Ich bitte Gott um ein starkes, stilles Ende.« Mit Elin Elmgren war sie schon zuvor im Dialog über den Glauben gewesen und bekennt nun: »Ich will glauben, und Gott war meine einzige Zuflucht in den einsamen schweren Jahren. Der große einfache Glaube, den ich in den katholischen Ländern erlebte, hat mich beeindruckt ...« Sie bekräftigt, »dass ich an Gott glaube, nicht an die Kirche«.

Die staatstragende lutherische Kirche Finnlands, zu der sie als Kind selbstverständlich gehörte, bot der erwachsenen Helene Schjerfbeck keine Glaubensheimat. Aber auch der esoterische Zeitgeist, der besonders in Künstlerkreisen zusehends Jüngerinnen und Jünger fand – ihr Kunsthändler Gösta Stenman wurde Theosoph –, war für sie keine Alternative. Gegenüber Einar Reuter bekennt sich Helene Schjerfbeck 1934 ausdrücklich zu einem erdverbundenen Christentum: »Seit meiner Jugend, wenn andere sich der Spiritualität, Theosophie und ähnlichen Dingen zuwandten, habe ich gefühlt, dass mein Weg hier auf der Erde ist. Da bin ich gewandert – und jetzt preisen sie mich, weil ich alles ertragen habe und über allem stehe! Wir sind auf diese Erde gestellt, die Erde ist wunderschön, und aus dem Elend steigen wir auf zu Höherem.« Man sollte diesen Glauben nicht unterschätzen, er gehört zu Helenes Kraftquellen; auch wenn sie nur selten darüber redet.

»Die Bücher sind ein Trost«, hat Helene Schjerfbeck mehr als einmal geschrieben, und das waren keine leeren Worte. Im Sommer 1933 erfährt ihre jüngere Freundin Dora Estlander, dass Helene unter anderem »wieder ein bisschen Montaigne« liest; den Lebensweisheiten des skeptischen französischen Humanisten am Ende der Renaissance vertraute sie. An Esther Brusiin, ihre Kusine und Doras Mutter, schreibt Helene am 19. Oktober 1933: »Thomas Manns ›Buddenbrooks‹ ist der letzte deutsche Roman, den ich gelesen habe, kühl, beklemmend und sehr gut. Danach habe ich andere Nationen gelesen, die norwegischen Schriftsteller sind überfällig.« Auch Bücher über Honoré Daumier sind fester Bestand ihrer Lektüre. Er bleibt »der Größte für mich«.

Nicht dass sie den Alltag darüber vergisst oder weniger aus ihren Atelierfenstern schaut. Im Sommer 1933 hat der Sportverein von Ekenäs den großen Paavo Nurmi überzeugen können, an einem Schaulauf teilzunehmen. Der Sechsunddreißigjährige, Finnlands Sportidol, hatte zwischen 1920 und 1928 bei Olympischen Spielen als Läufer auf unterschiedlichen Strecken insgesamt neun Goldmedaillen gewonnen. Die Menschen strömen nach Ekenäs, um Nurmi zu sehen. Einar Reuter bekommt am 16. Juli einen Hinweis auf das Ereignis: »15 Autos stehen vor meinem Fenster. Ich habe meine Tür verschlossen.«

Mit der Malerei ist Helene Schjerfbeck das ganze Jahr über beschäftigt. Es entsteht ein weiteres Bild in ihrer Galerie »neuer Frauen«. Sie nennt es »Die Lehrerin«: ein langer Hals, ein schmales, längliches Gesicht mit ausgeprägtem Mund, die Körperumrisse sind mit markanten Strichen gezeichnet. Die dunklen Augen suggerieren jenen modischen »ennui«, der die Welt gelangweilt auf Abstand hält. Zugleich hat Helene Schjerfbeck nun ein männliches Modell, das alle ihre künstlerischen Wünsche erfüllt. Einar Reuter bekommt Mitte Oktober 1933 einen Brief aus Ekenäs: »Was habe ich für Lust, Måns zu malen.« Über den Fortschritt an der Staffelei schreibt sie Ende Dezember zum neuen Jahr: »Jetzt liegen die gewaschenen Pinsel vor mir auf dem Brett. Ich brauche nur die Gedanken beiseitezuschieben und das kupferfarbene Gesicht auf Måns' Bild zu malen, aus dem Gedächtnis.«

Auch dieses Jahr ist nicht vergangen, ohne dass Bilder von ihr in Finnlands Hauptstadt zu sehen waren. In der Galerie Hörhammer, die der einstige Geschäftspartner von Gösta Stenman 1918 gegründet hatte, hingen zwei Bilder. Mit drei Bildern war sie an der traditionellen Herbstausstellung vom 17. Oktober bis zum 21. November 1933 in der Kunsthalle von Helsinki beteiligt.

Im Frühjahr 1933 eröffnete Gösta Stenman, der 1928 seinen

»Kunstpalast« in Helsinki aufgegeben hatte, in Stockholm »Stenmans Konstsalong« – in der Storgatan 10 im feinen Quartier Östermalm. Es war nur eine Frage der Zeit, wann Stenman dem schwedischen Publikum seine wichtigste Künstlerin präsentieren würde. Um diese Zeit schreibt Helene an Reuter, sie habe das Gefühl, »ich muss mich Dir gegenüber rechtfertigen«. Offensichtlich hatte der Forstmeister wieder einmal Kritik an Stenman geübt. Helene Schjerfbeck jedoch lässt auf ihren »Wohltäter« nichts kommen: »... Du weißt, was er für mein Leben bedeutet. Siehst Du, es gibt Dinge, über die ich mit Dir nicht reden kann.«

In diesem Brief vom 21. März klagt Helene Schjerfbeck über die wachsende Belästigung als öffentliche Person. Es hat sich herumgesprochen, dass im Haus Perspektivet 2 eine bekannte Malerin lebt. Fremde Menschen erscheinen an ihrer Eingangstür und wollen mit ihr reden: »8 stehen draußen und ziehen an mir, jeder will etwas – 3 wollen, dass ich eine Ausstellung mache – 5 wollen kaufen, 1 Unterricht ... Niemand weiß, wie schlecht es mir geht. Ich möchte Schluss machen mit meinem Heim.« Ernst gemeint war der letzte Seufzer nicht. Aber Helene Schjerfbeck, die ihren Ruhm in der Kunstwelt genoss, fehlte jede Eitelkeit, sich in der Öffentlichkeit als Künstlerin zu präsentieren.

Im Sommer 1934 bekam Helene Schjerfbeck eine so schwere Lungenentzündung, dass der behandelnde Arzt sie fragte, ob sie noch Verwandtschaft habe. Sie muss die Krankheit entgegen der Prognose in kurzer Zeit überwunden haben. Am Ende des Sommers schildert sie Dora Estlander, wie sie zusammen mit ihrer Haushälterin Mina auch ohne Strom die Abende genießt: »Heute Nacht hat die Erde wieder vom Gewitter gebebt, so war es den ganzen Sommer. Mina und ich sitzen im Dunkeln, denn das Fräulein nebenan hat den Stromkasten abgeschlossen und ist abgereist. Wir haben nun herrliche Abende bei einem Kerzenstumpf. Heute ruhten die Dunkelheit und der Sturm, nach all der Hitze. Ich kann nur so viel Hitze vertragen, wie ich in mir selbst habe.« Doch das war offensichtlich eine Menge.

In den Sommermonaten macht Gösta Stenman von seinem Haus im Südwesten Finnlands einen Abstecher nach Ekenäs. Auf seine nüchterne Art, hinter der Helene ein tiefes Verständnis für sie als Person und Künstlerin spürte, motivierte er sie. Er beschwor nicht pathetisch ihre Verantwortung als Malerin, sondern weckte ihren Ehrgeiz durch rationale Überlegungen: Sie erwartet keinen Besuch – warum die Zeit mit Putzen vergeuden? Sie hat im Augenblick kein Modell – warum die Zeit mit Warten verstreichen lassen? Er möchte wieder ein Selbstporträt von ihr. Der Anschub tat seine Wirkung: Zwischen 1934 und 1939 sitzt Helene Schjerfbeck in ihrem Atelier viele Stunden allein vor der Leinwand und schaut in den Spiegel an ihrer Seite. Es entstehen mindestens vier Selbstporträts.

Das »Selbstporträt in schwarzer Kleidung« wird noch 1934 fertig und ist die erste gelassene Antwort der Malerin auf die Anfrage ihres Kunsthändlers. Rund zwanzig Jahre ist es her, dass der unbekannte »junge Mann« im Herbst 1913 in Hyvinkää an die Tür klopfte und nach der Besichtigung ihrer Bilder sagte: »Ich kaufe alle.« 1934 ist Helene Schjerfbeck dank Gösta Stenman eine erfolgreiche und anerkannte Malerin im nordischen Raum und kann sich ein gutes Leben leisten. Sie weiß, dass Stenman bedingungslos an sie als Künstlerin glaubt und deshalb Erwartungen an sie stellt. Das bedrückt sie zuweilen, aber nie fühlt sie sich in ihrer künstlerischen Freiheit eingeschränkt.

Aus dem »Selbstporträt in schwarzer Kleidung« blicken die weit geöffneten Augen unter hochgezogenen Brauen leicht spöttisch-herablassend haarscharf am Betrachter vorbei. Der Mund ist voll und groß gemalt; die kurz geschorenen Haare erinnern an eine Tarnkappe. Die schwarze Kleidung umgibt das Selbstporträt mit dem Flair eleganter Weiblichkeit. Hier präsentiert sich keine ältere Frau, sondern eine moderne »neue Frau«.

Die Malerin Helene Schjerfbeck kennt ihren Wert und kann mit erhobenem Haupt ein wenig von oben herab in die Welt schauen. Das schließt Lampenfieber vor jeder neuen Ausstellung nicht aus und nicht den Entschluss, sich – je nach den Umständen – mit ihren Bildern der Öffentlichkeit zu verweigern. Als die Einladung aus Stockholm kommt, im Herbst 1934 als einzige Frau neben drei finnischen Künstlern an einer umfassenden Ausstellung mit rund dreihundert Werken über »Finnische Kunst« in Liljevalchs Kunsthalle teilzunehmen, lehnt Helene Schjerfbeck ab. Später wird sie an ihre Freundin Helena Westermarck schreiben, sie habe falsche Ratgeber gehabt. Die rieten ihr zu einer Absage, weil ihre Bilder angeblich von den starken Farben ihrer Malkollegen – darunter Tyko Sallinen, Star der jungen Generation – »erschlagen« würden. Helene selbst befürchtete, nicht genug Neues bieten zu können.

Am Ende siegte ihr Verstand über irrationale Gefühle. In Stockholms berühmter Kunsthalle, wo 1916 dank der Kontakte von Gösta Stenman erstmals zehn Bilder von Helene Schjerfbeck zu sehen waren, wollte der Aussteller ihren gesamten künstlerischen Kosmos ausbreiten – einundsiebzig Bilder und Zeichnungen aus den Jahren 1878 bis 1934. Helene Schjerfbeck schrieb einen zweiten Brief, sagte zu und sah dem Herbst 1934 mit »klopfendem Herzen« entgegen.

Kaum ist die Ausstellung am 20. Oktober 1934 eröffnet – sie dauerte bis zum 11. November –, berichten die schwedischen Zeitungen umfangreich und voll des Lobes über das Werk der Malerin aus Finnland. Helene Schjerfbeck ist hier keine Unbekannte mehr, aber einen solchen Überblick über ihr Werk hatte es in Skandinavien noch nicht gegeben.

Dagens Nyheter stellt sie auf eine Stufe mit anerkannten zeitgenössischen Meistern wie dem US-Maler James McNeill Whistler (1834-1903) und dem Dänen Vilhelm Hammershøi (1864-1916). Der Kritiker der *Stockholmer Tidningen* betont das »extrem strenge Haushalten mit allen äußeren Effekten« bei ihren neuen Bildern, wo »die Askese, das vergeistigte Leiden kennzeichnend sind«. Leise mahnt er an, die Malerin habe in den letzten Jahren »die Vereinfachung allzu weit getrieben«. Mit großer Zustimmung wird Helene

Schjerfbeck den Artikel in *Svenska Dagbladet* über die besonderen Merkmale ihrer Kunst gelesen haben: »Sie hat Anknüpfungspunkte an Degas' kühle Eleganz – sie ist wohl mehr als alle anderen eine Europäerin. Trotzdem hat sie auch etwas von der Kühle einer nordischen Frühjahrsschneewehe in ihrem Künstlertemperament; etwas Finnländisches, das schwer in Worte zu fassen ist.« Sechzehn der ausgestellten Bilder waren zum Verkauf freigegeben. Das Nationalmuseum Stockholm kaufte für siebenhundert Kronen eins für seine Sammlung.

Die Ausstellung läuft noch, als Helene Schjerfbeck an Helena Westermarck schreibt, die seit den gemeinsamen Jahren in der Zeichenschule in Helsinki das geniale Talent der Freundin neidlos anerkannt hat: »Danke für Deinen Brief und Deine ›Teilnahme‹ – man weiß nicht, was passiert, wenn man sich aufmacht in die Welt ...« Ohne Abstriche nennt sie Stockholm einen »Erfolg« und bekennt, dass sie »nun alles habe an irdischen Gütern«. Doch Helene Schjerfbecks letzte Sehnsucht ist damit nicht gestillt: »Ob man deshalb die Ruhe findet, nach der man sich sehnt – die findet man auf der Erde nicht ...« Der Erfolg führt sie zurück zu den Anfängen und zu gemeinsamen Erinnerungen: »Wie waren wir doch jung, als wir nach Frankreich gehen konnten und dort unerkannt saßen und arbeiteten – Helena – damals im Museum Cluny!« Viele Jahre liegen zwischen den Träumen der Jugend und dem Erfolg des Alters. Es ist ein Merkmal von Helene Schjerfbeck, auch in der Sprache anschauliche Bilder zu finden und sich Wehmut zu erlauben, ohne sentimental zu werden: »Mein Herz ist sehr müde, alles zieht daran ...«

Die Erde, der die Malerin sich fest verbunden fühlt, hat Helene Schjerfbeck schnell wieder, auf eine sehr ungewöhnliche Weise: »Es gab etwas Abenteuerliches – ein Erdbeben. Wände und Fußboden wackelten.« Die Lokalzeitung berichtet Anfang Dezember 1934 nichts darüber, was Helene Schjerfbeck zu Recht erstaunt. Offenbar will man die Bevölkerung nicht beunruhigen und informiert erst 1936 darüber. Aber die Risse an den Kachelöfen zeugen unübersehbar von einem Erdbeben im südlichen Finnland.

Am Jul-Fest 1934 erreicht die alte Freundin Elin Elmgren ein Brief. Keiner soll glauben, ein Mal-Genie bleibe von den Sorgen des Alltags verschont. Den ganzen Herbst habe sie Geschäftsbriefe geschrieben, beklagt sich Helene, ebenso den halben Dezember und außerdem noch »den halben Herbst geputzt« – »ich bin einfach nicht zur Arbeit gekommen«. Wer Helene Schjerfbeck gut kennt, darf über diese altbekannten Klagen schmunzeln. Die Freundin weiß, dass Helene Schjerfbeck neben den Mühen des Alltags und des Haushalts genug Zeit für ihre Kunst bleibt.

Drei Jahre zuvor hatte Helene in einem Brief an Einar Reuter begeistert von einem jungen Mädchen geschrieben, »ein finnisches Botticelli-Modell«. Das Serviermädchen Hjördis Lindholm, neunzehn Jahre alt, konnte allerdings nur sonntags eine Stunde Modell sitzen. Helene Schjerfbeck war alles recht, denn die junge Frau hat jenes Besondere, das sie als Malerin fasziniert. Es gelingt ihr, Hjördis über viele Jahre als Modell zu behalten.

1935 entsteht »Mädchen mit Baskenmütze«, ein Ölbild auf Leinwand gemalt, 44,5×34,4 Zentimeter. Inzwischen hatte Hjördis begonnen, sich zu schminken. Die Malerin ist begeistert über diese neue Nuance. Nicht nur die dunkle Kappe der jungen Frau assoziiert Paris. Die gesamte Erscheinung mit dem markanten schlanken Hals und Kopf, den schmalen modischen Augenbrauen, den Augen mit in sich gekehrtem, leicht abwesendem Blick lässt wiederum an eine »neue Frau« aus einer westlichen Metropole denken. Die luftig hellrote Bluse mit orangefarbenem Touch vor dunklem, monochromem Hintergrund gibt der Person und dem Bild eine Leichtigkeit und Eleganz, die das Vorurteil niemals mit finnischer Weiblichkeit verbinden würde. »Wenn ich höre, eine Frau fährt Auto, interessiert mich das nicht«, hatte Helene Schjerfbeck im Jahr zuvor geschrieben. Was sie interessiert, sei die psychologische Seite, »was sie für Gedanken und Wünsche hat«.

»Gut gemacht ist es nicht«, erfährt Einar Reuter im November 1935, »ich muss die Augenbrauen neu malen.« Helene Schjerfbeck bezieht sich auf ein kleines, fast quadratisches Selbstporträt,

24×27 Zentimeter, zu dem Gösta Stenman sie nach dem »Selbstbildnis im schwarzen Kleid« angestiftet hat. Diesmal hat sie alle Eleganz fahrenlassen. Mit spitzem Kinn und Mund, kauzigem Blick und clownesker Attitüde schaut sie herausfordernd aus dem Bild – wie so oft über die linke Schulter –, als ob sie ihrem Kunsthändler sagen wollte: Wenn du unbedingt noch ein weiteres Selbstporträt haben möchtest, dann wundere dich nicht, was ich daraus mache. Helene Schjerfbeck hat Humor und keine Hemmung, sich jenseits aller Schönheitsideale darzustellen. Gute Malerei muss für sie keine todernste Sache sein. Diesem Miniatur-Selbstbildnis wünscht sie, vom Ateneum gekauft zu werden, um die dortige »düstere Sammlung« nationaler Kunstwerke ein wenig aufzulockern.

Der Bitte kommt das ehrwürdige Ateneum nicht nach. Aber als der Kunstverein 1936 seine erste Wanderausstellung über »Finnische Malerei bis 1900« zusammenstellt, ist Helene Schjerfbeck mit drei Bildern dabei. Im selben Jahr zeigt die Kunsthalle von Helsinki eine Ausstellung mit Bildern aus den Privatsammlungen finnischer Sammler, da fehlt Helene Schjerfbeck ebenfalls nicht.

Gösta Stenman ist mit den Erfolgen seiner Malerin in der Kunstwelt noch nicht zufrieden und sinnt auf weitere Möglichkeiten, Helene Schjerfbeck den Rang zu sichern, der ihr seiner Überzeugung nach in der internationalen modernen Kunst gebührt. Geschickt nimmt er den Dialog mit ihren Selbstporträts auf. Er kann gar nicht genug davon haben und bittet sie im Herbst 1936 um ein weiteres. »Ich bin schwach«, schreibt Helene Schjerfbeck am 7. November an den Forstmeister-Freund Einar, »aber ich arbeite an einem Selbstporträt, das St. haben will.« Am 31. Januar 1937 folgt eine ausführliche Erklärung: »Ich hatte vor, im Sommer Kraft zu sammeln – aber Stenman hat mich jetzt gebeten, eine Ausstellung im September zu machen, und ich kann meinem Wohltäter nicht nein sagen. Er wünscht, dass ich etwas Neues mache ...« Bei allem Entgegenkommen ist Helenes Stimmung am Jahresanfang gedämpft: »Wie soll man malen, wenn man nicht mit unbedecktem Kopf vor dem Spiegel sitzen kann, weil man müde ist und der Raum so kalt.«

Doch Pflichtbewusstsein und Ehrgeiz haben sie gepackt. Helene Schjerfbeck beschließt, sich mit dem Handwerkszeug ihres Berufes und in stolzer Größe – 54,5×41 Zentimeter – darzustellen. Am unteren Bildrand ragt ihre Palette schräg mit einigen Farbklecksen ins Bild. Ihr Gesicht vermittelt Arbeitsatmosphäre – der Mund in Anspannung leicht geöffnet, die Augen konzentriert nach unten auf das eigene Bild im Spiegel gerichtet. Der hohe schwarze Kragen, wie ein Pelz, verleiht dem Porträt Eleganz und Distanz. Helene Schjerfbeck kann viele Rollen spielen, und das spiegelt sie in ihren Bildern.

Während ihr »Selbstporträt mit Palette« entsteht, hat sie von Helena Westermarck ein Buch über Rembrandt ausgeliehen und studiert es intensiv. Der Meister aus Amsterdam, dessen Porträts – vor allem im Alter – unübertroffen sind, ist ihr künstlerischer Maßstab und noch mehr: »Wenn ich niedergeschlagen bin, sehe ich Rembrandt und bekomme Trost.«

Als Gösta Stenman seine Malerin im Sommer 1937 besucht, spricht er mit ihr über die Ausstellung im Herbst und macht ihr ein Angebot. »Hr. Stenman ist so freundlich und lädt mich nach Stockholm ein; er will meine Reise bezahlen mit Hotelaufenthalt oder in seinem Haus. Sehr freundlich. Aber ich kann ja nicht einmal eine Reise nach Helsinki machen.« Das teilt sie am 25. Juni Einar Reuter mit, wohl wissend, dass er auf den Kunsthändler nicht gut zu sprechen ist. Aber an ihrer Solidarität mit Stenman soll niemand zweifeln.

Am 10. Juli 1937 wird Helene Schjerfbeck fünfundsiebzig Jahre alt. Diesmal flüchtet sie nicht. Gleich am Morgen kommen Blumen, Telegramme, Bücher ins Haus. Freunde erscheinen, Måns reist aus Helsinki an, Venny Soldan schaut vorbei. Helena Westermarck, die Ende des Jahres achtzig wird, hätte gern persönlich gratuliert. Doch es geht ihr nicht gut, sie ist zu schwach für die Reise. Das »Geburtstagskind« hat sich inzwischen mit Stenmans Idee einer Einzelausstellung in Stockholm mehr als arrangiert. Helene Schjerfbecks Lust auf Abenteuer und etwas Neues ist wieder geweckt.

Am 12. September 1937 beginnt in »Stenmans Konstsalong«, Storgatan 10 in Stockholm, Helene Schjerfbecks erste Einzelausstellung außerhalb Finnlands; dreiundneunzig Werke aus der Zeit von 1878 bis 1937 hängen an den Wänden. Am folgenden Tag bekennt Helene ihrer alte Malschwester und längst erfolgreichen Schriftstellerin Helena Westermarck: »Man ist auf alles gefasst. Hr. Stenman hat mich in die Öffentlichkeit gezogen, auch jetzt – ich bin froh um seinetwillen.« Helene Schjerfbeck wusste seit ihrer ersten Einzelausstellung in Stenmans Galerie in Helsinki – genau zwanzig Jahre war das nun her –, dass ihr Erfolg mit Stenmans Ansehen und Wertschätzung in der Kunstwelt verknüpft war. Aber die sensationelle Reaktion der Stockholmer Kunstkritiker auf ihre Bilder durfte Helene Schjerfbecks allein auf ihr Konto als Künstlerin verbuchen.

In *Svenska Dagbladet* heißt *es*: »Die Schwermut fließt bei ihr aus tiefen Quellen, aber ihre eigene Geste hält sich eher an das Dichterwort ›ich stelle meines Herzens Lust und Qual nicht zur Schau‹ ... Es ist diese Vereinigung von spröder Weiblichkeit und scheuer, überempfindlicher, verletzlicher Sensibilität mit einem fast stoischen Heroismus, die Helene Schjerfbecks Kunst diese besonderen Züge geben. Und unter der reservierten Oberfläche liegt eine dramatische Spannung, die vor allem in ihren auf höchst merkwürdige Weise suggestiven Selbstporträts hervortritt. (Wo immer in der Welt man diese Bilder sähe, würde man sagen, dass sie von einem Künstler mit europäischem Maßstab gemalt wurden.)«

Der Kritiker von *Social-Demokraten* schreibt: »Man kann manchmal das Gefühl haben, der Inhalt sei zu spröde und zu wage, sehr blutleer, aber es wirkt immer echt und überzeugend.« Schjerfbecks Kunst sei »ergreifendend und imponierend«.

Und *Nya Dagligt Allehanda* hebt hervor: »Ihre Gesichter spiegeln selten Gesundheit und Ausgewogenheit wider, viel öfter gleichen sie Fieberfantasien. Trotzdem möchte man sie nicht gern kränklich nennen, wenn man an die ungeheure Kraft denkt, mit der sie auf der Leinwand gestaltet sind, an die Stärke und Eigenständigkeit der künstlerischen Arbeit. Helene Schjerfbecks Malerei ist geprägt von tiefer Weltverachtung, von einem allumfassenden Pessimismus, von nervöser Exaltiertheit. Aber es gibt einen Charakterzug, den man nicht vergessen soll: das Heroische.«

Stockholms Kunstpapst Gotthard Johansson, der für *Svenska Dagbladet* über die Ausstellung berichtet, war von einer fast religiösen Begeisterung erfasst: »Hier steht man vor großer Kunst, hier ist eine heilige Stätte.« Er nannte Helene Schjerfbecks Bilder eine »Offenbarung«.

Und was macht Helene Schjerfbeck in Ekenäs, um den positiven Schock zu verdauen, den ihre Bilder »draußen in der Welt«, die sie nicht mehr betreten möchte, auslösen? Sie sitzt in ihrem Atelier vor der Leinwand und arbeitet an einem Stillleben. Diesmal sind es keine Blumen, die wachsen und verblühen, während sie gemalt werden. Es sind zwei Kürbisse, die Gösta Stenman ihr – nicht ohne Hintergedanken – bei einem Besuch mitgebracht hat und die während ihrer Zeit als »Modelle« Farbe und Umfang verändern. Als das meisterliche Stillleben Anfang November 1937 fertig ist, blickt Helene in einem Brief an Einar Reuter schon in die Zukunft: »Jetzt habe ich eine Menge Zeit mit 2 Kürbissen verbracht, die eigentlich Fremdlinge für mich sind, brillante Fremdlinge. Was soll ich jetzt machen?«

An Helena Westermarck schreibt sie Mitte Dezember über das gewaltige Echo auf ihre Ausstellung: »Meine Einstellung ist die gleiche wie früher; ich hoffe für Hr. Stenman, dass er mit mir nichts mehr riskiert.« Das klingt zurückhaltend, aber dann bricht – mit der üblichen Untertreibung – ihr Stolz auf das Geschaffene durch: »Viele Jahre bin ich weg von dieser Welt gewesen, und nun gibt es etwas, das mich braucht! Das ist nett und schwer und verantwortungsvoll.« Helene Schjerfbeck lässt sich nicht erdrücken vom Triumph ihrer Ausstellung in Stockholm. Sie fühlt sich mehr denn je in der Pflicht für ihre Kunst. Die Fünfundsiebzigjährige hat noch viel vor.

Im Schatten der Stockholmer Ausstellung geht fast verloren, dass Helene Schjerfbecks Bilder 1937 auch auf drei Ausstellungen auf dem Kontinent Europa zu sehen sind. Im Frühling nimmt sie an einer internationalen Ausstellung von Künstlerinnen in Paris teil; im Herbst an Ausstellungen über finnische Kunst in Mailand und Rom. Stets sind Gösta Stenmans Kontakte ausschlaggebend.

Wenn sie zwischendurch Angst vor ihrem »guten Ruf« bekommt, sagt Mina, die Haushälterin, ihrer Chefin, »es wäre schlimmer, wenn er schändlich wäre. Dann muss ich befreit auflachen ...« Die Freude überwiegt bei weitem, und Helene will nicht ins Grübeln geraten: »Und nun habe ich wieder mitten ins Leben steigen dürfen – arbeiten. Es ist, als musste es geschehen, und es ist stimulierend.« Das schreibt Helene Schjerfbeck ihrer Kusine Esther Brusiin am 8. Februar 1938. Gösta Stenman nutzt die Gunst der Stunde und organisiert eine Wanderausstellung mit ihren Bildern durch schwedische Städte.

Am 18. März 1938 geht ein typischer Schjerfbeck-Brief an Helena Westermarck, Assoziationen, die sich locker aneinanderreihen: »Es gibt nicht viel Schönes in der Welt, um darüber zu sprechen oder nachzudenken. Es gibt Gewalt, aber ich, die ich Politik nie gemocht habe, glaube nicht daran. Denke nur an das Land, wo man geboren wurde, aufgewachsen ist; das ist das Vaterland, und niemand kann es einem nehmen. Auch wenn die Politik und die Herrscher wechseln. Dafür arbeitet man.« Viele Jahre war Finnland für Helene Schjerfbeck »ein schwieriges Land«. Als junge Frau, mit einem englischen Maler verlobt, hoffte sie, dass ihre Zukunft außerhalb Finnlands liegen würde. Die Jahre, die sie in Paris verbrachte, haben Helene Schjerfbeck eine unstillbare Sehnsucht nach der Kunstmetropole an der Seine mit ihren krummen Gassen und den breiten Boulevards eingepflanzt. Doch als alte Frau, im nordischen Kulturraum als finnische und europäische Malerin gerühmt, verändern sich ihre Gefühle. Jetzt blickt Helene Schjerfbeck mit liebevollen Augen auf das »schwierige Land«, das ihr Heimat geworden ist.

Der Brief an Helena Westermarck im März 1938 ist auch als Trostbrief gedacht. Die Achtzigjährige, ohnehin in schlechter gesundheitlicher Verfassung, hatte sich den Fuß gebrochen. Genau ein Jahrzehnt zuvor ging es Maria Wiik ähnlich schlecht. Wie damals versucht Helene Schjerfbeck, optimistisch zu sein, und wünscht der kranken Freundin, dass sie »wenigstens Kraft zum Lesen habe, das ist ja fast so, als würde man Menschen treffen«. Der Brief schließt: »Was der morgige Tag bringt, weiß ich nicht.« Es war der letzte Brief an die Freundin. Helena Westermarck starb am 4. April 1938.

Was die kluge, nüchterne Helena, die großes Maltalent hatte, sich aber für die Schriftstellerei entschied und zeitlebens für die Emanzipation der Frau kämpfte, für die jüngere Malschwester bedeutete, hat Helene Schjerfbeck im Oktober 1933 in einem Brief an Esther Brusiin geschildert: »Sie hat so viel Mut, Kampfeslust und ist keine Fantastin – das ist beruhigend für diejenige, die so wenig Frieden hat, Angst und Unruhe verspürt ... Sie ist so anders als ich, hat vielleicht nicht so viel ausprobiert ...« Gerade in diesem Anderssein fand Helene eine schwesterliche Ergänzung, einen Halt, wenn es in ihrem Inneren stürmisch zuging. Es war erneut ein schmerzlicher Abschied.

Wieder sind die Bücher Trost und Ermutigung. Helene Schjerfbeck liest den geliebten Marcel Proust – »Auf der Suche nach der verlorenen Zeit«. Bei ihm spürt sie eine verwandte künstlerische Seele; einen Dichter, der beim Schreiben dieses gewaltigen Werks hervorbringt, was jahrelang in ihm lebte, ohne dass er es gewahr wurde. Ähnlich empfindet es Helene Schjerfbeck: »Sein Kampf um Frieden, keinen Menschen sehen zu wollen, ich kenne das alles gut. Er wird Egoist genannt, aber was ist das alles gegenüber seinem Werk. Proust sagt: ›Ein Maler malt nur das, was er sieht oder will, wenn er es in sich hat.‹ Das ist gut gesagt.«

Umso glücklicher ist Helene Schjerfbeck, in Gösta Stenman einen Menschen gefunden zu haben, der in ihrem – und selbstverständlich auch in seinem – Interesse alle praktischen, zeitraubenden Ausstellungs-Arbeiten erledigt und die Kontakte zu Museen und zu der internationalen Kunstwelt hält, ohne die ihre Bilder nicht derart erfolgreich wären. Gösta Stenman ist ein gewiefter Geschäftsmann und ein begeisterter, bereit, im Dienst der Kunst Risiken einzugehen. 1938 schlägt er Helene Schjerfbeck vor, einen Vertrag zu machen: Er zahlt ihr ein monatliches Gehalt, und sie überstellt alle ihre Bilder an die Galerie Stenman. Es ist ein Geschäftsmodell, das der junge Stenman bei seinen frühen Pariser Reisen in der dortigen Kunstszene kennengelernt hatte. Mit einigen der jüngeren finnischen Maler ist er es schon eingegangen.

Es ist kein einfaches Geschäft für Helene Schjerfbeck. Sie ist eine skrupulöse Person, immer an ihrer Kunst zweifelnd – »könnte ich nur ein gutes Bild malen«. Wird sie die Erwartungen, die Gösta Stenman mit diesem Vertrag verbindet, erfüllen können? Aber Helene ist realistisch genug, zu erkennen, dass ein solcher Vertrag ihre Zukunft finanziell absichert. Und sie ist überzeugt: Stenman wird sie niemals in ihrer künstlerischen Freiheit einschränken. Ist er am Ende als Galerist und Geschäftsmann nicht sogar von ihrer Produktion und ihrem Talent abhängig? Helene Schjerfbeck stimmt noch 1938 dem Vertrag zu.

Im Februar 1939 kritisiert Måns gegenüber seiner Tante Helene, dass Stenman despotisch sei und in seinem Verhalten etwas von Napoleon an sich habe. Das klingt verdächtig nach Einar Reuter, und tatsächlich haben sich die beiden Männer mit den Jahren angefreundet. Ob sie in Gösta Stenman einen männlichen Konkurrenten um die Gunst der alten Dame sehen und Helene Schjerfbeck nicht zutrauen, in geschäftlichen Dingen für sich selber sprechen zu können? Wie schon Freund Einar zuvor, so erfährt auch Måns, dass Helene Schjerfbeck auf Gösta Stenman, ihren »Wohltäter«, nichts kommen lässt: »Möge alles gutgehen bei ihm – es gibt so vieles, wofür ich ihm dankbar bin!« In der jungen wie in der alten Helene Schjerfbeck, die im Sommer 1939 siebenundsiebzig Jahre alt wird, haben sich schon viele getäuscht. In der weichen Schale steckt immer noch ein harter Kern.

40. Kapitel

Der »Winterkrieg« zwingt zur Evakuierung aufs Land

Ekenäs 1939 bis Juni 1941

Für das Jahr 1939 hatte Gösta Stenman große Pläne. Nach ihren Erfolgen in Skandinavien und der Teilnahme an Ausstellungen auf Europas Kontinent sollte die Malerin Helene Schjerfbeck die Weltbühne betreten. Der international vernetzte Kunsthändler begann, in Stockholm eine Einzelausstellung zu organisieren, die einen Querschnitt durch Helene Schjerfbecks Schaffen präsentieren sollte. Stenman nannte sie die »USA kollektion«, denn sein Ziel war New York.

Ein Abenteuer für Helene Schjerfbeck und was für eines. Natürlich würde sie, die keinen Fuß nach Stockholm gesetzt hatte, sich nicht in die USA begeben. Aber ihre kostbarsten Bilder würden über den Atlantik reisen. Was würden die amerikanischen Kritiker und die dortige Öffentlichkeit zu ihrer Malerei sagen? Dabei hatte sie nach der großartigen Ausstellung von 1937 gehofft, endlich nur »unbemerkt sitzen und malen zu können«, wie sie ihrem Neffen Måns im Februar 1939 schrieb. Zugleich verschwieg sie ihr Dilemma nicht: »Die Öffentlichkeit ist ein Graus für mich. Aber ich bin dankbar.«

Während Gösta Stenman hundertzwanzig Werke seiner Malerin aus den Jahren 1877 bis 1939 zusammentrug, und Einar Reuter – unter seinem Künstlernamen H. Ahtela – ein Vorwort für den Katalog der geplanten New Yorker Ausstellung schrieb, verdüsterte sich Europas politischer Horizont 1939 zusehends. Adolf Hitler hatte im Frühjahr 1938 Österreich und im Herbst das Sudetenland innerhalb der Tschechoslowakei von deutschen Soldaten besetzen lassen. Die europäischen Nachbarn sahen hilflos zu. Wer würde das nächste Opfer sein?

Am 15. März 1939 überschritt die Wehrmacht in aller Frühe die Grenze zur Tschechoslowakei. Schon um 9 Uhr morgens dröhnte der Marschschritt deutscher Soldaten durch Prag. Am Abend existierte die ČSSR nicht mehr als Staat und war als »Protektorat Böhmen und Mähren« zu einer Kolonie Großdeutschlands degradiert worden. Europas Demokratien ließen den Aggressor gewähren. Immerhin erklärte Großbritannien Ende März 1939, dass ein Angriff auf Polen einem Angriff auf das Vereinigte Königreich gleichkäme – und damit der Kriegsfall wäre.

Wer Zeitung las, wusste, wie bedroht der Frieden in Europa war. »Nun beginne ich, mich für Politik zu interessieren, was ich nie gemacht habe«, schrieb Helene Schjerfbeck am 1. Juni 1939 an ihre Kusine Esther Brusiin. Nur fünf Tage später folgte ein tiefer Seufzer – sie sei »so müde von allem hier und oft so traurig« –, verbunden mit dem Willen, sich nicht hängenzulassen: »Da sind Bücher ein Trost.« Wer im Sommer 1939 bedachte, wie hoffnungslos das kleine Finnland zwischen den großen politischen Lagern in Europa eingeklemmt war und nur die Wahl zwischen verschiedenen Übeln hatte, der konnte schon traurig werden. Es ist an der Zeit, die finnische Geschichte am Vorabend des Zweiten Weltkrieges und darüber hinaus in den Blick zu nehmen. Von den politischen Ereignissen wird auch Helene Schjerfbecks Leben entscheidend geprägt.

Der Bürgerkrieg mit den blutigen Kämpfen zwischen »Weißen« und »Roten« im Frühjahr 1918 und die gnadenlose Verfolgung der »Roten« weit über ihre Niederlage hinaus, hatte die finnische Gesellschaft noch in den zwanziger Jahren tief gespalten. Doch obwohl in der neuen Republik Finnland ab 1919 nur bürgerliche Koalitionen regierten, wurden die Sozialdemokraten – stets die Mehrheitspartei – im Parlament in Helsinki in die generelle politische Arbeit einbezogen. Als zwischen 1929 und 1932 die Lapua-Bewegung, in der sich bäuerliche, gehobene bürgerliche Kreise und führende lutherische Pfarrer zusammenfanden und mit Demonstrationen und Entführungen lautstark gegen Demokratie, Parlamentarismus und Pressefreiheit agitierten, waren sich die führenden Parteien von rechts bis links einig. Die Lapua-Bewegung wurde vom Staatspräsidenten scharf verurteilt und aufgelöst. Sie hatte bei der Mehrheit der Finnen jeden Kredit verloren und verschwand in der historischen Versenkung.

Im Gegensatz zu anderen Ländern Europas konnten faschistische Bewegungen in den dreißiger Jahren keinen Einfluss gewinnen; die finnische Demokratie bewährte sich gegenüber rechten wie linken Extremisten. Ab 1937 regierte eine solide Koalition aus Sozialdemokraten und Bauernpartei – die »Rote-Erde-Koalition« – das Land, ein sichtbares Zeichen der inneren Versöhnung. Außenpolitisch konzentrierte sich Finnland auf die Zusammenarbeit mit den nordischen Ländern, die sich zu einer gemeinsamen Friedenspolitik verpflichteten. Finnland lehnte deshalb im April 1939 das Angebot Hitlers zu einem Nichtangriffspakt mit Deutschland ab.

Der Paukenschlag, der die politische Landschaft Europas über Nacht veränderte, kam am 28. August 1939: Das kommunistische Russland und das nationalsozialistische Deutschland – nach gegenseitiger bisheriger Propaganda Todfeinde – schlossen einen Nichtangriffspakt für den Fall, dass einer der beiden Partner Krieg führen würde. Damit hatte Hitler freie Hand für die Pläne, die die Wehrmacht schon lange ausgearbeitet hatte. Nur drei Tage später, am 1. September 1939, überfiel Deutschland Polen und hatte damit den Zweiten Weltkrieg entfesselt. Denn gemäß dem Beistandspakt für Polen erklärte Großbritannien dem Deutschen Reich am 3. September den Krieg. Allerdings waren die Engländer militärisch nicht in der Lage, in die Kriegshandlung im Osten einzugreifen. Innerhalb von zwei Wochen wurde Polen besiegt und von den Deutschen besetzt.

So beängstigend der deutsche Triumph auch war, mit der britischen Kriegserklärung hatte sich die Situation grundlegend verändert. Würden die USA, im Ersten Weltkrieg Britanniens Verbündete gegen das deutsche Kaiserreich, wieder auf Europas Schlachtfeldern eingreifen? Auch wenn die nordischen Länder hofften, weiterhin neutral bleiben zu können, war Gösta Stenman in Stockholm klar: Im Schatten eines europäischen Krieges, dessen zukünftige Ausmaße unabsehbar waren, konnte keine Ladung wertvoller Bilder über den Atlantik geschickt werden. Und die Aufmerksamkeit der Öffentlichkeit für eine Schjerfbeck-Ausstellung in den USA würde angesichts der bedrohlichen weltpolitischen Lage weit hinter den Erwartungen bleiben, mit denen man bisher hatte rechnen können.

Gösta Stenman machte aus der Not eine Tugend und stellte die »USA kollektion« in seiner Stockholmer Galerie aus. Schon im Juli hatte er in Göteborg eine Wanderausstellung mit Schjerfbeck-Bildern organisiert. Helene suchte in diesen beängstigenden Monaten nicht nur bei den Büchern Trost. Ihr »Rettungsanker« war die Malerei. Auch 1939 setzte sie sich in Ekenäs in ihrem Atelier vor die Leinwand, blickte in den Spiegel und malte ein Selbstporträt. Wer es anschaut, ist wie gebannt von diesem Bild.

Die Augen, die leicht auseinanderdriften, sind das Zentrum in dem kantigen, scharf geschnittenen länglichen Gesicht. Mit dem vollen Mund, der verschatteten Nase, dem kappenartigen Haar und der hochgezogenen rechten Braue hat Helene Schjerfbeck 1939 eine Komposition geschaffen, die ihre bisher schon eindringliche künstlerische Askese auf einen Höhepunkt treibt. Der schonungslose kühle Blick geht wie bei den meisten Selbstporträts leicht über die linke Schulter.

Die Augen auf diesem Selbstporträt haben zu vielfachen Interpretationen geführt. Das Bild sei verstörend und anrührend; vielleicht spiegele sich in ihm schon der Horror des kommenden Krieges. Helene Schjerfbeck als Medusa und Prophetin? Nein, Helene Schjerfbeck ist Künstlerin. Ihr Kampf, ihr einziger Anspruch ist es, der Malerei ständig neue, bisher nicht erreichte Möglichkeiten und Ausdrucksformen abzutrotzen. In einer solchen Entwicklungsreihe steht das Selbstporträt von 1939.

Das »Selbstporträt mit schwarzer Kleidung« von 1934 zeigt eine elegante Frau mit lässig-erstauntem Blick; im Selbstbildnis von 1935 offenbart sie sich als pfiffig-kauzige Alte und 1937 demonstrativ als selbstbewusste Malerin. Als sie sich 1939 zu einem weiteren Selbstporträt entschließt, will sie malerisch etwas Neues schaffen.

Helene Schjerfbeck lebte nicht im Elfenbeinturm. Zu den zeitgenössischen Malern, die sie bewunderte, gehörte Pablo Picasso. In den dreißiger Jahren taucht sein Name in ihrer Korrespondenz mehrfach auf. Es sind die Jahre, in denen der Maler aus Spanien, der in Frankreich sesshaft wurde, die Kunstwelt mit Porträts von Marie-Thérèse Walter und Dora Maar, Geliebte und Modelle, schockiert: Die Nase steht seitlich am Gesicht, die Augen driften weit auseinander. 1938 malt Picasso in seinen »Porträts junger Mädchen« Gesichter, wie sie in keinem anatomischen Lehrbuch stehen. Er nimmt sich die künstlerische Freiheit, die Augen so zu platzieren, wie sie am besten in seine Bildkomposition passen. Kein Psychologe ist hier am Werk. Es geht Picasso um seine Vorstellung von Malerei, und er fühlt sich frei in seiner künstlerischen Übertragung von Wirklichkeit auf die Leinwand.

Auch Modiglianis Einfluss, dessen längliche Frauengesichter große Augen tragen und auf langen Hälsen sitzen und dessen Stern am Kunsthimmel stetig steigt, ist in Helene Schjerfbecks Bildern präsent. Ähnlich asymmetrische Augen wie im »Selbstbildnis« von 1939 tauchen in den Porträts von El Greco auf. Eine Prise El-Greco, den sie unendlich bewundert, gehört zu der künstlerischen Mischung, aus der Helene Schjerfbeck in diesem ersten Kriegsjahr etwas sehr Eigenes schafft.

Kaum hatten die deutschen Soldaten das westliche und mittlere Polen erobert, marschierten die Soldaten der Roten Armee in Ostpolen ein und errichteten in den baltischen Staaten militärische Stützpunkte. Das war der Preis, den Hitler für den Nichtangriffspakt mit der UdSSR zahlte. Und auf einen zweiten, meist vergessenen Handel hatte er sich im Pakt vom August 1939 eingelassen: In einem geheimen Zusatz wurde Finnland mit Deutschlands Zustimmung der russischen Interessensphäre zugeschlagen.

Mit dieser heimlichen Garantie im Rücken lud die UdSSR eine finnische Delegation nach Moskau ein, um »konkrete politische Fragen« zu besprechen. Zwischen dem 5. Oktober und dem 12. November 1939 fanden in Moskau acht Konferenzen statt, in denen Außenminister Molotow von den finnischen Abgesandten immer nur das Gleiche verlangte: Finnland sollte die wichtige Hafenstadt Hanko (schwedisch: Hangö) im Südwesten des Landes und die vorgelagerten Schären als russische Militärstützpunkte dulden. Im Tausch wollte Russland ein Stück ödes Land im östlichen Karelien an Finnland zurückgeben.

Doch die Regierung in Helsinki beugte sich nicht. Alle politischen Parteien des Landes – einschließlich der Sozialdemokraten – standen hinter der Entscheidung, dass die selbstständige Republik Finnland keine fremde Macht auf ihrem Territorium duldete. Am 12. November 1939 wurden die Gespräche in Moskau abgebrochen.

Schon Ende Oktober hatte in Ekenäs die Nachricht die Runde gemacht, dass Kinder und Pensionäre aus der Stadt evakuiert würden. Die Hafenstadt Hanko war die letzte Bahnstation südlich von Ekenäs. Falls die Rote Armee Hanko gewaltsam besetzen wollte, würde Ekenäs in die Kampfzone einbezogen. Helene Schjerfbeck und ihre Haushälterin Mina Bussman entschlossen sich, nicht auf den Evakuierungsbefehl zu warten; zumal sie dann wahrscheinlich getrennt würden. Minas Bruder war bereit, die beiden Frauen auf seinem Hof Elimo in der Nähe von Tenala, rund sieben Kilometer nördlich von Ekenäs, aufzunehmen. Anfang November wurde das Nötigste eingepackt und die Wohnung abgeschlossen. Auf Helene, siebenundsiebzig, und Mina, siebenundsechzig Jahre alt, wartete ein kleines Zimmer mit einem einzigen Bett.

Mina Bussman begann umgehend, sich in der Verwandtschaft nach anderen Möglichkeiten zu erkundigen. Am 30. November wurde erneut gepackt, und mit dem Pferdewagen ging es weiter ins Kirchspiel Pölckå, das zu Tenala gehörte. Das Zimmer für die beiden Frauen war wieder klein, dafür gab es eine große Küche. Aber die Bewohner hatten trotz aller Gastfreundschaft zu wenig, um zwei zusätzliche Esser satt zu machen. Mina gab nicht auf. Im Dezember ging es zu Gustav und Anna Björklund, die nicht weit entfernt in Mellangård ein stattliches Haus bewohnten, einen ehemaligen Pfarrhof. Die Odyssee der beiden Frauen fand dort ein gutes Ende.

Am 30. Dezember 1939 schrieb Helene Schjerfbeck an Einar Reuter: »Ich und Mina könnten es nicht besser haben als hier. Ich wusste nicht, dass es so nette und freundliche Menschen gibt.« Sie hatte mit Mina ein geräumiges Zimmer zur Verfügung, und alle Bewohner des Hauses, zu denen auch eine Krankenschwester gehörte, trafen sich tagsüber in der »großen, großen« Küche. Hier wurde gestrickt und geplaudert, gekocht und gespült. Von allem gab es genug – gutes Essen, warmes Wasser, Licht. Alle sechs Wochen wurde die Post gebracht. Als Måns seiner Tante Helene vorschlug, sie wegzuholen, erhielt er die Antwort »nicht nötig«. Helene Schjerfbeck fühlte sich wohl, war dankbar und hielt nur das Radio, das ständig angeschaltet war, für überflüssig. Sie begann sogar, ein Bild zu malen; aber das wurde nie fertig.

Die angenehme Unterkunft in Mellangård war umso beruhigender, weil Finnlands Welt, so klein sie auch war, sich radikal veränderte. Am 30. November 1939 überfiel die Rote Armee Finnland, das über hundert Jahre zum Zarenreich gehört hatte, an der Landgrenze, zu Wasser und aus der Luft. Zwei Tage war Helsinki unter Dauerbeschuss russischer Bomber. Vorausschauend hatte die Stadt zahlreiche Schutzbunker angelegt; starke Schneestürme halfen gegen den Feind. Das Parlament wurde evakuiert.

Nach den Zahlen war es ein ungleicher Kampf: 194 Millionen Russen gegen 3,7 Millionen Finnen; 1000 russische Flugzeuge gegen 100 finnische; 450 000 Soldaten der Roten Armee gegen 300 000 finnische Soldaten. Nach zwei Wochen Krieg, so die Berechnungen in Moskau, würde Finnland kapitulieren. Doch das kleine Land und seine Menschen wehrten sich mit unerwarteter Widerstandskraft. Der finnische Präsident hatte den General Carl Gustaf Mannerheim, Sieger im Bürgerkrieg 1918, inzwischen Feldmarschall und ein verlässlicher Bürger der Republik, zum militärischen Oberbefehlshaber ernannt. An der östlichen Grenze Finnlands wurde der Einmarsch der Roten Armee erfolgreich abgewehrt. Zum Jahresende 1939 hatte Finnland einen Stellungskrieg gegen das mächtige Russland erzwungen. Soldaten wie Zivilisten, egal welchem politischen Lager sie angehörten, waren von patriotischem Stolz über Finnlands »Winterkrieg« erfüllt.

Ende Januar 1940 signalisierte die UdSSR, einem Waffenstillstand nicht abgeneigt zu sein. Am 13. März 1940 wurde in Moskau ein Friedensvertrag unterzeichnet. 24 000 finnische Soldaten waren im »Winterkrieg« gefallen, 2000 Zivilisten gestorben; die Rote Armee allerdings zählte 220 000 Tote. Es war ein bitterer Frieden: Finnland musste Land im östlichen Karelien an Russland abtreten und die Hafenstadt Hanko an die UdSSR als Flottenstützpunkt verpachten. Aber der einmütige Widerstand hatte die finnische Gesellschaft moralisch gestärkt und als Nation gefestigt: Die Opfer waren nicht umsonst. Finnland hatte im »Winterkrieg« seine Selbstständigkeit – das höchste nationale Gut – erfolgreich verteidigt.

Der Friedensvertrag brachte den Menschen eine gewisse »Normalisierung«. Helene Schjerfbeck hatte sich während der gefahrvollen Zeit in der Wohn- und Lebensgemeinschaft auf dem Land sicher und wohl gefühlt. Doch nun sehnte sie sich nach ihrem vertrauten Heim. Es lag noch Schnee, als sie mit Mina am 2. April 1940 im Schlitten nach Ekenäs gebracht wurde. Die Stadt war während des »Winterkrieges« von den Russen bombardiert worden – und die Rückkehr in das schöne große Haus Perspektivet 2 ein Schock.

Alle Fensterscheiben – bis auf die in Minas Zimmer – waren zerstört. Es gab kein Wasser. Die beiden Frauen zogen erst einmal in das »Haushälterinnen-Zimmer«. Helene Schjerfbeck wurde krank, die Schlittenfahrt hatte ihr zugesetzt. Zum Monatsende ging es ihr besser. Sie konnte wieder in ihrem eigenen Zimmer schlafen und ließ ihr »Arbeitszimmer«, wie sie das Atelier nannte, frisch tapezieren. Neue Gardinen wurden angeschafft; sie machte sich auf die Suche nach Tischdecken.

Helene Schjerfbeck wollte ein »neues Leben anfangen, aber wie?« Sie ließ sich nicht hängen, aber lebte »ohne Sicherheit für die Zukunft von Tag zu Tag«. Die Unsicherheit galt vor allem möglichen Einquartierungen; Ekenäs war voller Flüchtlinge. Im Friedensvertrag hatte Finnland sich verpflichtet, die Bewohner von Hanko zu evakuieren, um Platz für 28 000 russische Soldaten zu schaffen. Und der nächste Ort für die finnischen Flüchtlinge, die in Richtung Norden strömten, war Ekenäs.

Verwandte von Einar Reuter mussten acht Personen aufnehmen und verließen daraufhin die Stadt. Helene Schjerfbeck blieb vorerst unbehelligt. Zwar war sie Pensionärin, doch Vorrang hatte ihr Status als aktive Künstlerin, die auf ein Atelierzimmer angewiesen war. Wie lange würde dieses Argument vor Einquartierungen schützen? Ende August schreibt sie an ihre Kusine Esther Brusiin, dass sie »in ständiger Angst lebe«, die Wohnung werde ihr weggenommen und sie »in irgendeine Ecke gesteckt«. Hinzu kam die erschreckende Verdüsterung der weltpolitischen Lage. Anfang April 1940 hatten deutsche Soldaten Dänemark und Norwegen besetzt. Am 9. Mai marschierte die Wehrmacht in den Niederlanden, in Belgien und in Luxemburg ein und zog weiter nach Frankreich, das am 26. Juni 1940 kapitulierte. Europa schien endgültig der brutalen deutschen Aggression und der menschenverachtenden Ideologie des Nationalsozialismus unterworfen zu sein.

In Stockholm trotzte Gösta Stenman einer beängstigenden Zukunft auf seine Weise. Er versammelte in seiner Galerie hundertfünzehn Werke von Helene Schjerfbeck zu einer »Reprisutställningen« und organisierte Schjerfbeck-Ausstellungen in Uppsala und Linköping. Im Juli 1940 fand Helene Schjerfbeck in Ekenäs endlich ein Modell und begann zu malen, »einen Kopf, aber es geht nicht vorwärts«. Da besann sie sich auf eine Variante, die seit über zwanzig Jahren ein Markenzeichen ihrer Kunst geworden war.

Nach Vorlage ihrer Kunstbücher verwandelte Helene zwei Frauenporträts von Constantin Guys in ihre eigenen Geschöpfe, ohne deren Herkunft zu unterschlagen. Der niederländisch-französische Maler und Zeichner war für einige seiner künstlerischen Zeitgenossen ein ganz Großer und auch für Helene Schjerfbeck. Guys' Malerei nahm die bürgerliche Gesellschaft Frankreichs – vor allem die Frauen – in den Blick. Baudelaire nannte ihn »einen Maler des modernen Lebens«. Doch es war eine Moderne, die sich in der zweiten Hälfte des 19. Jahrhunderts einrichtete; Constantin Guys starb vergessen und verarmt 1892 in Paris.

Helene Schjerfbeck hatte dieses Paris mit allen Sinnen erlebt. Auch ein Grund, warum die Bilder von Guys sie faszinierten. 1940 bis Anfang 1941 entstanden »La Coiffure bleue« und »La dame au chapeau noir« mit der Signatur »d'après Guys HS«, sensible, elegante Damen, die in eine neue Zeit gehörten. Aber Helene Schjerfbeck verwischte nicht die Grenze zu den »neuen Frauen«, die als Zeugen eines anderen Lebens- und Frauengefühls seit den 1920er Jahren einen gewichtigen Teil ihres Werkes ausmachen.

Eine dieser »neuen Frauen« malte sie ebenfalls 1940, in ungewohnter Pose und Umgebung. Das »Café-Fenster« gibt den Blick der Malerin von außen auf eine Frau im seitlichen Profil wieder. Einsam, mit geschlossenen Augen, tief in sich versunken, das Kinn aufgestützt, sitzt sie an einem leeren Tisch, vor sich nur eine Kanne und die Andeutung eines Tellers. Was für ein Kontrast zu den Pariser Frauen von Constantin Guys.

Helene Schjerfbeck hat das Motiv bei einem Gang durch Ekenäs entdeckt, nach der Rückkehr als Aquarell skizziert und ein Ölbild auf Leinwand gemalt, 68×59 Zentimeter. Die knappen schwarzen Umrisse der Frau und die künstlerische Askese in Bezug auf das Interieur geben dem Bild, bei aller Gedankenschwere, eine Leichtigkeit, die von der Haube kurzgeschnittenen roten Haares und dem hellblauen oberen Hintergrund noch unterstrichen wird.

Gegen Ende des Jahres kommen die Stenmans zu einem Besuch nach Ekenäs. »Besuch von St. und Frau am 1.12. Sie sind so nett«, erfährt Einar Reuter am 15. Dezember 1940. Eine erwünschte Unterbrechung, denn das Leben in Ekenäs normalisiert sich nicht. Mina geht morgens zwischen sechs und sieben Uhr auf den Markt, um das Nötigste zu erstehen. Helene Schjerfbeck ist nicht zimperlich auf der Suche nach Schuldigen, die Flüchtlinge aus Hanko »nehmen alles«. Sie hilft im Haushalt mit und kommt nicht zum Lesen – »man hat keinen Frieden«.

Die Malerin Helene Schjerfbeck ist selbst in diesen schwierigen Zeiten nicht vergessen. Ihr Ansehen über Finnland hinaus hat sich in mehr als zwei Jahrzehnten – seit der ersten Einzelausstellung 1917 in Stenmans Galerie in Helsinki – beständig vermehrt. Der Artikel am 24. Dezember 1940 in *Hufvudstadsbladet* trägt zwar die Überschrift: »Helene Schjerfbeck, die große Unbekannte«, aber es ist eine einfühlsame Würdigung ihres Werks mit der Abbildung des Selbstporträts von 1912. Anlass ist die kurz zuvor erschienene Monografie des schwedischen Kunstkritikers Gotthard Johansson über »Helene Schjerfbecks konst«.

Gotthard Johansson, im nordischen Kulturraum eine Autorität, hatte Schjerfbecks Bilder bei ihrer Einzelausstellung in Stenmans Stockholmer Galerie 1937 »eine Offenbarung« genannt. Selbstkritisch räumt *Hufvudstadsbladet* 1940 ein, es sei »kein Zufall, dass die erste größere Monografie über Helene Schjerfbeck in Schweden erscheint«. Ihre Kunst sei »beim schwedischen Publikum besser bekannt als hier bei uns im Heimatland der Künstlerin. Wir wissen, was sie macht, aber eigentlich kennen wir sie nicht.« Das »prachtvoll illustrierte Buch über Leben und Werk unserer großen Malerin« bestätige Helene Schjerfbeck endgültig als »herausragende nordische und internationale Künstlerin«. Gotthard Johansson schreibt in seinem Vorwort: »... warum soll man nicht sein Gefühl zu dem, was man liebt, bekennen und was sonst soll Kunst sein, wenn sie es nicht vermag, uns anzurühren und aufzuwühlen.«

Der Ruhm hat seine Kehrseite: »Den ganzen Tag kommen fremde Menschen von der Straße, fragen mich alles Mögliche aus meinem Leben, ›um darüber zu schreiben‹. In Finnland gibt es keine Kultur. Wenn man ein Bild malt, muss man sein Innerstes nach außen stülpen. Aber damit ist nun Schluss. Es macht mich krank.« Der spontane Ärger über die selbsternannten Kulturtouristen ist verständlich. Doch womit ist »Schluss«? Mit der Malerei? Im selben Brief vom 2. Februar 1941 an Einar Reuter meldet Helene Schjerfbeck: »Habe versucht, einen Greco zu kopieren«, und das, obwohl es bitterkalt ist. Nicht ohne Hintergedanken hatte ihr Gösta Stenman im Jahr zuvor einen opulenten französischen Band über El Greco geschenkt, mit vielen Reproduktionen.

Allerdings hatte Helene Schjerfbeck viel größere Sorgen als die ungebetenen Gäste. Mitte Februar 1941 schrieb sie ihrem Neffen Måns: »Man sagt, im Herbst sollen die Schären und ein Teil des Landes aus militärischen Gründen evakuiert werden ... wie lange werde ich noch in der Stadt sein ...?« Doch die Malerei und der magische El Greco waren stärker als alle Zukunftsängste. In den ersten Monaten des Jahres 1941 malte Helene Schjerfbeck – »d'après / Greco/ HS.« – in ihrem kalten Atelier die »Madonna de la Charité«, Öl auf Leinwand, 61×49,5 Zentimeter.

Die Menschen und die Welt bedurften in diesen Zeiten des Mitleids der Gottesmutter, die selber so gelitten hatte. Maria war keine ferne, unnahbare Göttin, sondern ein Mensch, bei dem die Gläubigen seit fast zweitausend Jahren Trost suchten. Sosehr für Helene Schjerfbeck die Kunst im Mittelpunkt stand, dieses Motiv 1941 zu wählen, war kein Zufall, keine Laune einer Malerin. Die Marienverehrung war der Protestantin aus dem Norden seit ihren Aufenthalten in Paris vertraut, als sie die stärkenden Seiten des Katholizismus schätzen lernte.

Auch wenn die Augen ihrer Madonna niedergeschlagen sind, beglaubigt Schjerfbecks Bild das tröstende Mitgefühl der Muttergottes und ihre sanfte Zuneigung für alle, die sich ihr anvertrauen. Es ist, als ob im zarten Lila des Kopftuchs und dem dunklen Schatten am Hals sich Irdisches und Himmlisches verbinden. Die Liebe zu Gott und den Menschen war der Kern des christlichen Glaubens, den Helenes früh verstorbener Vater seiner kleinen Tochter mit einem kurzen Gebet eingepflanzt hatte, jenseits von kirchlichen Eingrenzungen.

Die bange Frage nach ihrer Zukunft in Ekenäs nahm im Lauf des Februars in der Korrespondenz mit dem Neffen konkrete Formen an: »Es wäre wohl das Beste, in einem Altenheim zu wohnen – und zu versuchen, *ein wenig* zu malen.« Genug Geld für den Aufenthalt habe sie. Måns bekam die Erlaubnis, sich nach geeigneten Domizilen umzusehen. Es dauerte nicht lange, und Helene Schjerfbeck entschied sich, in das Altenstift Hamberg in Loviisa zu ziehen. Loviisa ist eine Hafenstadt knapp neunzig Kilometer östlich von Helsinki; noch heute machen hier die schwedischsprachigen Finnen rund vierzig Prozent der Bevölkerung aus.

Im Frühjahr 1941 erfuhr Einar Reuter: »Ich weiß noch nicht den Tag, wann im ›Altenheim‹ ein Zimmer frei wird – ich muss bereit sein, habe gepackt, denn dann muss es schnell gehen. Vernichte Briefe und anderes, habe keinen Platz für Bücher und Bilder. Man hat das Notwendigste und den Farbkoffer.« Die bald Achtzigjährige brauchte alle Kraft für diesen Umbruch – »jetzt schaffe ich nichts mehr, nicht schreiben, nicht denken, niemanden sehen«. Zwischendurch kamen bange Gedanken. »Kann ich da arbeiten – kann ich da leben?« Doch an ihrer Entscheidung für das Altenstift hat sie nicht gerüttelt.

Im Juni war es so weit. Die lange Fahrt nach Loviisa zu organisieren war nicht leicht gewesen. Helene Schjerfbeck hatte auf einen Ambulanzwagen gehofft. Doch die wurden in diesen politisch angespannten Zeiten nicht für private Zwecke freigestellt. Außerdem herrschte großer Mangel an Benzin. Schließlich konnte der Taxichauffeur Bruno Lindholm aus Ekenäs gewonnen werden. Am 11. Juni 1941 war der Tag des Abschieds gekommen. Nicht nur von Ekenäs, der Stadt ihrer Vorfahren und ihr Zuhause seit dem Juli 1925. Auch das Zusammenleben mit Mina Bussman, der Haushälterin, fand nun sein Ende. Mina war oft krank gewesen. Aber die zehn Jahre Jüngere hatte stets Fröhlichkeit und gute Laune ausgestrahlt. Die gemeinsame Evakuierung während des »Winterkrieges« unter beengten Umständen auf dem Land hatte die beiden Frauen noch enger verbunden.

Es wurde eine lange Fahrt. Auf halbem Weg Richtung Loviisa hatte der Wagen einen Motorschaden, glücklicherweise nahe der Hauptstadt. So kam es, dass Helene Schjerfbeck am 11. Juni 1941 in einer Werkstatt in Helsinki saß und wartete.

Helsinki: die Stadt ihrer Kindheit und ihrer Jugend bis zum achtzehnten Lebensjahr; der Ort, an dem sie in den 1880ern spektakuläre Erfolge als junge Künstlerin hatte, und den sie 1902 nach bittersten Enttäuschungen in der Kunstszene verließ, um ihn erst 1917 wieder zu betreten. Es war das Jahr ihrer erfolgreichen Einzelausstellung in »Stenmans Konstsalong«, der Beginn einer langsamen Aussöhnung und emotionalen Annäherung an Finnland, ihr Heimatland. 1918 fuhr sie mit ihrer Mutter über Helsinki zum Sommerhaus ihres Bruders auf den Schären. Von dort brach sie nach Ekenäs auf, in den glücklichen Sommer von 1918. Seitdem hatte sie nichts mehr in diese Stadt geführt; auch nicht der Tod von Maria Wiik, die 1928 in Helsinki gestorben war.

Der Motorschaden konnte behoben werden, es ging weiter in Richtung Osten. Helene Schjerfbeck war dankbar, dass Bruno Lindholm seinen Auftrag umsichtig erledigte, und wollte ihm ein Bild schenken. Doch der Chauffeur hatte seine Berufsehre und lehnte ab; sie habe bezahlt, damit sei alles erledigt.

Noch am selben Tag bezog Helene ihr Zimmer im Altenstift Hamberg. Wichtige persönliche Dinge, nicht zuletzt ihre vielen Kunstbücher, waren in einem Keller in Ekenäs und bei ihrer Nichte Hanna Appelberg in Helsinki untergebracht. Nur wenige Bücher hatte sie mitgenommen: über Daumier, Cézanne, van Gogh und aus anderen ein paar Reproduktionen herausgeschnitten. Das Altenstift war als Ausweichquartier gedacht. Irgendwann mussten diese schrecklichen Zeiten ein Ende nehmen, und Helene Schjerfbeck würde wieder zurückkehren können in das vertraute, heimatliche Ekenäs.

41. Kapitel

Leben im Dröhnen der Luftangriffe

Loviisa Juni 1941 bis Februar 1942

Helene Schjerfbeck war zufrieden. Das Heim war modern und komfortabel; sie hatte ein sonniges Zimmer im Erdgeschoss mit Balkon. Die Mahlzeiten wurden aufs Zimmer serviert. Die alten Damen, die am selben Gang wohnten, waren freundlich. Bald nach ihrer Ankunft kam Måns aus Helsinki zu Besuch. Er hätte es nicht besser planen können: Für den 22. Juni 1941 gab Adolf Hitler der deutschen Wehrmacht den Befehl zur »Operation Barbarossa«. Eine Kriegsmaschinerie setzte sich in Richtung Osten in Bewegung, wie Europa sie noch nie erlebt hatte. Drei Millionen deutsche Soldaten überfielen die mit Deutschland verbündete UdSSR. Drei Tage später, am 25. Juni 1941, war Finnland im Krieg mit der UdSSR – und mit dem nationalsozialistischen Deutschland in »Waffenbrüderschaft« vereint. Måns Schjerfbeck und Eilif Appelberg, der Mann seiner Schwester Hanna, wurden zur Armee eingezogen und lagen bald mit Hunderttausenden finnischer Männer an der Front.

Was die Akten erst nach dem Ende des Zweiten Weltkrieges enthüllten: Ende Mai 1941 waren hohe finnische Militärs nach Berlin und Salzburg eingeladen und in die »Operation Barbarossa« eingeweiht worden. Finnland, mit seiner langen Grenze zu Russland, musste für Hitlers Pläne gewonnen werden, wenn der Eroberungskrieg gelingen sollte. Und Finnlands politische Elite beschloss, im Windschatten des deutschen Überfalls den demütigenden Frieden mit Russland vom März 1940 nach dem »Winterkrieg« aufzukündigen und die damaligen Gebietsabtretungen mit einem »Fortsetzungskrieg« zurückzugewinnen.

Die Chancen standen nicht schlecht. Deutschland hatte die finnische Armee inzwischen mit Waffen versorgt. Schon im Juni 1941 begannen in Finnlands Norden gemeinsame militärische Operationen. In den Offensiven der folgenden Monate gegen Russland standen insgesamt rund 500 000 finnische Männer unter Waffen. Das war möglich, weil die »Lottas« – rund 150 000 finnische Frauen, in der freiwilligen Organisation »Lotta Svärd« organisiert – das Rückgrat der zivilen Verteidigung bildeten. Im »Verband der Waffenbrüder« hatten sich seit August 1940 junge Konservative und Sozialdemokraten zusammengetan, um im Fall eines möglichen Krieges Patriotismus und Moral in der Gesellschaft hochzuhalten. Und das gelang.

Finnlands Armee rückte bis an die alte Staatsgrenze in Karelien, gewann im Osten das von den Russen okkupierte Viborg zurück und im Westen die Hafenstadt Hanko. Allerdings beharrte Finnland darauf, in diesem Kampf nur »Waffenbruder« von Hitler-Deutschland zu sein, kein Verbündeter. Trotz mehrfacher Einwände der Deutschen kämpften in Finnlands Armee weiterhin 352 jüdische gemeinsam mit christlichen Soldaten. Feldmarschall Mannerheim weigerte sich Ende August 1941 kategorisch, die deutsche Blockade von Leningrad zu unterstützen.

Aus Sicht der UdSSR war das politische Heuchelei. Russische Flugzeuge bombardierten finnische Städte entlang der Küste. Helene Schjerfbeck erfuhr, dass es in Ekenäs im Sommer 1941 durch Artilleriebeschuss Tote und über hundert zerstörte Häuser gab. Ein zentrales Ziel russischer Luftangriffe war Loviisa, die Stadt hatte einen Hafen und eine Festung.

Ihren achtzigsten Geburtstag am 10. Juli 1942 feierte Helene Schjerfbeck rund fünfzehn Kilometer außerhalb von Loviisa. Die Damen aus dem Altenstift Hamberg waren am 6. Juli auf Privathäuser in der Umgebung verteilt worden, weil der ständige Luftschutzalarm und die Bombardierung von Loviisa das Leben im Heim unmöglich machten. Helene Schjerfbeck war in Pernå bei der Familie eines pensionierten Betriebsleiters untergekommen.

Die beiden Söhne waren zur Armee eingezogen. Den freien Wohnraum im Haus für Landsleute in Not bereitzustellen, war eine selbstverständliche Geste der Solidarität.

In einem Brief aus Pernå schildert Helene Schjerfbeck ihrem Neffen die letzten Tage im Heim: »Seit Du mich zuletzt gesehen hast, kam ich über zwei Wochen nicht mehr aus den Kleidern. Es ging ständig nach unten und wieder nach oben, Tag und Nacht, jede Stunde.« Sobald der Alarm ertönte, mussten die alten Frauen in den Luftschutzraum. An Schlaf war nicht zu denken, Helene war unendlich müde. Jetzt, bei ihren neuen Gastgebern, könnte sie es nicht besser haben.

Die Post funktionierte auch in Kriegszeiten. Geburtstagsbriefe und Buchgeschenke erreichten Helene Schjerfbeck, und sie konnte Måns schreiben, als er im August 1941 verwundet wurde; zu ihrer Erleichterung nicht schwer. Es sind fürsorgliche und besorgte Briefe: Hast Du alles, was Du brauchst? Falls Du zu Besuch kommst, weiß ich nicht, ob ich Dir Kaffee anbieten kann. Komm lieber nicht, es ist zu kalt und der Bus zu rappelig. Sie strickt ihm Socken, sehr dünn, aber aus reiner Wolle, die könne er über oder unter seine gewöhnlichen Socken anziehen.

Helene war erstaunlich rüstig. Sie half der Gastfamilie bei den Haushaltsarbeiten, reinigte Himbeeren und Bohnen. »Das ist alles in Ordnung«, schrieb sie, »aber nachts kann man nicht schlafen, weil man die Einschläge in der Stadt von Weitem hört.« Sie sehnt sich danach, unter anderen Umständen wieder zurückkehren zu können.

Nach über zwei Monaten wurde ihr Wunsch erfüllt; es ging zurück ins Altenheim. Aber bald begann der Luftalarm von neuem. Måns erfuhr: »Erst einmal am Tag, dann fünfmal, aber zuerst tat man, als ob man nichts merken würde.« Die meisten alten Damen erklärten trotzig, sie wollten nicht mehr die unbequemen Treppen in den Schutzraum hinuntergehen. Doch als die Situation dramatisch wurde und Helene Schjerfbeck in den Keller flüchtete, flog durch den Luftdruck ein Fenster samt Rahmen gegen ihren

Arm. Zum Aufenthalt im Schutzraum machte Helene einmal die lakonische Bemerkung, »das war nicht eben behaglich«. Schlimmer waren die Schreie der Menschen, die von der Straße zu hören waren. Die Situation im Altenheim wurde unhaltbar. Am 9. Oktober 1941 wurde erneut evakuiert und Helene Schjerfbeck nach Pernå gefahren.

Diesmal war es nur ein Aufenthalt von drei Wochen. Mittendrin gab es eine große Freude und viel Aufmunterung. Der treue Gösta Stenman stand überraschend mit seiner Frau vor der Tür. Das Ehepaar packte Rosen, Äpfel, Fisch und Marmelade aus, alles in Stockholm eingekauft. Ob Helene noch andere Dinge brauche? Eine Staffelei, die hatte sie in Ekenäs lassen müssen; Stenman besorgte eine. Doch ob mit oder ohne Staffelei: Ihren »Farbenkoffer« hatte Helene Schjerfbeck in Ekenäs eingepackt, und inmitten aller Unruhe und Bedrohung und dem Lärm der Sirenen tat sie, was sie sich für ihren Aufenthalt im Altenheim vorgenommen hatte – »ein wenig zu malen«.

»Mädchen im Luftschutzraum« ist Helene Schjerfbecks künstlerisches Zeugnis für die Zeit in Loviisa. Die Pflegerin Karin Linnea Nyberg hat ihr dazu Modell gesessen und erhielt für jede Sitzung zehn Mark. Die junge Frau kam aus Tenala, dem Städtchen nahe bei Ekenäs, in dessen Umkreis Helene Schjerfbeck mit Mina Bussman während des »Winterkrieges« vom November 1939 bis Anfang April 1940 Unterschlupf gefunden hatte. Die gemeinsamen heimatlichen Gefilde weit im Westen Finnlands werden die junge Frau und die alte Malerin verbunden haben.

Unterdessen ließ Gösta Stenman weiter seine Kontakte in Schweden für Helene Schjerfbeck spielen. In Göteborg kam im Herbst 1941 eine Einzelausstellung zustande. In Stockholm war die finnische Malerin an zwei Ausstellungen beteiligt. In Helsinki zeigte die Galerie Hörhammer Bilder von ihr.

Gegen Ende des Jahres wurde Helene Schjerfbeck die Hektik im Altenheim zunehmend lästig. Das Tablett mit den Mahlzeiten wurde fünfmal am Tag gebracht und wieder abgeholt. Die Post kam ins Zimmer, kurz danach eine Schwester, die sich um ihr Wohlbefinden kümmerte. Die Mitbewohnerinnen hatten keine Hemmungen mehr, jederzeit einzutreten, um etwas zu besprechen oder kurz zu grüßen. Dass Helene Schjerfbeck beim Malen Ruhe brauchte, kam niemandem in den Sinn. »Neulich hatte ich 8 Besucher zwischendurch«, schrieb sie am 22. Dezember 1941, »heute waren es nur 4.«

In der Weihnachtspost 1941 befanden sich die »Lebenserinnerungen« von Helena Westermarck, dreieinhalb Jahre nach ihrem Tod herausgegeben. Das Buch erschütterte Helene Schjerfbeck. Die gemeinsame Jugendzeit, die freundschaftlichen Bande eines ganzen Lebens standen ihr wieder vor Augen. Sie musste sich ins Bett legen. »Ich wurde so traurig und wünschte, ich wäre tot«, schrieb sie an Einar Reuter. »Alle sind tot, ich bin allein zurückgeblieben.«

Mit dem neuen Jahr wurde es bitterkalt in diesem östlichen Teil Finnlands. Im Februar 1942 schwankte die Temperatur zwischen minus zwanzig und minus dreißig Grad. Die Sonne versank wie ein Feuerball hinter ihrem Balkon. Der Fliegeralarm nahm nicht ab. Seit Monaten behielt Helene Schjerfbeck die meisten Nächte ihre Kleider an, um schnell in den Schutzraum gehen zu können. »Hier ist es wie in Helsinki«, erfuhr Einar Reuter, »keine Ruhe.« Dafür war sie nicht von Ekenäs ins Altenstift gezogen. Am 1. Februar 1942 schrieb sie an ihre Kusine Esther Brusiin: »Malen kann ich nicht, denn meine Gedanken sind die ganze Zeit angespannt und dann dieses ständige Zuhören.«

Gösta Stenman wusste, dass es seiner Malerin, die ihm längst ans Herz gewachsen war, in Loviisa nicht mehr gutging. Er machte Pläne, um Helene Schjerfbeck das Leben zu erleichtern und ihr eine Umgebung zu verschaffen, wo sie endlich wieder ein wenig malen konnte. Außerdem war die Stadt durch ihre Nähe zur russischen Grenze extrem gefährdet. Niemand wusste, wie der Krieg gegen die UdSSR sich entwickeln würde. Es galt, im westlichen Landesinneren einen ruhigen Ort mit einer angenehmen Institution für ältere Menschen zu finden. In seiner ältesten Tochter Maja

Rydman, die in Helsinki eine Galerie mit dem ironischen Namen »Stenmans Tochter« führte, hatte Gösta Stenman eine kompetente Helferin, energisch und mit guten Kontakten.

Ein gutes Sanatorium an sicherem Ort war bald gefunden. Aber Maja Rydman wusste, das größte Hindernis in diesen Kriegszeiten war, ein Auto für die Reise mit dem notwendigen Benzin zu bekommen. Der größte Teil der privaten Autos war für militärische Zwecke eingezogen. Die übrigen wurden von ihren Besitzern vorsorglich in der Garage versteckt, auch weil sie beliebte Ziele feindlicher Flugzeuge waren. Maja Rydman hatte eine geniale Idee: Sie gewann mit einem Brief Risto Ryti, den Präsidenten der finnischen Republik, für die Übersiedlung der berühmten Helene Schjerfbeck in ein anderes Heim seinen Dienstwagen zur Verfügung zu stellen.

In der ersten Februarwoche 1942 erschien Stenmans Tochter zusammen mit einem Abgeordneten des finnischen Parlaments im Altenstift Hamberg und überzeugte Helene Schjerfbeck, an einen sicheren Ort im Landesinnern, rund fünfzig Kilometer nordwestlich von Helsinki, zu ziehen. Ein ruhiges Zimmer war schon reserviert. Helene Schjerfbeck wunderte sich, dass andere Menschen sich so viele Gedanken um sie machten. Sie war alt und müde, was sollte sie zu diesem überraschenden Vorschlag sagen. Sie war mit allem einverstanden.

So kam es, dass am 12. Februar 1942 Helene Schjerfbeck in Begleitung von Maja Rydman, einem Parlamentsabgeordneten und dem Adjutanten des finnischen Staatspräsidenten das Altenheim in Loviisa nach nur acht Monaten wieder verließ. Das Präsidentenauto brachte sie noch am selben Tag ins Sanatorium Luontola bei Nummela.

42. Kapitel

Achtzig Jahre und noch lange nicht fertig mit der Malerei

Nummela Februar 1942 bis Februar 1944

»Ich finde, ich habe keinen Schaden genommen; hier ist es viel ruhiger, so dass ich vielleicht versuchen kann, ein Bild aus meiner Erinnerung zu malen – wenn es so weitergeht.« Mit diesem ersten Brief vom 15. Februar 1942, der an Einar Reuter geht, signalisiert Helene Schjerfbeck, dass sie den erneuten Wechsel ihrer Lebensumstände nicht nur bereitwillig erträgt und mit sich geschehen lässt. Für die Achtzigjährige ist es innerhalb von neun Monaten der zweite Umbruch, seit sie im Juni 1941 ihr geliebtes Ekenäs verlassen hat. Aber sie ist entschlossen, auch diese Änderung zu nutzen und daraus Kraft und Kreativität für ihre Malerei zu mobilisieren. Es ist nicht ihr erster Aufbruch ins Unbekannte, und sie weiß, dass sie sich auf ihre Entschlossenheit verlassen kann.

Neun Tage später zieht Helene Schjerfbeck eine erste, positive Bilanz über ihr Leben in der Kuranstalt: »Es ist gut und bequem, und ich glaube, ich brauche das auch.« Ihr Zimmer liegt in einem Nebentrakt – »neu und warm«. Von ihrem Fenster sieht sie auf einen Halbkreis mit Fichten, Kiefern stehen in der zweiten Reihe. Den Weg entlang wachsen Birken. Im Hintergrund schimmert das Wasser des Hiidenvesi, des größten Sees von den vielen rund um Nummela. Das Essen ist vegetarisch – »aber ich bin zufrieden und mag es sehr – Stockfisch gibt es trotzdem!« Wieder kann sie ihr Essen auf dem Zimmer einnehmen. Das ist nicht unwichtig, denn ihre Berühmtheit hat sich in Nummela herumgesprochen. »Leute kommen und wollen mich sehen und meine Bekanntschaft machen – sie würden mich nur ermüden. Ich halte sie auf Abstand, so gut ich kann«, heißt es in einem Februarbrief. Kurze Zeit später sitzt Helene Schjerfbeck in ihrem Zimmer und schreibt an ihre Nichte Hanna Appelberg in Helsinki. Als sie den Kopf hebt, »steht ein Paar vor dem Fenster und starrt mich an«. Ein Unbekannter schickte ein Paket »mit einer schrecklich stinkenden Wurst« – es sind Kriegszeiten und Lebensmittel rar! –, in der Hoffnung, als Gegenleistung ein Schjerfbeck-Original zu erhalten. Die freundlichen Krankenschwestern wussten Bescheid und taten alles, damit die berühmte alte Dame ungestört blieb.

Es trifft sich gut, dass Venny Soldan, aus dem Kreis der Malschwestern, ein Sommerhaus in der Nähe von Nummela besitzt. In diesen Kriegszeiten lebt sie auch im Winter hier. Sie kommt fast täglich ins Sanatorium, weil ihr Haus zum Malen zu kalt ist. Venny hatte Helene schon in Ekenäs besucht. Die nur ein Jahr Jüngere ist eine lebhafte, interessierte Gesellschaft und sehr hilfsbereit. Sie besorgt ihr eine neue Staffelei – die alte war in Loviisa zurückgeblieben –, Leinwand und Fotos.

Das Zusammensein mit Venny Soldan bringt eine vertraute, heimatliche Atmosphäre in Helenes Zimmer. Und sie ist die einzige Person im Sanatorium, die Schwedisch spricht. Alle Schwestern und das übrige Personal konnten nur Finnisch, denn Nummela gehört zum finnisch sprechenden Teil des Landes. Helene Schjerfbeck versuchte, die wenigen Brocken Finnisch, die sie sich in Hyvinkää angeeignet hatte, zu reaktivieren und ihren Wortschatz zu vermehren.

In ihrem ersten Brief aus Luontola nennt Helene als wichtige Verbesserung, es sei »so viel ruhiger«. Am 25. Februar allerdings bemerkt sie, »nun hört man jeden Tag Flugzeuge«. Helene Schjerfbeck entscheidet, nicht nachzufragen, was das bedeutet, und liest »lieber sorgfältig die Zeitung«. Bombenangriffe aus der Luft jedenfalls gab es keine auf Nummela.

Für »zwei stille Stunden« täglich zwischen neun und elf Uhr am Vormittag war Helene Schjerfbeck sicher, dass niemand ihre Ruhe störte, auch nicht das Putzpersonal. Diese verlässliche »Insel der Konzentration« reichte der Malerin, um sich wieder an die Arbeit zu machen. »Ich habe versucht, ein wenig zu malen«, schreibt sie schon am 24. Februar an Einar Reuter. Und am 18. März erfährt er, dass im Sanatorium von Luontola wieder Beständigkeit in ihre Arbeit gekommen sei: »Ich mache jeden Tag kleine Änderungen, wie ich es immer getan habe, bei dem ›Lovisa-Mädchen‹ und einem anderen Bild, das ich am Montag begonnen habe.« Das »Lovisa-Mädchen« ist das Porträt der Pflegerin Karin Nyberg, die Helene Schjerfbeck im Stift Hamberg Modell gesessen hat.

Der Brief vom 18. März wird durch einen Besuch unterbrochen: »Da kommt Hanna mit ihrem Sohn, heute ist schulfrei. Er ist ein netter Junge ...« Dem damals zwölfjährigen Carl Appelberg ist vor allem der hohe Schnee in Erinnerung geblieben, der seit dem Jahresanfang 1942 das Land bedeckt. Von der Malerin war er nicht sonderlich beeindruckt: »Ich sah eine kleine Tante mit großen Augen und langen Fingern, mit der die Mamma endlos über Kunst redete.« Ursprünglich war Helene Schjerfbeck überzeugt, dass aus dem Familien- und Freundeskreis nur selten Besuch in das abgelegene Sanatorium kommen würde. Ein Irrtum – ihrer Nichte Hanna folgte ein steter Strom von Menschen.

Maja Rydman kommt regelmäßig. Da treffen sich zwei verwandte Seelen, die vor allem die Liebe zur Literatur zusammengeführt hat. Die beiden Frauen können stundenlang diskutieren – »wir mögen dieselben Bücher«. Zwischen den Besuchen schickt Maja dicke Bücherpakete ins Sanatorium. Helene Schjerfbeck schätzte die wesentlich Jüngere auch menschlich; sie war heiter, kameradschaftlich und »wunderbar energisch«.

Am 12. April erfährt Einar Reuter, welches Buch Helene im Frühjahr 1942 besonders intensiv beschäftigt: Thomas Manns »Zauberberg«. Sie sieht in dem Kontrast zwischen der öden Ebene und den Bergen, wo die Hauptfigur Hans Castorp, »des Lebens treuherziges Sorgenkind«, einen anderen, neuen Sinn findet, ihre eigenen Erfahrungen gespiegelt: »Das Leben in den Bergen bedeutet Freiheit durch Krankheit ... Mein Leben wäre ärmer ohne die Traurigkeit. Ich hätte niemals erreicht, was ich geschaffen habe – ich hätte nur weltliche Dinge gekannt.« Darüber hinaus trifft »Der Zauberberg«, dessen Geschichte auf den dämmrig grauen Schlachtfeldern des Ersten Weltkriegs endet, mit seinem letzten Satz Helene Schjerfbecks tiefste Sehnsucht: »Wird auch aus diesem Weltfest des Todes, auch aus der schlimmen Fieberbrunst, die rings den regnerischen Abendhimmel entzündet, einmal die Liebe steigen?«

Am 3. Juni kommt Mina Bussman aus Ekenäs, um ihre ehemalige Arbeitgeberin für ein paar Tage zu besuchen, und es ist wie in alten Zeiten. Sie »redete in einem fort, das war so heimatlich«. Helene versorgt Mina weiterhin mit Tee, Kaffee, Zucker und Schokoladenbonbons, und auch ihre Seife ist in diesen Kriegszeiten hochbegehrt. Im selben Monat macht Måns Schjerfbeck eine Fahrradtour von Helsinki nach Nummela; im Gepäck hat er wie einst bei den Fahrten nach Ekenäs die Rente seiner Tante. Nach seiner Abreise bleibt ihr noch eine Weile der Duft seines Tabaks.

In den stillen Stunden des Vormittags sitzt Helene Schjerfbeck eisern vor ihrer Staffelei. Gösta Stenman hat sie – wieder einmal – angeregt, neue Versionen von alten Werken anzufertigen, denn im Sanatorium sind ihr noch keine Modelle für neue Bilder unter die Augen gekommen. Aus Stockholm wünscht ihr alter Freund und Kunsthändler sich »Wilder Rosmarin«. Das Bild entstand 1903 und zeigt den Namenstagsstrauß, den Olga Schjerfbeck der Tochter schenkte. Helene nahm Stenmans Vorschlag auf – »und nun sehe ich, ich habe kein Bild davon hier«. Deshalb ging Ende Juni 1942 eine Bitte an Einar Reuter, der fast alle ihre Bilder fotografiert hatte: »Hast Du ein loses Bild, um es mir auszuleihen?« Er hatte eins, und nach dem Ölbild von 1903 entstand eine »Reinkarnation« auf Papier mit Wasserfarben und Gouache, 43 × 52 Zentimeter.

Der 10. Juli 1942 war ein sehr besonderer Tag. Helene Schjerfbeck wusste, sie konnte an ihrem achtzigsten Geburtstag nicht aus dem Luontola-Sanatorium flüchten. Aber sie verbat sich alle Jubelfeiern; nur die nächsten Verwandten und die Stenmans aus

Stockholm waren willkommen. Bereits am 9. Juli erschien in *Svenska Pressen* ein ausführlicher Artikel – »Heléne Schjerfbeck 80 Jahre« –, mit einem Foto, das die Malerin vor ihrer Staffelei in Ekenäs zeigt. Nicht nur in ihrem Heimatland, in ganz Skandinavien werde man sich an ihrem achtzigsten Geburtstag mit Dankbarkeit an ihr Werk als Künstlerin erinnern: »Vergleicht man ihre künstlerische Gabe mit Gegenwart und Vergangenheit, dann entdeckt man, dass sie eine große, vielleicht die größte hier im Norden besitzt. Sie selbst allerdings wird in ihrer selbstgewählten Abgeschiedenheit an dieser Fähigkeit zweifeln.« Am Ende steht der Dank, dass durch Helene Schjerfbeck »die zeitgenössische Kunst den Kern dessen bloßlegt, was wesentlich ist im Leben«.

Selbst bis in die Unterhaltungsmagazine waren ihr Name und ihr Ruhm vorgedrungen. Das Horoskop der finnischen Zeitschrift *Lukemista kaikille* schreibt im Sommer 1942 über die im Sternzeichen »Krebs« Geborenen, dass die Macht der Gefühle viele von ihnen verbindet: »Gibt es in der gesamten Welt der Kunst einen feinfühligeren und zugleich tieferen Ausdruck von Gefühl als in den Bildern und Zeichnungen des berühmten ›Krebses‹ Helene Schjerfbeck, geboren am 10. Juli 1862?«

Auch wenn am Morgen ihres Geburtstages keine Honoratioren zum Glückwünschen im Sanatorium erschienen, zum Gratulieren meldeten sich viele, die Helene Schjerfbeck schätzten, mit Blumen und Briefen, und sie zählte achtzehn Telegramme.

An einem Tag in diesem Sommer entdeckte die Malerin beim Blick aus dem Fenster einen Rabbiner draußen auf dem Weg. Endlich ein potentielles Modell. Sie schickte Venny Soldan, die gerade zu Besuch weilte, hinaus und ließ den jungen Mann hereinbitten. Ob er der Malerin Modell sitzen würde? Der Rabbiner erwiderte, dazu brauche er Gottes Zustimmung, verabschiedete sich und versprach, wiederzukommen. Tatsächlich kehrte er zwei Wochen später zurück. Aber nur um zu bekennen, dass Gott auf seine Anfrage nicht geantwortet habe.

Gösta Stenman war mit seiner Frau Bertha der Geburtstagseinladung gefolgt und von Stockholm nach Nummela gereist. Als er am 10. Juli ihr Zimmer betrat, erschrak Helene Schjerfbeck buchstäblich zu Tode, so schlecht sah er aus. »Ich werde ihn nicht wiedersehen«, war ihr spontaner Gedanke. Gösta Stenman hatte Asthma. Erst später erfuhr sie, dass er sich gegen den Rat seiner Ärzte auf den weiten Weg gemacht hatte. Stenmans Geschenk war ein umfangreiches Buch über El Greco; auch diesmal mit dem heimlichen Wunsch verbunden, die Malerin auf neue künstlerische Ideen zu bringen, wenn lebende Modelle weiterhin ausblieben. Das Buch tat seine Wirkung.

Nach der »Madonna der Barmherzigkeit«, 1941 in Ekenäs gemalt, entstehen 1942 in Luontola die »Frühlingsmadonna« und ein Halbprofil der »Jungfrau Maria«; ein weiteres Madonnen-Halbprofil folgt 1943. Allen Bildern liegen Schwarzweiß-Fotografien von El Greco-Bildern zugrunde. Im Einklang mit der Aura des frühbarocken Meisters und ohne sein Werk zu verleugnen, schafft die Malerin des 20. Jahrhunderts erneut eine kongeniale eigenständige Anverwandlung.

Zurück in Stockholm, organisiert Gösta Stenman in seiner Galerie zum Oktober 1942 eine »Huldigungsausstellung« für Helene Schjerfbeck mit hundert Bildern und zehn Zeichnungen. Zur Eröffnung hält Dr. Elias Cornell, Architekturhistoriker und populärer Wissenschaftsjournalist, im Stockholmer Rundfunk einen Vortrag über die Malerin aus Finnland. *Svenska Pressen* druckt den Beitrag am 15. Oktober: »Nicht viele Künstler werden alt, und von denen, die alt werden, arbeiten nur wenige ihr ganzes Leben … Aber Helene Schjerfbeck ist ein Künstlertyp, dem die Zeit nichts anhaben kann.« Elias Cornell lobt Helene Schjerfbecks Kunst in den höchsten Tönen und versucht, ihr als Mensch und als Malerin differenziert gerecht zu werden: »Sie ist einfach, aber nie banal. Sie ist ehrlich und kompromisslos, aber bis ins Kleinste nuanciert und niemals auch nur eine Spur dogmatisch … Sie ist vorsichtig auf der Suche, aber nie ängstlich.« Die Ausstellung ist so erfolgreich, dass sie verlängert wird.

Im Herbst 1942 schließt Maja Rydman ihre Galerie »Stenmans Tochter« in Helsinki und siedelt nach Schweden über. Vor der Abreise fährt sie zusammen mit ihrer jüngeren Schwester Ulla zu Helene Schjerfbeck nach Nummela, und die drei Frauen verbringen zum Abschied eine herrliche Woche. An Gesprächsstoff mangelt es nicht. Oft ist es abends halb zehn, wenn die Schwestern Helenes Zimmer im Sanatorium verlassen.

Als Ulla im darauffolgenden Jahr heiratet, malt Helene Schjerfbeck im Sanatorium als Geschenk ein Porträt in Öl. »Ulla Fock«, 49×41 Zentimeter, gehört in ihre Galerie »neuer Frauen«, wieder mit künstlerischer Askese und eleganter Einfachheit gemalt. Die großen, eindringlichen Augen, die bleistiftdünnen Brauen, der kurze Haarschopf und der volle rote Mund, die Bluse wie der Hintergrund eine reine Farbfläche: Mühelos bannt Helene Schjerfbeck die Präsenz einer jungen modernen Frau auf die Leinwand.

Welch ein Kontrast zu dem Selbstporträt, das Helene Schjerfbeck im Herbst 1942 mit dicker Farbe und einem Spachtel auf Pappe entworfen hat. Als sie es Ende Oktober an Einar Reuter schickt, schreibt sie dazu: »Ein ehrenhafter Versuch, der fehlschlug. Skizze.« Es ist das erste Selbstporträt, in dem Helene Schjerfbeck sich der Außenwelt kompromisslos als alte Frau zeigt, ohne pfiffigen Einschlag, ohne elegante Herablassung: So bin ich nun, alt, müde, wehmütig zurückblickend. Traurigkeit liegt in den großen Augen, aber keine Verbitterung, hinzu kommt eine leichte Irritation, als ob sie sich selbst ein Rätsel wäre.

Helene Schjerfbeck weiß, was ihre Werke, und seien es nur Skizzen, auf dem Kunstmarkt wert sind. Sie hat Einar Reuter kein geringes Geschenk gemacht. Ihre Anerkennung als Künstlerin reicht weit über Finnland hinaus. »Mir ist eine große Ehre zuteilgeworden«, schreibt sie dem Freund am 17. Dezember 1942. Helene Schjerfbeck ist zum Mitglied in der ausländischen Klasse der Akademie für die Freien Künste in Stockholm ernannt worden. Sie hat sich die Liste der bisherigen Mitglieder genau angesehen: »Ich finde dort keine Frauen – bin ich denn die einzige? Der Letzte ist Picasso. Denk dir nur, ich stehe gleich nach ihm auf der Liste. Ich halte mich an ihn, er ist ein ewiger Sucher …« Gösta Stenman reagiert sofort auf diese Ehre und stellt in seiner Stockholmer Galerie Schjerfbeck-Bilder aus fünfundsechzig Jahren aus.

1942 setzt sich die beständige Reihe von Ausstellungen fort. Von Stenmans Aktivitäten in Stockholm abgesehen, hingen im Frühjahr dreizehn Bilder von Helene Schjerfbeck aus privaten Sammlungen im Ateneum; eine Einzelausstellung gab es in Lund, eine Ausstellungsbeteiligung in Vaasa. Grund genug, die Pinsel beiseitezulegen, Ruhm und Anerkennung und den Wohlstand, der damit einherging, zu genießen? Den inneren Kampf und das Ringen um die angemessene künstlerische Form endlich hinter sich zu lassen?

Die Zeit kann ihr nichts anhaben, diese Charakterisierung der Malerin Helene Schjerfbeck wird von ihrem Schaffen im Jahr 1942 aufs Beste belegt, mag sich auch ein Jahrzehnt ihres Lebens auf das andere stapeln. Blumen will ich nicht mehr malen, hatte sie vor Luontola gesagt. Nun malt sie aufs Neue in kleinen Formaten: »Eine Anemone«, »Kleine Lilien« und »Rosen in einer blaugrünen Vase«, alles mit Gouache auf Papier.

Die Natur rings um das Sanatorium Luontula zu erleben, dafür war Helene Schjerfbeck zu alt, und das Gehen fiel ihr zu schwer. Aber ihr Blick, der alles mit dem Gespür einer Malerin erfasste – ob es sich um Menschen oder um die Natur handelte, war geblieben und nicht gealtert. Auch wenn nun eine Fensterscheibe zwischen ihr und der Welt draußen lag, sah Helene Schjerfbeck die Bäume und den Sonnenuntergang, die schneebedeckten Äste und das grünliche Eis auf dem Hiidenvesi. In den Wintermonaten 1942 zog die Landschaft die Malerin wieder in ihren Bann.

Helene Schjerfbeck saß in ihrem Zimmer in ihrem Stuhl, schaute hinaus und zeichnete – mit Bleistift oder Kohle auf Papier, angereichert durch Wasserfarben. Es entstanden zarte Meisterwerke, mal wie japanische Schattenrisse, mal wie hingetupfte Geisterbäume gegen einen schwarzen Himmel, mal sind es kahle Baumgerippe am Seeufer. Alles ist mit fester Hand und klaren Strichen konturiert. Eine Serie entsteht, zeitlos, alterslos.

Helene Schjerfbecks kreative Stimmung in diesem Jahr spricht aus ihrem Brief vom 26. Dezember an Elin Elmgren: »Ich habe nicht das Gefühl, dass ich schon abgeschlossen habe. Ich bin nur müde auf dem Weg, aber ich will noch malen; etwas malen, das gut ist – das Allerletzte.«

Die Weihnachtstage waren ruhig verlaufen. Aus Stockholm kommt von den Stenmans ein dickes Paket mit vier Büchern. Auf die festliche Jul-Mahlzeit im Speisesaal des Sanatoriums verzichtet Helene Schjerfbeck; Schinken und Weihnachtsgrütze werden ihr im Zimmer serviert. Schon Tage vor dem Fest war Måns aus Helsinki angereist; auf die Hauptstadt fielen wieder Bomben. Anderthalb Jahre dauerte der »Fortsetzungskrieg« nun schon, in dem Finnland an der Seite des nationalsozialistischen Deutschlands verlorene Gebiete von Russland zurückerobern und eine Position der Stärke behaupten wollte. Doch den militärischen Erfolgen der finnischen Armee zwischen Juni und Dezember 1941 folgte ein frustrierender Stellungskrieg.

Im Lauf des Jahres 1942 wurde immer deutlicher, dass die bis dahin siegreiche deutsche Wehrmacht in den Weiten Russlands an ihre Grenzen kam. Am 3. Februar 1943 wurde im deutschen Radio mit verlogenem Pathos verkündet, bei Stalingrad sei die 6. Armee »ihrem Fahneneid bis zum letzten Atemzug getreu … der Übermacht des Feindes und der Ungunst der Verhältnisse erlegen«. Wer einen klaren Kopf behielt, wusste, dass mit Stalingrad der Krieg an einem für Hitler-Deutschland und seine Verbündeten verhängnisvollen Wendepunkt angekommen war. Noch am selben Tag beschloss ein kleiner Kreis finnischer Politiker eine radikale Kursänderung: den Krieg gegen die UdSSR zu beenden, sich vom »Waffenbruder« Deutschland zu trennen und sich den westlichen Verbündeten gegen Hitler anzunähern.

Die Öffentlichkeit erfuhr nichts davon. In Nummela ging das Leben wie gewohnt weiter. Die Schwestern schirmten Helene

Schjerfbeck vor ungebetenen Besuchern ab. Nur einige wenige waren ihr als interessante Gesprächspartner willkommen. Ihnen ging es nicht darum, Profit aus einer Begegnung mit der berühmten Malerin zu ziehen. Sie wollten eine Persönlichkeit kennenlernen und die Wertschätzung war gegenseitig. Von Ilmari Hannikainen, Komponist, Pianist und Professor an der Sibelius-Akademie in Helsinki, der sie 1942 besuchte, war Helene Schjerfbeck tief beeindruckt.

Ende Februar 1943 kam auf Vermittlung von Gösta Stenman im Sanatorium Luontola ein Treffen mit dem international bekannten Bildhauer Wäinö Aaltonen zustande. Helene Schjerfbeck war bereit, ihm drei Tage Modell zu sitzen: »Er spricht nicht Schwedisch, ich verstehe kein Finnisch, er ist taub – aber wir verstehen uns bestens.« Was Helene Schjerfbeck an diesen Begegnungen schätzte, war der Austausch mit einer jüngeren Künstlergeneration; Hannikainen war knapp fünfzig, Aaltonen achtundvierzig Jahre alt.

Ihre eigene Produktion setzte sich mit gleichem Schwung und einer breiten Palette von Motiven und künstlerischen Techniken im neuen Jahr fort. Wie im Altenstift Hamberg entschied sich Helene Schjerfbeck auch in Luontola für zwei Krankenschwestern als Modelle, Kaija Lahtinen und Esther Räihä. Sie fertigte von beiden Frauen mehrere Porträts, auf Papier mit Wasserfarben und Kohle, und auf Leinwand mit Ölfarben. Måns wurde in diesem Jahr ebenfalls porträtiert: im Halbporträt, das Kinn in die Hand gestützt, nachdenklich und ohne jenes Dandy-Flair, das die Porträts um 1930 in Ekenäs auszeichnet. Auch die Alt-Neu-Versionen kamen nicht zu kurz. Noch einmal nahm sich Helene Schjerfbeck das »Mädchen mit blauem Band« von 1909 vor und malte eine »Reprise«. Und dann wagte sie sich an ein persönliches Experiment. Nach einer Fotografie entstand 1943 das Porträt ihres Vaters.

Svante Schjerfbeck war dreiundvierzig Jahre alt geworden; Helene erlebte den Tod ihres Vaters mit dreizehneinhalb Jahren. Jetzt entscheidet sie sich für eine frühe Fotografie des Vaters. Noch trägt er keinen Bart, und die Tochter hat sein schmales, längliches Gesicht mit markanten Schatten verschlankt. Jünglingshaft, zeitlos, noch vor aller Vaterschaft blickt Svante Schjerfbeck seine Tochter an, und seine Augen prägen das Bild.

Trauer liegt darin, eine schmerzliche Wehmut. Doch zugleich geht von diesem Blick eine stille, unausweichliche Eindringlichkeit aus. Als ob Helene Schjerfbeck, die sich als eine »Vater-Tochter« geschildert hat und sich bei ihm, im Gegensatz zur kühlen Mutter, emotional geborgen fühlte, mit diesem Bild das Vermächtnis des Vaters an die Tochter offenlegt. Er hat mit ihr das Psalmengebet memoriert, das sie ihr Leben lang als tröstliche Weisung begleiten wird – »Hilf mir Herr, durch deine Gnade, / dass ich mich allezeit von Herzen nur an das eine halte: / An den Herrn Jesus Christus zu glauben / und zu lieben ohne Hintergedanken«. Ein Gebet, das im Subtext auch eine irdische Botschaft enthält: im Leben unerschütterlich auf dem Weg zu bleiben, den man als Bestimmung erkannt und eingeschlagen hat. Svante Schjerfbeck, wie ihn Helene porträtiert, ist kein Gescheiterter, denn die Tochter hat sein Vermächtnis erfüllt. Die Festigkeit seines Charakters war ihre Lebensstütze.

Einar Reuter bekommt ihre Entschiedenheit im August 1943 wieder einmal zu spüren. Helene Schjerfbeck hatte beschlossen, für ein Jahr, 1943, ihren Vertrag mit Gösta Stenman ruhen zu lassen. Sie wollte weniger malen, mehr Zeit haben; sie fühlte sich unter Druck, wenn die monatlichen Zahlungen aus Stockholm kamen. Voller Selbstzweifel fragte sie sich, ob sie für dieses Geld auch genug lieferte. Freund Einar, der seit dem Beginn des Vertrages 1938 daran herummäkelte, nutzte die Gelegenheit. Er schlug ihr vor, den Vertrag überhaupt aufzulösen, und bot sich als Vermittler an. Aber da war er an die Falsche geraten. »Um Himmels willen«, schrieb ihm Helene Schjerfbeck am 29. August 1943, »komme nicht zwischen ihn und mir … Ich habe mit Stenman eine gute, klare Übereinkunft, überlasse die Sache mir.«

Helene Schjerbecks Erschrecken über Gösta Stenmans Gesundheitszustand im Sommer 1942 war berechtigt. Das Asthma schränkt ihn in seinem Bewegungsradius immer weiter ein. An einem Tag schreibt er ihr aus Stockholm, er werde sie demnächst besuchen. Wenig später erhält Helene einen Brief von seiner Frau, dass ihr Mann wieder zur Behandlung ins Krankenhaus musste. Im Herbst 1943 ist Gösta Stenman voller Aktivitäten. Ihm ist es gelungen, den Bankier Arne Gyllenberg, dem er Helene Schjerfbecks »Laubhüttenfest« verkauft hatte und dessen private Kunstsammlung in Finnland einzigartig ist, zu überreden, seine Sammlung in Schweden zu zeigen. Arne Gyllenberg reist zu letzten Besprechungen nach Stockholm – umsonst. Gösta Stenman muss alle Termine wegen erneuter Krankheit absagen. Allerdings verzögert sich die Ausstellung nur um einige Wochen und reist viel beachtet und gelobt durch mehrere schwedische Städte.

Im Oktober 1943 organisiert das Ateneum eine Ausstellung über finnische Kunst, in deren Mittelpunkt Kindermotive stehen. Ein Thema, das Helene Schjerfbeck seit ihrem aufsehenerregenden Bild »Ein Junge füttert seine kleine Schwester« begleitet hat. Sie ist mit zehn Arbeiten in der Ausstellung, die ein großer Publikumserfolg wird, vertreten. Als drei ihrer Bilder in einer Berliner Ausstellung über finnische Künstlerinnen und Kunsthandwerkerinnen gezeigt werden sollen, schreibt Helene Schjerfbeck am 24. November an Einar Reuter: »Ich bin gegen die ›Damenausstellung‹ – es gibt ja auch keine ›nur für Männer‹ – die Bilder sind entscheidend.« Doch ihr Protest wird von den Ausstellungsmachern ignoriert.

Ende November 1943 trafen sich auf einer Konferenz in Teheran die wichtigsten Führer der Anti-Hitler-Koalition, der Premierminister von Großbritannien Winston Churchill, der US-Präsident Franklin D. Roosevelt und der sowjetische Staatsführer Josef Stalin. Sie einigten sich, Deutschland nach dem Sieg über Hitler und einer bedingunglosen Kapitulation aufzuteilen und zu besetzen. Auch über Finnlands Zukunft wurde in Teheran gesprochen. Russland setzte sich mit harten Friedensbedingungen durch. Aber im Gegensatz zu den übrigen Verbündeten Deutschlands sollte dem Land eine bedingungslose Kapitulation erspart bleiben.

Für Finnland, das an Deutschlands Seite gegen die UdSSR kämpfte, wurde die politische Situation immer bedrohlicher. Versuche der finnischen Führung, über die USA als Vermittler geheime Friedensgespräche mit Russland aufzunehmen, waren im Lauf des Jahres gescheitert. Die Versorgung mit Lebensmitteln und grundlegenden Gebrauchsgütern verschlechterte sich zum Jahresende 1943 merkbar.

Am zweiten Weihnachtstag 1943 erreichte Helene Schjerfbeck ein Telegramm aus Stockholm. Gösta Stenman kündigte seinen Besuch an. Helene malte konzentriert und schneller als gewöhnlich, um ihm Neues bieten zu können. Doch für ihren Kunsthändler stand diesmal anderes im Mittelpunkt. Wie schon bei früheren Gelegenheiten versuchte er, seine Malerin zu überzeugen, angesichts der zugespitzten Kriegslage nach Schweden zu übersiedeln. Ob sie bei ihm in Stockholm wohnen wollte oder an einem anderen ruhigen Ort – er würde etwas Passendes für sie finden und das Finanzielle war ebenso geregelt. Doch Helene Schjerfbeck lehnte ab. Sie wollte bleiben, aushalten; die Familie, die Freunde nicht im Stich lassen und nicht das heimatliche Finnland, dem sie sich in den Kriegszeiten mehr denn je verbunden fühlte. Auch ihr Alter spreche dagegen; viel zu beschwerlich sei die Reise und eine erneute radikale Veränderung. »Ich bin so müde und an meinen Grenzen«, schreibt sie noch am 18. Januar 1944.

Am 6. Februar 1944 flogen 130 russische Kampfbomber Richtung Helsinki. Ihre todbringende Last verfehlte zwar das Ziel, die meisten Bomben fielen außerhalb der Hauptstadt. Aber schon am nächsten Tag wurde eine zweite Angriffswelle geflogen, diesmal mit verheerendem Erfolg. 248 Bomben gingen auf die Innenstadt von Helsinki nieder. 88 Menschen starben, mehrere hundert wurden verletzt, rund 100 000 Bewohner evakuiert. Ein erneuter russischer Angriff erfolgte am 16. Februar. Er konnte dank der starken, von den Deutschen installierten Luftabwehrgeschütze verhindert werden. Doch das Menetekel, dass der Krieg die Finnen nun verstärkt im eignen Land treffen würde, war unübersehbar.

Angesichts der tödlichen Bedrohung änderte Helene Schjerfbeck ihre Meinung. Sie informierte Gösta Stenman in Stockholm und packte ihre Sachen. Ihre vertraute Krankenschwester Kaija Lahtinen begleitete sie im Auto bis zum Flughafen von Helsinki. Dort erwarteten Ulla Fock, Stenmans jüngere Tochter, und ihr Mann als Flugbegleiter die alte Dame. Am 22. Februar 1944 betrat Helene Schjerfbeck zum ersten Mal in ihrem Leben ein Flugzeug; mit Fieber und Katarrh, einundachtzig Jahre alt.

Alles ging glatt auf diesem Flug mitten im Krieg nach Stockholm. Ihre gelassene Neugier verließ Helene Schjerfbeck auch in dieser dramatischen Situation nicht. Vier Wochen später schreibt sie aus Schweden an ihren Neffen Måns in Helsinki: »Es war ganz unproblematisch, und draußen sah man das Meer um Åland. Das war das Schönste an der Reise.«

43. Kapitel

Flug nach Schweden. Heimweh im feinen »Badhotell«

Saltsjöbaden Februar 1944 bis Dezember 1945

Bis weit in den März 1944 hinein stand ein Thema im Mittelpunkt aller Briefe, die Helene Schjerfbeck aus Schweden an ihre Nichte Hanna Appelberg in Helsinki schickte: »... ich möchte euch nicht vom Essen erzählen ... Wenn ihr nur mein Essen hättet ...« Und dann erzählt sie doch von ihrem täglichen Speiseplan. Am Morgen gibt es Haferbrei mit Kaffee-Ersatz. Das Mittagsmenü sucht sie sich selber aus, »man muss nur zusehen, dass die Fleischcoupons reichen«. Am Abend um sechs Uhr gibt es wieder warmes Essen, Brühe, Fleisch oder Fisch. So beeindruckt Helene Schjerfbeck von diesem Überfluss ist, an dem sie Nichte und Neffe Måns gern würde teilhaben lassen, einen leichten Spott über die schwedische Küche kann sie sich nicht verkneifen: »Sag mir, was ich von Hering mit Rosinen halten soll ...«

Ihre neue Umgebung empfindet Helene Schjerfbeck als »gut und elegant ... ich habe alles in meinem Zimmer und meinem eigenen Waschraum«. Pflegerinnen und Ärzte sind sehr freundlich. Im Büro ist ihr Name nicht auf der Gästeliste aufgeführt. Niemand weiß oder kann nachlesen, dass die berühmte Malerin hier lebt. Keine ungebetenen Besucher bedrängen sie oder das Pflegepersonal. Schließlich ist Helene Schjerfbeck Gast in »Saltsjöbadens Badhotell«, wo sich neben Stockholms feiner Gesellschaft und Künstlern auch prominente ausländische Gäste erholen. Da ist Diskretion Ehrensache.

Als Helene Schjerfbeck am 22. Februar 1944 auf dem Stockholmer Flughafen ankam, wurde sie mit dem Auto in ihr neues schwedisches Zuhause gebracht – den kleinen exklusiven Villenvorort Saltsjöbaden, gut sechzehn Kilometer östlich von Schwedens Hauptstadt an einem Meeresarm gelegen. Damals wie heute braucht die »Saltsjöbanan« mit ihren schmucken Eisenbahnwaggons vom zentralen Verkehrsknotenpunkt Slussen, zwischen Gamla Stan, Stockholms Altstadt, und dem südlichen Södermalm gelegen, rund dreißig Minuten. Die schöne Tour geht vorbei an lichten Wäldern, engen Felswänden, mit Blick auf Wasser und Boote bis zur Endstation am Grand Hotel in Saltsjöbaden. Wer den Weg am prächtigen Hotel-Komplex vorbei und am Wasser der Bucht entlang bis zum Tennisplatz mit rotem Sand nimmt, steht keine zehn Minuten später vor dem neoromantischen Portal des Kurhotels, in dem Gösta Stenman seine Malerin untergebracht hatte. Seit 1957 ist der weitläufige weiße Bau ein Krankenhaus, auf Rehabilitation, Geriatrie und betreutes Wohnen spezialisiert.

Als Knut Agathon Wallenberg, Mitglied einer der reichsten und einflussreichsten schwedischen Familiendynastien aus Bankiers und Industriellen, 1889 in Stockholms östlichem Schärengarten 890 Hektar Land kaufte, hatte er eine Vision. Wo damals noch keine hundert Menschen lebten, sollte ein moderner, exklusiver Erholungsort entstehen, ein Zentrum für Sommer- und Wintersport. Sein Freund, König Oscar II., legte 1892 den Grundstein für das Wallenberg'sche Grand Hotel. Ab 1. Juli 1893 fuhr mit Wallenberg'scher Beteiligung die Saltsjöbadenbahn auf einer Bahnstrecke mit drei Tunneln zwischen Stockholm und Saltsjöbaden, die 1913 als erste in Schweden elektrifiziert wurde. 1896 entstand eine moderne Gesamtschule mit Aula; 1933 eine »Volksbibliothek«, in deren breiten englischen Ledersofas man heute noch unter Kronleuchtern den sorgfältig gepflegten Buchbestand genießen kann.

Ein gewisses Fräulein Clara Schmitt baute 1895 in diesem vornehmen, finanzstarken Ambiente ein privates Sanatorium, der Ursprung des »Badhotell«. Doch ihre Mittel reichten nicht, um ein verwöhntes Publikum anzuziehen. Erst als 1903 der Stockholmer

Bäderbetrieb das Haus übernahm, zu einem modernen Kurbetrieb ausbaute und mit dem Etikett »Kneippanstalt« warb, kamen die Gäste. Noch im selben Jahr schrieb ein Stockholmer Mediziner begeistert im *Svenska Morgonbladet*: »Jetzt braucht man nicht mehr nach Nauheim, Oeynhausen, zum Weißen Hirsch, nach Wiesbaden und Aachen zu pilgern. Jetzt kommen die Kontinentalbewohner, Albions Söhne und Töchter und die praktischen Yankees zu uns!«, und so war es.

Aus »Saltsjöbadens Sanatorium« wurde 1937 »Saltsjöbadens Badhotell«, ein Name, der den exquisiten Besuchern und Besucherinnen besser entsprach. Zugleich wurde der medizinische Standard durch eine Röntgenanlage gehoben, und eine große Halle mit modernsten Apparaten für »physikalische Heilmethoden« war der Stolz des Hotels. Das gesundheitsbewusste ruhige Leben fern der großen Stadt mit ihrem Lärm und ihrer Hektik lockte bald auch Schriftsteller, Schauspieler und Maler, die sich eine Villa auf dem Land leisten konnten, nach Saltsjöbaden. Die Einwohnerzahl stieg auf etwas über dreitausend.

In diese Welt kam Helene Schjerfbeck im Februar 1944, eine Insel des Friedens und des Wohlstands. Sie saß in ihrem schönen großen Zimmer, schaute durch die Bäume auf die Segelboote in der Bucht und den roten Tennisplatz und las in der Zeitung von den Bomben, die auf Finnland fielen. Der Krieg gegen Russland, der im November 1941 siegreich begonnen hatte, fand kein Ende, und nach den Angriffen aus der Luft waren neue Offensiven der Roten Armee gegen die finnische zu befürchten.

Der Gegensatz zwischen ihrem neuen Zuhause – »ich wohne wie eine Prinzessin« – und der Situation ihrer Familie in der Heimat lastet schwer auf Helene Schjerfbecks Seele. Sie findet keine Ruhe. Doch sie reflektiert ihren Zwiespalt und spricht in den Briefen an die Nichte Hanna offen darüber. »Ich bin in gewisser Weise sehr zufrieden, nur fällt es mir schwer, das zu glauben, so war es immer.« Und dann nennt sie ihr altbewährtes Mittel in Krisenzeiten: »Ich lese unmäßig viel und Interessantes.«

Am 2. April beantwortete sie die Frage ihrer Kusine Esther Brusiin – »Was ich gelesen habe?« – mit einer langen Liste: Vorweg wieder Thomas Mann – »Tonio Kröger« und »Tod in Venedig« –, das »Neueste an französischer Poesie«, was ihr allerdings unverständlich blieb, persische Gedichte und Sagen, neue schwedische Lyrik. Später im Monat heißt es, »ich lese und lese«, darunter auch »Eckermanns Gespräche mit Goethe«. Im Mai nennt sie William Somerset Maugham, Paul Morand, William Hazlitt – »ein Mauriac, 3 Hamsun«, dazu von Graham Greene »The Power and the Glory«. Ein eindrucksvolles Pensum, und weiterhin sorgt Maja Rydman mit dicken Bücherpaketen für Nachschub, wenn sie aus Stockholm herüberfährt. Überhaupt die Stenman-Familie: »Was haben sie alles für mich getan!« Einmal die Woche, meist am Sonntag, kommen Gösta Stenman und seine Frau Bertha zum Besuch und Gedankenaustausch ins »Badhotell«.

Im Sommer zieht Helene Schjerfbeck auf eigenen Wunsch in ein kleineres Zimmer um. Das bisherige war nicht nur sehr teuer; vor allem musste sie darin weite Wege gehen, ohne sich festhalten zu können. Erinnerungen an eine schöne Zeit kommen zurück. Jetzt ist es »wie in Paris, man erreicht alle Möbel im Sitzen«. Das neue Zimmer hat einen kleinen Balkon. Erstmals ist sie wieder ein wenig an der frischen Luft. Wer vor der Vorderfront des breiten weißen Baus steht und auf die Zimmer mit den Balkonen schaut – ringsum bis heute kein Straßenlärm, Villen in gepflegtem Abstand, der weite Blick auf die Meeresbucht –, kann sich vorstellen, wie sehr Helene Schjerfbeck die Umgebung und die Aussicht genossen hat.

Vögel haben sie immer schon interessiert. Jetzt beobachtet sie »Drosseln mit weißem Halsband, sie fliegen den ganzen Tag vorbei. Sie sind hier selten. Sie singen nicht so gut wie Amseln.« Die Bücher begleiten sie auch im Sommer. »Moby Dick«, Montesquieu und »langhaarige Merowinger« finden ihr Interesse. Aber Bücher ersetzen keine Menschen, die schöne Umgebung verschärft ihren Trennungsschmerz. Helene Schjerfbeck quälen weiterhin Unruhe und Ängste. »Über meine Sehnsüchte und Fantasien kann ich nicht reden, das tut man nicht. Ich habe es hier so gut«, schreibt sie am 25. August 1944 an Hanna in Helsinki. »Am schlimmsten sind die Gedanken, die ich mir über Euch mache, über alles.«

Aber Helene Schjerfbeck vergißt ihren »Rettungsanker« nicht. Auch fern von Finnland im vornehmen Saltsjöbaden war sie den Ängsten und Fantasien nicht ganz ausgeliefert, war ihre Kraftquelle nicht versiegt. Sie hielt fest an dem, was ihr Lebenssinn war – und malte. In einem Brief vom 8. März 1944, gut vierzehn Tage nach ihrer Ankunft in Saltsjöbaden, schreibt sie, wenngleich mit typisch beschwichtigender Zurückhaltung: »Ganz, ganz wenig habe ich bisher gezeichnet, zu malen versucht.« Am 7. April erfährt Hanna, dass ihre Tante »das Malen wiederaufgenommen« hat, »aber es ist schwer – gelbe Rosen und Zitronen«. Der Hinweis führt mitten hinein in ihre Arbeiten.

Das Stillleben »Zitronen in einer hölzernen Schale« hatte Helene Schjerfbeck 1934 in ihrem Atelier in Ekenäs begonnen und gab es erst aus der Hand, nachdem sie zehn Jahre später in Saltsjöbaden die letzten Pinselstriche, die letzten Farbtupfer angebracht hatte. Es war wie die »Gelben Rosen in einer großen Schale« und die »Roten Rosen in einer Glasschale«, beide von 1944, ein Ölbild auf Leinwand. Ein weiteres »Stillleben mit schwarz werdenden Äpfeln« entsteht in diesem Jahr. Es reiht sich mit seiner asketischen Konzentration auf die Vergänglichkeit der Materie – während des künstlerischen Schaffensprozesses – in die Reihe ihrer Meisterwerke ein.

Dreierlei fällt auf: In ihrem Zimmer in »Saltsjöbadens Badhotell« beschränkt sich Helene Schjerfbeck 1944 nicht auf wenige Motive, nicht auf wenige Kunstformen. Sie erprobt die ganze Breite ihrer malerischen Möglichkeiten. Sie schafft es, innerhalb von zehn Monaten, März bis Dezember 1944, den zentralen Themen ihres langen künstlerischen Lebens jeweils in einem Bild aufs neue Farbe und Form zu geben.

Den Stillleben mit Äpfeln, Zitronen und Blumen stellt Helene

Schjerfbeck Menschen-Bilder an die Seite. Im Rückgriff auf die malerische Vergangenheit entscheidet sie, in Saltsjöbaden an einem Bild weiterzuarbeiten, das sie nach ihrem Vorbild Constantin Guys 1943 in Luontola begonnen hatte. Auf Schwedens Boden vollendet sie eine »Pariserin d'après Guys« – körperbetont mit unbedeckten Schultern, großen verschatteten Augen, tiefschwarzem üppigen Haar vor den warmen Grüntönen des monochromen Hintergrunds.

Den sinnlichen Frauentyp einer untergegangenen Epoche konfrontiert Helene Schjerfbeck 1944 mit einer Frau der Moderne, die sie in vielen Bildern seit den 1920er Jahren in persönlicher Einzigartigkeit und zugleich als Typ erfasst hat. In Inez, die sich in Saltsjöbaden täglich als Pflegerin um sie kümmert, sieht sie wieder ein Modell für die »neue Frau«. Sie malt das »Mädchen in Blau und Braun«: Es ist schlank, die blassblaue Bluse bedeckt den konturlosen Oberkörper bis an den Hals, der Blick ist nüchtern, kühl abwägend.

Als ob Helene Schjerfbeck mit jedem Bild, das sie 1944 malt, neue Kraft zuwächst, schafft sie einen Dreiklang von unterschiedlichen Dimensionen des Weiblichen. Zur »Pariserin« und zum modernen »Mädchen in Blau und Braun« stellt sie »Meine weltliche Madonna« nach dem El Greco-Bild »Die Heilige Familie«, das ihr als schwarz-weiße Reproduktion vorliegt, sie malt es in Öl auf Leinwand. Das von El Greco ohnehin verschlankte Gesicht wird bei Helene Schjerfbeck noch länglicher und unterstreicht den melancholisch-traurigen Abwärtsblick der Augen. Bei allen Unterschieden: Diese drei Frauen könnten miteinander kommmunizieren. Helenes Madonna strebt nicht himmelwärts, sehr irdisch ist sie dem Schmerz über diese Welt ausgeliefert.

Von El Greco kann Helene Schjerfbeck nie genug bekommen. 1944 entstehen zwei Meisterwerke nach seinen Bildern. Neben der »Weltlichen Madonna« wagt sie ein »Selbstporträt nach El Greco«, 71×47 Zentimeter. Ihre Vorlage ist eine Reproduktion vom Bild des »Apostel Lukas«, das als ein Selbstporträt El Grecos gilt.

Schjerfbecks expressive Pinselstriche unterscheiden sich deutlich von der barocken Vorgabe, zeigen die künstlerische Distanz über die Jahrhunderte und eröffnen zugleich einen neuen tiefen Zugang in El Grecos versunkene Welt. Das »Selbstbildnis nach El Greco« zeugt von einer zeitlosen Menschlichkeit, wie sie die Kunst zum Vorschein bringen kann.

Ende der 1920er Jahre hatte sich Helene Schjerfbeck in Ekenäs von Gösta Stenman anregen lassen, die fehlenden lebendigen Modelle durch Bilder aus früheren Jahren zu ersetzen. Aus der aktuellen Stimmung heraus verschaffte sie ihnen in einer neuen Version ein zweites Leben. Seitdem wurden diese »Wiedergeburten« Teil ihres Werkes, ein ständiger Dialog mit der eigenen künstlerischen Vergangenheit. 1944 wählte sich Helene Schjerfbeck ein Bild, das sie 1897 in Helsinki begonnen hatte: das »Mädchen am Gatter«. Damals war es ein scharfer Kontrast zu Finnlands mythischen Helden, die sich zusehends in einer patriotischen Malerei breitmachten und ihren Schöpfern Ruhm und Geld brachten. Erst 1902 vollendete Helene Schjerfbeck das Bild, in dem ein junges Mädchen ihren Blick sehnsuchtsvoll und zuversichtlich in eine andere, unsichtbare Welt richtet. Es ist das Jahr, in dem die Malerin einen scharfen Einschnitt in ihrem Leben wagte und mit der Mutter nach Hyvinkää und damit in eine andere Welt zog.

1944 entstand eine Neufassung des Aquarells als Ölbild. Der sehnsüchtige Blick des jungen Mädchens ist noch klarer und fester, als ob Helene Schjerfbeck ihre Entscheidung für den Bruch mit Helsinkis Kunstwelt vier Jahrzehnten später in Saltsjöbaden mit diesem künstlerischen Rückgriff bekräftigen möchte: Ja, sie ist sehr allein ihren eigenen, visionären Weg gegangen und bereut es nicht.

1944 beschließt der schwer asthmakranke Gösta Stenman seinen »Konstsalong« in der Storgatan 10 seiner Tochter Maya anzuvertrauen. Sie führt seit dem Abschied von ihrer eigenen Galerie in Helsinki eine kleine Galerie im selben Haus. Der renommierte Kunsthändler möchte sich mit vier Ausstellungen von seinem

Lebenswerk verabschieden; die erste gilt dem Werk von Helene Schjerfbeck. Als Helene Schjerfbeck im Frühjahr davon erfährt, seufzt sie über die »Qualen«, die wieder auf sie zukommen. Es ist in diesem Jahr nicht die einzige Gelegenheit, ihre Bilder zu sehen. Das Stockholmer Nationalmuseum zeigt eine Ausstellung über zeitgenössische finnische Kunst zwischen 1914 und 1916, und natürlich sind Bilder der Malerin dabei. Werke aus der großartigen Sammlung des Bankiers Arne Gyllenberg hängen nach einer Reise durch schwedische Museen 1944 in Stenmans Galerie, darunter dreizehn Bilder von Helene Schjerfbeck.

Sosehr sie die internationale Anerkennung schätzt, wird sich Helene Schjerfbeck gefreut haben, in Stockholm vor allem als finnische Malerin wahrgenommen zu werden. Wie nie zuvor spricht sie in ihren Briefen aus dem schwedischen Saltsjöbaden von Heimweh und über ihre Gefühle gegenüber Finnland. Am 1. Dezember 1944 erfährt Einar Reuter: »Ich habe bisweilen jetzt mehr Liebe zu meinem Land und würde gern in Ekenäs sitzen – dem alten Heim –, aber ich weiß nicht, was mit mir wird, ich denke, ich würde gern sterben.« In einem anderen Brief steht: »Ich bin ein Nachfahre des Waldvolkes Finnlands, hier kann ich keine Wurzeln schlagen.« Das Bekenntnis ist umso bemerkenswerter, weil Helene Schjerfbeck immer stolz auf ihre schwedischen Wurzeln war. Sie sprach Französisch und Englisch und verstand Deutsch, aber niemals hat sie sich die Mühe gemacht, Finnisch zu lernen.

Während der Zweite Weltkrieg auf Europas Kontinent und in Asien blutig fortgeführt wird, schweigen seit dem September 1944 in Finnland die Waffen. Am 9. Juni 1944 war die Rote Armee in einer Großoffensive mit sechsfacher Übermacht in Karelien Richtung Westen vorgestoßen und hatte die finnischen Soldaten zum Rückzug gezwungen. Doch am Ende des Monats zogen die Russen sich wieder zurück. Nachdem die westlichen Alliierten in der Normandie gelandet waren, konzentrierten ihre russischen Verbündeten alle militärischen Kräfte auf den gewaltigen Vorstoß Richtung Berlin. Zwischen Finnland und der UdSSR kamen geheime Gespräche über einen Waffenstillstand zustande. Am 4. August 1944 wählte das finnische Parlament Carl Gustaf Mannerheim, den Oberbefehlshaber der Streitkräfte, zum Staatspräsidenten und setzten darauf, dass er mit seiner Autorität den Krieg beenden und die Unabhängigkeit sichern würde, auch wenn die Bedingungen der Russen fast unerträglich waren.

Am 19. September 1944 unterzeichneten die UdSSR und Finnland einen Waffenstillstand. Zwar begannen nun im Norden Finnlands Kämpfe mit den dort stationierten deutschen Soldaten bis in den April 1945 – die Deutschen zogen nicht kampflos ab, sondern hinterließen in Dörfern und Städten »verbrannte Erde«; Zehntausende Finnen flüchteten in den Süden –, aber für die Mehrheit der Bevölkerung war endlich Frieden.

Das Personal in »Saltsjöbadens Badhotell« tat alles, damit sein berühmter Gast sich wohl fühlte. 13. Dezember 1944: »Heute Morgen sang Lucia mit Lichtern in meinem Zimmer«, und der Kaffee wurde ans Bett gebracht. Zu Weihnachten kam Gösta Stenman mit seiner Frau aus Stockholm, auf der Kommode in Helenes Zimmer stand eine kleine Tanne. Unter den neuen Büchern, die er mitbrachte, war ein Band mit Selbstporträts von bekannten Malern. In einem Brief an Dora Estlander, mit der Helene Schjerfbeck sich in Ekenäs gern über Mode und Kunst unterhalten hatte, bemerkt sie nüchtern, die Maler »die sich geschönt haben, sind langweilig – Dürer und andere«. Helene Schjerfbeck wusste, wovon sie sprach. Neben den neueren Stillleben, Porträts und El-Greco-Variationen behaupten sich 1944 mindestens sieben Selbstporträts, zwei in Öl, die übrigen mit Kohle oder Bleistift auf Papier gezeichnet.

Und wie sie sich behaupten. Da ist das kleine Format, 32 × 24 Zentimeter, in dem sie mit weit geöffneten, hellwachen Augen wieder nach links unten in den unsichtbaren Spiegel schaut und ein kräftiger Kohlestrich kantig das Kinn markiert. Da ist das »Selbstbildnis mit rotem Punkt«, Öl auf Leinwand gemalt, 45 × 37 Zentimeter, das mit seiner verwischten, fast augenlosen rechten Gesichtshälfte und dem kräftigen blockartigen linken Auge ihr Selbstporträt von

1926, Kohle auf Papier, zitiert. Jenes Bild, das sie drei Jahre nach dem Tod ihrer Mutter wie erlöst beendete: »Nun bin ich endlich frei.« Von den Haaren ist nur eine Ahnung angedeutet, der Schädel wirkt kahl, die großen Ohren wie zum Lauschen aufgestellt. Eine alte Frau?

Jedenfalls keine, die sich zurückgezogen hat und wehmütig der Vergangenheit nachtrauert. Helene Schjerfbeck schaut kraftvoll, fast wie eine Seherin in die Zukunft. Die Vitalität dieses Selbstporträts erinnert an Michelangelos Porträt der Sibylle von Cumae; keine jugendliche Schönheit, sondern eine gestandene Frau in hohem Alter. Mit ihrer körperlichen Präsenz als Zeugnis ihrer prophetischen Fähigkeiten behauptet sie einen gewichtigen Platz in der Sixtinischen Kapelle.

Doch was bedeutet der geheimnisvolle rote Punkt auf dem Selbstporträt unterhalb der Lippen? Erinnert die Malerin damit symbolisch an verschmähte Liebe? Signalisiert er ein letztes Festhalten am verrinnenden Leben? Wie nicht selten in der Betrachtung von Helene Schjerfbecks Bildern ist eine tiefenpsychologische Deutung ein verführerischer Ausweg; doch er führt in eine Sackgasse.

Für Helene Schjerfbeck war es eine befreiende Bestätigung ihrer Mal-Philosophie, als sie entdeckte, dass für Henri Matisse, den großen Meister der Moderne, die Farbe kein Symbolträger ist. Wenn er in seinen Bildern ein Grün wählt, ist damit kein Hinweis auf die Natur, auf Gräser oder Bäume, gesetzt und sein Blau soll keinen Himmel assoziieren. Die Farben haben für Matisse ein eigenes Wesen, eine Identität, die nicht für etwas anderes steht. Genauso sah es Helene Schjerfbeck, wenn sie ihre Bilder komponierte.

Das »Mädchen mit blauem Band«, 1909 entstanden, ist ein Beispiel für diese Farbenlehre. Zu grübeln, welche Bedeutung sich hinter dem blauen Band verbirgt, ist sinnlos. Das schmale blaue Band hat seine eigene Wertigkeit. Die Malerin hat sich dafür entschieden, das bedarf keiner weiteren Erklärung. Ein Dichter muss sich auch nicht für die Wahl seiner Worte rechtfertigen. Farbe und Form sind keine abgeleiteten Erscheinungen; sie haben ihre eigene Existenzberechtigung. Für den »roten Punkt« hat sich Helene Schjerfbeck als Künstlerin mit Blick auf die Gesamtkomposition des Bildes entschieden. Er ist kein Ersatz für Gefühle aus zweiter Hand.

Die Selbstporträts, die 1944 und im folgenden Jahr entstehen, beweisen, dass Helene Schjerfbeck in Saltsjöbaden »die Alte« geblieben ist – zielstrebig, hellwach, ungebrochen, auf der Suche nach neuen Formen und Ausdrucksmöglichkeiten. Diese Selbstporträts, von denen in zwei Jahren mindestens zwanzig entstehen, sind kein Alterswerk, sondern ein Aufbruch der über Achtzigjährigen zu neuen malerischen Ufern. Sie sind ein Markstein in Helene Schjerfbecks Werk und ohne Vorbild in der Kunstgeschichte.

Die Kunst ist kein Allheilmittel. Sie fordert Kraft und vollen Einsatz, nicht selten gegen äußerliche Widerwärtigkeiten und schmerzliche persönliche Erfahrungen. Sie gründet nicht in Selbstmitleid, sondern in einem entschlossenen »Dennoch«. Im April 1945 schreibt Helene Schjerfbeck in Anspielung auf ein berühmtes Bild von Rembrandt an Einar Reuter: »Wenn Rembrandt so geblieben wäre wie in dem Augenblick, als Saskia auf seinen Knien saß, wäre er ein durchschnittlicher Maler gewesen. Aber der Schmerz suchte ihn heim, und er wurde Rembrandt.« Der Schmerz, der sich bedrückend in ihrem Innersten einnistet, ist das Heimweh.

Anfang Januar 1945 hatte Helene Schjerfbeck an eine ehemalige Pflegerin im Altenstift Hamberg in Loviisa geschrieben: »Am liebsten wäre ich in meiner Heimat, meine Sehnsucht ist unbeschreiblich … ich bin allein auf der Welt und hilflos – und lebe in Angst vor allem.« Im Februar kommt Nichte Hanna Appelberg mit ihrer Tochter Helene aus Helsinki. In einem späteren Brief hat Helene Schjerfbeck das Bedürfnis, den Eindruck der Nichte über ihr Leben in Saltsjöbaden ein wenig zu korrigieren: »… Du weißt jetzt, wo ich sitze, ab und zu erschrocken, sehr selten ruhig. Du hast es für eine Oase gehalten. Ja, wenn ich male …«

Begonnen hatte Helene den Brief mit einem Bekenntnis: »Ich

bin auch mehr als früher in Finnland daheim. Auf die Entfernung weiß man mehr.« Die Evakuierungen vom November 1939 bis März 1940, die Aufgabe ihrer Wohnung in Ekenäs und der Umzug nach Loviisa, der nächste Umzug ins Landesinnere ins Sanatorium Luontula gaben Helene Schjerfbecks Beziehung zu ihrem Heimatland eine neue Prägung. »Finnland ist ein schwieriges Land«, hatte sie einst ihrer Malschwester Maria Wiik geschrieben. Und 1933 erfuhr ihre Kusine Esther Bursiin: »Ich habe Finnland nie richtig gemocht; ich habe dort nicht meine Jugend verbracht wie die andern.«

Ein schrecklicher Krieg hat die Welt und Finnland verändert und Helenes Blick auf das Land, in dem sie geboren wurde. Als sie 1945 aus Schweden an Dora Estlander schreibt, schimmert eine Hoffnung durch ihre Sehnsucht: »Hier ist es schön, aber die Erde hier ist nicht mein Vaterland. Ich denke wie Du an viel hübschere Dinge unter der dunklen Wolke, die im Osten steht, über Finnland. Ich denke an die Welt, in der ich, so wie Du, sein möchte und malen. Es waren 60 gute Jahre – und so soll es weitergehen, immer weitergehen.« Die Hoffnung: dass Saltsjöbaden in Schweden nur eine Zwischenstation ist und es jetzt, nachdem der Krieg für Finnland zu Ende ist, eine Rückkehr geben kann.

Ein tiefer, übermächtiger Wunsch, aber wie realistisch ist er? Seit sie am 22. Februar 1944 in Saltsjöbaden ankam, hat Helene Schjerfbeck das »Badhotell« nicht mehr verlassen. Die wenigen Schritte aus ihrem Zimmer auf den kleinen Balkon waren anstrengend genug. Im Sommer hatte ein Journalist aus Helsinki die berühmte Malerin im Speisesaal entdeckt, eine ganz seltene Ausnahme. Helene macht sich nichts vor. Es ist kein Widerspruch zwischen ihrem Einsatz für die Kunst, den konzentrierten Stunden mit Pinsel und Palette und dem Bewusstsein, alt, krank und schwach zu sein. Beides fasst Helene am 27. Februar 1945 in einem Brief an Einar Reuter zusammen: »Ich habe Schmerzen und bin deprimiert – habe ein Selbstporträt und das ›Lächelnde Mädchen‹ beendet. Zwei will ich noch machen.« Ihr Wille war ungebrochen.

Ihr Geist sollte die Herrschaft über ihren Körper behalten, solange es eben ging. Rembrandt war ihr Vorbild, in vielem.

Und gerade weil ihr Wille stark war, kreisten die Gedanken weiterhin heimlich um die Hoffnung, wieder heimzukehren. Ihrer Freundin Elin Elmgren, der langjährigen Ärztin, schrieb sie im August 1945 nach Finnland: »... denn ich will nicht mehr reisen, bin alt, krank«. Und fuhr dennoch fort: »Kannst Du mir den Namen eines Pflegeheims geben ... Eines Tages brauche ich so ein Heim vielleicht, die Meinen kennen sich da nicht aus. Verzeih, Elin.« Helene Schjerfbeck dachte an ein Pflegeheim in Finnland, ihren Verwandten wollte sie nicht zur Last fallen. Sie machte sogar eine Anfrage in Luontola, erhielt jedoch keine Antwort.

Nie zuvor hatte es in Finnland eine solche Not gegeben wie 1944 nach dem verlorenen »Fortsetzungskrieg« gegen Russland: 66 000 Soldaten waren gefallen, 200 000 Menschen verwundet; 20 000 Wohnungen waren zerstört, 500 000 Menschen auf der Flucht. An die UdSSR mussten 500 Schiffe und 340 000 Eisenbahnwaggons geliefert und Reparationen im Wert von vier Billionen Euro (nach heutiger Umrechnung) in bar gezahlt werden. Helene Schjerfbecks vorsichtige Anfrage an Elin Elmgren und das Sanatorium in Luontola ist anrührend. Doch die Menschen und die Institutionen in Finnland hatten andere Sorgen, als sich um die Heimkehr einer alten Frau zu bemühen, die im Wohlstandsland Schweden gut versorgt war.

Ob alt und krank, Helene Schjerfbeck malte und zeichnete weiter. Das »Lächelnde Mädchen« in Öl ist die neue Vision eines Bildes aus dem Jahr 1923; es zeigt Katie, die Tochter ihrer Nachbarn in Hyvinkää. Auch von ihrem populären Bild »Die Genesende«, 1888 in St. Ives in Cornwell entstanden, zeichnet sie 1945 eine weitere Version. Selbstgewählte Erinnerungen an weit zurückliegende Jahre, die offensichtlich mit guten Gefühlen verbunden sind.

Warum gönnt sie sich keine Ruhe? Warum legt sie die Malwerkzeuge nicht beiseite nach einem langen, arbeitsreichen Leben? Rund tausend Werke von Helene Schjerfbeck haben sich erhalten;

nicht wenige wurden von ihr selbst vernichtet. So selbstkritisch Helene Schjerfbeck ihr Leben und ihre Kunst sieht, hat sie ihr selbstgestecktes Ziel nicht mehr als erfüllt?

Für Einar Reuter, den Freund und Briefpartner seit dreißig Jahren, stand ihre Kunst im Dienst der Menschheit, dafür setzte sie seiner Meinung nach ihr Talent und ihre Kräfte ein. Das hatte er ihr 1944 geschrieben. Helene Schjerfbeck war solches Pathos fremd. Schon mehrfach hatte sie Reuters »Heiligsprechung« ihrer Person widersprochen. Diesmal wartete sie etliche Monate mit ihrer Entgegnung. Erst am 8. April 1945 bekommt er eine Antwort, und sie bekennt, was sie beim Malen antreibt: »Ich male, um das gemalt zu sehen, was mich glücklich gemacht hat, und eine innere Kraft treibt mich, es zu versuchen.« Sogleich folgt die Einschränkung, es sei ihr »noch nie gelungen«. Aber das war für Helene Schjerfbeck kein Grund aufzugeben, und sie bekräftigt: »Deshalb male ich, ich denke nicht an die Menschen. Das ist mein wichtigstes Anliegen.«

Eine provokante These, die das Selbstbewusstsein bestätigt, das aus den zahlreichen Selbstporträts spricht, die Helene Schjerfbeck geschaffen hat; angefangen bei dem kessen Pariser Selbstporträt von 1884. Diese innere Stärke hat sie auch in Saltsjöbaden nicht verlassen. In ihren Briefen erlaubt sich Helene Schjerfbeck über ihr Heimweh, ihre Ängste und die Beschwerden des Alters zu sprechen. Aber wenn sie in den Spiegel blickt, wird sie nicht mutlos, im Gegenteil. Sie führt ihre verbliebene Energie, ihr Talent und ihre Erfahrung als Malerin zusammen, und es entstehen neue Bilder, in denen sich ihre persönliche Situation mit einer zeitlosen menschlichen Erfahrung verbindet – an der Grenze zwischen Leben und Tod zu stehen. Was sie 1944 als neue künstlerische Herausforderung entdeckte, setzt sie 1945 mit unglaublicher Schaffenskraft fort.

In der Serie der Selbstporträts malt Helene Schjerfbeck 1945 weitere vier Bilder in Öl: »Selbstporträt in Schwarz und Rosa«; »Selbstbildnis en face«; »Selbstporträt mit Licht und Schatten«;

»Selbstporträt – Eine alte Malerin«. Als ob die Malerin den Dialog zwischen sich und der Kunst nicht abbrechen lassen und jede Minute ihrer Lebenszeit dafür nutzen will, zeichnet sie 1945 zudem ein halbes Dutzend Selbstporträts mit Kohle und Bleistift auf Papier.

Die Vielfalt und Differenziertheit dieser Selbstporträts macht erst einmal sprachlos. Was sie verbindet, ist der Blick in eine andere, nie geschaute Welt, an deren Schwelle Helene Schjerfbeck sich fühlt und der sie nicht ausweicht. Mal sind ihre Augen weit geöffnet, mal geschlossen, mal ist nur eines in Funktion. Die Selbstporträts stehen für eine breite Palette von Gefühlen: neugierig und fragend, erschrocken und listig, meditativ nach innen schauend und provokativ-herausfordernd aus schwarzen Augenhöhlen. Der künstlerische Prozess gibt diesen auf ihren Kern reduzierten Gesichtern ihre Würde; nichts wirkt inszeniert, keine Sentimentalitäten. Helene Schjerfbeck hält sich an das Credo ihres künstlerischen Lebens: »Am Ende entscheide ich.«

Im Angesicht des Todes gibt Helene Schjerfbeck ihre innere Freiheit nicht auf, die für sie zeitlebens über allem stand. Darum findet sich in diesen ungewöhnlichen Selbstporträts von 1945 keine Spur von existenziellen Ängsten, auch wenn die Malerin keine Hemmungen hat, die Kräfte des Verfalls deutlich darzustellen. Ihr eigensinniger künstlerischer Weg ist noch nicht zu Ende. Helene Schjerfbeck verwandelt ihre Selbstporträts in Urbilder des Menschlichen, ohne dabei ihre Individualität zu verlieren.

Aus Schuberts »Winterreise« klingt ein Lied herüber – »eine Straße muss ich gehen, die noch keiner ging zurück«. Die Selbstporträts erzählen von der Grenzsituation zwischen Leben und Tod, wie Helene Schjerfbeck sie erlebte. Ihre Auseinandersetzung vor und während des Malprozesses war immer mit Kampf und Kraftanstrengung verbunden gewesen. Die Selbstporträts von 1945 beweisen, dass Helene Schjerfbeck sich angesichts des Todes keine Nachlässigkeit erlaubte; wohl aber zum Abschluss Gelassenheit, ja Zuversicht.

Die bewusst gestaltete Serie beschließt ein Selbstbildnis, das in seiner radikalen Zuspitzung kaum zu überbieten ist, die Essenz ihrer Kunst und damit auch ihres Lebens. Ihr Gesicht ist wie zu einer Formel geronnen, glatt, klar, ohne jeden überflüssigen zeichnerischen Eingriff. Zwei Kürzel stehen für die Augen, das rechte in ruhigem Einverständnis geschlossen, das linke in erwartungsvoller Neugier weit geöffnet – bereit für das Unbekannte, das Helene Schjerfbeck erwartet. Dass vielleicht endlich ihre größte Sehnsucht sich erfüllt, die sie 1928 offenbart hatte – »Ich fürchte, ich begehre große, tiefe und wunderbare Dinge«.

Während sich Helene Schjerfbeck beim Prozess des Alterns auf ihrer letzten Lebensstrecke beobachtete und die künstlerische Umsetzung als neue Herausforderung an ihre Malkunst annahm, vergaß sie die anderen Welten nicht. Ihre Neugier auf gute Bücher nahm nicht ab. Sie entdeckte T. S. Eliot – »wie schaurig ist seine Poesie; er musste ja religiös werden, so wie er die Menschen sieht«. Sie las Goethe und Evelyn Waugh – »schauerlich und gut«, Duhamel »und viele andere«.

Sie nahm weiterhin beim Blick aus dem Fenster oder vom Balkon die Welt draußen, die gepflegte Umgebung mit ihren Villen und Gärten wahr. Als im Herbst 1945 die hohen schlanken Bäume gegenüber ihr Laub verlieren und wie schwarze Pfähle in den Himmel ragen, greift sie zu Papier und Bleistift. Eine Skizze entsteht, die nur die Schattenrisse der Bäume duldet und einen kleinen Pavillon mit Arkadenrundgang, der heute noch verloren auf einem struppigen Rasengrundstück jenseits des Krankenhauses – des ehemaligen »Badhotell« – steht.

Wenn Gösta Stenman mit seiner Frau den üblichen Wochenendbesuch in Saltsjöbaden machte, nahm er auf der Rückfahrt mit, was sie gemalt und mit ihrer Signatur freigegeben hatte. Der Vertrag zwischen dem Kunsthändler und seiner Malerin, 1938 geschlossen, hatte weiter Bestand und finanzierte ihren Aufenthalt im »Badhotell«. Im Herbst 1945 präsentierte er ihr seine neueste Aktion: achtundvierzig Reproduktionen von ihren Bildern in einer Sammelmappe mit einem Beitrag des angesehenen schwedischen

Kunstkritikers Gotthard Johansson, Auflage fünfhundert Stück. »Kostbar und schmeichelhaft«, ist Helenes Kommentar. Johansson hatte 1937 über Helene Schjerfbecks Einzelausstellung in Stockholm geschrieben: »Hier steht man vor einer großen Kunst, hier ist eine heilige Stätte.« Ebenfalls in Stockholm hingen 1945 Bilder von ihr in der Ausstellung »Kunst der Brüdervölker nach 1800«.

Es gab auch ein Leben jenseits der Kunst. Dafür steht Mina Bussman, Helenes Haushälterin in Ekenäs. Mina hatte sie im Frühjahr 1942 im Sanatorium Luontola nördlich von Helsinki besucht. Seit der Übersiedlung nach Schweden schreibt sie viele Briefe, um den Kontakt zu »ihrem Fröken« nicht abreißen zu lassen. Was Helene an Kleidern entbehren kann, schickt sie in umgekehrte Richtung. Es waren feine Sachen, denn seit ihren Pariser Jahren legte sie Wert auf solide Eleganz. Ende Oktober 1945 meldet Mina Bussman stolz: »Ich habe Frökens alten schwarzen Rock getragen, ... der an der Seite geknöpft ist.« Im Dezember empfiehlt Mina, Helene soll »damastene Beinwärmer tragen und Wollpullover über den Blusen«, damit sie nicht friert. Dass ihr Fröken einen warmen Unterrock hat, beruhigt sie sehr.

Die Briefe von Mina Bussman mit ihrer fürsorglichen Treue und der Zuversicht eines einfachen unkomplizierten Glaubens tun Helene Schjerfbeck gut. Am 8. Dezember 1945 gibt Mina ihr einen Rat, der wohl das Echo auf einen Brief aus Saltsjöbaden ist: »Fahren Sie nicht in irgendein Krankenhaus, dort wird Fröken sich niemals wohl fühlen. Sie hören das Gejammer und Klagen der anderen, man hört von allen die Geräusche.« Mina Bussman, zehn Jahre jünger, hat einen anderen Trost: »Gott segne und bewahre das Fröken und gebe ihr Gesundheit und Kraft. Viele herzenswärmende Grüße an mein Fröken sendet Frökens treue Mina Bussman.«

Im Vergleich zu Minas Glauben, schreibt Helene Schjerfbeck an Einar Reuter, sei ihrer »so schwach«. Aber verloren gegangen ist er nicht, unabhängig von Helenes Distanz zu allen kirchlichen Institutionen. Auch in Saltsjöbaden hält sie sich an die tröstliche

Zuversicht des französischen Dichters François Villon: »Die Barmherzigkeit meines Herrn Christus ist größer als meine Sünden. In dem Glauben will ich leben und sterben.«

Am 1. November spricht Helene Schjerfbeck in einem Brief aus, wovon ihre Bilder aus den vergangenen beiden Jahren, darunter die Serie der Selbstporträts, ein anschauliches Zeugnis geben: »Ich versuche zu malen, solange ich aufrecht sitzen kann …« Und das ist keine Theorie. Am 9. November, einem Samstag, erzählt sie Einar Reuter vom Besuch Stenmans und seiner Frau Bertha: »Sie waren am Montag hier … und sie sagten, sie mögen die drei kleinen Birnen – den schwarzen Fleck werde ich nächsten Sonntag verbessern.« Alt, krank und schwach: Aber an Helene Schjerfbecks Ringen um die künstlerische Umsetzung ihrer Vorstellungen, ihrem fast skrupulösen Verändern selbst kleinster Farbtupfer auf ihren Bildern hat sich nichts geändert.

»Drei Birnen auf einem Teller« heißt das Bild, an dem sie im November malt und Veränderungen vornimmt. Klare Linien, kompakte gelbe Birnen auf schwarzem Grund prägen im Zusammenspiel mit dem körnigen Leinwanduntergrund die Komposition von 23×31,5 Zentimetern. Ein kleiner weißer Fleck im rechten oberen Hintergrund korrespondiert mit hellblauen verwischten Pinselstrichen in der vorderen rechten Ecke. Ein unverwechselbares Schjerfbeck-Kunstwerk.

In ihrem Brief steht neben dem Hinweis auf den »schwarzen Fleck«, den sie noch verbessern möchte, ein Satz, der wie ein Abschluss klingt: »Und ich habe keine Kraft, das Leben hat schon alles gegeben.« Eine gelassene, weise Zustimmung in den Lauf der Dinge, den Prozess ihres Lebens. Es war gut so. Und ein Bild hat sie dem Leben noch abgetrotzt. Sie hat die gelben Birnen, von denen die rechte einen kleinen schwarzen Fleck trägt, wahrscheinlich im Dezember 1945 in der linken unteren Ecke mit ihrem Kürzel »HS« versehen. Das Stillleben »Drei Birnen auf einem Teller« – »nature morte« nennen die Franzosen diese malerische Kategorie – ist das letzte Bild, das sie gemalt und signiert hat.

Am 12. Dezember schreibt Mina Bussman wieder an »ihr Fröken«. Sie schließt aus einem Brief von Helene Schjerfbeck, »dass der Magister, den Fröken so sehr schätzt, wieder nach Schweden kommt und seine alte Tante besucht. Ich weiß, wie glücklich Fröken ist, ihn zu treffen«. Und so war es. Nach langem Warten hatte Måns Schjerfbeck, immer noch Lehrer in Helsinki und unverheiratet, zum Jahresende endlich ein Visum für Schweden bekommen. Er wohnte bei Gösta Stenman in Stockholm und fuhr viele Male hinaus nach Saltsjöbaden.

Helene hat über ein Dutzend Zuckerstückchen für ihn aufgehoben. Aus ihren eigenen Erfahrungen nach dem Ersten Weltkrieg wusste sie, dass Zucker in Zeiten knapper Lebensmittel eine Kostbarkeit ist. Was von den Gesprächen der beiden überliefert ist, lässt darauf schließen, dass die alte vertraute Stimmung zwischen Tante und Neffe sich mühelos wieder einstellte.

Helene Schjerfbeck sprach etwas an, das sie aus ihrem Leben verbannt hatte, seit 1885 in Helsinki ein Brief eintraf, in dem ihr Verlobter, ein englischer Maler, ihre Verlobung aufkündigte. Ende 1945 blickt die Dreiundachtzigjährige freimütig auf das Ereignis zurück, das damals alle ihre Zukunftspläne zerstörte: »Wovon man glaubt, es sei das Schlimmste, stellt sich zuletzt als das Beste heraus.« Sogar ihren typischen Humor erlaubt sich die Tante in dieser einst so schmerzhaften Sache. Durch den Abbruch der Verlobung sei es ihr erspart geblieben, sich in England »von einem Herrenhaus zum andern zu schleppen«.

Am 30. Dezember 1945 schreibt Helene Schjerfbeck ihrer Nichte Hanna Appelberg, Måns' Schwester, und deren Familie: »Euch wünsche ich ein sehr glückliches Jahr – Euch und dem Land!« Måns kann bis in die erste Woche des neuen Jahres bleiben. Irgendwann in den gemeinsamen Stunden in Saltsjöbaden sagt Helene Schjerfbeck ihm, dass sie ihre Pinsel für immer aus der Hand legen wird.

44. Kapitel

Tod in Saltsjöbaden und Heimkehr nach Helsinki

Januar bis 9. Februar 1946

Am 20. Januar 1946, es war ein Sonntag, machten Gösta Stenman und seine Frau Bertha ihren wöchentlichen Besuch bei Helene Schjerfbeck. Es schien ihr besser zu gehen als an den Tagen zuvor. Die Schwellung am Bein war zurückgegangen, und sie hatte sich über ihr Frühstück gefreut: Roggengrütze und gesalzener Strömling. Stenman hatte dafür gesorgt, nachdem er von ihrem heimlichen Wunsch erfahren hatte.

Helene Schjerfbeck lag auf ihrem Sofa, daneben stand ein Tisch mit Papier und Stiften. Alles war in greifbarer Nähe, so dass sie zeichnen konnte. Und sie verriet ihren Besuchern, sie habe ein Motiv vor Augen, das sie noch nie gemalt habe: »Ich werde jetzt ein kleines, einfaches Bild malen, wie Christus die Sünderin in den Himmel trägt.« Die Frauenfigur sei klar, an der Christusfigur müsse sie noch arbeiten. Offenbar war für sie das Ende ihrer lebenslangen Arbeit, das sie ihrem Neffen angedeutet hatte, noch nicht gekommen.

Zwei Tage später, Dienstag, den 22. Januar, erlitt Helene Schjerfbeck einen Herzinfarkt. Gösta Stenman hat den Bericht des behandelnden Arztes in einem Brief an Einar Reuter weitergegeben. Am folgenden Tag, dem 23. Januar, klagte sie in der Mittagszeit über Schmerzen. Sie bekam Morphium und verlor das Bewusstsein. Abends gegen halb neun Uhr wachte sie kurz auf, schaute um sich, senkte den Kopf und starb, dreiundachtzig Jahre und sechs Monate alt. Helene Schjerfbeck hatte Krebs. Nach Aussage des Arztes war dieser Tod »das Glücklichste, was ihr passieren konnte«.

»Helene Schjerfbeck tot« hieß die Überschrift in *Hufvudstadsbladet* am 24. Januar 1946. Es folgte ein ausführlicher Artikel über ihr Leben und ihre Entwicklung als Malerin. Im Anschluss daran erinnerten zwei einflussreiche Männer der finnischen Kunstszene an die Künstlerin, die sie beide gekannt hatten. Bertel Hintze, Intendant der Kunsthalle Helsinki, stand für die jüngere Generation: »Mit Helene Schjerfbeck hat uns die letzte Große aus dem Kreis derer verlassen, die uns während des Jahrzehnts um die Jahrhundertwende die goldene Zeit in unserer Kunst schenkten.« Die Kunst ihrer Jugend war »klar und wie von einem inneren Licht durchstrahlt« und fand während einer »ständig hart erkämpften Erneuerung und Fortentwicklung ... ihren sublimen Ausdruck«. »Ihr Lebenswerk«, so Hintze, »hat die ergreifende Kraft zeitloser Kunst und erhebt sich weit über alle nationalen Grenzen.«

Torsten Stjernschantz, seit 1919 Intendant des Ateneums, hob ihre »große Persönlichkeit« hervor, die sich in den Jahren ihrer Abgeschiedenheit entwickelte: »Eine absolut herausragende Persönlichkeit ihrer Zeit, die eine ungewöhnlich reiche Produktion hinterlässt.« In *Svenska Dagbladet* fand Gotthard Johansson eindringliche Worte für die Malerin, der er schon zu Lebzeiten eine Monografie gewidmet hatte: »Es gibt keinen Zweifel, dass sie nicht nur in ihrem eigenen Land die feinste Künstlerin und im Norden die größte Künstlerin aller Zeiten ist, sondern – das jedenfalls ist meine Überzeugung – eine der äußerst wenigen nordischen Künstler, deren Werk zur Weltkunst gerechnet werden wird.«

Für den 31. Januar 1946 organisierte Gösta Stenman in Stockholm in den Räumen des Nördlichen Krematoriums, wo Helene Schjerfbeck aufgebahrt und später eingeäschert wurde, eine würdevolle Feier. Blumen und Kränze wurden rund um den Sarg gelegt – vom finnischen Minister, von der Stockholmer Königlichen Akademie für freie Künste, deren Mitglied Helene Schjerfbeck war, vom Stockholmer Nationalmuseum, wo einige ihrer Bilder hingen, von der schwedischen Künstlerinnen-Vereinigung.

Zum Beginn der Trauerfeier um 17 Uhr wurde auf der Orgel

eine Mozart-Sonate gespielt. Es folgten ein Streichquartett und das »Ave Verum«, ebenfalls von Mozart. Ein lutherischer Pastor sprach Gebete und Bibeltexte. Zum Abschluss spielte das Streichquartett »Finlandia« von Jean Sibelius, die heimliche Nationalhymne Finnlands.

Für Gösta Stenman wie für ihre Verwandten in Finnland war es selbstverständlich, dass Helene Schjerfbeck ihre letzte Ruhestätte im Grab ihrer Eltern auf dem Alten Friedhof in Helsinki finden würde. Am 9. Februar 1945, ein bitterkalter stürmischer Tag, trafen sich in der kleinen Kapelle im südlichen Teil vom Sandudds begravningsplats (finnisch: Hietaniemen hautausmaa) Verwandte, Freunde, Verehrer und Vertreter der finnischen Kunstszene zur Urnenbeisetzung. *Hufvudstadsbladet* berichtete am nächsten Tag ausführlich von der »Gedächtnisfeier im Zusammenhang mit Helene Schjerfbecks Beerdigung«.

Ein Orgelsolo mit einem Präludium von Bach eröffnete die Trauerfeier. Dann sang Greta Björksten-von Konow das Loblied Franz Schuberts »An die Musik«: »Du holde Kunst, in wieviel grauen Stunden, / Wo mich des Lebens wilder Kreis umstrickt, / Hast du mein Herz zu warmer Lieb' entzunden, / Hast mich in eine beßre Welt entrückt!« Pastor Thure af Björksten, aus einer bekannten schwedischsprachigen finnischen Familie, predigte über das Wort Jesu in der Geschichte von Martha und Maria im Lukasevangelium: »Eins aber ist notwendig. Maria hat das gute Teil erwählt; das soll nicht von ihr genommen werden.« Helene Schjerfbeck, so der lutherische Geistliche, »verzichtete in ihrem Leben auf alles, um das Eine zu erreichen, das für sie das Notwendige war – der Schönheit im innersten Wesen der Dinge Ausdruck zu verleihen«.

Es folgte das Lied »Jag välsignar« des 1924 verstorbenen finnischen Komponisten Oskar Merikanto, gesungen von Greta Björksten-von Konow. »Jag välsignar« – Ich segne – ist ein Gedicht von Ida Granqvist (1872-1949), Missionarin der schwedisch-lutherischen Kirche in Südafrika und populäre Dichterin: »Ich segne die schönen Freuden des Lebens, / Jeden Augenblick des Traums, des Gesangs, der Stille, / Und des Kerzenlichts, die mir so herrlich den Weg erleuchten, / Und bewahre alles fest in meinem Herzen. // Ich segne den tiefen Schmerz des Lebens ... all das Dunkle, all das namenlos Bittere, / Ich segne es und danke Gott.«

Anschließend legten zwei Vertreter der finnischen Kunstvereinigungen Kränze vor den Katafalk mit der Urne und nahmen Abschied von der »vorbildlichen finnischen Künstlerin«. Der Maler Aarre Heinonen (1906-2003) sprach für die finnische Kunstakademie und den Kunstverein; als Einziger auf Finnisch, wie *Hufvudstadsbladet* vermerkte und für seine Leser natürlich auf Schwedisch wiedergab. Ragnar Ekelund (1892-1960), Maler und Schriftsteller, erinnerte im Namen des Künstlervereins an Helene Schjerfbeck, »ein Wegweiser für uns alle«.

Am Ende der Feier übernahm Måns Schjerfbeck die Urne. An der Spitze der Trauergesellschaft ging er den kleinen Kapellenhügel hinunter und bog rechts ab. Entlang der südlichen Begrenzung des Alten Friedhofs führt der Weg bis ans westliche Ende und dann nach rechts parallel zu einer kleinen Steinmauer. Diesseits und jenseits der Mauer wachsen schlanke Birken und Buchen in den Himmel. Am westlichen Horizont schimmert das Wasser einer Ostseebucht durch die Bäume.

Nur noch wenige Minuten und die Trauergesellschaft hatte das Grab von Helenes Eltern erreicht, dessen Kopfende dicht an die Mauer reicht. Måns setzte die Urne in die Erde. Mit dem Rücken zur bemoosten Mauer und zum Grab geht der Blick in eine weite Friedhofslandschaft von wuchtigen steinernen Kreuzen und Obelisken, hoch aufragenden Grabsteinen und steinernen Engeln auf hohen Marmorsockeln. Alles überragt vom Blätterwerk unzähliger Bäume, das bei Sonnenschein vielfältige Licht- und Schattenspiele auf die Steinlandschaft projiziert.

Das längliche Grab der Schjerfbecks ist mit keinem christlichen Symbol geschmückt. Die Erde zwischen der grauen steinernen Umrandung bedeckt ein niedrig wachsender grüner Pflanzenteppich; darauf liegt der Stein mit den Namen und Lebensdaten der

Eltern. Den Abschluss des Grabes zur Mauer hin bildet ein hoher schwarzer Marmorblock. In den glatt polierten Stein ist mit goldenen Buchstaben eingetragen »MÅLARINNAN HELENA SCHJERFBECK«, darunter die Lebensdaten * 10.7.1862 † 23.1.1946.

»Helena«? Schon in der Todesanzeige, die Måns Schjerfbeck, seine Schwester Hanna und ihr Mann Eilif Appelberg unterzeichnet hatten, stand dieser Vorname, den Helene Schjerfbeck während ihres ersten Paris-Aufenthaltes abgelegt hatte. Ohne jemals zu erwähnen oder gar zu erklären, warum, ließ sie mit zwanzig Jahren, fern von der Familie und dem heimatlichen Finnland, ihren Taufnamen für immer hinter sich. Sie war »Helene Schjerfbeck«, bis zu den Erinnerungsreden in der Friedhofskapelle und den Nachrufen in den Zeitungen.

»Stürmisch war mein Leben«, hatte sie 1933 der Malschwester und lebenslangen Freundin Helena Westermark geschrieben. Sollte es mit dem ursprünglichen Vornamen in der Anzeige und auf dem Grabstein geglättet und wieder in die bürgerliche Familie eingebettet werden?

Ihr Leben und ihre Kunst, untrennbar miteinander verbunden, bezeugen eine Persönlichkeit, die sich nicht anpasste; die – von Zweifeln und Selbstkritik geplagt – dennoch radikal ihren Überzeugungen folgte und daraus die Kraft zog, in ihrer Kunst, der Malerei, bis in die Todeszone neue Wege zu betreten. Weil sie sich treu blieb, ist sie in all ihren unterschiedlichen Bildern unverwechselbar – Helene Schjerfbeck.

Im Herbst 1946 zeigte »Stenmans Konstsalong« in Stockholm eine Ausstellung »In Memoriam Helene Schjerfbeck« mit hundertfünfzig Bildern. Die Einführung im Katalog schrieb Maja Rydman. Gösta Stenman starb am 19. März 1947 im neunundfünfzigsten Lebensjahr.

Literaturhinweise und Dank

Wesentliche Grundlage dieser Biografie sind die bisher nicht übersetzte schwedischsprachige Literatur und schwedische Quellen. Ausführliche Quellen-Zitate sind von mir erstmals aus dem Schwedischen ins Deutsche übersetzt, unter anderem aus: Briefen von Helene Schjerfbeck an Maria Wiik, Helena Westermarck, Ada Thilén, Einar Reuter, Dora Estlander; aus Briefen an Helene Schjerfbeck von ihren Malschwestern und von Mina Bussman, ihrer Haushälterin; aus den »Lebenserinnerungen« von Helena Westermarck; aus zeitgenössischen Kunstkritiken über Schjerfbeck-Ausstellungen; aus Berichten von den Begräbnisfeiern in Stockholm und Saltsjöbaden. Dabei war Ronja Söderblom sehr hilfreich, Sprachdozentin von NORDIKA, Nordische Sprach-Akademie Köln, die zum besseren Verständnis für mich Passagen aus der einzigen finnischsprachigen Schjerfbeck-Biographie »Oma tie« von Riita Konttinen übersetzt hat.

Bei meinen Recherchen auf den Spuren von Helene Schjerfbeck habe ich von Kennerinnen vor Ort wertvolle Hinweise erhalten. Ich möchte mich bedanken bei Maritta Mellais, Kuratorin im Ateneum, Finnlands Nationalmuseum, in Helsinki; Maria Holmqvist, Leiterin von »Saltsjöbadens bibliotek«, und ihrem Mitarbeiter; Annica Norén, Koordinatorin in »Saltsjöbadens Sjukhaus«, früher »Badhotell«; Jutta Leffkowitsch, Jüdische Gemeinde Helsinki; Janet Axten, St Ives Archive, wo ich *St Ives Weekly* aus den 1880er und 1890er Jahren einsehen konnte. Sehr informativ waren die Filme im Museumszentrum EKTA in Ekenäs; dort gibt es eine permanente Schjerfbeck-Ausstellung.

Helene Schjerfbeck: Leben und Werk

H. Ahtela (Einar Reuter): Helena Schjerfbeck, Helsingfors 1953

L. Ahtola-Moorhouse: And Nobody Knows What I'm like. Helene Schjerfbeck's Self-Portraits, Sulkava 2002

L. Ahtola-Moorhouse: Helene Schjerfbeck i Ekenäs, Raseborg stad 2009

L. Ahtola-Moorhouse (Hg.): Helene Schjerfbeck. Finland's Modernist Rediscovered, Ausstellung Ateneum, Helsinki; Katalog Helsinki 1992

L. Ahtola-Moorhouse (Hg.): Helene Schjerfbeck – 150 Years, Ateneum Art Museum Helsinki, Katalog Helsinki 2012

Hanna und Eilif Appelberg: Helene Schjerfbeck. En biografisk konturteckning, Helsingfors 1949

M. Evans: Utmost Fidelity. The painting lives of Marianne and Adrian Stockes, Bristol 2009

A. Goergen, H. Gaßner (Hg.): Helene Schjerfbeck, 1862-1946, Ausstellung Hamburger Kunsthalle, 2. Aufl. München 2007

A.-M. Häyrén-Malmström: Einar Reuter och Helene Schjerfbeck, Finsk Tidskrift Jg. 1977, Bd. 8, S. 388-405

A. Hirt: Ce rien que moi dur et glacial – Hélène Schjerfbeck, St-Just-La-Pendue 2012

L. Holger, N. Hobolth (Hg.): Helene Schjerfbeck – kvinder, mandsportratter, selvportratter, landskaber, stilleben, Aalborg 1997

L. Holger: Helene Schjerfbeck – Liv och konstnärskap, Stockkolm 1988

L. Holger (Hg.): Helene Schjerfbeck – Maria Wiik. Och jag målar ända. Brev till Maria Wiik 1907-1928, Tavestehus 2011

P. Immonen (Hg.): H. Ahtela ja Helene Schjerfbeck, Oulu 2001; Passagen für dieses Buch aus dem Finnischen übersetzt von Ronja Söderblom

C. Köchling, M. Hollein (Hg.): Helene Schjerfbeck. Schirn Kunsthalle Frankfurt/M, Katalog zur Ausstellung 2. Okt. 2014-11. Jan. 2015

R. Konttinen: Oma tie. Helene Schjerfbeck in elämä, Helsinki 2004

M. Levanto (Hg.): Helene Schjerfbeck: Konstnären är kanslans arbetrare, Stockholm 1992

G. Lindberg: Saltsjöbadens Historia, Uppsala 1959

P. Nordmann: Walter Runeberg 1838-1918. Bidrag till ein konstnärsbiografi, Helsingfors 1918

L. Nyström: Nationalskulptören Walter Runeberg, Borgå 2008

Helene Schjerfbeck – »min mor – hemma« – Nordiska Akvarellmuseet, Skärhamn; Konstmuseet Ateneum, Helsingfors 2000

D. Tovey: Pioneers of St Ives Art at Home and Abroad (1889-1914), Tewkesbury 2008

Ders.: St Ives (1860-1930). The Artists and the Community. A Social History, Tewkesbury 2009

T. Virta: Hon drog sina streck. Vi minns henne – Helene Schjerfbeck i Västnyland. Karis 2010

Helena Westermarck: Mina Levnadsminnen, Åbo 1941

N. Zilliacus, S. Cedercreutz-Suhonen et al. (Hg.): Om det andliga i konsten – Helene Schjerfbeck. Villa Gyllenberg Konstmuseum 29. 2.-20. 5. 2012, Helsinki 2012

Finnland, Skandinavien: Malerinnen um 1900

G. Claesson Pipping: Men arbetet! Mitt arbete! Identitet och berättande i Helena Westermarcks yrkeskvinnobiografier, Göteborg 2007

Rendezvous Paris. Schleswig-holsteinische und finnische Künstlerinnen um 1900, mit Beiträgen von R. Konttinen und U. Wolff-Thomsen, Heide 1997

Sieben finnische Malerinnen, Hamburger Kunsthalle 1983, Katalog dänisch-deutsch, Helsinki 1983

J. Veiteberg: Women Painters in Scandinavia 1880-1900, Ausstellung Niedersächsisches Landesmuseum und Bergen Kunstmuseum 2003, Katalog 2002

H. Weckman: Med pensel eller penna. Helena Westermarck 1857-1937, Keuru 2009

Finnische und Skandinavische Malerei und Kultur im Aufbruch, Malerinnen außerhalb Skandinaviens um 1900

L. Ahtola-Moorhouse (Hg.): Albert Edelfelt 1854-1905, Jubilee Book, Helsinki 2004

B. Beuys: Paula Modersohn-Becker. Oder: Wenn die Kunst das Leben ist, München 2007

I. Gerhardi: »Wozu die ganze Welt, wenn ich nicht malte«. Ida Gerhardi (1862-1927). Briefe einer Malerin zwischen Paris und Berlin, bearb. von Annegret Rittmann, Münster 2012

U. Halbe-Bauer, B. Neumeister-Taroni: Ich mache es auf meine Art. Bedeutende Künstlerinnen, Stuttgart 2011

B. Henningsen (Hg.): Begegnungen. Deutschland und der Norden im 19. Jahrhundert, Berlin 2000

D. Jackson, Ch. Lange (Hg.) Aus Dämmerung und Licht: Meisterwerke nordischer Malerei 1860-1920, München 2013

St. Koja (Hg.): Nordlicht. Finnlands Aufbruch zur Moderne 1890-1920, Regensburg 2005

I. Pfeiffer, H. Hollein (Hg.): Impressionistinnen: Berthe Morisot, Mary Cassatt, Eva Gonzalès, Marie Bracquemond, Frankfurt/M. 2008

G. Sello: Malerinnen aus vier Jahrhunderten, Hamburg o. J.

Surface and Depth. Early Modernism in Finland 1890-1920, Ateneum Art Museum, Helsinki 2001

Überirdisch Nordisch: Akseli Gallen-Kallela, Finnland im Geist der Moderne, Ausstellung Helsinki, Paris, Düsseldorf, Ausstellungskatalog Ostfildern 2012

M. Valkonen: The Golden Age. Finnish Art 1850-1907, 3. Aufl. Poorvo 1992

R. Zeitler: Skandinavische Kunst um 1900, Leipzig 1990

Künstlerkolonien in Europa

B. D Barrett: Artists on the Edge. The Rise of Coastal Artists' Colonies, 1880-1920, Amsterdam 2010

J. Cahn, A. Terrasse (Hg.): Gaugin und die Schule von Pont Aven, München 1998

T. Cross: The Shining Sands. Artists in Newlyn and St Ives 1880-1930, Cambrigde 1994

D. Delouche (Hg.): Artistes étrangers à Pont-Aven, Concarneau et autres lieux de Bretagne, Rennes o. J.

M. Jacobs: The Good and Simple Life. Artists Colonies in Europe and America, Oxford 1985

N. Lübbren: Rural artists colonies in Europe 1870-1910, Manchester 2001

C. Noall: The Story of St Ives, Redruth 2012

Finnland: Politik, Geschichte

R. Alapuro: State and Revolution in Finland, Berkeley 1988

A. Halmesvirta (Hg.): Land unter dem Nordlicht. Eine Kulturgeschichte Finnlands, Darmstadt 2013

E. Hoesch: Kleine Geschichte Finnlands, München 2009

O. Jussila, S. Hentilä, J. Nevakivi: Politische Geschichte Finnlands seit 1809. Vom Großfürstentum zur Europäischen Union, Berlin 1999

Helsingin juutalainen seurakunta/The Jewish Community of Helsinki: LeChaim! Kuvia Suomen juutalaisten historiasta – Images from the History of Jews in Finland, Hämeenlinna 2006

L. K. Ekholm: Boundaries of an Urban Minority: The Helsinki Jewish Community from the End of Imperial Russia until the 1970s; Academic Dissertation, University of Helsinki 2013; www.academia.edu

Finnland: Literatur, Musik

Juhani Aho: Elli's Jugend. Roman, Berlin 1899

Minna Canth: Die Frau des Arbeiters, Drama in fünf Akten, Barnstorf 2008; finnische Orginalfassung 1885

Dies.: Anna Liisa, Drama in drei Akten, Barnstorf 2008; finnische Originalfassung 1895

Kristian Elster: Sonnenwolken. Ein Landarzt an einen Freund, Rostock 1986. (Das Buch des norwegischen Schriftstellers von 1877 gehörte zu H. Schjerfbecks Lieblingsbüchern)

G. Dawn Goss: Sibelius. A Composer's Life and the Awakening of Finland, Chicago 2009

P. Lassila: Geschichte der finnischen Literatur, Tübingen 1996

Johannes Linnankoski: Die Flüchtlinge, Leipzig 1978; finnisches Original 1908

T. Mäkelä: Jean Sibelius und seine Zeit, Laaber 2013

Ders.: Friedrich Pacius. Ein deutscher Komponist in Finnland, Hildesheim 2014

Johan Ludvig Runeberg: Fähnrich Stahl, mit Zeichnungen von Albert Edelfelt, neue, revidierte Auflage Helsingfors 1942; schwedische Originalfassung 1848

Runar Schildt: Zoja und andere Erzählungen. Geschichten aus Finnland, Zürich 2001

G. C. Schoolfield (Hg.): Two Women Writer from Finland: Edith Södergran & Hagar Olsson, Edinburgh 1995

Edith Södergran: Scharf wie Diamanten – ausgewählte Briefe 1914-1923, Berlin 2003

Edith Södergran: Sämtliche Gedichte im Original im Projekt Runeberg der Universität Helsinki

J. P. Tammen (Hg.): »Mein Garten liegt voller Scherben«. Lese- und Reiseweg zu Edith Södergran, Die Horen, 38. Jg., Bd. 2/1993

Kjell Westö: Wo wir einst gingen. Ein Roman über eine Stadt, und unseren Willen, höher zu wachsen als das Gras, München 2008; Original in Schwedisch 2006

Derselbe: Das Trugbild, München 2014; Original in Schwedisch 2013

Helsinki

A. Ilonen: Helsinki, Espoo, Kauniainen, Vantaa. An Architectural Guide, Helsinki 1990

N. Kent: Helsinki. A Cultural and Literary History, Northampton, Mass., 2005

M. Klinge: Eine nordische Universität. Die Universität Helsinki 1640-1990, Helsinki 1992

M. Klinke, L. Kolbe: Helsinki. Daughter of the Baltic. A Short Biography, Helsinki 2007

G. C. Schoolfield: Helsinki of the Czars. Finland's Capital: 1808-1918, Columbia 1996

Paris, Kritische Kunstgeschichte, Virginia Woolf

W. Chadwick: Women, Art and Society, 3. Auflage London 2002

J. Chicago, E. Lucie-Schmith: Der andere Blick. Die Frau als Modell und Malerin, München 2000

H. Lee: Virginia Woolf, London 1996

L. Pitt: Promenades dans le Paris disparu. Une voyage dans le temps au cœur du Paris historique, Paris 2002

G. Pollock: Vision and Difference. Feminism, femininity and the histories of art, Neuauflage London 2003

Ch. Prochasson: Paris 1900. Essai d'histoire culturelle, Paris 1999

B. Söntgen (Hg.): Kunstgeschichte als feministische Kulturwissenschaft, Berlin 1996

J. Willms: Paris, Hauptstadt Europas 1789-1914, München 1988

Virginia Woolf: Die Fahrt zum Leuchtturm, Frankfurt/M. 1986

Dies.: Augenblicke des Daseins. Autobiographische Skizzen, Frankfurt/M. 2012

Bildnachweis

EKTA Museum, Ekenäs: Abb. 23, 25 (Harald Holmström)

Finnish National Gallery, Helsinki: 10, 11, 15, 16, 21, 22 (Einar Reuter), 24; *Ateneum Art Museum*: 1 (Yehia Eweis), 2, 4, 5, 6 (Hannu Aaltonen), 12 (Tero Suvilammi); *Gösta Stenman Archiv*: 17; *Kerttu Rydman Archiv*: 13; *Pori Art Museum*: 7 (Yehia Eweis); *Privatsammlung*: 3 (Per Myrehed)

Signe and Ane Gyllenberg Foundation, Helsinki: 9 (Matias Uusikylä)

Moderna Museet, Stockholm: 8

National Board of Antiquities, Helsinki: 14, 18 (Ernst Ovesén), 19, 20 (Daniel Nyblin)

Alle weiteren Abbildungen stammen aus dem Archiv der Autorin.

Register